KB201516

한울아카데미
북한 프리즘 시대를 허한

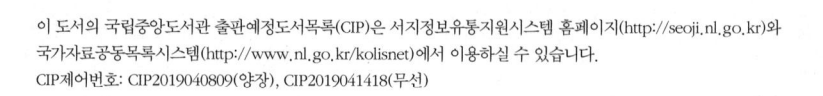

이 도서의 국립중앙도서관 출판예정도서목록(CIP)은 서지정보유통지원시스템 홈페이지(http://seoji.nl.go.kr)와
국가자료공동목록시스템(http://www.nl.go.kr/kolisnet)에서 이용하실 수 있습니다.
CIP제어번호: CIP2019040809(양장), CIP2019041418(무선)

북한 토지개혁을 위한

공공토지임대론

서울대학교 아시아도시사회센터 기획 ㅣ 조성찬 지음

한울
아카데미

차 례

제2부 | 이론

제3부 | 경험

제4부 | 개혁

제16장 | 해방 후 북의 토지제도 개혁 _ 269

프롤로그

——

평화에 대한 기대를 측정하는 지표는 지가 상승률?

2018년 4월 27일 오전 9시 30분, 판문점 군사분계선에서 분단 역사상 세 번째로 남과 북의 정상이 만났다. 북측 김정은 위원장의 발걸음과 이를 맞이하는 남측 문재인 대통령의 표정엔 65년 동안 지속되어 온 휴전을 종결짓고 항구적 평화체제로 나아가겠다는 의지가 분명했다. 프란치스코 교황도 남북 정상회담에 대한 지지와 격려의 메시지를 발표했으며, 수천 명의 군중이 한국을 위해 기도했다. 남북은 물론 전 세계에서 평화의 열기가 달아올랐다. 그러자 경기도 파주의 땅값도 덩달아 달아올랐다. 지가가 연초보다 30% 급등했으며, 거래량도 한 달 사이에 50%나 늘었다. 평화를 맞이하는 토지투기자의 발걸음은 매우 분주했다.

1868년, 세계 도시 뉴욕에서 사치와 빈곤이 공존하는 현상을 목도하고 그 원인을 규명하기 위해 『진보와 빈곤(Progress And Poverty)』을 집필한 헨리 조지(Henry George)는 미래 토지가치가 상승할 것이라는 '기대'만으로도 지가가 상승한다고 주장했다. 노벨경제학상 수상자인 조지프 스티글리츠(Joseph E. Stiglitz)는 그러한 토지투기자들을 지대추구자(rent seekers)라고 칭했다. 1989년 고 정주영 현대그룹 회장이 북을 방문했을 때는 파주의 지가가 무려 50%나 상승했고 2002년 김대중 정부 시절에는 15% 넘게 올랐는데, 그 원인은 모두 지대추구자들의 기대 때문이었다. 아쉽게도 이명박·박근혜 정부 시절 남북관계가 다시 냉각되었고 그 결과 파주 땅값도 하락하면서 지대추구자들의 기대는 현실화되지 못했다.

그런데 이번 분위기는 예전과 사뭇 달랐다. 문재인 정부가 공약으로 제시한 '신경제지도' 구상이 구체화되는 분위기다. 남북 간 끊어진 도로와 철도가 연결된다는 소식이 들린다. 해외에서는 주요 투자국 및 투자자들이 대기하고 있는 상태다. 시티은행이 속한 시티그룹(City Group)은 자체 보고서를 통해 북측의 인프라를 재건하는 데 소요되는 비용이 우리 돈으로 71조 원에 이를 것으로 전망했다(KBS, 2018.6.28). 시티은행은 막대한 대출 수요를 기대하고 있는지도 모른다. 향후 남북 및 국제 차원의 경제협력이 진행되면 북측 내부는 물론이고 남북 및 북중 접경지역의 지가 역시 급등해 지대추구자들의 기대가 현실화될 것이다. 그렇게 되면 평화로 인한 수혜는 지대추구자들이 가장 먼저 누릴 것이다.

북에서도 전개되고 있는 부동산 투기

토지 및 은행이 국가소유이고 토지 및 주택 매매가 불법인 북에서도 지대추구가 진행되고 있다. 계획경제가 한계에 달하자 기업과 개인은 스스로 생존하기 위해 자력갱생의 대원칙하에 시장과 거래를 활성시켰고, 그 결과 소위 '돈주'라는 소자본가가 형성되었다. 이들이 급기야 정부 관료와 결탁해 아파트 등 부동산을 개발함으로써 막대한 부를 창출하고 있다.

핵 – 민생경제 병진노선을 채택한 김정은 정권은 미래과학자거리와 려명거리를 새롭게 개발하면서 아파트 신축 등 건설사업을 활발하게 추진하고 있는데, 이때 해당 부서에서 자체적으로 자재를 조달하고 건설을 책임지는 방식을 적용하고 있다. 그러다 보니 해당 부서들은 지하자원 수출이나 다른 사업 전개 등을 통해 자금을 마련해 자재를 확보하는 것을 넘어 앞서 언급한 돈주들에게 이권을 보장하는 식으로 주택 건설사업 등 대형 사업에 투자하도록 유도하고 있다. 현재 북측 내에서 가장 수익성이 높은 사업은 아파트 건축사업과 부동산 임대사업이라는 이야기가 돌고 있다. 법률상 주택 매매가 불법이지만 돈주들이 정부 관료와 결탁하는 방식으로 매매를 하고 있으며, 막대한 투기적 이익을 향유하고 있다.

평화는 상생발전 가능한 경제체제와 함께 가야

남쪽의 남북경협 담당자와 관련 연구자들은 북쪽이 마지막 남은 블루오션이라고 말한다. 경기가 주춤해지면서 방치되어 있는 남측의 토목 및 건설 자본이 진출을 꿈꾸는 곳이 바로 북쪽이기 때문이다. 경제협력이 추진되면 도로도 새로 정비해야 하고 노후한 도시도 재생해야 한다. 제2의 개성공단 건설, 지하자원 채굴, 러시아로 이어지는 천연가스망 건설, 중국과 러시아를 통해 유럽으로 진출하는 철도망 정비 등 새로 창출되는 개발수요가 엄청날 것이다. 이렇게만 된다면 북쪽보다 더 나은 블루오션도 없어 보인다. 그런데 수많은 개발사업이 동시 다발적으로 진행되면 지가가 급등할 것이고 일제 강점기에 라진시에서 등장한 토지투기가, 그리고 현재 평양을 중심으로 나타나고 있는 아파트 투기가 전국적으로 확산될 것은 자명하다. 그렇게 되면 프랑스 사회학자 에밀 뒤르켐(Emile Durkheim)이 꿈꾼 사회적 연대는 무너진다.

정치적인 차원에서 평화체제 로드맵이 합의되어 그 절차를 밟아간다면 이와 동시에 남과 북은 지속가능한 경제체제로 전환하기 위해 준비해야 한다. 먼저 정상국가를 추구하는 북의 김정은 정권은 토지제도에서도 정상국가를 추구해야 한다. 그 방향성을 필자는 공공토지임대제에 기초해서 추진하자고 제안하는 바다. 북이 경제특구와 경제개발구를 중심으로 실행하고 있는 토지제도를 일부 보완해 전국으로 확대 실시해야 하고, 향후 남과 북이 본격적으로 경제협력을 진행할 때 토지가 투기 대상이 되지 못하도록 재산권 구조를 잘 설계해야 한다.

북은 금융제도에서도 대비를 해야 한다. 외부적으로는 해외 자본들이 북측 진출을 준비하고 있으며, 내부적으로는 이미 국가 기관과 연결된 영향력 있는 돈주가 형성되어 있다. 필자는 한국 등 자본주의 국가에서 나타나는 토지와 금융 시스템의 결합에 의한 구조적 문제를 '토지+금융 매트릭스'라는 개념으로 규정하고 있는데(조성찬, 2012), 북측 역시 이러한 매트릭스에 빠지지 않으면서도 건강하고 지속가능한 발전을 도모할 수 있는 구체적인 전략을 세워야 한다.

남쪽의 한국 역시 토지공개념에 부합하는 지대개혁을 추진해야 한다. 문재인 정부 들어서서 진행되고 있는 종합부동산세 논쟁에서 보듯이, 기득권자를 두려워하는 느슨한 정책으로는 부족하다. 국토보유세를 신설해 지역화폐 형태로 기본소득을 나눠주는 방안을 진지하게 고민해야 한다(전강수, 2019). 이처럼 북과 남이 토지제도에서 공정하고 지속가능한 경제체제로 전환해야만 통일을 향한 그다음 단계의 새로운 그림을 그려나갈 수 있다.

이 책의 목적은 향후 도래할 평화체제 시대에 북이 토지+금융 매트릭스 함정에 빠지지 않으면서도 지속가능하게 추진할 수 있는 상생발전 전략을 모색하는 것이다. 이 전략의 중심에는 토지를 하나의 공유자원(commons)로 보고 일정 기간 안정적으로 토지를 사용하도록 사용자에게 토지사용권을 부여하되 개인이 누리는 특권과 혜택에 대해서는 정상적인 토지사용료를 납부해 공공재정으로 활용하는 공공토지임대제(public land leasing system)가 자리하고 있다. 이러한 방식은 시장경제와도 훌륭하게 접목되기 때문에 경제체제 전환국을 위한 토지정책으로 가장 바람직하다. 공공토지임대제 모델은 상생 가능한 도시 및 지역발전 모델로도 확장이 가능하다.

이 책은 크게 관점, 이론, 경험, 개혁이라는 네 개의 부로 이루어져 있다. 1부 관점에서는 이 책 전체를 아우르는 관점을 형성하기 위해 토지의 역사적 배경(1장)과 사회주의 계획경제를 재해석하려는 노력(2장) 및 사회적 연대라는 평화 담론에서의 토지의 중요성(3장)을 다룬다.

2부 이론에서는 뒤에 이어지는 주요국의 경험 평가(3부) 및 토지개혁 모델 제시(4부)를 위한 기초 이론을 구성한다. 먼저 토지라는 자원은 큰 틀에서 공유자원으로 볼 수 있다는 이론을 전개한다(4장). 이어서 공공토지임대제가 과연 이론적으로 타당한지를 검토한 후(5장), 공공토지임대제가 갖추어야 할 기본적인 이론 체계를 제시한다(6장). 마지막으로, 토지와 금융이 어떻게 결합되느냐에 따라 공공토지임대제의 성과가 좌우됨을 지대자본화폐화 이론을 기초로 검토하고, 중국 사례를 그 근거로 간략하게 제시한다(7장).

3부 경험에서는 주요국의 공공토지임대제 추진 경험을 살펴본다. 그에 앞서 공공토지임대제의 중요한 이론적 기초를 제시한 헨리 조지가 자본주의 국가만이 아닌 중국이라는 사회주의 국가에도 중요한 영향을 주었음을 역사적인 관점에서 살펴본다(8장). 이어서 중국 전체 및 주요 도시를 대상으로 공공토지임대제 모델을 검토한다(9~11장). 여기서 중요한 맥락은, 중국의 전체적인 공공토지임대제 모델은 토지사용료를 일시불로 받는 방식(토지출양제)을 적용하면서 실질적인 사유화로 기울고 있는 데 반해, 선전, 상하이, 쑤저우 등 주요 도시에서는 이러한 한계를 극복하기 위한 방안으로 토지사용료를 매년 납부하는 방식(토지연조제)을 부분적으로 적용하고 있는데 이들 사례를 대비해서 검토한다는 점이다. 그리고 중국의 공공토지임대제가 실질적인 사유화 경향으로 흐르는 것과 유사한 사례로 홍콩(12장), 호주 캔버라(13장)를 검토한다. 마지막으로, 출양 방식이지만 공공토지임대제를 나름 성공적으로 운영하고 있는 싱가포르 사례(14장) 및 가장 성공적으로 운영한다고 평가할 수 있는 핀란드의 모델(15장)을 살펴본다.

4부 개혁에서는 앞에서 제시한 관점, 이론 및 주요국의 경험에 비추어 북한의 경제특구 및 일반 도시에 적용할 수 있는 바람직한 공공토지임대제 일반 모델을 제시한다. 이를 위해 먼저 해방 후 북의 토지개혁 과정 및 오늘날의 제도 변화를 살펴본다(16장). 이어 북측에 적용할 수 있는 바람직한 경제특구 공공토지임대제 일반 모델을 제시하고, 더 나아가 적용가능성을 검토하는 한편 구체적인 제도설계를 제시한다(17장). 다음으로, 북이 공공토지임대제 모델에 기초해서 선택할 수 있는 경제발전 전략을 관광산업과의 연계를 중심으로 모색한다(18장). 마지막으로, 북한 공공토지임대제 모델의 안정적인 추진이라는 맥락에서 연방제 통일방안이 가장 적합하다는 관점을 제시한다(19장).

이 책은 필자의 중국 인민대학교 토지관리학과 박사학위 논문인 "中國城市土地年租制及其對朝鮮經濟特區的适用模型研究(중국 도시 토지연조제의 조선 경제특구 적용모델 연구)"(2010)를 기반으로 그 이후 진행된 추가적인 연구 성과들을 종합해 정리한 것이다. 여기에 2018년 들어서면서 남북 관계가 급진전된 흐름을 반영해 추가적으로 집필했다. 따라서 최신 수치가 아닌 경우가 있다. 또한 이미 다른 책으로 발간된 내용도 있다. 중복된 내용은 그 출처를 일일이 밝히지 못한 경우도 있음을 양해해 주기 바란다. 필자가 주장한 내용들에 대해 독자들의 따뜻하면서도 날카로운 의견을 환영한다. 의견이 있는 독자는 필자의 이메일(landjustice@hotmail.com)로 보내주기 바란다.

책이 출판되는 데 도움을 주신 분들께 감사를 드리고 싶다. 이 책은 서울대학교 아시아도시사회센터의 기획으로 추진되었다. 박배균 센터장(서울대학교 지리교육과 교수)께 감사를 드린다. 그리고 흩어져 있던 원고를 하나의 책으로 엮는 데 도움을 준 한울엠플러스의 윤순현 차장과 원고를 편집하느라 수고한 신순남 팀장께 감사의 마음을 전한다.

'북한'이라는 용어 사용에 대한 고민

우리가 흔히 '북한'이라고 칭하는 북의 공식 명칭은 '조선민주주의인민공화국'이다. 북을 UN에 동시 가입한 하나의 국가로 인정한다면 당연히 '조선'이라고 부르는 것이 맞다. 그런데 남북이 분단된 지 70년이 넘도록 남쪽 언론과 학계 및 일반 시민들 모두 '북한'이라고 불러왔다. 진보적인 학자들 역시 호칭에서 큰 차이는 없었다. 이 책은 이러한 한계를 극복하기 위해 '북한' 대신 '조선'을 사용하고자 많이 고민했다. 그런데 '조선'이라는 용어를 사용하면 이데올로기적인 논쟁을 일으키는 것은 논외로 하더라도, 몇 가지 어려움이 더 있음을 알게 되었다. 우선 독자들이 과거의 조선시대와 혼동하게 된다. 무엇보다 '북한'이라는 표현에 익숙한 독자들이 '조선'이라는 표현에 왠지 모를 어색함을 느낄 것이다. 이러한 이유로 불가피하게 이 책 제목에서는 '조선'이라는 용어 대신 '북한'이라는 용어를 선택했다. 다만 본문에서는 '북한'이라는 표현 대신 '북', '북녘', '북쪽', '북측' 등의 표현을 사용하려고 노력했다. 경우에 따라서는 '조선'이라는 표현도 사용했다. 만약 북쪽 연구자나 정책 담당자들이 이 책을 접한다면 '조선'이라는 국호를 쓰지 못한 것을 이러한 노력으로 조금이나마 양해해 주었으면 하는 마음이다.

2019년 10월
통일로가 내려다보이는 구파발 아파트에서
조성찬

제1부

관점

제1장

토지독점, 남북 분단의 배경

1. 조선 말 횡행한 관리의 부패 및 토지독점

남북 분단의 원인이 조선시대 관리의 부패와 토지독점이라고 한다면 지나친 비약일까? 우리는 지금까지 분단의 원인을 외부에서 찾아왔다. 가까이는 1950년 6월 25일 38선을 넘어온 북쪽을 지목한다. 조금 더 구조적으로는 일제 강점기 시대 및 해방 후 미군정으로 비난의 화살을 돌리기도 한다. 여기서 더 나아가 마르크스 이론에 기초한 러시아 혁명 및 동유럽과 중국에서 진행된 공산주의 세력의 확대에서 원인을 찾기도 한다. 과연 그렇기만 할까? 조선이 망하기 전의 상황으로 돌아가 보자.

조선 후기, 토지개혁을 주창한 실학자 정약용이 지은 『목민심서』(1818)에 보면 당시 서민사회가 어떠했는지를 말해주는 시 한 편이 있다. 이는 전남 강진 유배지에서 정약용이 실제로 목격한 일을 바탕으로 지었다고 한다. 사건의 원인은 당시 군정(軍政) 문란[1]이었다. 죽은 아버지와 갓 태어난

---

1   조선 후기 세금 제도인 삼정(三政)은 전정(田政), 군정(軍政), 환정(還政, 환곡)을 일컫는다. 전정은 땅(토지)에 매기는 세금을 뜻한다. 군정은 병사로 일하는 대신 군포를 납부할

아이까지 군정의 과세 대상이 되자 아비가 아이를 낳은 죄를 한탄하면서 칼로 자신의 성기를 잘랐고 이를 슬퍼한 아내가 관가에 그 성기를 들고 가 항의한다는 내용이다.

「애절양(哀絶陽)」(성기를 자른 것을 슬퍼한다)

갈밭마을 젊은 아낙 길게 길게 우는 소리.
관문 앞 달려가 통곡하다 하늘 보고 울부짖네.
출정나간 지아비 돌아오지 못하는 일 있다 해도
사내가 제 양물 잘랐단 소리 들어본 적 없네.

시아버지 삼년상 벌써 지났고, 갓난아인 배냇물도 안 말랐는데
이 집 삼대 이름 군적에 모두 실렸네.
억울한 하소연 하려 해도 관가 문지기는 호랑이 같고,
이정은 으르렁대며 외양간 소마저 끌고 갔다네.
남편이 칼 들고 들어가더니 피가 방에 흥건하네.
스스로 부르짖길, "아이 낳은 죄로구나!"

누에치던 방에서 불알 까는 형벌도 억울한데
민나라 자식의 거세도 진실로 또한 슬픈 것이거늘
자식을 낳고 사는 이치는 하늘이 준 것이요

수 있도록 한 제도이고, 환정은 흉년이나 식량이 떨어진 춘궁기에 나라에서 곡식을 빌려 주는 제도다. 군역은 16세 이상, 60세 이하의 남자에게 부여되는 의무였으나 군정이 문란 할 때에는 탐관오리들이 어린아이나 이미 죽은 사람의 몫까지 군포를 거두었고, 군포를 내지 않고 도망칠 경우에는 이웃이나 친척에게 군포를 내게 했다(네이버 백과사전 요약).

하늘의 도는 남자 되고 땅의 도는 여자 되는 것이라.

거세한 말과 거세한 돼지도 오히려 슬프다 할 만한데

하물며 백성이 후손 이을 것을 생각함에 있어서라!

부잣집들 일 년 내내 풍악 울리고 흥청망청

이네들 한 톨 쌀 한 치 베 내다바치는 일 없네.

다 같은 백성인데 이다지 불공평하다니,

객창에 우두커니 앉아 시구편을 거듭 읊노라.

정약용이 『목민심서』를 짓고 나서 75년 후인 1894년(고종 31년)에 동학
농민혁명이 발발했다. 동학농민혁명은 전라도 고부군수 조병갑의 횡포에
맞서 동학교도와 농민들이 합세해 일으킨 농민항쟁이다. 이 사건은 고부에
새로 부임한 조병갑이 동진강에 만든 만석보를 이용하는 농민들에게 너무
과중한 수세(水稅)를 받은 것이 발단이었다. 큰돈을 주고 관직을 산 조병갑
은 수익을 창출해야 했던 것이다. 사실 수리시설의 일종인 만석보도 농민
들의 노동력을 동원해 만든 것이었다. 그 당시 전국의 농민들은 이미 삼정
문란으로 지방 탐관오리로부터 지나칠 정도의 수탈을 당하고 있었다. 전라
도에서 시작된 이 사건이 전국적으로 확산된 것을 보면 전국 농촌 곳곳에
조병갑이 득세하고 있었음을 알 수 있다. 그만큼 조선은 국운이 다해 가고
있던 상태였다.

조선 말 발발한 동학농민혁명은 관리들의 부패와 토지문제를 동시에 보
여준다. 먼저, 관직을 매수한 조병갑은 후에 동학 제2교주 최시형의 사형
판결을 내리는 고등재판소 판사로 재임명되었는데, 이러한 조병갑의 사례
는 농촌을 지배하는 관리들뿐만 아니라 중앙 관리도 부패했음을 보여준다.
다음으로, 동학농민운동의 장두(狀頭) 전봉준은 12개 조의 폐정개혁안을

제시했는데, 이 폐정개혁안을 보면 마지막 12조에 "토지는 골고루 나누어 경작한다"라고 되어 있다. 이는 당시 토지독점 문제가 심각했음을 여실히 보여준다. 물론 폐정개혁안 8조에서 "규정 이외의 모든 세금은 폐지한다"라고 제시해 삼정 문란이 먼저 해결되어야 할 과제였음을 분명히 했다.

동학농민혁명을 진압하기 위해 당시 무력했던 조정이 청나라 군대를 불러들이고 이를 이유로 톈진조약(1885)에 근거해 일본군 역시 한반도에 들어오면서 결과적으로 일본의 식민지 지배를 위한 발판이 마련되었다. 일본의 식민지 지배는 남북 분단으로 이어진다. 정부가 농민들의 요구를 들어주었다면 일본군이 들어올 여지가 없었을 것이며, 설령 일본군이 들어왔다 하더라도 농민들이 자기 땅을 지키기 위해 목숨 걸고 싸워 나라를 지켰을 것이다. 이러한 지점이 필자가 남북 분단의 원인을 외부에서 찾는 시각에 큰 불편함을 느끼는 이유다.

2. 푸른 눈의 여행자, 망해가는 조선을 말하다

우연찮게도 조선의 마지막 모습을 관찰한 푸른 눈의 여행자들은 거의 동시대에 모두 여행기를 남겼다. 프랑스 군인으로 병인양요 참전 경험을 기록으로 남긴 앙리 쥐베르(Henri Zuber)는 1873년 『조선 원정기』를 썼다. 시기상 동학농민전쟁이 일어났을 때 조선을 방문한 오스트리아 여행가 에른스트 폰 헤세 바르텍(Ernst von Hesse-Wartegg)도 여행기를 남긴 바 있다(헤세 바르텍, 2012). 그리고 역시 같은 해에 방문한 영국의 여행가 이사벨라 버드 비숍(Isabella Bird Bishop)도 조선에 대학 기억을 기록으로 남겼다(비숍, 2000). 이들의 시선을 통해 바라본 조선 사회는 참으로 안타깝다. 이러한 여행기들은 우리 민족과 사회가 왜 지금의 상황에 처하게 되었는지, 그리고 앞으로 어떤 원칙하에 건강한 사회를 만들어가야 하는지에 대한 열쇠를 제공한다. 잠시 푸른 눈의 여행자들이 바라본 조선 말의 풍경으로 돌아가 보자.

헤세 바르텍이 자신의 책에서 가장 통렬하게 비판한 대상은 정부 관리였다. 그의 책에는 이런 장면이 나온다. 일본 군대가 무기 소리를 내며 수도를 향해 행군하고 있다. 이때 조선 농부들은 오래된 숙적인 일본군을 신경쓰지 않고 평화롭게 일한다. 너무나 역설적인 상황이다. 그 이유를 여행가는 이렇게 서술한다. "하긴 왜 그런 걱정을 하겠는가? 일본 천황의 군대가 이들에게 조선 정부보다 더 심각한 위해를 끼칠 수 있을까? 조선 정부는 마지막 푼돈까지 쥐어짜고, 쌀과 곡물을 마지막 한 톨까지 빼앗아가지 않았는가?"(헤세 바르텍, 2012: 75) 관리의 부패가 이렇듯 심각하다 보니 농민들이 자기 영토를 지킬 생각을 하지 않았다. 그리고 백성들은 적극적으로 노동을 하지도 않았다. 만일 그들이 필요한 양보다 더 많이 수확한다는 게 알려지면 관리들이 와서 빼앗아 갈 것을 알기 때문이었다. 그래서 바르텍은 관리들의 폭정이 조선의 몰락과 조선에 만연한 비참함의 가장 주요한 원인이라고 보았다. 그는 관리들의 탐욕이 백성들의 이윤 획득 및 소유에 대한 욕구, 노동에 대한 의지, 그리고 모든 산업을 질식시켰다고 강하게 비판했다(헤세 바르텍, 2012: 87~88).

영국의 여성 여행가인 비숍도 여행기에서 비슷한 관점을 보였다. 그녀는 성공회 사제의 딸로 50년 동안 해외를 돌아다닌 여행광이었다. 1894년 환갑이 넘은 나이에 조선을 방문한 그녀는 3년간 조선과 중국을 오가며 동학농민전쟁과 청일전쟁을 겪었다. 그녀 역시 조선이 망해가는 가장 중요한 원인으로 관리들의 부정부패에 주목했다. 그녀에 따르면 민중이 게을러 보인 이유는 정말로 게을러서가 아니라 조금이라도 돈을 벌면 여러 가지 명목으로 관리들에게 빼앗기기 때문이었다. 자신의 노동으로 획득한 재산이 전혀 보호되지 않는 체제였던 것이다. 따라서 역설적이게도 가난이 그들에게는 최고의 방어막이었다. 관리들의 수탈이 아주 견딜 수 없게 되고 생존할 수 있는 최소한의 수입마저도 빼앗기자 조선 농민들이 마지막으로 선택한 것이 폭력이었다. 이것이 동학농민전쟁이 발발한 이유에 대한 그녀의 설명이다. 조선 말의 암담한 상황을 진단한 그녀는 공평성과 사회적 정의가 존중되어 강력한 정부에 의해 관리들의 악행이 줄어들고 소작료가 적정히 책정되면 조선은 번영할 수 있다고 보았다. 그런데 조선이 스스로 개혁할 능력은 없기 때문에 일본의 보호국이나 식민지가 될 수밖에 없다고 보았다. 이러한 관점은 그 유명한 식민지 근대화론과 연결되는 지점이다.

3. 일제 강점기, 라진 토지투기에 대한 추억

1910년 일제가 한반도를 강점한 이후 조선의 관리 부패 문제 및 토지독점 문제는 새로운 방식으로 전개되었다. 식민지 지배체제를 구축하기 위해 일본은 동양척식주식회사를 중심으로 토지조사사업을 실시했으며, 근대법에 기초해 토지사유제의 특수한 형태인 지주 – 소작제를 제도화했다. 그로인해 농민들은 식민지 국가에서 지주에게 수탈당하는 이중의 고통을 겪어야 했다. 일제 강점기 시대에는 조선의 농지 중 86%가 지주 소유였으며 농민의 60% 정도가 소작농이었다고 한다.

이러한 때에 한반도 북쪽 끝인 라선에서 전에 없었던 새로운 차원의 사건이 일어났다. 일제가 건설한 만주국의 대륙 진출로로 라진이 선정되면서 막대한 토지투기가 발생했기 때문이다. 라진 – 선봉 자유경제무역지구가 속한 현 라선특별시는 북측의 함경북도와 동해바다, 중국의 지린성(吉林省) 옌볜(延邊) 조선족 자치주 동쪽의 훈춘(琿春)시, 러시아의 프리모르스키 지방에 접한 항구 도시다. 이처럼 주변 국가와의 접경지이자 바다와 대륙을 잇는 거점이라는 특성으로 인해 라진 - 선봉은 1932년 일본이 만주국을 세울 당시 일본 - 만주 간의 연락로로서 각광을 받았다. 이때 만주에서 가장 가까운 라진에 바다와 육지를 연결하는 대규모 항만이 새롭게 정비되었고, 일본의 사카이항, 쓰루가항, 가타항 등에서 청진, 라진, 웅기(후에 선봉으로 개명됨)로 정기선이 운항되어 많은 일본인이 만주 동부로 이동했다. 이처럼 라진은 일본이 만주로 진출하는 요충지로 유명한 항구도시였다. 그런데 일제 강점기에 조선 최초로 토지투기가 일어났던 일은 잘 알려져 있지 않다.

라진은 원래 인구 100여 명에 불과한 조그마한 어촌이었다. 그런데 1932년 8월 23일 라진이 중국 지린과 조선 회령을 잇는 철도 길회선(吉會線)의 종단항(철도 종착역과 연결된 항구)으로 결정되면서 갑자기 토지투기의 중심지로 떠올랐다. 만주로 진출하려는 일본 제국에게 길회선에 연결된 라진항은 겨울에 얼지 않고 영토 문제가 없으며 물류비도 비싸지 않은 곳으로, 기존에 이용하던 3개 노선의 단점을 일시에 해결할 수 있는 항구였다. 라진항 개발은 경제수도 이전에 준하는 성격을 띠고 있었다. 청진과 경합했던 라진이 종단항의 최종 후보지로 결정되자 조선을 넘어 전 동양적 규모의 토지전쟁이 시작되었다. 당시 한 평에 1~2전 하던 땅값은 순식간에 수백, 수천 배로 뛰었다. 어떤 땅은 하루에 주인이 십여 차례 바뀌기도 했다. 라진에 가면 담뱃값도 백 원짜리 지폐로 내고 개도 백 원짜리 지폐를 물고 다닌다는 우스갯소리가 떠돌았다. 김기덕이나 김기택 같은 거부가 나타난 것도 당연한 현상이었다. 그러나 라진의 토지 열풍은 3년 만에 멈췄다. 인구 100만의 대도시로 성장할 것이라는 기대와 달리, 해방 직전 라진은 인구 4만의 소도시에 머물렀다. 그러나 이때부터 전국 주요 거점을 중심으로 도시개발이 진행되면 토지투기가 함께 따르는 관행이 시작되었다(전봉관, 2009). 일제가 한반도에서 제도화한 독점적 토지사유제는 지주 - 소작제를 심화시켰으며, 라진에서는 토지투기를 유발했다. 이러한 현상은 1960년대 이후 한국의 도시개발 과정에서 그대로 재현되었다. 그 결과 경부고속도로 건설 및 강남개발에 따른 부동산공화국 건설로 이어졌다(전강수, 2019).

4. 토지독점은 남북 분단의 중요한 배경

1945년 8월 15일 해방이 되자 38선 북측은 1946년 3월 '토지개혁에 관한 법령'을 공표하고 3월 8일부터 3월 31일 사이에 토지개혁을 실시해 버렸다. 북조선 노동당은 신속하게 권력기반을 다지기 위해 농민의 숙원인 토지를 무상몰수 무상분배 방식으로 해결한 것이다. 그리고 각종 토지문서를 소각해 버렸다. 반면 38선 이남의 이승만 정부에서는 법 제정이 지지부진해졌고, 이에 농지개혁을 바라던 소작인들의 분노가 끓어올랐다. 이러한 사회 분위기는 남측에서 남조선 노동당 등 좌파가 활발하게 활동하는 요인이 되었다. 공산주의자 세력의 확대를 두려워 한 미군정과 이승만 정권은 가혹하게 이들을 탄압하면서 한편으로는 조봉암 농림부장관을 중심으로 농지개혁을 준비했다. '좌파 빨갱이'라는 낙인찍기는 이때부터 시작되었다. 이러한 이야기는 조정래 소설 『태백산맥』에 가슴 저리게 소개되어 있다. 1950년 3월에 늦게나마 '농지개혁법'이 공포되었고 1950년 한국전쟁이 발발하기 직전에 유상몰수 유상분배 방식으로 농지개혁이 진행되었다. 예수원의 설립자인 대천덕 신부는 한국이 그나마 농지개혁을 했기 때문에 전쟁에서 버틸 수 있었다고 했다.

유럽의 산업자본주의가 팽창하는 과정에서 인클로저(enclosure)로 농지를 빼앗기고 도시 노동자로 전락한 이들의 참상을 지켜본 마르크스는 『자본론』을 통해 토지 등 생산수단을 국유화해야 한다고 주장하면서 계급혁명론을 주창했다. 이는 러시아의 레닌에게 영향을 주어 공산주의 혁명으로서는 세계 최초로 러시아 혁명이 성공을 거두었다. 러시아 혁명이 진행되기 전에 러시아의 대문호 톨스토이는 헨리 조지의 영향을 받아 자신의 대규모 농지를 소작농에게 나눠주기도 했다. 톨스토이는 러시아가 토지개혁을 추진하지 못하면 망한다고 주장했는데, 이 말이 그대로 실현된 것이다. 공산주의 정권을 수립한 러시아는 이후 같은 전략으로 중국 및 북측을 지원했다. 중국 공산당이 혁명에 성공한 이유가 무상몰수 무상분배로 농지를 소작농에게 분배했기 때문이라는 사실은 너무나도 분명하다. 토지에 대한 농민들의 욕구가 얼마나 강했으면 중국 공산당이 도시토지와 모든 산업은 국유화하면서도 농지만은 오늘날까지 집체 소유(마을 소유)로 유지하고 있겠는가? 북쪽도 형식상 농지는 여전히 농촌협동단체 소유다.

우리나라가 일제에 나라를 빼앗긴 이유는 조선 말 조정의 부패와 무능, 그리고 특권층의 토지독점에 따른 농민 수탈 때문이었다. 해방 후 나라가 분단된 것은 구조적으로 미국과 러시아를 중심으로 자본주의와 공산주의의 이데올로기가 대립한 결과로 볼 수 있지만, 이미 이야기했듯이 유럽에서 공산주의 이데올로기가 탄생한 데에는 토지독점 문제가 자리하고 있었으며, 한반도에서는 일제가 만든 지주-소작제로 인해 사회갈등이 최고조였다. 이처럼 시대와 장소를 초월하는 토지독점 문제가 오늘날의 남북 분단에서도 중요한 배경이 되었다.

5. 토지사유제는 신화다

앞서 언급한 대로 일제가 제도화한 독점적 토지사유제는 한반도 도시개발 과정에서 토지투기 문제를 초래했다. 그런데 정말로 심각한 문제는 일제가 제도화한 토지사유제가 자본주의 시장경제 질서에 꼭 필요한 질서라는 오해다. 토지와 토지사용의 대가인 지대(地代)를 누가 소유하느냐 하는 문제는 역사발전 과정에서 매우 중요한 주제였다. 이로 인해 토지재산권에 대한 다양한 관점이 형성되어 왔다. 자본주의 시장경제를 살아가고 있는 오늘날에는 토지가 사적 재산권으로 설정되어야만 안전한 교환 대상이 되고 시장경제 발전의 기초가 된다는 인식이 강하게 자리잡고 있다.

이러한 태도는 일찍이 조선 내부에 자본주의 발전 역량이 있었는지 그렇지 않은지에 대한 논쟁에서도 드러났다. 일제 강점기 때 시가타 히로시는 일본의 한국 지배를 정당화하기 위해 조선시대를 관찰했다. 그는 그 결론으로 조선시대에는 진보의 속도가 극히 완만해 보통의 건전한 사회에서 예상되는 발전이 없었다는 '조선사회정체론'을 제시했다(이헌창, 2010: 116에서 재인용). 그리고 그 이유를 토지국유제에 두었다. 이에 대항한 연구가 마르크시즘 학자들을 중심으로 1960년대부터 이루어졌다. 이러한 연구 결과 한국사에도 세계사의 발전법칙이 관철되어 조선 후기에 봉건제가 존재했으며 자본주의 맹아가 나타나 자생적인 근대화의 기초가 형성되었다는 '내재적 발전론'이 제시되었다(이헌창, 2010: 116). 조선 후기에 봉건적 토지사유화가 크게 진행되었다는 것이 그 근거였다. 이 두 가지 이론은 모두 토지사유제가 자본주의 발전의 기초라고 전제했다는 점에서 공통된다.

그런데 토지사유제가 자본주의 경제발전의 기초라는 주장은 착시효과에 불과하며, 일종의 '토지사유제 신화'다. 토지사용권만 안전하게 보장해주면 토지에 노동을 투입해 생산 활동을 할 수 있고, 교환이 진행되어 경제발전은 자연스럽게 이루어질 수 있다. 그런데 개인에게 토지사용권을 넘어 배타적인 토지소유권까지 부여할 경우 지대 불로소득도 사유화하는 결과를 초래한다. 그로 인해 지대추구를 위한 과도한 개발이 이루어져 경제발전이라는 착시현상을 일으키는데, 이러한 개발은 결국 시장 실패로 이어진다(조지, 1997; 김윤상, 2009).

조선시대 말, 일제 강점기에 진행된 토지독점이 오늘날 남북 분단의 배경이 되었다면, 한국에서 확립된 토지사유제 신화는 남북의 통합과 통일을 가로막는 중요한 원인으로 작용하고 있다. 남과 북의 토지제도가 다르기 때문에 통일하기 어렵다거나, 통일을 하더라도 흡수통일을 추진해 북의 토지를 사유화해야 한다는 생각이 지배적이다. 무엇보다 한국의 토지사유제를 통해 형성된 자본으로 북측에서 막대한 개발이익을 향유할 수 있다고 여긴다. 문재인 정부 들어서면서 평화 분위기가 고조되자 남북 접경지역이나 북중 접경지역의 부동산 가격이 급등하는 것이 상징적인 신호다. 북에서마저 토지사유제 신화가 증명되는 상황을 상상하는 것은 결코 유쾌하지 않다.

제2장

사회주의 계획경제의 재발견

1. 『공산당 선언』이 주창한 '사회주의 계획경제'

지속가능성이 화두다. 1987년 환경과 개발에 관한 세계위원회(WCED)가 '지속가능한 발전(Sustainable Development)' 개념을 공식화한 이후 '지속가능성' 개념은 환경 분야는 물론 한 나라의 경제체제에까지 적용되고 있다. 그런데 많은 학자들과 시민들은 구소련 및 동구권의 붕괴 및 동서독 통합을 보면서 사회주의 계획경제가 결코 지속가능한 경제체제가 아니라는 확신을 가지게 된 듯하다. 그들이 보기에는 북쪽의 사회주의 계획경제도 전혀 예외가 아니다.

그런데 사회주의 계획경제가 지속가능한지 아닌지를 확인하려면 체제 붕괴라는 결과만을 볼 것이 아니라 사회주의 계획경제의 구성 원리 자체가 지속가능성을 담보할 수 있는지도 함께 살펴볼 필요가 있다. 사회주의 계획경제 이념의 원조라고 할 수 있는 '공산당 선언'을 보면 '공산주의 이론'을 한 마디로 '사적 소유의 폐지'라고 요약했다. 마르크스가 이러한 결론에 도달한 이유는, 부르주아적인 사적 소유야말로 착취적인 생산 및 취득을 위한 최후의 수단이며 가장 완성된 수단이라고 보았기 때문이다(마르크스·엥겔스, 1989: 56~57).

　여기에 더해 '자본'을 바라보는 마르크스의 독특한 견해가 이를 뒷받침하고 있다. 마르크스는 "자본은 공동의 산물이며, 사회의 많은 성원의 공동 활동에 의하지 않으면, 아니 궁극적으로 사회 모든 성원의 공동 활동에 의하지 않으면 운동할 수 없다. 그러므로 자본은 개인적인 힘이 아니라 사회적인 힘이다"라고 보았다(마르크스·엥겔스, 1989: 58). 이렇게 사회 전체가 창출한 자본을 부르주아지가 사적으로 소유하고 이에 기초해 노동자를 착취하는 구조를 바꾸기 위해 마르크스는 부르주아지로부터 모든 자본을 탈취해 국가의 수중에 집중시키고 노동자가 주체가 되어 계획경제를 수립 및 추진하는 열 가지 방책을 제시했다.[1]

　자본에 대한 마르크스의 해석은 생산의 3대 요소인 토지, 자본, 노동이 생산에 기여한 대가로 지대, 이자, 임금을 누린다는 고전학파 경제학의 기본 질서를 부정하는 것이다. 마르크스가 이렇게 과격한 주장을 전개한 것은 독점 자본가에 대한 분노 때문이기도 했지만 자신의 이론틀에서는 자본 개념에 토지가 포함되기 때문이었다. 오늘날 '사회적 자본'이라는 개념이 일반화되기는 했지만, 사회 성원의 공동 활동으로 창출한 것은 공동으로 누려야 한다는 명제는 사실 자본보다 토지가치인 지대에 적용하는 것이 더 정확할 것이다.

---

[1]　1. 토지소유를 폐지하고, 지대를 국가 경비로 충당한다. 2. 높은 누진세를 적용한다. 3. 상속권을 폐지한다. 4. 모든 망명자와 반역자의 재산을 몰수한다. 5. 배타적인 독점권을 가진, 국가자본에 의한 단일의 국립은행을 통해서 신용을 국가의 수중에 집중시킨다. 6. 모든 운수기관을 국가의 수중에 집중시킨다. 7. 국유공장을 늘리고 생산용구를 증대시킨다. 공동의 계획에 따라 토지를 개간하고 개량한다. 8. 모두가 평등하게 노동의 의무를 진다. 특히 농업을 위한 산업군을 설립한다. 9. 농업의 경영과 공업의 경영을 결합한다. 도시와 농촌의 대립을 점차 제거하도록 노력한다. 10. 모든 아동에 대한 공공의 무상교육을 실시한다. 오늘날 행해지고 있는 아동의 공장노동을 철폐한다. 교육과 물질적 생산을 결합한다.

마르크스가 제시한 열 가지 방책을 살펴보면 계획경제의 성격을 강하게 내포하고 있다. 토지의 공동소유는 물론이고, 국립은행의 설치 및 신용의 국가 집중화, 모든 운수기관의 국가 집중, 국유공장 확대 및 공동 계획에 의한 토지 개간 등에서 노동을 제외한 토지와 자본이라는 생산수단을 국가가 소유 및 운영하도록 하는 중앙 집중의 계획경제를 읽을 수 있다. 그는 이러한 방책을 실현할 경우 계급 대립을 동반한 낡은 부르주아 사회가 사라지고 대신 각자의 자유로운 발전이 만인의 자유로운 발전의 조건이 되는 협동사회가 나타난다고 사회주의의 이상을 노래했다(마르크스·엥겔스, 1989: 74).

이후 사람들은 마르크스가 말한 사회주의의 이상과 그 수단이 서로 양립 가능한지에 대해 끊임없이 질문을 제기했다. 경제체제는 인간의 본성에 부합하면서도 동시에 인간의 지나친 욕망을 절제할 수 있어야 한다. 하지만 마르크스의 처방은 사적 소유에 대한 '강박'으로 인해 경제체제가 사적 소유에 대한 본성을 억제하는 방향으로 형성되었기 때문에 사회주의 계획경제는 본질적으로 실패의 가능성을 내포하고 있었다.

2. 사회주의 계획경제의 지속불가능성을 주장한 하이에크

시장경제를 지지하는 이들의 눈에는 마르크스와 엥겔스가 선언한 공산당 선언 및 열 가지 방책에 기초해 운영되는 중앙집권적 계획경제 체제가 결코 지속가능하지 않은 것으로 보였다. 이러한 주장의 선봉에 선 학자는 단연코 프리드리히 하이에크(Friedrich Hayek)다. 그는 자신의 저서를 통해 그러한 입장을 분명하게 밝혔다(하이에크, 2006).

1899년 오스트리아의 수도 비엔나에서 태어난 하이에크는 개인주의 및 자유주의 학파의 선구자다. 그는 1930년대 중반부터 1917년 러시아 혁명을 통해 세워진 사회주의 체제가 유지될 수 없다는 것을 이론적으로 증명했다. 하이에크는 사회주의를 "사기업제도와 생산수단의 사적 소유를 철폐하고 이윤을 추구하는 기업가 대신 그 자리에 중앙계획 당국이 들어서는 '계획경제' 체제의 창설을 뜻한다"라고 정의했다. 그리고 사회주의가 추구하는 사회정의, 더 큰 평등과 안정된 삶이라는 목적에 대해 문제를 제기하기보다는 오히려 목적을 달성하기 위한 수단에 대해 문제를 제기했다(하이에크, 2006: 73). 그가 문제시한 수단은 바로 중앙집권적 계획경제였다. 중앙집권적 계획경제로 인해 국가는 독재 및 전제주의로 귀결될 것이고 사회주의는 '자유의 길'이 아닌 '노예의 길'이 될 것이라고 강조한 것이다.

그러면 하이에크는 왜 중앙집권적 계획경제가 지속가능하지 않다고 보았을까? 한마디로 말하면 중앙집권적 계획경제는 노동분업이 복잡하고 그로 인한 경제 주체 간의 '조정 문제'에 대처할 능력이 없다는 것이었다. 애덤 스미스(Adam Smith)는 『국부론(The Weath of Nations)』에서 이러한 분업은 인간의 교환성향으로 인해 점진적으로 발생한 필연적 결과라고 보았다. 그리고 유시민은 스미스의 '국부론'을 한 마디로 '분업이 너희를 부유하게 하리라'라고 요약했다(유시민, 2002: 34). 시장경제의 가격 시스템은 수요와 공급의 조건에 영향을 주는 무수한 변화를 반영해 자원배분 기능을 담당할 수 있지만 중앙집중적 계획경제는 이 점에서 무능하다는 것이 하이에크의 생각이었다. 하이에크는 다음과 같은 문장으로 결론을 맺는다.

그러므로 복잡성이 증대하면 중앙집권적 계획이 더 필요해지기는커녕 오히려 정반대로 의식적 통제에 의존할 필요가 없는 그런 방식의 활용이 더 절실해진다(하이에크, 2006: 95).

전시가 아닌 평상시에는 개인들이 시장을 통해 상호작용하면서 자신의 서로 다른 다양한 가치체계를 평화롭게 충족할 수 있다고 생각하는 하이에크에게 오로지 하나의 가치체계만을 강요하는 커다란 '하나의 공장'을 만들려는 사회주의 중앙집권적 계획경제가 곱게 보였을 리 없다.

3. 사회주의 계획경제의 지속불가능성은 토지에서 출발

사회주의 계획경제에 대한 하이에크의 비판은 주로 '중앙집권적 계획경제'가 노동 분업의 복잡성을 해결하지 못한다는 것에 초점이 맞추어져 있다. 그런데 이러한 사실 외에 사회주의 계획경제가 지닌 또 하나의 중요한 맹점이 있다. 바로 토지와 자본 같은 생산수단의 사유제를 폐지함으로써 생산수단의 소유자 외에 노동자들 역시 자기 생산과 노동의 산물을 누릴 수 없게 되었다는 것이다. 이러한 사회주의 계획경제 시스템은 인간의 '본성'에 위배된다. 그래서 중국이 중앙집권적 계획경제 방식에 의존해 경제적 성과를 거두기는 했지만 얼마 가지 않아 경제성장이 정체되는 모습을 보인 것은 놀라운 일이 아니다.

이러한 맥락에서 고르바초프는 사회주의식 평등 관념을 강하게 비판하면서 "능력에 따라 일하고 필요에 따라 분배받는다는 원칙은 공산주의에서나 있을 수 있는 일이며, 사회주의에서는 사회적 이익의 배분에 관해서 능력에 따라 일하고 일한 만큼 받는다는 원칙이 중요하다"라고 강조했다(유시민, 2002: 44에서 재인용). 그런데 고르바초프가 말한 대로 능력에 따라 일하고 일한 만큼 받기 위해서는 중앙집권적 계획경제에서 탈피해야 할 뿐만 아니라 생산수단 역시 인간의 '본성'에 부합하도록 재구성해야 한다. 생산수단의 재구성 원칙에 대해서는 자세한 논증이 필요하겠으나, 결론적으로 말하면 '토지공유 및 개인사용 보장', '성격에 맞게 자본을 공유 또는 사유', '노동의 자기 소유'로 정리할 수 있을 것이다. 아마도 사적 재산권을 신성시하는 자본주의 사회를 살아가고 있는 독자들은 다른 두 가지 원칙에는 동의하겠지만, '토지공유 및 개인사용 보장'이라는 원칙에 대해서는 의문을 품을 것이다.

자본주의 사회에서는 생산을 위해서 '자본'이 가장 중요하다고 여겨지곤 한다. 하지만 사실 자본보다 더 우선적이면서도 중요한 것이 토지다. 중국이 1978년 개혁개방을 할 당시 토지소유 및 이용관계를 가장 먼저 개혁한 것도 이 때문이다. 토지의 소유 및 이용체계가 확립되어 있지 않으면 해당 토지에 투입된 시설자본의 안정성을 크게 해친다. 북에서도 마찬가지다. 대표적인 예가 현대아산이 금강산관광특구에 시설 투자를 할 때, 먼저 북측 당국으로부터 50년의 토지사용권 계약을 맺은 사례다. 북측 당국이 안정적인 토지사용권을 보장해 주지 않았다면 현대아산이 개성공단이나 금강산 관광사업에 뛰어들지 않았을 것이다.

그러면 토지는 공유의 대상인가? 아니면 사유의 대상인가? 각 방식마다 장단점이 있으나, 필자는 '토지공유 및 개인사용 보장'이라는 원칙이 자연법칙은 물론 개인과 공동체의 조화라는 사회적 관점에서도 바람직하다고 보는 입장이다. 이는 헨리 조지와 레옹 발라(Leon Walras)를 대표로 하는 좌파 자유지상주의(Left Libertarianism) 경제학자들의 공통된 입장이기도 하다. 이들은 자본은 사유의 대상이지만 토지나 자연자원 등 개인이 생산하지 않은 것들은 공동소유로 하면서 필요한 경우 배타적 사용을 인정하되 그 대가인 지대를 공동체에 지불해야 한다고 주장한다.[2]

---

2   이에 대한 자세한 논증은 김윤상, 『지공주의』(2009)와 헨리 조지, 『진보와 빈곤』(1997)을 참고하기 바란다.

사실 마르크스 역시 이러한 관점과 동일선상에 서 있다. 마르크스는 그의 책『공산당 선언』 첫 문장을 "이제까지의 모든 사회의 역사는 계급투쟁의 역사다"라고 시작하면서, 각주에서 원시 촌락공동체가 토지공유제에 기반하고 있었으며 이후 계급투쟁의 중심에 토지사유화가 자리하고 있었음을 장황하게 논증했다. 그리고 사회주의 계획경제를 실천하기 위한 열 가지 방책 중 첫째로 "토지소유를 폐지하고 지대를 국가 경비로 충당한다"라는 기본 전제를 제시했다. 즉, 그가 제시한 공산주의 사회는 바로 토지공유를 기초로 하는 원시 촌락공동체를 사회경제 질서의 원형으로 삼은 것이다.

정리하면, 토지를 국유화하고도 개인이나 기업에 배타적인 토지사용권을 보장하지 않았던 중국 및 북측의 과거 방식은 사회주의 계획경제가 지속가능하지 않았던 중요한 원인이다. 이제 사회주의 국가들은 국가의 수중에 머물러 있던 토지에 대해 소유권은 그대로 국가가 보유하되 사용권을 배타적으로 보장하는 개혁 정책을 실시하기 시작했다. 중국은 시장경제 방식에 기초해 운영되는 실험실을 정하고 특정 모델이 성공하면 이를 전국으로 확산하려는 전략을 추진했다. 그 실험실은 바로 경제특구였다. 북 역시 중국 등의 개혁 경험을 참고해 경제특구와 경제개발구를 지정하고 해외 투자기업에 토지 등을 개방하는 정책을 실시하고 있다.

4. 시장경제는 본래 '분권적 계획경제'

경제학(economics)의 어원인 오이코노미아(oikonomia)는 그리스어로 '가정'을 뜻하는 'oikos'와 '다스린다'라는 뜻의 'nem~'이 합쳐진 것으로, '살림살이 경제를 잘 운영하는 방법'이라는 뜻이다(문진수, 2011). 한자로 '경제(經濟)'라는 말은 '세상을 다스리고 백성을 구제한다'는 뜻의 '경세제민(經世濟

民)'을 줄인 것이다. 영어 표현이 가정을 강조한 반면 한자 표현은 국가를 보다 강조한 느낌이다. 경제라는 말을 종합하면 국가 및 가정 경제를 잘 운영하는 것으로 이해하면 된다.

계획경제를 비판하는 하이에크의 논의를 보면서 독자들은 아마도 경제 체제는 당연히 시장경제 체제여야 한다는 생각을 할 것이다. 그런데 '경제학'의 어원에서 보듯이, 경제라는 것은 본래 국가 및 가정을 운영하는 것이 주된 목적이었지 시장이냐 계획이냐 하는 수단이 주된 관심사는 아니었다. 어느 것이든 경제의 목적에 부합하면 되는 것이다. 실제로 계획경제를 강하게 비판한 하이에크 역시 '계획' 그 자체의 역할을 부정하지는 않았다. 계획에 대해 하이에크는 다음과 같이 평가한다.

'계획'이 대중적 명성을 얻게 된 것은 물론 크게 보아 우리 모두가 우리의 문제를 되도록 가장 합리적으로 처리하기 바라며 일의 처리과정에서 우리가 동원할 수 있는 최대한의 예지능력을 사용하기 바란다는 사실 덕분이다. 이런 의미에서 완전한 숙명론자가 아닌 한, 우리 모두는 계획가이며, 모든 정치적 행위는 계획행위다(하이에크, 2006: 76).

하이에크가 문제시한 것은 계획 그 자체가 아니라, 단일계획에 따라 어떤 자원이 어떤 목적에 봉사하기 위해 어떤 특정한 방식으로 쓰여야 하는지를 '의식적으로 지시하는' '중앙집권식 계획경제'였다(하이에크, 2006: 76~77). 그리고 계획과 시장(경쟁)의 관계에 대해서도 '경쟁을 위한 계획'이라는 형태로만 결합될 수 있을 뿐, 경쟁에 반하는 계획이라는 형태로는 결코 결합될 수 없다고 그 관계성을 제시했다(하이에크, 2006: 85). 하이에크는 더 나아가 공간적 인접성으로 인해 발생하는 현대의 도시문제에 대해서도 경쟁으로는 문제를 해결할 수 없으며 계획의 역할이 강조되어야 한다고 주장했다(하이에크, 2006: 93).

중국의 등소평 역시 중단된 개혁개방을 다시 복귀시키는 데 기여한 1992년 남순강화에서 계획과 시장의 관계에 대해 중요한 발언을 했다. "계획이 많다고 해서 사회주의인 것은 아니다. 계획의 존재 여부가 사회주의와 자본주의의 본질적인 차이는 아닌 것이다. 자본주의에도 계획이 있으며, 사회주의에도 시장이 있다. 계획과 시장은 모두 경제수단이다"(한국비교경제학회, 2005: 225).

유시민은 오늘날의 언어로 계획과 시장의 관계를 제시한 경제학자다. 그는 '계획경제'와 '시장경제'의 대결이라는 도식은 이데올로기적 과정에 불과하며, 모든 경제는 계획경제라고 단언한다. 그는 하이에크와 마찬가지로 구소련 및 동유럽 사회주의 국가가 몰락한 것은 계획경제 일반이 문제였던 것이 아니라 '중앙통제식 계획경제'가 문제였다고 본다(유시민, 2002: 31). 반면 시장경제는 '분권적 계획경제'로 파악한다. 가정주부는 지출계획을 세우고, 기업의 경영자는 자금조달 계획과 생산을 위한 인력채용 계획을 세우는 식이다. 정부 역시 세금을 어떻게 사용할 것인지 재정계획을 수립한다. 이처럼 개별 경제주체인 가계와 기업, 정부는 저마다 자기의 경제활동과 관련된 계획을 세우고 집행한다(유시민, 2002: 39). 유시민은 다음과 같이 결론을 맺는다.

고도 분업사회에 어울리는 경제적 기본질서는 '분권적 계획경제'인 시장경제밖에 없다. 시장경제가 숱한 결함을 안고 있는 질서임에는 분명하지만 지금 그보다 더 나은 체제를 찾을 수 없다는 의미에서 그것은 선택할 수 있는 유일한 경제적 기본질서다(유시민, 2002: 45).

이상의 논의를 정리하면, 이제는 '계획이냐 시장이냐'라는 이분법적 사고 구조를 극복할 때가 되었다. 뒤에서 자세히 살펴볼 공공토지임대제는 계획적인 요소가 강하면서도 시장과 조화를 이루는 방식이다. 이 책의 목적은 바로 중국이나 북측처럼 토지를 국유로 운영하는 시스템에서 개인이나 기업에 배타적이면서 안정적인 토지사용권을 보장하는 방식인 공공토지임대제가 어떻게 계획 및 시장과 조화를 이루면서 지속가능한 발전을 추구할 수 있는지를 이론적·경험적 관점에서 살펴보는 것이다.

제3장

사회적 연대로서의 평화

경제와 평화는 동전의 양면이다. 1장과 2장에서 경제에 대한 필자의 관점을 나누었다면 3장에서는 평화 및 통일에 대한 필자의 관점을 나누고자 한다.

삶이 계속되기 위해서는 평화가 필요하다. 평화는 필수이고 통일은 선택이다. 우리는 중국과 대만이 반드시 통일되어야 한다고 생각하지 않는다. 그냥 별개의 독립국가로 우호적인 관계를 유지해도 된다고 여긴다. 그런데 왜 같은 잣대를 우리 스스로에게는 적용하지 않는가? 우리는 반드시 통일해야 하는가? 관점의 모순이다. 평화가 중요한 것이지 통일이 중요한 것이 아니다. 개인과 사회의 생물학적 삶, 경제적 삶이 문명 및 정신과 이어지기 위해서는 어느 일방의 폭력에 의한 강압적인 평화가 아닌 새로운 차원의 평화와 이를 뒷받침하는 상생의 철학이 필요하다. 그 가능성을 프랑스 사회학자 뒤르켐의 '불평등 없는 사회적 연대로서의 평화'에서 찾아보자.

1953년 7월 27일에 휴전 협정이 체결되었다. 말 그대로 전쟁을 쉬는 상태인 것이다. 이를 '정전'이라고도 표현한다. 이런 의미에서 정전체제란 교전 당사자 간의 정치적 해결로 나아가지 못한 가장 낮은 단계, 즉 전쟁이 부재하다는 부정적 의미에서의 평화 상태다. 반면 전쟁을 완전히 멈춘 상태인 '종전'은 엄연히 다른 개념이다. 종전을 다르게 표현하면 문재인 정부가 추진하려는 새로운 단계의 항구적인 '평화체제'다. 정전체제에서 평화체제로 넘어가야만 그다음 단계로 통일을 생각할 수 있다.

뒤르켐의 이론에 기초해 정전체제, 즉 현상의 판문점 체제를 분석하고 평가한 김학재(2015)는 이 판문점 체제를 '권위에 의한 평화'가 아닌, '힘에 의해 강요된 임시적 평화'로 규정했다. 즉, 안정적인 영구 평화체제가 아니라 합의의 수준이 매우 낮은 군사 정전체제이고, 지난 60여 년간 현존 질서 유지에 대한 주변 강대국들의 강박에 의존해 겨우 유지된 불안하고 유동적인 체제라는 것이다.

불안하고 임시적인 평화 상태는 당연히 보다 안정적인 평화체제로의 변화를 도모하기 마련이다. 이런 차원에서 다양한 차원의 접근법이 제시되었다. 크게 유형화하면 '보수적 자유주의 평화 모델', '단일 민족국가 건설 모델', '분권형 연방제 모델', '경제지원과 협력 모델' 등이 있다.

이들을 간략하게 평가해 보면, '보수적 자유주의 평화 모델'은 북측의 붕괴를 기대하면서 제재와 압박을 주장하는 것으로, 한·미·일 보수 정부가 그동안 고수했던 지배적 관점이다. 이는 미래 한반도의 평화를 위해서는 바람직한 선택이 아님이 분명해졌다.

'단일 민족국가 건설 모델'은 그 당위성에도 불구하고, 냉전과 한국전쟁이 초래한 복잡한 역사적 맥락뿐만 아니라 이미 남과 북이 UN에 동시 가입한 두 국가라는 것까지 고려할 때, 당위성만으로 추진하기에는 한계가 크다. 민족주의를 넘어 새로운 시대적 가치를 포섭할 수 있는 방향으로 나아가야 한다.

'분권형 연방제 모델'은 미국과 독일처럼 남과 북의 기존 도 단위 지역정부가 연방이 되어 하나의 통일된 연방국(United States)을 형성하는 것으로, 남과 북의 중앙 집중적인 정치체제를 극복할 수 있다는 점에서 앞으로 주목할 만하다. 또한 이 책에서 살펴볼 공공토지임대제 모델을 북측에 적용한다는 관점에서 가장 바람직한 접근법이다. 북을 자치권을 가진 하나의 연방국으로 인정함으로써 향후 통일이 되었을 때 북에서 진행될 수 있는 토지사유화를 억제할 수 있기 때문이다. 그런데 여기까지 가기 위해서 남측은 문재인 정부가 추진하려는 분권형 지역 자치제에 대한 경험을 더욱 축적할 필요가 있다. 북측 역시 지역정부에 경제적 자율권을 확대하고 있는 상황에서 정치적 자율권으로까지 확대하는 경험을 축적해야 한다. 즉, 남과 북 양측이 성숙한 분권화의 경험을 축적해야 선택할 수 있는 모델인 것이다. 이러한 내용은 19장에서 더 자세히 살펴본다.

'경제지원과 협력 모델'은 경제협력을 통해 평화의 실현을 도모하는 접근법이다. 이는 김대중, 노무현 정부 당시 개성공단, 금강산관광 등을 통해 적극적으로 추진되었던 것으로, 최근 들어 다시 재개될 움직임을 보이고 있다. 이 모델은 평화체제 전후로 적극적으로 추진해야 하지만, 한국 사회의 발전주의적 경제성장 모델을 북에 이식했다는 부정적인 평가를 염두에 두어야 한다.

정리하면, '보수적 자유주의 평화 모델'은 지양해야 할 선택지이며, 나머지 세 가지 유형은 장점과 한계를 가지고 있기에 더 많은 창조적 고민이 필요하다.

네 가지 모델을 살펴보면서 강조하지 않은 것이 있다. 네 가지 모델은 주로 군사적·정치적·경제적 관점을 중시하는 것으로, 분단을 초래한 역사적 맥락인 경제적 불평등의 문제(지주 - 소작제)에 대한 해결책을 제시하지 못했고, 미래 사회의 보편 가치를 지향하려는 사회적 협력 또는 연대를 제대로 포섭해 내지 못했다는 것이다. 뒤르켐은, 비록 역사과정에서 계급투쟁이 지닌 의의를 이해하지 못한 한계를 지닌 것으로 평가되기도 하지만, '불평등 없는 사회적 연대로서의 평화론'을 제기해 기존 평화담론의 부족한 공간을 메워주는 데 크게 기여했다. 그는 현대사회를 구성원들이 연대 의식을 가져야만 유지될 수 있는 것으로 인식했으며, 현대사회에서 불평등의 문제는 문명의 생존 자체가 걸려 있는 중대한 사안이라고 보았다. 그는 "모든 불평등은 자유 자체에 대한 부정이다"라고 단언했다. 그리고 안정적인 사회적 평화는 교류와 접촉을 통해 관계와 사회를 형성하고 관계의 구조적 불평등을 극복하며 사회정의라는 가치의 달성을 지향해야 한다고 보았다.

이러한 접근법은 인식론적으로는 일제 강점기와 해방 전후 극심한 토지소유 불평등 문제를 제대로 해소하지 못한 역사적 과오를 반성하도록 할 뿐만 아니라 오늘날 남과 북에서 공히 토지독점에 따른 경제적 불평등이 심화되고 있는 현 상황에서 이를 무시한 채 평화 또는 통일을 이야기하는 것이 얼마나 시대착오적인지를 각성시켜 준다. 실천적으로는 시민과 NGO, 사회적경제 주체 등 민간차원과 지자체 등 다양한 주체가 문화, 체육을 넘어 인도적 지원과 미시 차원의 경제 협력 등을 통해 지속적인 교류와 협력을 진행해야 함을 일깨워준다. 뒤르켐은 협력관계를 특히 "분업과 사회적 연대"로 표현하고 있는데, 이를 통해 새로운 사회가 형성된다고 말한 점이 인상적이다. 뒤르켐이 제시한 평화 모델은 앞서 평가한 '분권형 연방제 모델' 및 '경제지원과 협력 모델'과 상호 보완된다. 특히 북에 적용할 공공토지임대제의 관점에서 보면 '분권형 연방제 모델'이 매우 중요하다.

제2부

이론

제4장

새로운 경제체를 위한 공유자원론

1. 공유자원 개념의 재정립[1]

향후 남북관계가 개선되면 북측은 한국과의 경제협력을 통해 지속가능하면서도 건강한 발전을 도모하고자 할 것이다. 이때 토지라는 공유자원에 대한 재산권(소유권과 사용권)을 어떻게 설정할 것인지가 관건이다. 이는 곧바로 남북 경제협력의 방식과 내용을 결정할 것이며, 향후 통일한국의 건강한 기초가 될 것이다.

일반적으로 공유자원은 소유권이 특정 개인이 아닌 지역 공동체 전체에 귀속되며 구성원이라면 누구나 누릴 수 있는 권리가 부여되는 천연의 자원을 의미한다. 토지가 대표적이다. '공유자원'이라는 용어는 학계에서는 물론 일반적으로도 많이 사용되는 용어다. 공유자원은 크게 토지, 바람, 물 등 '천연' 공유자원과, 도로, 항만, 사회기반시설 등 '인공' 공유자원으로 유형화된다. 공유자원이라는 용어 외에도 '공동자원', '공유재', '공동재', '공공

---

1   이 절은 조성찬, 「공유자원 사유화 모델에 기댄 제주국제자유도시 발전전략의 비판적 검토」, ≪공간과 사회≫, 제26권 2호(2016년 6월호), 44~79쪽을 참조했다.

재', '공개재', '자유재' 등 다양한 유사 개념이 있다. 그런데 안타깝게도 용어의 개념이 학문적으로 명확하게 정립되어 있지 않다(최현·따이싱성, 2015: 178~184).

두산백과사전을 보면, 공유자원(common resources, 共有資源)에 대해 "소유권이 어느 특정한 개인에게 있지 않고 사회 전체에 속하는 자원"이라고 정의하면서, 구체적으로 공기·하천·호소(湖沼) 및 국가나 지방자치단체가 소유하고 있는 토지 등과, 항만·도로 등과 같이 공공의 목적으로 축조된 사회간접자본도 공유자원으로 보았다. 옥동석은 "공유자원이란 통상 모두가 소유하고 모두가 제한 없이 이용 가능한 자원"이라고 보았다(옥동석·고광민·이혜연, 2011: 24). 여기서 눈여겨볼 것은 소유 주체를 '사회 전체'로 보면서, 특정 공동체나 지역으로 한정하지 않고 있다는 점이다. 이러한 점에서 공유자원의 개념은 기본적으로 토지는 전체 인류의 것이라는 철학에 기초하는 이 책의 성격에 부합한다. 다만, 백과사전상의 정의에 따르면 사유화된 토지는 공유자원에 포함되지 않는다는 한계를 갖는다.

최현 등의 연구는 '공동자원(common pool resources)'이라는 개념에 기초해 백과사전의 정의가 가진 한계를 극복했다는 점에서 의의가 있다(최현·김현필, 2014; 최현, 2013; 최현·따이싱성, 2015). 최현은 '공동자원'을 "경제학적으로 정의된 비배제성과 경합성을 가진 자원이라는 의미로 사용하는 대신 어떤 개인이나 집단이 독점하는 것이 정당하지 않은 자원"으로 재정의했다. 즉, 공동자원은 '정부도 소유하지 않고 개인도 소유하지 않은 나머지 재화'라는 상식과 달리 실제로는 공동자원에 정부 소유 혹은 개인 소유 재화도 포함할 수 있다는 것이다(최현, 2013: 19). 다만, 이 책은 소유주체의 확장성, 보편적인 사용 등의 장점을 고려해 '공유자원'이라는 용어를 사용하되, 공유자원에 기존 사유자원은 포함되지 않는다는 내용상의 한계를 극복하기 위해 최현의 재정의를 포괄하고자 한다.

공유자원 개념에서의 쟁점은 이미 개인과 사기업에 사유화되어 있는 토지를 공유자원의 범주 안에 포함시킬 수 있는지 여부다. 실정법상 사유화된 토지는 공유자원에 속하지 않는다는 것을 인정한다 하더라도, 자연이 비옥도 및 입지 형태로 부여했고 이에 더해 인구증가, 기반시설의 설치 및 도시화 등 사회 전체의 노력에 의해 상승하는 토지가치인 지대는 경제 이론상 개인의 소유가 될 수 없다(조지, 1997). 그 사회의 구성원이 함께 누려야 한다는 논리적 성격을 갖는 지대는 토지라는 공유자원의 요체다. 토지를 누가 소유하고 있느냐 하는 것은 중요하지 않다. 이러한 점에서 토지가치인 지대를 '사회재'라는 새로운 유형으로 분류할 수 있다. 필자는 '사회재'는 기본적으로 사회적으로 창출되었으며 따라서 사회적으로 통제 또는 귀속되어야 한다고 본다.

　　일부 재산권 철학자들의 논증은 사유화되어 있는 토지도 공유자원의 범주 안에 포함시킬 수 있음을 설명하는 데 도움이 된다. 피에르 조제프 프루동(Pierre-Joseph Proudhon)과 세르게이 예이젠시테인(Sergei Eisenstein) 등은 토지를 원초적으로 강탈에 의해 형성된 재산으로 보았다. 이후 토지소유권은 강력한 법적 보호를 받게 되었다. 그 완성은 로마 시대에 이루어졌다. '도미니엄(dominium)'이라는 용어는 "그 뒤에 더 이상 아무 권리도 없는 최종적 권리, 그 자체는 합법화될 필요가 없으면서 다른 모든 것을 합법화하는 권리, … 쓰고 즐기고 남용할 권리"를 의미하는데, 토지는 로마 시대에 처음으로 도미니엄에 속하게 되었다(아이젠스타인, 2015: 78에서 재인용).

　　토지 외에 화폐 역시 사회재의 성격이 강하다. 그런데 토지와 달리 화폐는 공유자원의 범주에 포함될 수 있는지 여부에 대해 큰 관심을 갖지 않았다. 흔히 '돈'이라 불리는 화폐는 사적 재산으로 보는 견해가 지배적이기 때문이다. 그런데 자본이 천연 공유자원을 사유화해 이윤추구를 도모한 결과물이 화폐라는 점을 고려하면 화폐의 성격을 규명하는 것도 중요하다.

필자는 다음과 같은 이유로 화폐 역시 '인공' 공유자원의 성격을 강하게 내포한다고 본다. 첫째, 정부에 의해 최초의 화폐인 본원통화가 만들어지고 시장에 유통된다는 점, 둘째, 화폐는 시장거래를 통해 여러 주체들 사이에서 끊임없이 유통된다는 점, 셋째, 화폐의 기초인 신용은 사회적 성격을 지니고 있다는 점, 넷째, 사회적 가치인 토지 지대가 자본화되어 지가를 형성한 후 부동산담보대출을 통해 신용화폐로 창조된다는 점, 다섯째, 토지 외의 다른 자연자원에서 획득된 경제 지대 역시 화폐화된다는 점, 여섯째, 화폐 형태를 띠는 막대한 정부 예산은 명백히 공유자원이라는 점 때문이다.

데이비드 하비(David Harvey)는 화폐의 공유자원 성격을 다른 접근 논리로 지지하고 있다. 화폐가 "사회적 가치의 비물질성의 상징이자 재현일 뿐 아니라 만질 수 있는 외형"이기 때문에 노동의 사회적 가치를 재현한다는 것이다(하비, 2014: 62~63). 그런데 화폐가 사회적 가치를 재현함에도 불구하고 태생적으로 개인이 전유할 수 있는 형태여서 개인에 의한 화폐의 축적과 집중이 발생하는 것을 피할 수 없다고 피력했다(하비, 2014: 101).

정리하면, 인공 공유자원의 범주에 사회적 가치를 재현하는 화폐를 포함시키면 경제 전반에서 나타나는 공유자원 사유화 메커니즘을 보다 분명하게 파악할 수 있다. 구조적으로 볼 때 사유제에 기초하는 자본주의 시장경제는 경제의 최하층에서 사용가치를 갖는 토지, 자연자원, 수자원, 바람 등 '천연 공유자원'이 사유화 및 상품화되어 교환가치가 발생하면 경제의 최상층이 화폐 시스템으로 이러한 교환가치를 지배하는 구조이기 때문이다. 필자는 이러한 경제 시스템을 영화 〈매트릭스〉에 비유해 '토지+금융 매트릭스'로 설명한 바 있다(김윤상·조성찬 외, 2012). 이러한 매트릭스 경제에서 인간은 자유인이라고 생각하지만 사실은 노예인 것이다.

2. 자본에 의한 공유자원 사유화의 결과

자본주의 시장경제의 발전과정은 공유자원 사유화의 역사라고 해도 과언이 아니다. 특히 토지는 물론이고 토지에서 발생하는 지대까지 사유화되면서 자본주의 시장경제는 심각한 시장실패를 경험하고 있다. 이러한 일들이 북측과 같은 경제체제 전환국에서는 나타나지 않을 것이라고 예단하는 것은 위험한 접근법이다. 향후 개혁개방을 추진할 북측에서는 자본에 의한 공유자원 사유화가 진행되는 것을 방지하면서도 건강한 발전을 도모할 수 있는 전략이 매우 중요하다. 이러한 점에서 먼저 공유자원이 자본에 의해 어떻게 사유화되는지, 그리고 그 결과는 어떻게 나타나고 있는지 확인하는 것은 매우 중요하다.

공유자원이 어떤 단계를 거치며 사유화되는지 살펴보자. 찰스 아이젠스타인(Charles Eisenstein)은 수세기를 거치며 인간의 영역이 확장되는 대신 자연이 점점 자원, 상품, 자산, 결국에는 돈으로 변하면서 인간과 자연이 서로 분리되고 있다고 보았다(아이젠스타인, 2015: 20).

자연이 상품과 돈으로 전환되는 과정을 중시한 아이젠스타인과 달리, 『자본론』을 쓴 마르크스는 화폐(M) → 상품(C) → 증폭된 화폐(M')의 자본순환 관계를 설명하면서 화폐를 중심에 놓았다. 금융산업이나 카지노산업의 경우는 화폐 자체가 상품이 되어 곧바로 화폐(M) → 증폭된 화폐(M')의 관계가 형성된다. 하비도 화폐를 화폐자본으로 매매할 수 있다고 했는데(하비, 2014: 65), 이때 화폐의 중심성은 극대화된다. 이들의 논의를 종합하면 천연 공유자원은 자본순환 체계에 편입(사유화)된 후 상품화를 거쳐 화폐화가 된다. 경우에 따라서 화폐 자체가 상품이 되어 증폭된 화폐가 되는 순환과정에 들어갈 수도 있다.

자본이 전략적으로 공유자원을 사유화하는 이유는 다음과 같다. 첫째, 사유화를 통해 상품화의 기초를 형성하기 위해서다. 공유자원은 사유화를 통해 양도할 수 있는 배타적인 소유권, 즉 사유재산권 체제를 형성해야 자본의 작동에 법적 기초를 제공할 수 있다. 따라서 공유자원 사유화는 상품화의 필수조건이다. 그리고 사유재산권은 영구적인 보유가 가능한데, 이러한 성격 때문에 사유재산권과 화폐 사이에는 내적인 관계가 형성된다(Harvey, 2014: 80~106).

둘째, 상품화를 통해 화폐로 표현되는 이윤을 극대화하기 위해서다. 하비는 이를 불로소득계급(Rentier Class)이 토지시장에서 자본을 축적하고 부를 추출하기 위해서라고 했는데(하비, 2014: 106), 이 말을 이해하기 위해서는 동일한 현상을 "지대추구"라고 설명한 스티글리츠의 설명에 귀 기울일 필요가 있다. 그는 자신의 책『불평등의 대가(The Price of Inequality)』를 통해 경제현상에서 나타나는 독점에 의한 지대추구 행위를 구체적으로 분석했는데, 그 핵심에는 토지소유권을 가지고 있다는 이유로 노동투입 없이 독점 소득을 누리는 지대 개념이 자리하고 있다(스티글리츠, 2013: 130).

한 경제체가 '공유자원 사유화'를 추진한 결과는 참담하다. 칼 폴라니(Karl Polanyi)는 토지와 화폐 등의 공유자원이 무한한 성공을 가져다주는 상품이라는 허구를 허용할 경우 "사회의 궤멸이 초래된다"라고 단언한다(하비, 2014: 103에서 재인용). 지대추구라는 용어로 설명한 스티글리츠 역시 지대추구와 금융화, 규제 완화는 경제를 왜곡시키며 자원 낭비를 초래해 오히려 경제를 허약하게 만든다고 보았다. 독점과 특정 이익에 대한 세금 우대 조치는 바로 이런 효과를 낸다는 것이다(스티글리츠, 2014: 206).

자본에 의한 공유자원의 사유화는 기본적으로 자본주의 국가에서 진행되었다. 그렇다고 해서 외부 자본을 유치해서 발전을 도모하려는 북측 역시 예외는 아니다. 북측도 개방이 진전되면 특히 외부 자본에 의한 공유자원 사유화의 함정에 빠질 가능성이 크다. 외부 자본을 필요로 하는 북은 지역발전에 도움이 되는 건강한 국내외 자본을 유치하면서도 토지와 같은 공유자원에서 나오는 이익은 지역 내부에서 공유함으로써 지역과 자본이 상생할 수 있는 지역 경제발전 모델을 필요로 한다. 이 책은 이러한 발전 모델에서 공공토지임대제가 어떤 의미와 역할을 할 수 있는지를 탐색하려는 것이다.

3. 토지 공유자원의 소유제도 분화

김윤상(2009)은 민법이 규정하고 있는 소유권의 세 가지 권능, 즉 사용권, 수익권, 처분권 중 어떤 권능을 사적 주체에 귀속시키느냐에 따라 토지소유제도를 네 가지 유형으로 구분했다. 네 가지 유형은 토지사유제, 지대조세제, 토지공유제, 공공토지임대제다.

〈표 4-1〉을 보면, 토지사유제는 사용권, 처분권, 가치수익권 모두 사적 주체에 귀속되는 제도로, 한국의 자본주의적 토지소유제도에 가깝다. 지대조세제는 토지사유제의 폐단인 토지 불로소득 문제를 해결하기 위한 대안으로 제시되고 있으며, 토지소유 주체는 그대로 둔 채 지대를 조세 형식으로 환수하려는 것이 핵심이다. 지대조세제는 이재명 경기도 도지사의 '국토보유세 및 기본소득제'와 같은 맥락이다(헨리조지포럼, 2018). 토지공유제는 세 가지 권능 모두 국가 또는 공공에 귀속하는 것으로, 오늘날 북측의 토지국유제와 유사하다. 마지막으로 공공토지임대제는 토지공유제와 시장경제 시스템을 결합하기 위해 토지사용권을 일정 기간 개인에게 임대하고 지대를 받는 제도다. 홍콩, 싱가포르, 중국 등에서 적용하고 있는 방식이다.

네 가지 토지소유제도 유형 중에서 이 책에서 주로 살펴볼 공공토지임대

표 4-1 **토지소유제도의 네 가지 유형**

소유권의 권능	토지사유제	지대조세제*	공공토지임대제**	토지공유제
사용권	사	사	사	공
처분권	사	사	공	공
가치수익권***	사	공	공	공

* 원래 표에서는 '토지가치공유제'로 표기하고 있으나, 지대를 조세로 환수한다는 의미를 부각시키기 위해 '지대조세
제'라는 표현으로 바꾸었다.
** 원래 표에서는 '토지공공임대제'로 표기하고 있으나, 공공이 토지를 소유한다는 것을 강조하기 위해 '공공토지임대
제'라는 표현으로 바꾸었다.
*** 민법에서는 원래 수익권이라는 용어를 사용하나, 김윤상은 수익권을 토지가치수익권, 즉 지대 및 지가의 수취권으
로 정의한다.
자료: 김윤상(2009: 38), 표 2.1.

제는 사실 새로운 제도가 아닌 '오래된 미래'다. 조선 후기 실학자들이 농지
개혁의 근본으로 삼은 중국의 정전제(井田制)는 공공토지임대제의 원형으
로 볼 수 있다. 정전제는 중국 하조(夏朝) 시대에 시작되었으나, 춘추전국시
대에 사유화에 대한 욕구로 인해 와해되기 시작했다. 정전제는 농지를 9개
로 분할한 뒤 가운데 농지는 다 같이 경작하고 그 주변은 각자 경작하는 것
으로만 일반적으로 이해되고 있다. 그런데 이를 더 자세히 살펴보면, 정전
제에서는 성인 남자가 가정을 이루면 농지를 분배받고, 늙거나 병들면 농
지를 반환했다. 분배받은 토지에 대해서는 사용권만 있었고 소유권은 없었
다. 토지를 공동으로 소유하면서 각자에게 일정 기간 지대 납부 조건으로
빌려주는 것이다.

　이러한 방식은 헨리 조지가 『진보와 빈곤』에서 토지개혁의 핵심 원리로
제시한 방식과 유사하며, 중국이 1978년 개혁개방 이후 추진한 토지개혁과
도 유사하다. 공공토지임대제는 역사, 이론 및 오늘날의 경험이 만나는 지
점에 자리하고 있다.

4. 공공토지임대제를 통한 공유자원의 회복을 주창한 헨리 조지

토지라는 공유자원을 어떻게 관리할 것인지에 대해서는 지역 및 관습은 물론 연구자의 이론적 배경에 따라 다양한 관점이 존재한다. 그중에서 토지사유제 국가를 대상으로 토지보유세(land value taxation) 이론 및 정책을 제시한 것으로 유명한 19세기 미국의 정치경제학자 헨리 조지가 『진보와 빈곤』에서 공공토지임대제에 대해 제시한 관점이 설득력 있다. 그는 책에서 이렇게 이야기한다.

> 빈곤을 타파하고 임금이 정의가 요구하는 수준, 즉 노동자가 벌어들이는 전부가 되도록 하려면 토지의 사적 소유를 공동소유로 바꾸어야 한다. 그 밖의 어떠한 방법도 악의 원인에 도움을 줄 뿐이며 다른 어떤 방법에도 희망이 없다(조지, 1997: 313~314).

공공토지임대제의 경제적 타당성에 대해서는 헨리 조지 외에도 발라(Walras, 2010), 아놋과 스티글리츠(Arnott and Stiglitz, 1979), 후지타(Fujita, 1989), 정운찬(2007) 등이 논한 바 있다.

헨리 조지가 『진보와 빈곤』에서 제시한 공공토지임대제의 핵심 원칙은 다섯 가지다. ① 경매를 통해 최고가 청약자에게 토지사용권 이전, ② 지대의 '매년' 환수, ③ 사회 전체를 위해 지대 사용, ④ 토지사용권의 확실한 보장, ⑤ 노동과 자본의 투입으로 생긴 개량물의 확실한 보호다.

헨리 조지의 영향을 받았으며 한계효용이론을 제창해 근대경제학을 성립하는 데 크게 기여한 레옹 발라는 토지국유화와 지대의 사회화를 주장해, 토지사유제를 실시하는 국가에서 공공토지임대제를 적용할 수 있는 이론적 기초를 쌓았다(Cirillo, 1984: 56~58). 또한 영국의 도시계획가 에버니저 하워드(Ebenezer Howard) 역시 헨리 조지의 영향을 받아 1898년 전원도시안(Garden City)을 제안하면서 도시계획 차원에서 농지를 구입해 공유지로 전환한 후 공공토지임대제를 적용할 수 있는 계획이론을 제시했다. 이러한 계획이론이 제시된 후 1903년에는 레치워스(Letchworth), 1920년에는 웰윈(Welwyn)이라는 신도시가 실제로 건설되었으며, 그 후 공동체토지신탁(Community Land Trust: CLT) 운동이 전개되기 시작했다. 더 놀라운 것은 하워드의 전원도시안이 서구 자본주의 국가뿐만 아니라 사회주의 국가인 러시아, 중국, 북측의 수도 재건에도 영향을 주었다는 점이다. 다만 토지사용권의 개인 유상 양도를 배제했다는 점에서 한계를 내포하고 있다. 그럼에도 불구하고 하워드의 전원도시안은 향후 북측의 도시발전 전략에서 중요한 기초로 삼을 수 있을 것이다.

5. 북측의 경제발전 전략에 공유자원론 적용

'자유사회주의' 이론을 제시한 제임스 미드(James Meade)는 1977년에 노벨경제학상을 수상한 학자로, 존 스튜어트 밀(John Stuart Mill)의 이론을 계승했다. 그는 사회주의 국가의 경제발전을 위해서는 공유자산을 시장에서 운용한 수익을 통해서 세수와 국채에 대한 정부의 과도한 의존을 줄여 경제의 전반적인 효율을 높이는 방향으로 가야 한다고 강조했다(추이즈위안, 2014: 151~152에서 재인용). 한 마디로 국가가 적절한 국유재산을 확보해 민간의 부가 증가할 때 국가의 부도 동시에 증가하는 시스템을 구축해야 한다는 것이다.

여기서 미드가 주로 주목한 국유재산은 바로 '토지'였다. 국유토지를 민간에 임차하면서 민간의 세금 부담을 낮추면 민간 주도의 시장경제 시스템이 작동하고 동시에 정부는 토지사용료를 확보할 수 있다. 그리고 경제가 성장할수록 토지사용료 수입도 증가한다. 이는 공공토지임대제의 핵심원리이기도 하다. 미드의 자유사회주의를 검토한 중국 학자 추이즈위안(崔之元)은 홍콩과 충칭 모델이 민간의 경제발전 과정에서 토지사용료를 받는 대신 세금 부담을 줄였다는 점에서 유사한 구조라고 파악했다(추이즈위안, 2014: 152~155). 미드의 이론은 북측의 경제체제 전환이 앞으로 어떻게 전개되는 것이 바람직한지에 대한 방향성을 제시한다는 점에서 큰 의미가 있다.

공공토지임대제는 사회주의 경제체제 전환국의 토지제도로 가장 바람직한 방식이다. 그런데 한 가지 유념할 것은, 토지사용료를 환수하는 방식으로 토지사용료를 일시불로 받는 중국의 출양제(出讓制) 방식이 아닌 토지사용료를 매년 환수하는 연조제(年租制) 방식이 이론에도 부합하고 적용하기에도 바람직한 방식이라는 것이다. 공공토지임대제 모델을 적용해 토지를 개혁하면 설령 사회주의 국가라 하더라도 경제 발전이 가능하다. 현재북은 경제특구와 개발구에서 공공토지임대제 모델과 비슷한 원리를 적용하고 있다. 북은 향후 이런 원리를 경제특구와 개발구는 물론이고 일반 도시 및 농촌에서 북측의 개인과 기업을 대상으로 확대 적용할 필요가 있다. 그렇게 되면 개혁과 개방을 추진하는 북 역시 건강한 발전을 이룰 수 있다.

제5장

공공토지임대제의 타당성 검토

1. 검토 이유

그동안 한국 사회에서 공공토지임대제에 대한 연구는 특히 통일 후 북측의 토지개혁과 관련해 진행되어 왔다. 연구의 관점은 크게 세 가지로 구분된다. 첫째, 급진적인 토지사유화 관점, 둘째, 공공토지임대제 실시 후 점진적인 토지사유화 관점, 셋째, 영구적인 공공토지임대제 실시 관점이다. 그런데 연구들이 대체로 둘째 관점에 멈춰 서 있는 경우가 많다.

북처럼 토지가 국공유인 경제체는 시장경제와의 결합을 도모하기 위해 토지를 장기간 임대하면서 토지사용료를 납부하도록 하는 다양한 유형의 공공토지임대제 방식을 선택하는 것이 필수불가결해 보인다. 따라서 공공토지임대제의 이론적 타당성을 굳이 논증할 필요가 없다고 여길 수도 있다. 그런데 공공토지임대제를 실시하고 있는 홍콩과 중국 사례에서도 알 수 있듯이, 형식상으로는 공공토지임대제를 적용하고 있지만 여기서도 자본주의 부동산시장에서 나타나는 부작용이 고스란히 나타나고 있다. 이런 점에서 공공토지임대제의 타당성을 다각도로 검토하는 것은 통일한국의 토지정책이 토지사유화를 선택하지 않도록 하기 위해서, 그리고 공공토지임대제를 실시하더라도 본질에 부합하는 방식으로 실시하기 위해서 매우 중요하다.

공공토지임대제의 타당성을 논증하기 위한 검토 기준은 다음과 같다. 첫째, 사적 토지재산권 지지론에 대한 비판적 검토, 둘째, 맥퍼슨(C. B. Macpherson)의 '배제되지 않을 권리'에서 도출한 '배제되지 않을 토지재산권'에 기초한 검토, 셋째, 제러미 리프킨(Jeremy Rifkin)이 제시한 새로운 네트워크 사회에서 예견되는 임대형 토지이용에 기초한 검토다. 공공토지임대제는 첫째 검토를 통해서는 토지가 가진 보편 법칙에 부합하는 제도라는 이론적 타당성을 확보할 수 있으며, 둘째 검토를 통해서는 기본권의 요구에 부합하는 제도라는 재산권 타당성을 확보할 수 있다.[1] 셋째 검토를 통해서는 새로운 시장사회의 요구에 부합하는 제도라는 시장효율적 타당성을 확보할 수 있다.

2. 검토 I: 사적 토지재산권 지지론에 대한 비판적 검토

17세기 영국의 철학자 존 로크(John Locke) 이후 토지재산권 사유화를 이론적으로 정당화하려는 작업들이 전개되었다. 정당화 이론은 크게 점유설, 노동설, 공리주의설, 인격설의 네 가지로 분류할 수 있다. 앞의 세 가지 이론은 생산이 중요한 시대에 등장해 주목을 받은 반면, 인격설은 소비가 중요해진 오늘날 주목받고 있다. 네 가지 정당화 이론은 일반 재화에 대한 사

1 　재산권 이론가들의 문헌은 김남두가 번역해 엮은 『재산권 사상의 흐름』(1993)을 참조했다. 이 책은 맥퍼슨이 여러 재산권 이론가의 핵심 이론을 엮어 만든 책을 번역하고 여기에 다른 이론가를 추가한 것이다.

적 재산권 이론으로서도 의의가 있지만 그보다는 가장 민감한 재산권인 토지를 핵심적인 정당화 대상으로 삼는다. 이하에서는 사적 토지재산권을 지지하는 네 가지 이론의 내용을 살펴보고 각 이론이 설득력이 없음을 살펴본다. 그리고 검토 I의 소결로, 사적 토지재산권 지지론은 개인의 우선적인 이용권에서만 정당성이 있음을 도출한다.

1) 자유주의 사적 토지재산권을 지지한 네 가지 이론

(1) 코헨의 점유설

점유설은 가장 오래되고 또 최근까지 가장 영향력이 컸던 사유재산권 옹호 이론으로, 최초로 발견하고 점유한 이가 점유된 것을 처분할 수 있다고 가정한 권리에 근거해 있다. 이 견해는 로마의 법률가들과 휴고 그로티우스(Hugo Grotius)에서부터 이마누엘 칸트(Immanuel Kant)에 이르는 근세 철학자들의 생각을 대단히 강력하게 지배했다(맥퍼슨, 1993b: 252에서 재인용). 점유설이 오랜 역사를 가지며 최근까지 영향력을 행사한 이유는 이 이론이 인간에게 가장 직관적일 뿐만 아니라 인간 본성에도 강력하게 호소하기 때문이다. 점유설을 비판하면서도 현실적으로는 그 정당성을 인정한 모리스 코헨(Morris Cohen)의 논리를 살펴보자.

코헨은 대규모로 축적된 부가 단순히 발견되는 일은 거의 없고 대부분 다수의 노동의 결과이거나 '영토 정복' 및 사업경영과 다른 수단의 결과라는 것이 점유설의 치명적인 결함이라고 지적하면서(맥퍼슨, 1993b: 252에서 재인용), '정복'을 통해 점유되어 형성된 사적 토지재산권은 정당하지 못하다고 인정했다.

그런데 코헨은 결론에서 최초 점유자가 소유자가 되어야 한다는 모순된 입장을 취한다. 물론 점유물을 자의적으로 사용해서는 안 되며 최초 점유자의 권리가 그의 사후에도 무한히 계속되지는 않는다는 제한을 두기는 하지만, 다른 어떤 사람이 소유자보다 더 나은 주장을 하기 전까지는 현재의 소유자를 보호해야 한다는 주장을 편다. 그 이유로 거래의 확실성과 안전성에 기여하기 위해서이자 법이 인간사에서 관성의 법칙을 무시하지 않기 위해서라고 밝힌다. 심지어 현 토지소유자가 앞으로도 안정적으로 토지를 소유 및 사용할 수 있다는 기대를 무너뜨리고 그로 인해 타인과 갈등을 초래하는 도덕 원칙은 비록 최초 점유에서 초래된 결함을 교정한다 하더라도 중요하지 않다고 주장했다(맥퍼슨, 1993b: 253에서 재인용).

코헨은 도덕 원칙에 근거해 최초의 점유가 부당하더라도 현실 경제의 질서 안정을 위해 특별한 문제가 없는 한 현재까지 진행된 점유 및 소유관계를 인정하자는 것이다. 원칙과 현실의 충돌에서 현실에 손을 들어준 것이다. 그런데 코헨의 논리를 일반 재화가 아닌 공급이 고정된 토지에 적용하면 심각한 문제가 발생한다. 첫째, 스스로도 인정했듯이 폭력과 강탈에 의한 토지 점유는 어떠한 철학과 이론으로도 정당화될 수 없다. 둘째, 잘못된 토지 점유 및 거래를 통해 당사자가 얻는 이익보다 토지 점유에서 배제된 대중이 입는 손해가 더 크다. 셋째, 강력한 토지재산권으로 인해 코헨이 제시한 점유물의 자의적인 사용 금지 및 상속 금지라는 두 가지 제한이 제대로 적용될 여지가 없다.

(2) 로크의 화폐 노동설

사유재산의 정당화와 관련해 나의 것과 너의 것을 나누는 기준과 그 근거가 무엇인가에 대한 물음에 대해, 근세 사상가들은 입장의 차이에도 불구하고 노동이 그 근거가 되어야 한다는 데 일치된 견해를 보였다. 로크가 가장 대표적인 학자이며, 뒤에서 살펴볼 공리주의설을 주장한 벤담이나, 인격설을 주장한 헤겔과 그린, 심지어 밀과 마르크스 역시 노동이 중요한 기준과 근거라고 주장했다. 이처럼 노동설은 사유재산권의 정당화 이론으로서 강력하기는 하지만, 이 이론을 토지에 적용하면 역시 한계가 드러난다. 로크는 이 한계를 노동과 화폐를 결합한 화폐 노동설로 해결하고자 했으나 논리적 비약에 빠질 뿐이었다.

로크는 『통치론(Two Treatises of Government)』을 통해 국가의 기원과 현재 자본주의 재산권 이론의 중요한 기초를 정립했다. 근대 재산권 이론은 대체로 로크의 이론에서 출발한다. 그런데 노동설에 기초한 로크의 재산권 이론은 두 가지 중요한 문제를 안고 있다. 첫째는, 자신의 노동을 토지의 경작, 파종, 개량, 재배에 투입해 토지재산권을 획득해야 한다는 문제, 즉 '노동에 의한 정당한 취득조건' 문제다. 둘째는, 토지재산권의 사유화를 정당화하는 데에서 반드시 충족되어야 하는 조건인 "적어도 동질의 좋은 토지가 다른 사람에게도 충분하게 남겨져 있어야 한다"는 '로크의 단서(Locke's proviso)'가 지닌 비현실성 문제다(로크, 2005).

첫째 문제와 관련해, 로크는 『통치론』 제27절 전반부에서 "토지는 … 일체 공유다"라고 전제했으나, 후반부에서는 도리어 "노동이 토지의 경작, 파종, 개량, 재배에 투입되기만 하면 (생산물이 아니라 _필자 추가) 토지재산권을 획득할 수 있다"라고 했다. 로크는 '모든' 인간의 평등 및 토지 공유를 전제하면서도 토지와 자본의 '배타적' 권리를 유도하기 위해 "노동의 자기소유"라는 자연권적인 가정을 했다. 인간은 모두 평등하지만 노동은 자신만 배타적으로 소유하고 있어서 이러한 노동이 투입된 대상은 로크의 단서를 충족시키는 한 배타성을 지닌 사적 재산권을 갖는다는 것이다. 로크의 논리에 대해 로버트 노직(Robert Nozick)은 "왜 소유권이 한 사람의 노동이 생산한 부가가치만이 아닌 대상 전체에까지 확장되어야 하는가?"라고 질문을 던지고, 울타리 치는 노동을 투입한 자는 토지 전체가 아닌 단지 '그 울타리만' 소유한다고 비꼬았다(노직, 1993: 308). 토지는 일반적인 산물과 달리 노동의 결과도 아닐뿐더러 만약 노동자의 우선 소유권을 인정하면 다른 사람의 토지이용에 대한 평등한 기회가 박탈된다. 보호해야 할 권리는 노동 생산물에 대한 권리이지 토지 그 자체에 대한 소유권은 아니라는 것이다.

둘째 문제와 관련해, '노동에 의한 정당한 취득조건'이 갖는 문제를 논리적으로 방어하려는 의도로 도입된 '로크의 단서'는 현대 경제상황하에서 현실성이 없다. 왜냐하면 어떠한 국가의 토지보유량도 '로크의 단서'를 만족시킬 수 없기 때문이다. 따라서 이러한 전제는 역설적이게도 오히려 시장경제 조건하에서 그의 토지재산권 이론은 도덕적 정당성이 결여되어 있음을 반증한다(김윤상, 2002: 168~169). 노직도 '로크의 단서'가 더 이상 타당하지 않다면 과거에도 타당한 적이 없는 것이라고 비판한다(노직, 1993: 310). 왜냐하면 이 단서가 정말로 타당했다면 항구적이고 유증 가능한 정당한 재산권이 발생해 오늘날까지 이르렀을 것이기 때문이다. 그런데 갑자기 단서가 타당하지 않게 되면 지금까지 정당하게 여겨진 재산권의 정당성을 부정하는 현상이 발생한다. 즉, 항구적이고 정당한 재산권 형성을 위해서는 단서가 처음부터 끝까지 지속적으로 타당해야지, 중간에 타당하지 않게 되는 일은 생각할 수 없다는 것이다. 로크의 토지재산권 이론이 분명한 허점을 갖고 있음에도 불구하고 로크가 이러한 이론을 제시할 수 있었던 이유는 식민지 미국이 가진 특수한 배경과 관련되어 있다. 즉, 영국인 파견 관료로 당시 아메리카 식민지의 행정관을 담당하던 로크의 눈에는 아메리카 대륙이 토지가 매우 풍부한 곳으로 보였기 때문이다(강정인, 1998: 63~71).

'로크의 단서'가 충족되지 못함에도 불구하고, 사적 토지재산권에 정당성을 부여하려는 이론적 시도들이 이루어졌다. 대표적인 정당화 수단이 보상과 노동이다. 첫째, 보상이라는 정당화 수단이다. 노직은 "한 사람의 사유화는 다른 경우라면 그 단서를 위반할 것이지만 그가 다른 사람에게 발생한 손해를 보상함으로써 다른 사람의 상황이 악화되지 않는다면 그는 토지를 사유화할 수 있다"라고 로크를 옹호했다(노직, 1993: 314). 둘째, 노동이라는 정당화 수단이다. 로크는 더 이상 토지가 남아 있지 않더라도 자연적 생존권이 만족될 수 있는 또 다른 방식으로 토지가 없는 자들이 자신들의 노동을 통해 생계를 유지할 수 있는 체제를 제안했다(맥퍼슨, 1990: 247). 로크의 이러한 주장을 전체적으로 이해하기 위해서는 화폐를 통해 개인 토지소유 면적의 한계를 극복하려 한 이론적 시도를 살펴볼 필요가 있다.

로크는 아메리카 대륙의 토지가 충분하다는 이유로 '로크의 단서'가 충족된다고 보고 사적 토지재산권을 정당화했다. 그런데 로크는 이러한 정당화에서 더 나아가 화폐를 통해 개인 토지소유 면적이 제한되지 않는다는 것을 논증했다. 로크가 둘째 단서로 제시한 '부패의 제한 단서'에 따르면 개인이 소유할 수 있는 토지의 면적은 자신의 노동을 투입해 생산한 부가 부패되지 않을 만큼에 한해서만 정당화된다. 로크는 『통치론』 제31절에서 부패의 제한 단서를 설명하면서 다음과 같이 말했다. "어떤 사람이든지 그것을 부패시키지 않고 삶에 유용하게 쓸 수 있을 만큼만 이용해야 한다. 그의 노동력으로 바로 그만큼만 재산으로 만들 수 있다. 이것을 초과하는 것은 무엇이든지 간에 그의 몫보다 많은 것이며 다른 사람에게 속하는 것이다. 인간을 위해서 신은 부패되고 파괴되는 것은 아무것도 만들지 않았다." 그런데 이러한 제한은 화폐가 도입되면 무너진다. 로크는 아메리카 대륙에는 토지가 방대하기 때문에 모든 사람이 일하고 사용할 수 있는 토지가 충분히 남아 있다고 말하고 나서 다음과 같이 이야기한다.

그러나 나는 이것이 그렇다는 것에 아무런 강조도 두지 않는다. 이것은 내가 감히 인정하는 것인데, 그와 같은 소유권에 관한 규칙, (다시 말해서) 모든 사람은 자기가 사용할 수 있는 만큼만 가져야 한다는 규칙은, 어느 누구도

곤란에 빠뜨리지 않고 여전히 이 세계에서 타당할 것이라는 점이다. 왜냐하면 화폐의 발명과 화폐에 가치를 부여하고자 하는 사람들의 묵계로 인해 토지를 더 많이 사용할 수 있게 되었으며, 화폐를 소유할 권리를 도입하지 않았다면 세계에는 아직도 두 배의 주민들을 충족시킬 정도로 충분한 땅이 있었을 것이기 때문이다(로크, 2005: 제36절).

로크는 화폐가 어떤 특성을 갖고 있다고 생각했기에 이와 같이 이야기할 수 있었을까? 로크는 제50절에서 다음과 같이 말한다. "사람은 자신이 그 산물을 이용할 수 있는 것 이상으로 정당하게 토지를 소유할 수 있는데, 그 것은 (이용하고 남은 산물의 _필자 추가) 여분을 교환해서 금과 은으로 바꿈으로써 가능하다. 금과 은은 다른 사람에게 아무런 손상도 주지 않고 축적할 수 있는 것이고, 이러한 금속들은 소유자의 손에서 썩거나 부패되지 않는다"(맥퍼슨, 1990, 1993b: 238). 이러한 논리에 대해 맥퍼슨은 "로크의 놀랄 만한 업적은 처음에는 재산권의 기초를 자연권과 자연법 위에 두었다가 그후에 재산권에서 모든 자연법의 한계를 제거했다는 것이다"라고 평가했다(맥퍼슨, 1990, 1993b: 229). 그런데 문제는 화폐를 도입해 토지소유 면적의 제한을 극복하고 나면 오히려 '로크의 단서'와 충돌한다는 점이다. 이러한 충돌을 해결하기 위한 방법으로 로크는 토지 없는 자들이 노동을 통해 생계 문제를 해결할 수 있다고 언급한 것이다. 로크가 구체적으로 묘사하지는 않았지만, 로크의 논리를 종합하면 '로크의 단서'와 '부패의 제한 단서'를 동시에 만족시킬 수 있는 체제는 '지주 – 소작농' 체제 및 '자본가 – 노동자' 체제다. 이러한 체제는 화폐 도입에 뒤따르는 자연적인 결과다.

로크의 이론에 따르면 화폐를 도입하면 둘째 단서인 토지소유 면적의 제한을 극복하고 화폐 도입의 자연스러운 결과인 노동의 상품화를 통해 첫째 단서인 '로크의 단서'마저 극복할 수 있는 것처럼 보인다. 그러나 사실은 노동설의 가장 중요한 기초인 '노동의 자기 소유'를 부정하게 되어 로크의 사적 토지재산권 정당화 이론 전체가 무너진다. 자기의 노동을 어쩔 수 없이 저임금에 파는 노동자를 '노동의 자기 소유자'라고 말하기는 어렵다.

(3) 벤담의 공리주의설

'최대 다수의 최대 행복' 원리, 즉 공리주의를 재산권의 근거로 삼은 제러미 벤담(Jeremy Bentham)은 공리주의의 이 같은 원리가 불평등한 재산제도를 절대적으로 필요로 한다고 주장했다(벤담, 1993: 62). 벤담이 말한 최대 행복은 공동체 단위의 최대 행복이 아니라 개인을 단위로 하여 개인의 행복의 합이 최대가 되는 행복을 의미한다. 따라서 벤담은 이러한 개인의 행복을 추구하는 데에서 가장 중요한 전제를 안전에 대한 기대로 삼았다. 벤담은 구체적으로 현재 손실이 발생하지 않도록 안전을 유지하는 것으로는 충분하지 않으며 가능한 한 미래의 손실에 대해서도 안전을 보장하는 것이 필요하다고 주장했다(벤담, 1993: 76).

이러한 기초에서 벤담은 재산권을 안전에 대한 기대와 연결지어 설명한다. 우선 인간은 안전에 대한 욕구로 인해 노동을 투입해 자연을 극복하고 아름답게 꾸미고 토지를 비옥하게 만들었다고 주장했다(벤담, 1993: 85). 재산권 형성의 기초가 마련된 것이다. 여기서 더 나아가 지속적인 안전을 위해 소유할 것으로 예상되는 사물(토지)로부터 어떤 이익을 이끌어 낼 것이라는 확립된 기대가 바로 재산이라고 정의했다(벤담, 1993: 77~78). 이로써 법의 강한 보호를 받는 완성된 재산권 개념이 형성되었다.

안전의 대원칙을 염두에 두고 재산권을 정의하면, 재산권을 설정하는 법률은 재산이 이미 확립된 상태를 유지·보호하는 역할을 담당해야 한다는 결론에 이른다(벤담, 1993: 85). 즉, 안전의 대원칙을 추구하기 위해 현재의 불평등한 재산분배 상태를 법률로서 인정하고 보호해야 한다는 것이다. 벤담은 안전과 평등이 대립할 때에는 한순간도 머뭇거리지 말고 평등이 양보해야 한다고 말한다. 여기에 더해 완전한 평등을 확립하려는 것은 망상이며, 우리가 할 수 있는 최선은 불평등을 감소시키는 것이라고 조언한다. 다만 개인에게 지나치게 많은 재산이 쌓이는 것을 방지하기 위해 재산 소유자가 죽었을 때 법이 상속에 조정을 가해 불평등을 감소시킬 수 있다고 했다(벤담, 1993: 86~87).

이렇듯 불평등한 재산제도를 절대적으로 필요로 하는 공리주의는 재산권의 출발을 노동에서 시작한다는 점에서 정당성이 상실된다. 또한 안전의 대원칙을 추구하면서 이미 재산을 보유하고 있는 이들만의 안전을 추구할 뿐, 토지사용에서 배제된 현재 및 미래 세대의 안전은 도외시했다는 점에서 정당성이 상실된다.

(4) 헤겔의 인격설

게오르크 헤겔(Georg Hegel)의 인격설은 이미 살펴본 점유설과 노동설을 포괄하면서도 인격 개념에 기초해 사적 재산권을 형이상학적 수준까지 올려놓았다. 헤겔의 인격설을 이해하기 위해서는 인격과 물권의 관계를 이해해야 한다. 헤겔에 따르면, "오직 인격만이 물건에 권리를 부여하므로 결국 인격권이란 본질적으로 물권이다. 일반적 의미에서 볼 때 이때의 물건이란 자유에 대해서 외면적인 것으로서, 여기에는 나의 신체나 나의 생명도 속한다. 이러한 물권은 곧 인격 그 자체의 권리"(헤겔, 1993: 제40절)다. 또한 "인격은 어떤 물건 속에도 스스로의 의지를 담아 넣음으로써 바로 이 물건이 나의 것이 되는 권리를 스스로의 실체적 목적으로 삼는다"(헤겔, 1993: 제44절). 이를 종합하면 인격은 우선 신체라는 가장 직접적인 물건에 담겨 있으며, 더 나아가 어떤 물건 속에도 담길 수 있다. 인격이 담긴 물건이 바로 재산이 된다.

인간이 물건에 자신의 인격을 담으려는 이유는, 이러한 행위가 곧 개인의 자유의 표현이기 때문이다. 따라서 인간은 재산을 확보하고 시공간에서 자신의 인격을 확장해 자신의 존재를 넓히고자 한다(리프킨, 2005: 186). 이러한 맥락에서 헤겔은 인간은 모든 물건에 대한 절대적 취득권(Zueignungsrecht)을 갖는다라는 결론을 내린다(헤겔, 1993: 제44절).

헤겔의 논리대로 어떤 물건에 인격을 담아내기 위해서는 노동이 필요하다. 그런데 이 노동은 로크의 노동과는 다르다. 로크의 경우 노동의 자기 소유에 근거해 노동이 가해진 대상을 정당하게 소유한다. 그런데 헤겔의 경우 노동을 가한 주체가 소유자가 된다는 점에서는 로크와 같지만 노동이 수행하는 역할이 상이하다는 점에서 차이가 있다. 헤겔의 노동은 자유로운 인격체인 인간이 자기표현과 자기실현을 위해 단순히 수단을 넘어서는 자기목적적 성격을 가진다. 따라서 재산도 단순한 욕구충족 수단이라는 성격을 넘어 자유의 실현이라는 보다 형이상학적인 성격을 가진다(맥퍼슨, 1993b: 90).

일반적으로 헤겔의 인격설이 로크의 노동설보다 더 현대적인 것으로 느껴진다. 그 이유는 시대가 변함에 따라 자본주의 체제의 중심이 생산에서 소비로 이동했기 때문이다. 로크의 노동설은 근면, 저축, 자본 축적에 초점이 맞춰진 시대에 적합한 철학적 배경을 제공했다. 반면 오늘날은 소비와 개인 경험의 상품화가 훨씬 중시되는 시대다. 따라서 재산이 인격의 연장이며 표현이라는 헤겔의 재산권 개념이 오늘날 더욱 중시되는 것은 조금도 이상한 일이 아니다(리프킨, 2005: 187~188).

그런데 헤겔의 인격설을 토지에 적용할 경우 역시 한계가 드러난다. 우선 헤겔의 인격설이 점유설과 노동설에 기초해 있다는 점에서 한계성을 내포한다. 또한 헤겔의 논리대로 자유를 확대하기 위해 토지에 인격을 투입해 토지 재산을 확대하면 공급이 한정된 토지는 분명 부족해진다. 이 경우 토지를 확보하지 못해 지주 – 소작농이나 자본가 – 노동자 체제에 빠진 이들의 자유는 축소되고 결과적으로 인격마저도 축소되는 결과가 초래된다. 헤겔의 인격설은 사적 재산권을 정당화하는 이론으로는 매력적이지만 토지에 적용될 때에는 너무나 치명적인 오류를 갖는다.

2) 정당화 조건을 만족시키지 못하는 사적 토지재산권

사적 토지재산권은 그 자체로 논리적 오류를 지닐 뿐만 아니라 정당화 조건을 만족시키지도 못한다. 먼저 존 스튜어트 밀(John Stuart Mill)은 "모든 사람에게 자신의 노동에 의해 생산되고 자신의 절제에 의해 축적되었던 것을 보장해 주는 재산권의 핵심적 원리가 노동에 의해 생산되지 않은 대지라는 원료에는 적용될 수 없다"라고 분명하게 말하면서 토지독점은 부정의한 것이라고 주장했다. 다만 밀이 토지소유자가 토지의 개간자일 경우에는 토지재산권이 타당하다고 함으로써 일부 토지재산권의 정당성 조건에 대해 언급했음에 주의할 필요가 있다(밀, 1993: 183~184).

토머스 힐 그린(Thomas Hill Green)은 사적 토지재산권화의 정당성 조건으로 두 가지를 제시했다. 첫째, 사적 토지재산권화가 전체적으로 사회 복리에 기여해야 하고, 둘째, 사유토지가 공유 토지보다 더 유용하게 이용되어야 한다는 것이다. 그런데 그린은 지주들이 자신의 이익만을 위해 자기 땅을 임의로 사용하는 것으로 보았다(그린, 1993: 제229절). 그린의 통찰에 따르면 산업사회에서는 사적 토지재산권이 사회 복리에 기여하지도 못하고 더 유용하게 사용되지도 못해 정당화 조건을 충족시키지 못했다.

20세기 초반의 사회주의 이론가 리처드 헨리 토니(Richard Henry Tawney)는 사적 토지재산권이 정당화 조건을 충족시키지 못했다며 보다 강한 어조로 비판한다. 토니는 정당화 조건을 자유주의자들이 재산권을 옹호하는 논리에서 찾았다. 즉, "재산 제도의 의의가 노동한 자에게 자신이 수고한 결실을 받을 것임을 보장함으로써 산업을 촉진시키는 데 있다면, 어떤 사람이 자기 자신의 노력 끝에 가지는 재산을 보전하는 것이 중요한 만큼 그것과 똑같이 다른 사람이 들인 노력의 결과를 빼앗는 재산권을 척결하는 것도 중요하다"(토니, 1993: 230)라는 것이다. 토니는 다른 사람이 들인 노력의 결과를 도둑질하는 예로 광산을 들고 있지만 이는 토지 지대에도 그대로 적용된다. 토니는 "재산권이 도둑질은 아니다. 그러나 상당한 부분의 도둑질은 재산이 된다(토니, 1993: 230)라며 사적 토지재산권을 신랄하게 비판한다. 이처럼 사적 토지재산권은 그 지지론 내부에 논리적 모순을 지니고 있을 뿐만 아니라, 밀, 그린, 토니 등의 학자들이 제시한 정당화 조건 역시 만족시키지 못한다.

3) 개인의 우선적인 이용권만 인정하는 사적 토지재산권 지지론

지금까지 토지재산권의 사유화를 이론적으로 정당화하는 네 가지 이론을 비판적으로 검토해 보았다. 또한 네 가지 이론이 지지하는 토지사유제가 사적 토지재산권의 정당성 조건을 만족시키지 못한다는 것 또한 살펴보았다. 검토 결과를 종합하면, 토지소유권 전체를 옹호하는 사적 토지재산권 이론들은 이론적 정당성의 근거가 없다. 오히려 이러한 이론들은 토지소유권 전체가 아닌 개인의 우선적인 이용권만을 인정하고 있다. 소유권 전체가 아닌 개인의 우선적인 이용권만 인정하더라도 노동 투입을 통해 산출되는 결과물이 안전하게 보장받을 수 있기 때문에 노동설과 안전설이 충족된다. 또한 노동 생산물 안에 자신의 인격이 확장될 수 있기 때문에 인격설도 충족될 수 있다. 그러나 개인의 우선적인 이용권을 인정하더라도 토지소유를 전제로 하는 점유설은 충족될 수 없다.

이러한 관점에서, 앞에서 제시한 네 가지 토지소유제도 중 토지사유제는 개인의 이용권을 넘어 소유권 전체를 인정한다는 점에서 정당성이 상실된다. 반면 토지공유제는 개인의 우선적인 이용권을 인정하지 않는다는 점에서 정당성이 없다. 반면에 지대조세제와 공공토지임대제는 개인의 우선적인 이용권을 인정하면서도 독점적인 이용에 대한 대가인 지대를 납부한다는 점에서 정당성을 획득한다.

3. 검토 II: '배제되지 않을 토지재산권'에 기초한 검토

1) 맥퍼슨의 재산권 패러다임, '배제되지 않을 권리'

지금까지 자유주의 사적 재산권 이론을 토지에 적용했을 때 한계가 있다는 사실을 살펴보았다. 지금까지의 논의를 통해서 내릴 수 있는 잠정적 결론은 '개인'의 관점에서 구축한 사적 재산권 이론을 공공성이 강한 토지에 적용하면 문제가 발생한다는 사실이다. 이러한 사실은 기존의 자유주의 사적 재산권 이론으로는 토지재산권을 제대로 다룰 수 없으며 새로운 재산권 이론이 강하게 요구된다는 것을 시사한다. 그런 점에서 맥퍼슨의 '배제되지 않을 권리'에서 도출한 '배제되지 않을 토지재산권'은 우리에게 중요한 통찰을 제공한다.

(1) 기존 재산권 개념이 지닌 두 가지 문제

맥퍼슨은 새로운 재산권 개념을 제시하기 전에 먼저 기존 재산권 개념의 두 가지 문제점을 지적한다. 하나는 오늘날 통상적으로 재산이 사물을 의미한다고 인식한다는 것이다. 다른 하나는 대부분의 근세 사상가들이 각종 저술에서 재산권을 흔히 사유재산권과 동일한 것으로 취급했다는 것이다. 재산권을 사유재산권으로 인식한다는 것은 재산권을 배타적인 개인의 권리로 이해한다는 것을 의미한다(맥퍼슨, 1993a: 322).

첫째 문제와 관련해, 봉건시대에 '권리'로 이해되던 토지재산권이 산업혁명을 거치며 개인의 배타적인 '사물'로 이해되는 경향이 강화되었다. 그로 인해 공유재산인 토지에서 여러 개인의 권리를 어떻게 설정할 것인가라는 인식체계가 한 개인이 토지를 어떻게 배타적으로 소유할 것인가라는 인식체계로 전환되었다. 이는 곧바로 맥퍼슨이 제기한 둘째 문제인 '배제되지 않을 권리'로서의 공유재산과 연결된다. 다음에서 자세히 살펴보자.

(2) '배제되지 않을 권리'의 대상인 공유재산도 개인재산

맥퍼슨은 재산을 사유재산, 공유재산, 국가재산으로 구분하고, 토지와 같은 공유재산은 개별 구성원들이 토지를 사용할 권리를 가진다는 점에서 '개인들'의 재산이라고 보았다. 맥퍼슨의 이러한 견해는 통상적인 견해와 중요한 차이를 보인다. 사유재산은 어떤 것의 사용과 수익에서 한 개인이 타자를 '배제할 수 있다'는 보증에 의해 창출된다. 따라서 사유재산은 '권리'의 성격보다는 '사물'의 성격이 더 강하다. 반면 공유재산은 각 개인이 어떤 것의 사용이나 수익으로부터 '배제되지 않는다'는 보증에 의해 창출된다(맥퍼슨, 1993a: 326). 따라서 공유재산은 '사물'의 성격보다는 '권리'의 성격이 더 강하다.

맥퍼슨은 국가재산에 대해서도 논하는데, 국가재산은 공유재산과 다르다고 보았다. 국가재산은 배제되지 않을 개인적 권리가 아니라 배타적인 법인 권리라고 본 것이다. 그 이유는 국가는 국민 전체의 조직체가 아니라 국민들을 다스리도록 권한을 위임받은 사람들의 조직체에 불과하다고 보았기 때문이다(맥퍼슨, 1993a: 327~328).

이러한 논증을 통해 내릴 수 있는 결론은, 공유재산은 과일이나 포획물 같은 순수한 의미의 사유재산에 적용할 수 있는 '배타적인 권리'의 개념이 아닌 '배제되지 않을 권리'의 개념으로 파악해야 한다는 것이다. 그리고 공유재산의 중심에는 바로 토지가 있다.

2) '배제되지 않을 권리' 이론으로 공공토지임대제의 정당성 제시

맥퍼슨이 제시한 배제되지 않을 권리로서의 사적 재산권 대상은 자연자원에 한정되지 않았다. 그는 개인의 재산권은 사회의 생산력을 포함해 사회의 성취 결과물을 사용하고 이익을 취하는 데에서 배제되지 않을 권리라고 규정하고, 그 대상으로, 첫째, 사회의 축적 자본과 자연자원에 대한 평등한 접근권, 둘째, 인간적인 삶을 위해 사회의 전체 생산에서 산출되는 소득에 대한 권리를 제시했다(맥퍼슨, 1993a: 350).

개인의 노동을 통해 생산하지 않은 자연자원에 평등하게 부여되는 접근권에 대해서는 논쟁의 여지가 없다. 그러나 사회가 축적한 자본이나 사회가 생산한 소득은 결국 개인이 축적하고 생산한 것이라는 점에서 개인의 배타적인 재산권에 타인의 배제되지 않을 재산권을 부여하자는 것이어서 재산권의 충돌이 발생한다.

'배제되지 않을 권리'의 대상을 자본과 소득까지 확대·적용하면 재산권 충돌이 발생하는 문제가 있다. 하지만 맥퍼슨이 제시한 새로운 재산권 패러다임은 공유재산인 토지에 대한 재산권을 개인의 권리로 파악하고 평등한 접근권을 보장하기 위해 임대에 해당하는 '할당' 방식(맥퍼슨, 1993a: 343)을 이용할 수 있다고 규정함으로써 '배제되지 않을 토지재산권'에 기초한 공공토지임대제의 이론적 정당성을 제시한다는 점에서 장점을 지니고 있다.

3) '배제되지 않을 토지재산권'을 보장하기 위한 조건

어떤 토지제도가 '배제되지 않을 토지재산권'을 개인들에게 공정하게 보장하기 위해서는 첫째, 맥퍼슨이 정의한 것처럼 '공유재산도 결국 개인재산이다'라는 명제에 부합해야 하며, 둘째, 불로소득에 해당하는 지대 사유화 문제를 해결할 수 있어야 한다. 공공토지임대제가 이 두 가지 조건에 부합하는지 살펴보자.

(1) '공유재산도 개인재산이다'라는 명제에의 부합 여부

'공유재산도 개인재산이다'라는 명제는 시장경제 원리와 조화를 이루기 위해 아주 중요하다. 흔히 토지사유권을 정당화하고 지지하는 데에는 토지재산권이 사적으로 확립되고 보호되어야만 거래의 안정성을 높여 시장경제의 발전을 가져올 수 있다는 인식이 바탕에 깔려 있다. 이러한 견해는 일종의 '토지사유제 신화'다. 공공토지임대제는 토지소유권 전체를 개인에게 인정하지 않으면서도 '공유재산도 개인재산이다'라는 명제에 부합하며, 시장경제 원리와 조화를 이룬다. 여기에 대해 밀, 헨리 조지, 개릿 하딘(Garrett Hardin)의 논의를 중심으로 살펴본다.

먼저 노동설이 토지에는 적용되지 않는다고 밝힌 밀은 농지에서의 해결방안을 제시했다. 우선 농업에서의 토지사용은 당분간 어쩔 수 없이 독점적이되, 노동자에게 그 노동의 열매를 보장해 주어야 한다고 전제한 뒤, ① 고대 독일에서처럼 한 계절 동안만 점유하거나, ② 인구가 증가함에 따라 정기적으로 재분할하거나, ③ 국가가 보편적 지주가 되고 경작자들이 차용해 경작하는 방안을 제시했다(맥퍼슨, 1993b: 183). 그리고 노동의 열매 보장과 관련해 토지의 차용 시간은 토지사용의 이익이 돌아올 수 있을 정도로 충분한 기간(영속적이면 충분하다고 생각)이어야 한다고 판단했다(밀, 1993:

183~184).

헨리 조지는 토지사유가 아닌 토지공유가 자연법에 부합하다는 것을 논증한 뒤, 평등한 토지권을 보장하기 위해서는 최고지대 청약자에게 토지사용권을 나누어 주어야 한다고 주장했다. 또한 이러한 방법이 토지 개량에 끼칠 불안에 대해서는 "토지를 선점한 사람에게 방해받지 않는 토지사용을 인정하면서 지대를 환수해 사회 전체의 이익을 위해 사용하면, 토지개량에 필요한 확실한 토지사용권을 보장함과 동시에 토지사용에 대한 모든 사람의 평등권도 완전히 인정하게 된다"(조지, 1997: 330)라고 말했다.

'공유지의 비극(The tragedy of the commons)' 이론으로 유명한 미국의 생태학자 하딘은, 토지공급이 제한된 공유토지에서 외부성의 문제를 해결할 수 없다면 공유상태의 토지는 반드시 비극적인 상황에 처할 것이라고 주장했다(Hardin, 1968). 그런데 대부분의 학자는 하딘이 공유지의 비극을 해결하기 위해 공유지를 사유화하는 방안만 제시했다고 알고 있다. 하딘이 공유지를 사유화하는 방안 말고도 공유 상태를 유지하면서 경매 등 시장방식을 통해 공유토지의 사용권을 개인에게 분배하는 방안도 함께 제시했다는 사실(Hardin, 1968: 1244~1245)은 모르고 있거나 강조하지 않는다.

이상 살펴본 학자들은 개인에게 토지사용권만 인정하더라도 농지에는 적용되지 않는 노동설의 문제 해결(밀), 평등한 토지권 보장(조지), 공유지의 비극 방지(하딘)라는 목표를 달성할 수 있을 것으로 보았다. 이처럼 공공토지임대제는 '배제되지 않을 토지재산권'을 보장하기 위한 가장 기본 전제인 공유재산도 개인재산으로서 향유할 수 있는 가능성을 열어놓았다.

(2) 불로소득인 지대 사유화 문제의 해결 여부

지대 사유화 문제를 해결하는 것은 '배제되지 않을 토지재산권'을 보장하기 위한 핵심적인 조건에 해당한다. 그런데 사적 토지재산권 지지론을 제시한 연구자들은 대부분 지대 문제를 깊이 다루지 못했거나 거의 다루지 않았다. 다행히 헨리 조지 외에 토니와 그린이 비교적 정확하게 지대 문제를 다루었다.

토니는 존 홉슨(John Hobson)이 제안한 '비재산권(improperty)' 개념을 사용해 도시 지대를 사적 재산권으로 삼는 것의 악성 정도를 분석했다. 김남두는 비재산권 개념을 다음과 같이 설명한다. property가 그것의 소유주에게 고유한(proper) 것이라면, improperty는 그것의 소유주에게 고유하지도 적합하지도 않은(improper) 것이라는 의미에서 비재산권이다. 즉, 어떤 재산이 어떤 사람에게 고유하지 않고 적합하지 않으며 따라서 고유함에 의해 정당화될 수 없는 경우가 improperty다(맥퍼슨, 1993b: 225~226). 토니는 악성 정도에 따라 재산권에서 비재산권에 이르는 아홉 가지 유형의 재산을 열거했다. 9번으로 갈수록 비재산권으로 분류되어 악성 재산권의 성격이 강해진다.

1. 개인의 일에 대해 이루어진 보상 형태의 재산권
2. 건강과 안위에 필요한 개인 소유물로서의 재산권
3. 소유주에 의해 사용되는 토지와 도구 등의 재산권
4. 저자와 발명가들에게 귀속되는 저작권, 특허권 등의 재산권
5. 많은 농업지대를 포함하는 순수 이자로서의 재산권
6. 행운으로 인해 발생한 '준지대' 성격의 재산권
7. 독점이윤 형태의 재산권
8. 도시의 지대로서의 재산권
9. 특허권 사용료에 대한 재산권

토니에 따르면 이 아홉 가지 재산권 중에서 처음 네 가지 종류(1~4번)의

재산권은 분명히 노동 수행을 수반하지만, 마지막 네 가지 종류(6~9번)는 분명히 노동 수행을 수반하지 않으며, 가운데 5번의 순수 이자는 양쪽 모두와 일정한 관련이 있다. 이러한 분석에 따르면 지대는 현행법과 상관없이 사적 재산권의 대상이 되지 않는다. 그리고는 처음 부류의 재산권(1~4번)이 우위를 점하는 사회에서는 창조적 노동이 장려되고 나태는 억제될 것이지만, 나중 부류의 재산권(6~9번)이 우위를 점하면 결과는 반대가 될 것으로 보았다(맥퍼슨, 1993b: 225).

한편 그린은 우선 토지 공급이 제한되어 있으므로 토지가 일반적인 부와는 다른 속성을 가지고 있다는 점을 분명히 한다(그린, 1993: 제231절). 따라서 토지사유에 따른 불평등을 막기 위해 '유증의 자유'와 '거래의 자유'에 제한을 가해야 한다고 주장한다. 특히 거래의 자유에 제한을 가해야 하는데, 그 이유는 매매차익의 사유화를 막기 위해서다(그린, 1993: 제232절). 그린은 노동이나 자본을 투여해 생긴 가치와 달리 땅의 가치로부터 발생하는 불로소득은 국가가 전유하는 것이 공평하다고 주장한다(그린, 1993: 제233절). 다만 그린은 국가가 불로소득을 전유할 경우 개인들이 땅을 효과적으로 사용할 인센티브를 감소시켜 사회에 대한 땅의 유용성이 저하된다는 반론을 편다. 그러나 국가가 지대를 환수할 경우 각 토지는 지대를 납부할 수 있는 능력과 사업성을 지닌 최선의 사용자에게로 돌아가기 때문에 땅의 유용성이 저하된다는 반론은 설득력이 없다.

토니와 그린의 논리 및 앞에서 이미 살펴본 헨리 조지의 논리를 종합하면, 토지사용권을 개인에게 '할당'할 뿐만 아니라 그 대가인 지대를 정부가 환수하는 공공토지임대제는 '배제되지 않을 토지재산권'의 둘째 조건인 지대 사유화 문제 해결이라는 조건을 충족시킨다.

4. 검토 III: 네트워크 사회에서 예견되는 임대형 토지이용에 기초한 검토

1) 토지사유제+네트워크 사회의 딜레마

『소유의 종말(The age of Access)』을 쓴 제러미 리프킨은 현재뿐만 아니라 앞으로도 재산이 교환방식이 아닌 네트워크 방식, 즉 임대 방식을 통해 사용되는 사회가 자본주의 사회의 새로운 조류가 될 것으로 전망했다. 리프킨이 미래사회를 이렇게 전망한 철학적 배경에는 과거 시장 경제의 특징이었던 '내 것'과 '네 것'이라는 전투적 관념이 상호의존적이면서 공존을 지향하는 네트워크 사회로 변화할 것이라는 인식이 자리하고 있다(리프킨, 2001: 23).

네트워크 방식이 부동산에 주는 의미는 소유권을 매매하는 방식보다 재산을 빌려주고 사용료를 물리는 임대 방식이 더 우월해질 것이라는 것이다. 리프킨의 이러한 전망은 토지 및 부동산이 소유에서 임대로 전환되고 더욱 강화될 것임을 제시했다는 점에서 새로운 통찰을 준다(리프킨, 2001: 11).

그런데 토지가 소유에서 임대로 전환된다고 하더라도 이것 자체가 토지 재산권 제도의 진보를 의미하지는 않는다. 왜냐하면 네트워크 사회에서 토지 및 부동산 사용자가 소수의 집중된 토지소유자로부터 토지를 임대한다는 것은 독점적 지배구조가 이전보다 더 강화된다는 것을 의미하기 때문이다. "재산을 소유하지 못하고 접속만 하게 될 때 우리는 타인에게 훨씬 더 의존하게 된다. 상호 관계의 네트워크에서 교감하는 것은 좋지만 그 바람에 칼자루를 쥔 기업들의 막강한 네트워크에 더욱더 의존하게 되는 것은 아닐까?"(리프킨, 2001: 194)라는 리프킨의 우려를 부동산에 대입해 보면, 토지 공급이 고정되어 있는 부동산시장에서 이러한 우려가 현실화될 것임은 분명하다. 결국 토지사유제와 네트워크 사회가 결합되면 토지독점의 본질은 전혀 변하지 않고 오히려 더 악화될 것이다. 이러한 상황을 '토지사유제+네트워크 사회의 딜레마'라고 규정할 수 있다. 따라서 임대 방식이 더욱 보편화된다는 전제하에 관건은 토지소유권이 누구의 손에 집중되느냐 하는 것이다.

2) '토지사유제+네트워크 사회의 딜레마'를 극복할 수 있는 공공토지임대제

토지사유제와 네트워크 사회가 결합되면 실질적으로는 독점적 토지사유제와 토지임대제가 결합되기 때문에 토지임차인은 더욱 의존적인 상황에 처하게 된다. 결국 부동산시장에서 네트워크 사회가 추구하려는 유연성과 상호 공존의 철학은 오히려 저해되어 네트워크 사회가 딜레마에 빠질 가능성이 커진다.

그런데 토지소유권이 개인이 아닌 공동체에 있으면 상황이 전혀 달라진다. 공동체가 토지를 소유할 경우, '공동체 토지소유+개인 토지임대' 방식을 적용하면 토지독점이 강화되는 딜레마로부터 벗어날 수 있다. 이미 검토 II에서 살펴본 대로 모든 토지사용자는 '배제되지 않을 토지재산권'을 보장받을 수 있는 것이다. 또한 개인에게 토지사용권이라는 사적 재산권을 보장해 주기 때문에 시장경제의 건강한 발전을 위한 제도적 기초가 형성된다. 이로써 시장경제가 건강하게 발전함과 동시에 네트워크 사회가 바라는 유연성과 상호 공존 사회를 바람직하게 추구할 수 있다.

5. 네 가지 토지소유제도에 대한 평가

김윤상이 제시한 네 가지 유형의 토지소유제도, 즉 토지사유제, 지대조세제, 공공토지임대제, 토지공유제를 지금까지 살펴본 세 가지 기준에 비추어 검토하면 〈표 5-1〉과 같은 결론을 얻을 수 있다. 공공토지임대제가 가장 적합한 평가를 받았으며, 지대조세제는 대체로 적합한 평가를 받았고, 토지사유제와 토지공유제는 부적합한 평가를 받았다.

먼저, 사적 토지재산권 지지론을 비판적으로 검토한 결과, 사적 토지재산권 지지론은 개인에게 절대적인 토지소유권을 인정한다는 점에서는 정당성이 없지만, 토지소유권이 아닌 개인의 우선적인 토지사용권만 보장한다는 측면에서는 정당성을 획득할 수 있는 가능성이 있음을 알았다. 이러한 결론을 통해 개인의 우선적인 토지사용권을 보장할 뿐만 아니라 독점적 토지사용의 대가인 지대까지 환수하는 지대조세제와 공공토지임대제가 첫째 검토 기준을 통과했다.

다음으로, '배제되지 않을 토지재산권'에 기초해 검토한 결과, 공공토지임대제가 적합했으며, 지대조세제는 부분 적합했다. 공공토지임대제가 적합 평가를 받은 이유는 '공유재산도 개인재산이다'라는 명제를 충족시킬 뿐만 아니라, 정부가 지대를 환수하므로 '배제되지 않을 토지재산권' 보장을 위한 핵심적인 조건도 충족하기 때문이다. 다만 지대조세제가 부분 적합 평가를 받은 이유는, 둘째 검토 기준이 기본적으로 공유토지를 전제하므로 토지사유제를 전제하고 있는 지대조세제는 '배제되지 않을 토지재산권'에 부적합하지만, 지대를 환수하면 실질적으로 '배제되지 않을 토지재산권'이 회복되기 때문이다.

마지막으로, 새로운 네트워크 사회에서 예견되는 임대형 토지이용에 기초해 검토한 결과, 공공토지임대제는 토지독점으로부터 벗어날 수 있을 뿐

표 5-1 **토지소유제도에 각 검토 조건을 대입한 결과**

토지소유제도	검토 I 사유제 지지론 비판	검토 II 배제되지 않을 토지재산권	검토 III 네트워크 사회	평가
토지사유제	×	×	×	부적합
지대조세제	○	○	△	대체로 적합
공공토지임대제	○	○	○	가장 적합
토지공유제	×	×	×	부적합

주: ○: 적합, △: 부분 적합, ×: 부적합

만 아니라 시장경제와도 조화를 이룰 수 있기 때문에 적합 평가를 얻었다. 반면 지대조세제는 부분 적합 평가를 받았다. 그 이유는 토지사유제를 기본으로 해서 지대를 환수하는 지대조세제 사회 역시 토지독점이 해소되고 시장경제와도 조화를 이룰 수 있지만, 지대조세제 사회에서 네트워크형 임대 방식을 적용할 경우 개인 임대자들은 토지로부터 지대를 누릴 수 없고 오로지 건물분 임대소득만을 향유할 수 있기 때문이다. 그렇게 되면 개인 자본가들이 적극적으로 민간 임대시장에 진출하기를 주저하게 된다는 점에서 부분 적합 판정을 받았다.

제6장

공공토지임대제의 기본 체계

1. 토지의 개념과 용도

1) 토지의 개념

토지는 인류가 창조하지 않았으며 자연이 무상으로 후대를 포함한 인류의 '생산, 생활, 생태' 자원과 공간으로 부여했다는 사실은 그 누구도 부정하지 못한다. 따라서 인류는 토지 및 토지와 유사한 자원인 공기, 맑은 물, 자연 등을 함께 향유할 권리를 갖는다. 상술한 철학적인 각도에서 말하면, 누구도 한 사람에게 부여된 토지를 초과해 독점해서는 안 된다. 일반적으로 이러한 권리를 평균지권(平均地權)이라 부른다. 농업사회와 도시산업 사회처럼 서로 다른 경제발전 단계에는 고유의 평균지권 정책수단이 존재한다.

토지의 개념은 학자의 전문영역이나 이론적 각도에 따라 강조점이 서로 다르기 마련이다. 그 주된 이유는 생산력이 발전함에 따라 토지의 경제적 잠재력은 물론, 토지에 대한 인간의 이용방식이나 이용정도 또한 변하기 때문이다. 토지의 개념은 일반적으로 물질적 개념과 경제적 개념 두 가지로 나눌 수 있다. 물질적 개념에 따라 구분하면, 토지는 다시 네 단계로 나넌다. ① 토양, 즉 육지표면의 마르고 비옥하며 식물의 성장이 가능한 표층 부분, ② 육지 수면은 육지 내부에 있는 수면을 포함하지 않는 지구의 순수 육지 부분, ③ 지구의 육지 및 그 수면, ④ 해양을 포함하는 지구 표면이다 (畢宝德, 2005: 1~3). 그런데 이러한 분류방식은 토지시장의 운영원리를 고려하지 않은 것이다.

경제적 개념에 따라 구분하면, 토지는 협의 토지와 광의 토지로 구분된다. 이러한 분류방식은 토지시장의 운영원리를 고려한다. 헨리 조지는 추상적인 방법을 통해 토지개념을 구분 지었다. 그에 따르면 "토지는 자연이 제공하는 기회와 힘이다"(조지, 1997: 162). 다르게 말하면 두 가지 조건을 충족한 것, 즉 ① 자연이 제공한 것, ② 기회와 힘을 가진 것은 모두 '토지'가 될 수 있다. 이러한 정의는 이미 협의 토지 개념과 광의 토지 개념을 모두 포함하고 있다. 그중 협의의 토지는 상술한 두 가지 조건을 만족하는 지표면상의 토지를 말한다. 그러나 광의의 토지는 협의의 토지 외에 상술한 두 가지 조건을 만족시키는 모든 자연물질, 가령, 공기, 태양광, 자연자원, 동식물 등을 의미한다. 저명한 경제학자인 앨프리드 마셜(Alfred Marshall)과 리처드 일리(Richard Ely) 및 UN식량농업기구가 1976년 제정한 '토지평가강요' 역시 이러한 관점을 인정했다(畢宝德, 2005: 3). 한편 메이슨 개프니(Mason Gaffney) 교수가 진행한 연구는 주파수 대역, 인공위성 궤도 및 오존층까지 포함해, 지대 납부 대상을 확대할 수 있는 이론적 기초를 구축했다는 점에서 큰 의의가 있다.[1]

이 책에서는 토지 개념을 협의 개념인 육지와 그 수면, 즉 경제적 에너지

---

1 구체적인 내용은 다음을 참고할 것. Mason Gaffney, "The Hidden Taxable Capacity of Land: Enough and to Spare", *Accepted for publication in the International Journal of Social Economics*(Summer 2008); 김윤상, 『토지정책론』(한국학술정보, 2002), 199~201쪽.

를 가진 지표면 중에서 해양, 호수, 강 등 비교적 큰 수면을 제외한 토지로 정의하고자 한다.

2) 토지의 특성

토지는 인류가 생산한 재산 또는 자본과는 달리 독특한 특성을 가지고 있다. 공인된 토지경제학설(畢宝德, 2005; 김윤상, 2002; 이정전, 1999)에서 제시하는 토지의 특성에 대한 관점은 대체로 일치한다. 비바오더(畢宝德)의 분류에 따르면, 토지의 특징은 우선 두 가지로 크게 나뉘며 이것이 다시 세분화된다. ① 토지의 자연적 특성으로, 이는 위치 고정성, 면적의 유한성, 비옥도 차이, 기능의 영구성으로 세분화되며, ② 토지의 경제적 특성으로, 이는 공급의 희소성, 이용상태 변경의 상대적인 어려움, 수확체감의 가능성, 이용 후의 사회성으로 세분화된다(畢宝德, 2005: 3~6).

김윤상은 토지의 천부성(natural endowment)을 더욱 강조한다. 그는 토지의 천부성에 기초해 한 사회가 토지소유 및 이용방식, 즉 토지공유방식 또는 토지사유방식을 선택해야 한다고 말했다. 김윤상은 토지의 공동소유를 지지하면서 토지가 사적 소유의 대상이 될 수는 없으나 개인이 단독 사용할 수는 있다고 주장한다(김윤상, 2002: 199~201). 그는 이러한 토지소유 및 이용방식을 '토지원리'로 집약했다.

이정전은 토지가 가진 네 가지 특성에 따라 몇 가지 시사점을 제시했다(이정전, 1999: 46~79). 첫째, 토지공급의 고정성은 지대를 상승시켜 토지투기의 악순환을 가져올 수 있으며, 불로소득 성질의 지대를 증가시킬 수 있다. 둘째, 토지용도의 다양성은 도시계획을 통해 토지를 구분해서 이용할 필요성과 정당성을 획득한다. 셋째, 토지의 영구성으로 인해 지대가 영구적인 지가로 변하며 토지이용의 효율성이 저하된다. 넷째, 토지위치의 고정성과 이질성은 토지시장의 지역성과 불완전경쟁을 초래한다. 상술한 토지의 특성 및 시사점은 토지재산제도와 토지이용계획의 중요성을 새삼 일깨워준다. 특히 재산권이 불명확한 계획경제 국가가 시장경제로 전환하는 시점에서는 재산권을 명확히 하는 것이 더욱 중요하다.

3) 토지용도에 대한 정의

경제학에서 제시하는 토지용도는 생산요소, 재산, 소비재, 세 가지로 구분할 수 있다. 생산요소는 토지자원이 농산물을 생산하고 서비스를 제공하는 용도로, 전통적인 지대이론과 위치지대이론은 모두 생산요소 용도의 개념에 기초한다. 재산은 산업경제의 빠른 발전에 따라 출현한 용도로, 실제 사용 재산과 투기대상 재산으로 나뉜다. 소비재는 소비대상이 되는 자연환경을 말한다. 대도시 내외의 아름다운 산천은 도시민들에게 신선한 공기와 휴식공간을 제공하는데, 이를 반대로 말하면 시민들은 무상으로 자연환경을 소비하는 것이다. 이러한 소비재는 도시 산업경제의 심화, 도시 무질서의 심화, 농지 등 자연환경의 훼손 또는 감소 등으로 인해 점점 더 중요한 요소로 자리하고 있다(이정전, 1999).

2. 토지원리

앞에서 정의한 토지의 협의 개념(육지와 그 수면)과 토지용도 중에서 생산요소 및 재산이라는 두 가지 용도에 기초해 토지이용의 형평성과 효율성을 만족시키는 재산권 제도의 기본원칙에 대해 살펴보자. 김윤상은 "모든 사람은 평등한 자유를 누린다"라는 공리에서 출발해, 토지자원의 이용으로부

터 자연법칙에 부합하는 토지원리를 추론했다(김윤상, 2002: 172). 토지원리
는 다음과 같다.

제1항. 자연에 대해서 모든 인간은 평등한 권리를 가진다.

제2항. 사회적 필요성이 있으면 사회적 합의를 통해 사인(私人)에게 특
정 자연물에 대한 우선권을 인정할 수 있다.

제3항. 자연물에 대한 사적 우선권을 인정하려면 다음과 같은 조건이 충
족되어야 한다.

① 취득기회 균등의 조건: 자연물에 대한 사적 우선권을 취득할 기회
를 모든 주민에게 균등하게 보장해야 한다.

② 특별이익 환수의 조건: 자연물에 대한 사적 우선권, 즉 타인을 배제
하는 권리로 인해 다른 구성원에 비해 특별한 이익을 얻는다면 그 특
별이익을 공동체에 환원해야 한다.

③ 사회적 제약의 조건: 자연물에 대한 사적 우선권은 사회적 합의에
의해 인정되는 권리이므로 그렇게 합의한 취지에 맞게 행사해야 한
다. 즉, 자연물에 대한 사적 우선권의 행사는 생산물에 비해 더 강한
사회적 제약을 받는다.

제1항의 토지원리는 "모든 사람은 평등한 자유를 누린다"라는 공리를 구
체화한 원리다. 제2항은 현행 토지재산권과 관련된 법률에서 채택하고 있
는 원리다. 제3항의 ①과 ②는 지대와 관련한 원리다. 제3항의 ③은 토지이
용계획과 관련된 원리다.

지금까지 경제발전이 일정 수준에 도달했거나 진행 중인 국가의 재산권
제도를 고찰해 보면, 제1항, 제2항, 제3항의 ③과 관련된 제도 및 계획이 비
교적 잘 갖추어져 있음을 알 수 있다. 그러나 토지원리의 핵심, 즉 어떻게

지대문제(제3항의 ①과 ②)를 다룰 것인가와 관련해서는 여전히 제도개혁이 필요하다. 계속해서 토지원리를 기초로 지대원리를 추론해야 하는 것은 이 때문이다.

지대원리 추론에 앞서 토지원리와 지대원리의 역할을 비교해야 한다. 토지원리는 '왜' 공공토지임대제가 타당한지를 설명하는 일반적인 토지재산권 원리다. 반면 지대원리는 '어떻게' 공공토지임대제를 실행할 것인지를 설명하는 일반원리다. 따라서 지대원리는 토지원리의 제1항과 제3항의 ①과 ②, 차액지대이론과 입지지대이론에 부합해야 하며, 또한 토지원리 제3항의 ①과 ②를 더욱 구체화해 제도방면에서 채용 가능한 수준이 되어야 한다.

지대원리를 도출하기 위한 핵심 문제를 제시하면 다음과 같다. 첫째, 경제이론상 지대의 근거는 무엇인가? 둘째, 어떤 주기로 지대를 걷는 것이 가장 좋은가? 셋째, 지대를 납부하면서 노동 및 자본 관련 조세도 계속 부담해야 하는가? 넷째, 어떻게 지대수준을 평가할 것인가? 이상 네 가지 문제를 중심으로 지대원리를 탐구해 보자.

3. 차액지대이론에 기초한 지대원리 추론

1) 지대 개념의 범위와 정의

최근 경제학 영역에서는 지대 개념이 다양하게 표현되고 있다. 데이비드 리카도(David Ricardo) 등 고전경제학자가 제시한 전통적인 차액지대이론에서부터, 현대경제학이 공급비탄력적인 모든 생산요소에 확대 적용한 경제지대(economic rent), 파레토지대(Pareto rent), 또는 앨프리드 마셜이 정립한

준지대(quasi-rent)에 이르기까지 지대 개념은 마치 공급비탄력적인 모든 생산요소에 적용할 수 있는 것처럼 보인다. 최근 일부 학자들은 현대사회를 '지대추구 사회(rent-seeking society)'라고 명명하고 사회변화의 기제를 지대추구의 각도에서 분석·해석하고 있다. 그러나 필자가 보기에 광의의 경제지대 또는 파레토지대 개념은 토지시장 분석에서 적합성이 부족하다는 문제를 갖는다. 토지시장의 본질을 분석하기 위해서는 리카도가 정립한 협의의 차액지대 개념에서 출발해 분석을 진행하는 것이 타당하다.

차액지대이론은 현대 경제학 영역에서 가장 공인된 경제이론 중 하나다. 현대 토지시장과 관련된 지대 및 지가이론, 심지어 입지지대이론 모두 차액지대이론의 영향을 받았다. 그러나 리카도의 차액지대이론은 도시토지에 확대 적용할 수 있음에도 불구하고 농업시대라는 상황에서 농지를 대상으로 차액지대이론을 제시하면서 한계를 보이기도 했다.

2) 차액지대이론

(1) 차액지대이론의 발전과정

고전경제학파의 대표적인 지대이론은 데이비드 리카도에 의해 체계적으로 정립된 차액지대이론이다. 리카도는 지대를 "토지생산물 중에서 토양의 파괴할 수 없는 힘을 이용한 대가로 토지소유자에게 돌아가는 몫"으로 정의했다. 이러한 정의에 따르면 토지는 스스로는 지대를 생산할 수 없으며, 토지의 공급 – 수요 상황이 열등토지를 경작지로 이용하는 세 가지 조건, 즉 ① 토지공급의 희소성, ② 토지비옥도의 차이, ③ 인구증가를 만족시킬 때 지대가 발생한다. 리가도가 도출한 차액지대의 정의에 따르면 "동일한 자본과 노동을 투입한다고 가정할 때 해당 토지와 한계지의 생산력 차이가 차액지대다"(Ricardo, 1996: 45~48). 한계지는 아무도 지대를 부담하면서까지 경작하려고 하지 않아 지대가 0이다.

고전학파 경제학자에 속하는 애덤 스미스와 리카도, 그리고 제임스 밀 (James Mill)은 모두 지대를 잉여로 보았다. 잉여란 나머지라는 뜻이다. 즉, 생산물 가격이 시장의 수요 – 공급 관계에서 이미 결정된 상황이라면 생산물 판매 총수입에서 우선적으로 자본과 노동의 대가인 이자와 임금을 지급하고 남는 것이 지대이기 때문에 지대는 잉여 성격을 갖는다고 본 것이다. 또한 고전학파 경제학자들은 모두 지가를 미래 지대를 할인해 자본화한 것으로 보았다. 이러한 지대이론에 따르면 지대 또는 지가는 상품가격에 영향을 주지 않는다(이정전, 1999: 82). 즉, "지대가 이미 지불되어서 쌀값이 높은 것이 아니라 쌀값이 높아서 지대를 지불했다"라는 표현처럼(Ricardo, 1996: 50), 높은 지대는 높은 상품가격의 원인이 아니라 그 반대임을 알 수 있다. 다시 말해, 지대는 주체적으로 상품가격을 결정하는 것이 아니라(not price determining), 피동적으로 상품가격에 의해 결정된다(but price determined)는 것이다. 따라서 리카도의 차액지대이론은 지대 또는 지가가 상품가격에 전가되지 않는다는 결론을 제시했다.

리카도의 차액지대이론은 지가의 결정 과정과 역할을 설명하는 것 외에, 자본주의 체제의 운명도 설명한다. 리카도는 장기이윤율이 하락하는 경향으로 인해 자본주의는 장차 후퇴 국면에 이를 것이라고 생각했다. 그에 따르면 장기이윤율이 하락하는 경향의 주요 원인은 바로 지대의 체증이다. 왜냐하면 비옥한 토지공급이 희소한 상황에서 인구증가와 경제성장은 반드시 지대 상승을 가져올 것이기 때문이다(이정전, 1999: 83). 그런데 아쉽게도 이러한 리카도의 견해는 진실의 한 측면을 포착하는 데는 성공했지만 다른 측면은 놓치고 말았다. 즉, 지대가 개인에게 속하는지 아니면 공공에 속하는지의 문제를 다루지 않은 것이다. 이는 뒤에서 자세히 살펴볼 것이다.

토머스 맬서스(Thomas Malthus)는 리카도의 차액지대이론을 반박하면서 몇 가지 관점을 제시했다. 첫째, 리카도는 지대를 토지의 '상대적인' 비옥도의 차이에 따라 결정되는 차액이라고 본 반면, 맬서스는 지대를 토지의 '절대적인' 비옥도의 차이에 따라 결정된다고 보았다. 둘째, 리카도는 생산의 한계지 바깥에 있는 토지는 지대를 발생시킬 수 없다고 보았으나, 맬서스는 모든 토지가 지대를 발생시킨다고 보았다. 셋째, 리카도는 지대가 가치의 창조이지 부의 창조가 아니기 때문에 국민경제 전체에 공헌하는 바가 없다고 보았으나, 맬서스는 지대가 분명한 소득이며 새로운 부를 창조한다고 보았다. 넷째, 리카도는 지대가 비용이 아니라고 본 반면, 맬서스는 지대를 비용으로 보았다. 다섯째, 맬서스는 식량수요의 증가가 농산품 가격을 상승시켜 열등토지의 이용을 이끌어 내는 것이지, 열등토지의 이용이 농산품 가격의 상승을 이끄는 것은 아니라고 보았다. 여섯째, 리카도는 토지개량 또는 노동생산력을 촉진하는 기술진보가 지대를 감소시킨다고 주장했으나, 맬서스는 이에 반박하며 토지개량과 기술진보가 지대를 증가시키는 원인이 된다고 보았다. 일곱째, 리카도는 불로소득 계층(즉, 토지소유자)의 지대소득은 일반적으로 사치와 낭비로 소비되어 국민경제에 공헌하지 않으며 심지어는 폐단을 조성한다고 본 반면, 맬서스는 지주계층의 소비는 국민경제 전체의 총수요를 증대시켜 생산과 고용을 촉진한다고 보았다. 이처럼 두 이론가는 여러 방면에서 상반된 주장을 했으나, 그럼에도 불구하고 두 가지 공통점을 가지고 있었다. 하나는 지대를 일종의 잉여로 보았다는 것이고, 다른 하나는 토지와 기타 생산요소는 노동과 자본처럼 완전히 다르다고 보았다는 것이다(이정전, 1999: 114~115).

마르크스는 기본적으로 리카도가 정립한 차액지대이론을 받아들이면서, 노동가치론의 기초 위에서 당시의 지대 논쟁을 정리하고자 했다. 지대 논쟁을 탐구하기 위해 마르크스는 차액지대 I, 차액지대 II, 절대지대라는 새로운 지대 개념을 제안했다. 마르크스가 제시한 차액지대 I은 리카도가 설명한 차액지대를 말한다. 차액지대 II는 토지개량으로 인해 토지생산력이 증가해 발생한 지대다. 따라서 차액지대 II는 순수한 차액지대가 아니라 토지개량을 위해 투입한 자본과 노동의 대가, 즉 이자와 임금이다. 더 나아가 토지가 독점된 상황에서는 정상적인 차액지대를 초과하는 지대가 형성될 수 있다고 보았는데, 마르크스는 이것을 '절대지대'라고 설명했다. 마르크스의 이론에 따르면, 토지이용자가 토지소유자에게 지불하는 절대지대는 생산비를 구성하기 때문에 절대지대는 차액지대와 달리 토지생산물 가격에 영향을 줄 수 있다(馬克思, 2007: 391~398).

마르크스의 지대이론은 다음과 같이 정리할 수 있다. 첫째, 토지소유권은 지대의 근원이다. 그에 따르면, 모든 지대는 특정 개인의 배타적인 권한에 기초한다. 마르크스는 이러한 권한이 "허구적인 법률(Legal Fiction)"로 인해 발생한다고 설명했다. 둘째, 일체의 지대는 잉여노동의 산물로, 잉여가치의 일부분이다. 지대의 크기는 모두 사회발전 정도가 결정하는 것이지, 지대 수취인의 행위와는 아무런 관계가 없다. 셋째, 이자가 낮아질수록 지대는 더욱 상승하는 이상한 현상이 발생한다. 자본주의에서는 지대는 점진적으로 상승하는 한편 이자율은 점진적으로 하락하는 경향을 보인다. 이로 인해 토지생산력이 조금도 상승하지 않았음에도 불구하고 지대는 오히려 상승하는 현상이 발생한다. 결과적으로 사회 기타 계층이 희생하는 기초 위에서 오직 토지소유 계층만 이익을 향유하게 된다.

그러나 마르크스는 지대이론을 실제 정책영역에 적용하면서 커다란 오류를 범했다. 그는 한 토론회에서 다음과 같이 말했는데, 이는 시장에서 토지, 노동 및 자본의 역할을 구분하는 것이 불필요하다는 의미였다.

토지국유화는 분명히 노동과 자본의 관계를 변화시키고 최종적으로 공업부문 또는 농업부문에서 일체의 자본주의 생산방식을 철폐할 것이다. 그때가 되면 계층차별과 특권이 비로소 사라질 것이다. … 생산수단의 중앙집중화는 매우 자연스러운 사회기초로 간주된다. 이러한 사회에서 자유와 평등을 향유하는 생산자는 공통의 합리적인 계획에 입각해 주체적으로 행동한다(앤델슨·도시, 1992: 206에서 재인용).

맬서스와 마르크스 외에도 많은 경제학자들 사이에서 지대 개념에 관해 뜨거운 논쟁이 벌어졌다. 그중 최근의 논쟁은 신자유주의 경제학자, 특히 미국 경제학자인 에드윈 셀리그먼(Edwin Seligman)과 리처드 일리를 중심으로 전개된 논쟁이다. 이들 주장의 공통점은 토지의 특징을 무시하고 토지를 다른 생산요소와 같은 것으로 간주했다는 것이다. 이들은 심지어 토지를 일반적인 상품으로 간주하기도 했다.

미국 연방정부 소득세의 기초를 다진 셀리그먼은, 대중의 수요가 없으면 어떤 물건도 소비 목적으로 장기간 생산될 수 없다고 했다. 이로 인해 사회의 가치생산 기능은 토지뿐만 아니라 다른 모든 상품에도 적용할 수 있다고 보았다. 또한 각종 경제적인 독점은 현대 사회발전의 특징으로서, 토지 불로소득의 증가는 광범위한 사례 중 하나라고 언급했다(전강수, 1992: 202~205). 이는 토지의 특수성을 무시한 것이다.

미국경제협회(the American Economic Association)의 설립자이자 토지경제학자인 일리는 '성숙비용이론(The doctrine of ripening costs)'을 제시해 자신의 견해를 설명했다. 그는 대부분의 토지가치가 시민들에 의해 형성된다는 생각에 기초해, 성숙비용이론을 통해 토지독점을 합리화했다. 그에 따르면, 토지소유자가 유휴지를 독점하는 행위는 동시에 특정한 사회서비스, 즉 장래에 더욱 합당한 토지이용방식으로 유휴지를 개발할 수 있도록 하는 기회를 사회에 제공하는 것이다. 이때 토지소유자가 부담하는 모든 비용과 잠재지대의 합계가 바로 성숙비용이다(Gaffney and Harrison, 1994: 82~103).

로버트 앤델슨(Robert V. Andelson)과 제임스 도시(James M. Dawsey)는 입장이 전혀 달랐다. 이들은 자본과 소비의 집중이 확실히 현대사회의 특징이라고 인정하면서도, 만약 토지사용에 아무런 제약이 없다면 노동과 자본은 토지독점을 피해 생존과 번영의 방법을 찾을 수 있을 것이라고 반박했다. 조지 가이거(George R. Geiger) 역시 일리의 주장에 반박했다. 가이거에 따르면 인구 집중과 문명사회의 발전 정도는 토지 수요로 표현된다(물론 다른 제품 수요로 표현되기도 한다). 토지 수요는 '절대적으로' 지대와 토지가치를 증가시키지만, 상품 가치는 수요와 공급 탄력성의 변화에 따라 상승 또는 하락한다. 결론에서 가이거는 사회가 토지가치를 공유하면 약화된 토지독점은 장차 자본주의의 독점 기초를 제거할 것이라고 주장했다. 마르크스도 토지독점이 자본독점의 기초라는 점을 인정했다(앤델슨·도시, 1992: 203~205).

미국의 경제학자 헨리 조지는 리카도의 차액지대이론을 계승해 더욱 완전한 지대이론 체계를 구축했다. 그는 심지어 주기적인 경제 불황과 지대의 인과관계를 분석했다. 산업혁명의 폐단을 경험한 조지는 뉴욕에서 진보와 빈곤이 동시에 발생하는 현상을 보고 의문을 제기했다. 그가 해답을 찾아 정리한 『진보와 빈곤』에 따르면, 사회가 진보하더라도 빈곤이 사라지지 않는 이유와 경제 불황이 주기적으로 발생하는 이유는 모두 토지사유제로 인해 불로소득이 지주에게 귀속하기 때문이다. 조지는 이러한 문제를 해결하기 위해 토지공유 국가의 정부는 공공토지임대제를, 토지사유 국가의 정부는 지대조세제를 실시해야 한다고 주장했다. 두 가지 방안의 핵심은 동일하다. 정부가 지대를 완전히 환수해 최우선적인 재정수입으로 삼는 것이다(조지, 1997: 263~296).

고전학파 경제학자인 애덤 스미스, 데이비드 리카도, 존 스튜어트 밀, 허버트 스펜서, 칼 마르크스, 헨리 조지 등이 거시경제에서 토지를 중시한 반면, 신자유주의 경제학자들은 토지를 무시했다. 1980년대 이후 프레드 해리슨(Fred Harrison), 폴 크루그먼(Paul Krugman) 등 일부 경제학자가 아시아 경제위기의 주요 원인으로 토지투기를 지목하면서 토지가 다시 주목을 받았다. 이 단계에서 지대이론이 발전한 방향은 토지투기와 부동산거품 및 경기주기와 관련 있다. 그런데 지대이론에서 출발해 부동산 거품을 분석한 연구들은 대부분 토지가격의 투기적 상승이 부동산 거품을 조장했으며 심지어 주기적 경기순환을 조장했다고 밝혔다. 그런데 부동산 거품이 발생하는 과정에서 화폐유동성 과잉 문제가 매우 심각하고 분명했음에도 불구하고 여기에 대해서는 충분히 분석하지 않았다. 다행히도 개프니와 해리슨(Gaffney and Harrison, 1994)과 프레드 폴드베리(Fred E. Foldvary, 1997)는 지대와 화폐유동성의 관계라는 새로운 지대이론 영역을 개척했다.

(2) 지대의 성질

지대는 주로 네 가지 성질을 갖는다. 첫째, 지대는 토지 또는 자연물에서 발생한다. 즉, 토지 또는 일부 자연물의 공급 고정성이 지대를 발생시킨다. 둘째, 지대는 독점가치다. 공급이 유한한 토지소유권에 기초해 토지소유자는 토지이용자로부터 사용대가를 수취할 권리를 갖는다. 셋째, 지대는 사회적 생산이다. 지대 발생의 주요 요인은 인구증가와 도시 집적이익이다. 사회공동체의 모든 활동은 지대를 형성하고 증가시키므로 사회가 아닌 개인이 지대를 향유하는 것은 부당하다. 넷째, 지대는 일종의 불로소득이다. 왜냐하면 지대는 개인이 아닌 사회가 창조한 것임에도 개인의 주머니로 들어가기 때문이다.

(3) 지대의 증가

헨리 조지에 따르면, 다음과 같은 원인들로 인해 지대가 증가한다(조지,

1997: 220~242). 첫째, 인구증가다. 인구가 증가하면 생산의 한계지가 외부로 확장된다. 토지를 기이용지와 생산 한계지로 구분할 때, 인구증가는 생산 한계지를 외부로 확장시키거나 기이용지의 수요를 증가시킨다. 결과적으로 해당 토지의 총생산량에서 생산 한계지의 이자와 임금을 제하고 남은 차액지대 역시 증가한다.

둘째, 기술진보다. 기술진보는 기이용지와 생산 한계지의 생산력 증가를 가져온다. 이때 만약 기술진보로 인한 기이용지의 생산력 증가율이 생산 한계지의 생산력 증가율보다 높으면 지대 역시 증가한다. 반대의 경우에는 지대가 감소한다. 기술진보는 기이용지의 생산력 증가율을 분명 더 빠르게 증가시킬 수 있다.

셋째, 도시 집적이익이다. 도시는 최대의 집적이익을 향유하는 공간이다. 도시공간에서는 여러 가지 서비스의 집적이익을 향유할 수 있기에 기업 또는 개인은 도심을 더 선호한다. 결과적으로 도시 내부에 대한 수요가 증가해 지대 역시 증가한다. 이처럼 집적이익이 클수록 지대 역시 상승한다.

넷째, 지방정부의 공공서비스다. 지방정부의 주요 역할은 치안, 기초시설 공급, 위생, 도시계획, 환경보호 등등이다. 이러한 행위는 모두 지대를 유지하고 상승시킨다. 만약 지방정부 계획부문이 장래에 새로운 지하철을 건설한다고 발표하면 지하철 주변의 토지가격은 신속하게 상승한다.

(4) 지대의 영향

지대의 영향은 주로 네 가지 방식으로 나타난다(전강수·한동근, 2000: 56~62). 첫째, 리카도의 차액지대이론에 따르면 지대는 노동과 자본 사용의 대가인 임금과 이자로 분배된 이후의 잉여다. 그러나 실제 시장에서는 토지소유자가 토지이용자보다 우위에 있다. 이로 인해 토지소유자가 지대를 수취하고 나면 노동과 자본이 나머지를 획득한다. 따라서 토지소유자가 더 많은 지대를 획득할수록 임금과 이자는 더욱 작아진다.

둘째, 기술진보 또는 사회조직의 개선으로 인해 기이용지와 생산 한계지의 생산력이 증가한다. 이때 기술진보로 인한 기이용지의 생산력 증가율이 생산 한계지의 생산력 증가율보다 높으면 지대도 증가한다. 여기서 지대가 증가한다는 것은 임금과 이자가 비율상 작아짐을 의미한다.

셋째, 토지투기 현상으로 인한 지대 상승은 임금과 이자를 감소시킨다. 토지투기 현상은 거품성 수요로 볼 수 있다. 실제 이용할 의사가 없으면서 단지 보유를 위해 구매하는 것이다. 이로 인해 지대가 상승하고 임금과 이자는 하락한다.

넷째, 도시토지투기 현상이 난개발(urban sprawling)을 초래한다. 만약 도시토지의 이용 효율이 낮은 상황에서 투기목적으로 토지를 획득하면 토지의 희소성은 점점 높아진다. 그 결과 실수요자는 부득이하게 교외로 밀려난다. 이러한 과정이 바로 생산 한계지가 외부로 확대되는 과정이다. 결과적으로 주택지와 공장용지가 무계획적으로 외곽으로 밀려나면서 난개발이 발생한다. 이때 지대는 다시금 상승한다.

3) 지대가 지닌 경제 및 법률 문제

여기서는 지대원리를 추론하기 전에 지대원리의 구성과 긴밀한 상관관계가 있는 경제 및 법률 문제를 검토한다.

(1) 지대 출처의 문제

지대 출처는 세 가지 차원으로 구분된다. 첫째는 법률적 출처, 즉 토지소유권이다. 둘째는 경제적 출처, 즉 차액지대다. 일반적으로 지대는 토지소유권의 법률 기초 위에 주로 경제적 출처에서 발생한다. 셋째는 도시토지 및 농촌토지 각자의 위치에 따른 출처다.

토지의 위치가 다르면 지대 출처 역시 다르다. 농촌토지에서 지대를 결정하는 주된 요소는 해당 토지의 천연 비옥도와 공간적 위치다. 하지만 공간적 위치는 단기간 동안 고정된 특징에 불과하며, 토지 지대를 결정하는 결정적인 변수는 토지의 천연 비옥도다. 리카도가 정립한 차액지대 개념, 즉 "토지생산물 중에서 토양이 원래 지닌 파괴할 수 없는 힘을 이용하는 대가로, 토지소유자에게 지급하는 부분"은 이러한 관점을 강조한 것이다.

도시의 토지는 농촌의 토지와 완전히 다르다. 도시 지대를 결정하는 가장 중요한 요소는 '위치'다. 도시토지에서 지대를 결정하는 외부요소는 인구증가, 기술진보, 도시화, 지방정부의 도시관리, 도시집적이익 등 비교적 다양하다. 이러한 요소들은 도시 토양의 비옥도를 변화시키지는 못하더라도 토지의 위치지대는 변화시킬 수 있다. 따라서 도시토지에서 지대의 출처는 해당 토지의 내부요소 외에 외부요소까지 고려해야 한다.

(2) 지대평가의 문제

이론상 지대는 모든 판매자와 구매자 사이의 완전경쟁으로 결정되는 '시장지대'다. 지대는 시장지대 수준에서 결정되고 환수되어야 공평성과 효율성을 동시에 만족시킬 수 있다. 시장지대는 시장에서 결정되는 것이지만 차액지대 계산식으로 추정할 수도 있다. 차액지대는 해당 토지의 생산량에서 생산 한계지의 생산량을 제한 나머지다. 이때 생산 한계지의 생산량은 노동과 자본투입의 대가로서, 임금과 이자 등 일체의 비용과 동일하다. 그러나 각 토지에 대한 투입비용이 다르면 지대는 일반적으로 다음 식과 같이 계산된다(김윤상, 2002: 217).

지대 = 토지사용으로 인한 총수입 − 토지사용에 투입된 비용

여기서 '토지사용으로 인한 총수입'은 인구증가, 기술진보, 도시화, 지방정부의 도시관리, 도시집적이익 등 외부요소로 인해 발생한 토지 총수입을 의미한다. '토지사용에 투입된 비용'은 해당 토지소유자가 투입한 자본과 노동비용을 의미한다.

그런데 실제로 지대를 평가하는 방법은 다르다. 토지사유제하에서는 일반적으로 거래사례비교법을 적용한다. 이 방법은 완전경쟁시장에서 결정된 시장지대를 평가하는 데 적합하다. 그러나 공공토지임대제하에서 정부가 최초로 토지사용권을 매각하는 경우 거래사례비교법을 채택할 수 없다. 이때 공개경매 등 시장경쟁방식은 거래사례비교법과 같은 효과를 가져온다. 헨리 조지도 정의법칙과 경제 수요를 만족시키려면 공공토지임대제하의 토지사용권 양도는 최고가 입찰자에게 돌아가야 한다고 주장했다. 물론 토지사용자가 건축한 토지개량물은 반드시 보호해야 한다. 이렇게 해야만 토지생산량의 최대화를 달성할 수 있다(조지, 1997: 403).

정리하면, 공공토지임대제하의 경매 방식은 공평성과 효율성을 동시에 만족시킨다. 현재 중국과 북측을 포함해 공공토지임대제를 실시하는 국가들은 경매 방식을 적극적으로 실시하고 있다.

(3) 지대납부 주기의 문제

지대는 노동지대, 생산물지대, 화폐지대의 세 가지 형태로 구분할 수 있다. 예전부터 농촌사회의 지대는 생산물지대를 주된 형식으로 삼았으며, 지대납부 주기는 기본적으로 1년이었다. 그런데 오늘날 화폐경제가 발전함에 따라 화폐지대가 주된 형식이 되었고, 1년이던 지대주기도 변했다. 현재 도시 내부의 경영성 토지 중 일부 소매점 또는 임대주택 토지는 매월 지대를 납부하고 있다. 공장 또는 주택지는 몇십 년에 한 번 지대를 납부한다.

화폐경제 시대에도 생산물지대 원리를 채택하는 것은 여전히 중대한 의

의를 지닌다. 지대는 생산물 중의 일부분이고 모든 정부는 매년의 정부수
입을 기초로 공공서비스를 제공한다는 사실을 고려하면 지대 주기는 1년
이 가장 타당하다. 토지세를 제안한 모든 경제학자는 지대납부 주기를 1년
으로 한다는 결론에 대해 아무런 의문을 제기하지 않았다.

공공토지임대제에서 지대납부 주기는 직접적으로 부동산 거품과 연결
되기 때문에 매우 중요하다. 만약 정부가 지대를 일시에 납부하는 방식(중
국에서는 이를 출양 방식이라 부른다)으로 토지사용권을 판매한다면 부득이하
게 화폐수요가 증가된다. 이때 화폐수요는 일반적으로 은행의 담보대출을
통해 화폐창조를 유발하고 화폐유동성 과잉을 일으킨다. 그 결과 화폐유동
성 과잉은 부동산 거품 문제를 유발한다. 이러한 내용은 다음 장에서 자세
히 살펴보기로 한다.

(4) 조세이전 문제

애덤 스미스는 과세의 네 가지 원칙을 다음과 같이 제시했다. 첫째, 과세
는 생산에 대해 최소한의 부담을 주어야 한다. 둘째, 과세는 매우 쉽고 비용
이 저렴해야 하며, 가급적 최종 납세자에게 직접적으로 부과되어야 한다.
셋째, 과세는 명확성을 지녀야 하며 임의성이 없어야 한다. 넷째, 세부담은
공평해야 하며, 타인과 비교해 누구도 더 많은 특권을 갖거나 또는 불이익
을 당해서는 안 된다.

이후 리카도와 조지는 스미스의 네 가지 원칙을 통해 지대세가 최선의
세금이라는 점을 논증했다. 리카도에 따르면, 지대세는 지대의 크기에 따
라 변하는 세금이다. 지대를 발생시키지 않는 토지는 과세할 필요가 없으
며, 단지 재정수입을 목적으로 과세해서는 안 된다(David, 1996: 126~127).
조지는 지대세의 우월성을 다음과 같이 더욱 명확하게 평가했다. 첫째, 일
반적인 조세는 생산의지를 약화시킬 수 있지만, 지대세는 토지투기 현상을

예방해 생산의 장애를 제거하며, 여타 조세를 취소함으로써 생산활동을 장려하는 효과를 가져온다. 둘째, 일반적인 조세의 경우 자기 소득을 쉽게 숨길 수 있어서 탈세하기 쉽다. 따라서 세무당국은 과세를 위해 대량의 인력과 재정을 투입해야 하는데, 이는 과세비용을 높이는 결과를 가져온다. 그러나 지대세는 숨기기 어려우며 토지를 평가하기도 상대적으로 쉽다. 일단 토지를 평가한 후에는 세무당국은 단지 과세만 하면 되기 때문에 과세가 쉽고 과세비용도 저렴하다. 셋째, 일반적인 조세는 불확정성이 매우 높으며 과세에 임의성이 존재하기 때문에 세무당국의 부패를 조장한다. 그러나 토지의 평가와 과세는 확정성을 가지기 때문에 임의성이 최소화된다. 넷째, 토지소유자 또는 최종 토지사용자가 향유하는 특혜의 크기에 따라 지대세 부담 역시 같은 비율로 변한다. 정부는 사회가 창조한 지대를 수취해 사회의 공공수요에 사용하기 때문에 지대세는 '공동재산의 공동 향유 원리'를 만족시킬 수 있다(조지, 1997: 408~421).

신자유주의 경제학파의 저명한 경제학자 밀턴 프리드먼(Milton Friedman)과 프리드리히 하이에크(Friedrich A. von Hayek)는 모두 지대세의 우월성을 인정했다. 프리드먼은 토지 보유에 과세하는 지대세가 "가장 덜 나쁜 세금(the least bad tax)"이라는 재미있는 표현을 통해 지대세가 이론상 결점이 없다는 점을 인정했다.

이상의 네 가지 과세원칙과 경제학자들의 주장을 근거로 중요한 과세원칙을 도출할 수 있다. 바로 조세이전(tax-shift)의 원칙이다. 현행 과세원칙은 "수입이 있으면 과세가 있다"는 것이다. 이러한 원칙은 불로소득이건 정당한 노동 및 자본소득이건 수입의 출처를 구분하지 않고 모두 동일시한다. 일반적으로 재정수입 중에서 최고 비율을 차지하는 세목은 바로 소득세와 법인세 및 상품부가세다. 이러한 세목은 제품생산과 소비를 가로막는다. 따라서 정부는 당연히 지대 또는 지대성 불로소득을 우선적인 과세의 대상으로 삼아야 하며, 그런 후에 별도의 재정수입이 필요하다면 과세범위를 확장해야 한다. 미국 도시 가운데 피츠버그(Pittsburgh)시와 해리스버그(Harrisburg)시가 시행하는 세율차별정책(two-rate taxes)은 부분적으로 조세이전의 원칙을 만족시킨다(전강수·한동근, 2000: 128~132). 에버니저 하워드는 자신의 저서 『내일의 전원도시(Garden Cities of Tomorrow)』에서, 지대는 유일한 재정수입원으로 꾸준히 상승하기 때문에 정부는 여타의 지방세를 줄일 수 있다고 제시했다(하워드, 1980: 89).

4) 지대원리 도출

지대원리는 공공토지임대제 이론의 핵심 부분이다. 상술한 내용을 근거로 다음 네 가지 지대원리를 도출할 수 있다.

첫째, 차액지대 공유다. 지대는 '토지사용으로 인한 총수입'에서 '토지사용에 투입된 비용'을 공제한 후의 나머지 부분으로, 지대는 일종의 사회 공동체 전체가 창출한 가치의 잉여 가치다.

둘째, 경매를 통한 토지사용권 분배다. 모든 토지의 사용권은 최고 최선의 토지사용자에게 분배되어야 한다. 공개경매 등 시장경쟁방식은 토지이용의 공평성과 효율성을 동시에 만족시킨다.

셋째, 매년 지대 납부다. 토지사용자는 토지소유자인 정부에 지대를 '매년' 납부한다. 이때 지대는 토지사용의 대가인 토지사용료이지 조세가 아니다.

넷째, 조세이전이다. 정부는 지대수입을 인상하는 동시에 '그에 상응하게' 노동소득세, 자본이득세 및 상품부가세를 감면해야 한다. 또한 정부는 지대수입을 최우선적인 재정수입원으로 삼아야 한다.

제7장

공공토지임대제를 위협하는 지대자본 화폐화

1. 문제의식

현재 공공토지임대제를 실시하고 있는 중국에서는 막대한 규모의 부동산 담보대출과 부동산거품 및 부동산투기 현상이 진행되고 있다. 공공토지임대제를 실시하고 있음에도 왜 이러한 현상이 발생할까? 필자는 토지사용기간 동안 납부해야 할 지대를 자본화해 일시불로 납부하는 중국의 토지출양 방식이 근본 원인일 수 있다는 데 주목했다. 이 장은 이러한 문제의식을 기반으로 지대자본화와 금융의 결합에 주목했다.

이 장에서는 지대자본화와 금융의 결합을 '지대자본 화폐화' 현상으로 명명한다. 즉, 지대자본 화폐화란 지대가 자본화(지가화)한 이후 부동산담보대출 등을 통해 화폐화되면서 통화량 과잉 현상을 일으켜 부동산 거품 경제 현상을 유발하는 것을 이론체계로 제시한 것이다(〈그림 7-1〉 참조). 지대자본 화폐화 이론은 토지사유제 국가의 부동산시장은 물론이고, 토지가 국공유인 중국이나 홍콩 등의 부동산 거품문제를 분석하는 데도 적용할 수 있다.

현재 부동산 담보대출이 초래한 통화량 과잉 현상은 미국과 같은 선진국

그림 7-1 **지대자본화가 유발하는 주요 문제의 흐름도**

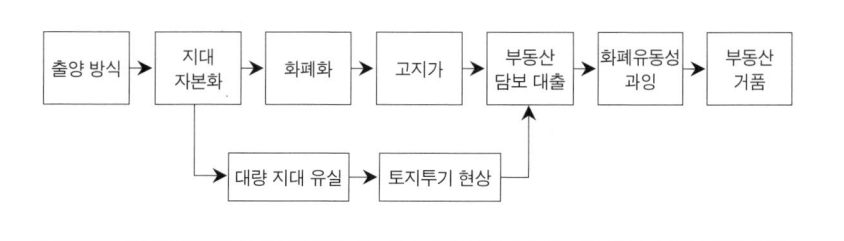

은 물론 중국과 같은 발전국가에서도 진행되고 있다. 이는 지속가능한 발전을 위협하는 핵심 원인이었다. 그러나 그동안의 연구는 부동산 담보대출이 통화량 과잉 및 부동산 거품경제와 어떤 관계가 있는지를 고찰했을 뿐, 지대자본화로부터 발생하는 화폐의 출처와 성질을 검토하지는 않았다. 이러한 이유로 여기서는 화폐유동성 과잉 문제를 분석하기 위해 지대자본화 (land rent capitalization)에서 출발한다.

지대자본화로부터 발생하는 화폐를 검토하기 위해 '실재화폐'와 '비실재화폐'라는 새로운 개념을 제시한다. 실재화폐는 제품과 서비스가 생산되면 발생하고 소비되면 사라지는 화폐다. 이러한 화폐는 '교환을 촉진하는 매개체'라는 화폐 본연의 목적에 충실하다.

그러나 비실재화폐는 제품과 서비스의 실재와 무관하게 발생 및 존재하는 화폐다. 한 경제체가 경제성장 과정에 있는 경우 지대자본화와 부동산 담보대출의 결합으로 발생하는 비실재화폐가 전체 비실재화폐에서 가장 큰 비중을 차지한다.

2. 지대자본 화폐화 이론[1]

1) 부의 정의

많은 사람들이 부(富)의 정의를 혼동하고 있다. 이는 실제 경제활동에서 사용하는 정의와 경제학에서 사용하는 정의가 다르기 때문이다. 실제 경제활동에서는 부가 교환가치를 가진 모든 물건으로 정의된다. 가령, 상품, 서비스, 증권, 저당권, 약속어음, 은행권 등이 부에 해당한다. 그러나 경제학에서는 사회 전체의 부를 증가시키거나 감소시키는 것만 부라고 정의한다. 앞에서 언급한 증권, 저당권, 약속어음, 은행권 등은 돈을 받을 사람과 지불할 사람이 함께 존재하기 때문에 이 금액이 증가한다고 해서 사회적 부가 증가하는 것은 아니다. 따라서 이러한 부는 경제학의 정의에 부합하지 않는다(조지, 1997: 39~40).

이러한 논리를 따르면, 지가가 상승한다고 해서 사회 전체의 부가 증가하는 것은 아님을 알 수 있다. 토지소유주가 지가 상승을 통해 얻는 이익만큼 토지구매자는 손실을 입기 때문이다. 따라서 지가 상승과 더불어 발생하는 화폐는 결코 진정한 부의 증가를 표시할 수 없으며, 이러한 화폐가 바로 진정한 부가 현재 존재하지 않는다는 의미에서 '비실재화폐'다. 미국 경제학자 개프니(Gaffney, 2008a)와 리무샹(李木祥, 2007) 등이 제시한 '허구자본(Fictitious Capital)'과 쑹홍빈(宋鴻兵, 2008)이 제시한 '채무화폐(Debt Currency)'가 필자가 제시한 비실재화폐와 본질적으로 동일한 성격을 지닌다. 이러한 개념은 모두 지가가 허구성을 지니고 있다는 것을 전제로 한다.

---

1 이 절은 필자의 논문 "地租資本化與貨幣流動性過剩的關係及影響硏究", ≪經濟体制改革≫, 第一期(2009), pp.21~26의 내용을 기초로 했다.

2) 지대자본화 공식으로 본 비실재화폐의 형성

지대자본화 공식(capitalized land price equation)이란 아직 발생하지 않은 미래의 매년도 지대수입을 자본화율(i)로 할인한 이후의 합계액을 계산하는 공식이다. 미래의 매년도에 발생하는 지대는 이 공식을 통해 현재 지가로 전환된다. 일반적인 지대자본화 공식은 다음과 같다.

공식1

$$P_{g=0} = \frac{r_0}{(1+i)^0} + \frac{r_1}{(1+i)^1} + \frac{r_2}{(1+i)^2} + \dots$$

P: 지대자본화 이후의 지가, r: 매년도 지대, i: 자본화율,[2] g: 지대증가율

중국의 경우, 주택용 토지는 최대 70년 기한이기 때문에 주택용 토지의 지대자본화 공식은 $P = \sum_{t=0}^{70} \left\{ \frac{r_t}{(1+i)^t} \right\}$ 이 된다. 여기서 r_t는 t년도의 지대수입이다. 만약 매년도 지대수입이 r_0로 일정하다면, 지대자본화 공식은 다음처럼 간단해진다.

공식2

$$P_{g=0} = \frac{r_0}{i}$$

우리가 지대자본화 공식에서 추론할 수 있는 것은, 지대와 지가의 성격이 다르다는 것이다. 즉, 지대는 생산요소인 토지의 사용 대가로서 생산물

---

2   일반적으로 자본화율을 확정하려면 장기 이자율, 기대 지대상승률, 지대수입 위험, 조세 정책 등 네 가지 요소를 고려해야 한다(Dipasquale and Wheaton, 1996: 9~10).

시장에 속하는 반면, 지가는 자본화율 i에 의해 결정되기 때문에 자산시장에 속한다. 자본화율 i는 경우에 따라서 이자율로 대체되기도 한다.

여기서는 '헨리 조지 정리(Henry George Theorem)'를 이용해 다시금 지대의 생산물시장 성격을 설명하고자 한다. 헨리 조지 정리는 스티글리츠와 그의 박사과정생이던 아놋이 제시한 이론으로, 인구가 적정 규모이고 경제활동 공간분포가 파레토 최적(Pareto Optimum)이라는 가정하에, 공공재정의 지출규모는 전체 지대수입과 동일하다는 이론이다(Arnott and Stiglitz, 1979). 헨리 조지 정리는 다음과 같다(이정전, 1999: 656~662).

공식3

$$G = f(L, A) - w \cdot L \equiv R_0$$

G: 전체 공공재정, $f(L, A)$: 생산함수로, 인구 L과 토지면적 A일 때의 지역총생산, $w \cdot L$: 총노동보수, R_0: 올해 총지대수입

공식3은 총지대 R이 매년도의 생산량에서 노동보수와 자본이자를 제한 나머지라는 것을 보여준다. 이론상으로는 만약 정부가 매년 총지대 R을 회수하면 지대자본화 공식에 의해 지가가 0이 되어 화폐시장에서 지가 총액을 나타낼 화폐가 필요하지 않게 된다.

그러나 만약 한 경제체가 지대를 회수하지 않을 뿐만 아니라 지대가 아닌 지가를 기준으로 작동하면, 자본화된 지가 P는 올해의 지대(R_0)와 아직 발생하지 않은 미래의 지대의 합을 표시한다. 그런데 문제는 미래의 지대가 지가의 대부분을 차지한다는 점이다. 따라서 정부와 시중은행이 지가에 상응하는 화폐를 공급하면 이러한 화폐는 대부분 아직 발생하지 않은 미래 지대를 나타내기 때문에 실제로 생산물(부)이 존재하지 않음에도 불구하고 화폐는 존재하는 모순이 발생한다. 이러한 모순이 화폐유동성 과잉 등 여러

차원의 부작용을 일으킨다고 보는 것이 필자의 핵심 문제의식이다.

토지와 관련된 비실재화폐량은 다음의 공식4와 같이 결정된다. 공식4를 '지대자본 화폐화 공식'이라고 정의한다.

공식4

$$M_{not} = \tau(\sum P_{g=0} - R_0) = \tau(\sum \frac{r_0}{i} - R_0) = \tau R_0 \left(\frac{1}{i} - 1\right)^{\ 3}$$

M_{not}: 토지 관련 비실재화폐량, $\sum P$: 구역 내의 지가총액, R_0: 당해년 총지대, τ: 화폐화지수

3) 지가 상승으로 인한 비실재화폐의 증가

공식1에 따르면, 자본화율 i는 매우 중요한 작용을 담당한다. 즉, 자본화율이 작을수록 지가는 더 높아진다. 만약 매년도 지대가 g의 비율로 증가한다면, 미래의 특정 연도의 지대는 $r_t = r_0(1+g)^t$이 된다. 따라서 공식1의 지대자본화 공식은 다음과 같이 변한다(김윤상, 2002: 325).

공식5

$$P_{g \neq 0} = \sum_{t=0}^{\infty} r_0 \left(\frac{1+g}{1+i}\right)^t$$
$$= \begin{cases} r_0 \dfrac{1+g}{i-g} & , \quad g < i \quad or \\ \infty & , \quad g \geq i \end{cases}$$

공식5에서 추론해 얻는 결론은 다음과 같다. 첫째, 지가는 미래 매년도

---

3 여기서 [$\Sigma\ r_0\ /\ i$]는 구역 내 전체 지대의 합계를 나타낸다. 따라서 $\Sigma\ r_0$는 R_0와 같다.

의 지대증가율(g)과 자본화율(i)의 함수로, 지대증가율이 상승하고 자본화율이 하락하면 지가가 상승한다. 둘째, 지대증가율이 자본화율보다 크거나 같은 경우 지가는 무한대가 된다. 경제가 빠르게 성장하는 시기에는 지대증가율(g)이 자본화율(i)보다 클 수 있는데, 그렇게 되면 지가 역시 빠르게 증가한다. 이때 비실재화폐량(M_{not}) 역시 증가한다. 공식5와 공식4를 결합하면 다음과 같다.

공식6

$$M_{not} = \tau(\sum P_{g \neq 0} - R_0)$$
$$= \begin{cases} \tau R_0 \left(\dfrac{1+g}{i-g} - 1 \right) & , \quad g < i \quad or \\ \infty & , \quad g \geq i \end{cases}$$

공식6을 보면 경제가 성장하기 시작하는 시기에는 비실재화폐량(M_{not})이 느리게 증가한다. 그 이유는 경제성장 초기에는 일반적으로 자본화율(i)이 지대증가율(g)보다 크기 때문이다. 경제성장이 일정 수준에 도달한 이후에는 경제의 고속 성장에 따라 지대증가율(g)이 자본화율을 초과하기 때문에 비실재화폐량(M_{not})이 빠르게 증가한다. 이후 비실재화폐량(M_{not})은 무한대(∞)가 된다.

마르크스는 자본주의 시장에서 이자율이 점진적으로 하락하는 문제를 제기했다. 즉, 비실재화폐량(M_{not})이 무한대(∞)가 된다는 것인데, 실제로는 M_{not}이 무한대에 이르기는 어렵다. 왜냐하면 정부는 부동산시장 상태를 보면서 각종 정책을 활용해 화폐화지수(τ)를 통제하기 때문이다. 주요 통제 방식이 바로 LTV와 은행의 대출이자 조정이다.

정리하면, 지대자본화는 두 가지 경로를 통해 통화량의 공급 과잉을 초래한다. 첫째, 지가의 존재가 비실재화폐를 발생시킨다. 둘째, 지대가 개인에게 귀속되는 경제체에서 지대자본화는 자산시장에서 투기성 지대추구를 촉진한다. 이로 인해 지가가 증가하고, 이는 다시금 비실재화폐의 증가를 가져온다. 그 결과 통화량 공급 과잉이 진행된다. 따라서 지대가 자본화되는 경제체에서 경제성장에 따른 통화량 공급 과잉은 피할 수 없다.

3. 지대자본 화폐화의 영향

1) 전반적인 영향

데니스 디파스퀼(Denise Dipasquale)은 생산물시장에서 형성되는 지대 수준이 부동산 자산에 대한 수요를 결정하는 관건이라고 보았다(Dipasquale and Wheaton, 1996: 35~36). 자산을 매입하는 경우 투자자는 장래의 지대 수익 증가량을 구매하는 것이다. 따라서 생산물시장의 지대 변화가 곧바로 자산시장에서 자산 수요에 영향을 미친다.

연구자들은 지대가 지가를 결정하는 지대자본화 이론을 가볍게 대하는 경향이 있다. 지대가 지가로 전환되는 과정에서 중시해야 할 것은, 지대는 일종의 실재 가치인 반면 지가는 실재 가치가 아니라는 점이다. 지대자본화 이론에 따르면, 지가는 미래에 발생할 지대의 합이기 때문이다. 따라서 만약 정부가 지가 총액을 고려해 본원화폐를 발행하고 개인과 기업이 부동산 담보로 은행대출을 받아 지대자본이 화폐화(신용창조)되면 통화량 과잉 문제가 초래된다. 통화량 과잉은 다시금 부동산 가격의 빠른 상승(부동산 거품), 가계부채 악화, 인플레이션 등의 일련의 문제를 초래하며, 더 나아가 부동산시장과 금융시장의 위기를 초래한다(〈그림 7-2〉 참조). 각각의 부작

그림 7-2 **지대자본화가 통화량 과잉에 미치는 영향력**

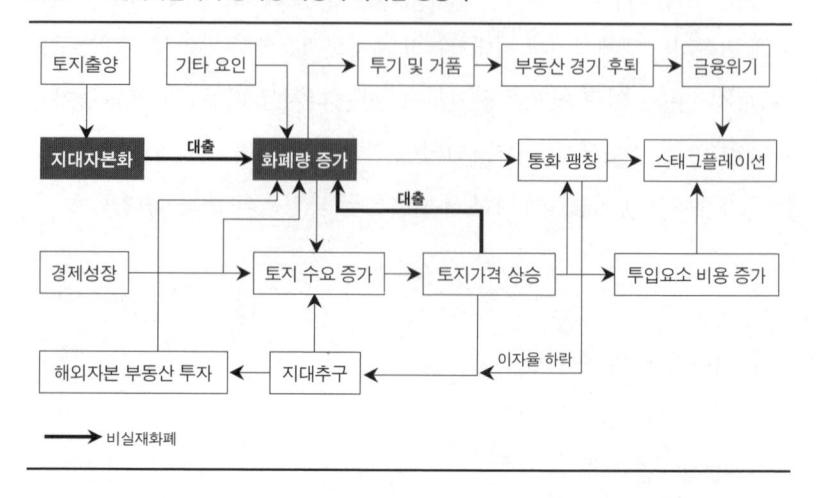

용을 자세히 살펴보자.

2) 인플레이션 초래

일반적으로 인플레이션(통화팽창)은 화폐가치 하락이 전체 물가의 지속적인 상승을 초래하는 경제현상으로 정의된다. 여기서 인플레이션이 초래되는 과정은 크게 두 가지다. 첫째, 화폐량이 팽창하면 화폐가치가 하락해 인플레이션이 발생한다. 둘째, 사회의 총수요가 사회의 총공급을 초과하면 전체 물가가 지속적으로 상승해 인플레이션이 발생한다. 따라서 일부 문헌에서는 인플레이션을 더 많은 화폐가 물가 상승분에 지불되고 이러한 현상이 다시금 물가 상승을 초래해 반복적으로 더 많은 화폐 지불과 물가 상승이 서로 강화되는 현상이라고 정의한다.

토지시장에서 발생하는 지대자본화와 지대추구라는 두 가지 현상은 상

술한 조건에 완전히 부합한다. 헨리 조지는 진보하는 사회에서는 지가가
꾸준히 증가하는데 그 이면을 살펴보면 "어떤 일반적이고 계속적인 요인이
작용해 상품 가격을 상승시키는 것"과 동일한 메커니즘이 작동한다고 보았
다(조지, 1997: 259). 여기서 그는 "어떤 일반적이고 계속적인 요인"으로 미
국 남북전쟁 당시 화폐가치 하락으로 인해 물건 값이 상승한 사례를 제시
했다. 필자는 헨리 조지가 언급한 상품가격을 상승시키는 요인과 관련해,
부동산 담보대출을 통해 발생한 비실재화폐에 주목한다. 다만 헨리 조지는
화폐가치 하락이 비실재화폐와 관련 있다고 분석하지는 않았다.

부동산 가격과 인플레이션의 관계에 관해 현대의 주류 경제학도 나름 의
미 있는 설명을 제시한다. 안국신은 부동산 가격 폭등이 부동산 소유자에
게는 커다란 자본이득을 가져다주는 반면, 부동산 비소유자에게는 상대적
인 박탈감을 가져다준다고 분석했다. 부동산 가격 폭등은 다시금 부동산의
기대수익률을 상승시키고 기업투자 축소와 부동산 투기를 가져와 자원배
분을 왜곡시킨다. 결과적으로 투자 감소로 인해 발생한 생산물 공급부족과
부동산 가격 폭등으로 인해 발생한 일반물가 상승의 최종 결과가 바로 인
플레이션이라는 것이다(안국신, 1995: 84). 그런데 아쉽게도 이러한 이론체
계는 부동산시장에서 인플레이션이 발생할 때 비실재화폐가 상술한 인과
관계를 어떻게 촉진했는지는 고찰하지 않았다.

3) 부동산 거품 초래

가격 상승에 대한 일반 시민들의 기대가 현실에 반영되어 실제로 가격이
상승하는 현상을 '자기충족적 예언(Self-fulfilling Prophecy)'이라고 부른다.
이렇게 기대의 자기충족에 따라 상승한 가격을 일반적으로 거품이라고 부
른다(이정전, 1999: 338에서 재인용). 가장 대표적인 것이 지가 거품이다. 그런

데 경제학자들 사이에서 지가 거품의 형성 원인 또는 실제 존재에 대해서는 의견이 일치하지 않는다. 심지어 일부 학자는 현재의 계량경제 수준으로는 지가 거품의 발생량 또는 존재를 정확하게 측정할 수 없다고 보기도 한다(김경환·서승환, 2002: 175에서 재인용).

거품은 내구성, 희소성, 공통의 기대라는 세 가지 일반 조건이 모두 충족되는 경우 발생한다. 이를 자세히 살펴보면, 첫째, 내구성을 가진 자산 가격은 미래 소득을 반영하며, 미래 소득에 대한 자기충족적 기대로 인해 거품이 발생한다. 둘째, 희소성은 공급의 고정성이라고도 한다. 가격 변화에 따라 공급이 탄력적으로 변화한다면 거품은 발생하기 어렵다. 그런데 공급이 고정되어 있다면 수요－공급 이론에 의해 가격이 상승한다. 셋째, 공통의 기대다. 만약 어느 누구도 장래에 가격이 상승할 것으로 기대하지 않는다면 거품은 발생하지 않는다.

상술한 세 가지 조건에 따르면 지가는 다른 자산에 비해 더욱 쉽게 거품이 발생한다. 우선 토지는 내구성이 뛰어나다. 거의 영구적이다. 따라서 미래 소득을 기대하기에 유리하다. 또한 공급도 고정되어 있다. 바닷가나 강가를 메워서 토지를 만들지 않는 이상 추가 공급이 어렵다. 따라서 수요만 뒷받침되면 지가는 꾸준히 오른다. 그런데 가격 상승에 대한 공통의 기대는 사실 토지의 물리적 성질로 충족되는 것이 아니라 지가가 형성되어 있는 체계에서 지대 사유화가 가능할 때 충족된다. 만약 매년 발생하는 지대가 모두 사회에 귀속되면 지가는 오르지 않는다. 그렇게 되면 아무도 미래에 지가가 오를 것으로 기대하지 않게 되어 거품은 발생하지 않는다.

거품 발생의 조건이 하나 더 있다. 바로 화폐유동성의 공급이다. 화폐가 충분히 공급되지 않으면 가격이 오를 수는 있어도 거품 수준에 이르기는 어렵다. 이정전에 따르면, 지대는 생산물 가격 또는 토지공급 조건으로부터 더 크게 영향을 받는 반면, 지가는 통화량 등 거시경제 변수에 더 민감하게 반응한다(이정전, 1999: 335~339). 여기서 통화량을 지가 상승의 중요한 변수로 제시한 것에 주목할 필요가 있다. 지대자본화, 즉 지가가 형성되고 다시 화폐화된 결과로 통화량이 증가하기 때문에 거품이 발생할 수 있다. 지대자본 화폐화는 거품을 형성하는 중요한 요인인 것이다.

이 외에도 강조할 것은 이른바 부동산 거품은 실제로는 건물에 대한 거품이 아닌 '토지' 거품이라는 점이다(李木祥, 2007: 87). 왜냐하면 건물은 상술한 세 가지 거품조건에 부합하지 않기 때문이다. 그럼에도 현실에서 시민들은 거품의 출처에 대해 크게 신경 쓰지 않는다. 이것은 일종의 '착시현상'이다.

경제성장에 따라 토지 수요가 빠르게 증가하면 토지가치(지가)도 동시에 상승한다. 이때 사람들은 토지가격이 지속적으로 상승하고 떨어지지 않을 것으로 기대한다. 따라서 부동산 담보대출 방식을 통해 부동산 투기시장에 참여하는 현상이 확대된다. 지가 상승이 이자 부담을 상쇄하고도 남을 것으로 계산하기 때문이다. 결과적으로 비실재화폐량이 급증하면서 토지가격이 폭등한다.

4) 주기적인 경기변동 초래

공식6에 따르면, 경제가 빠르게 성장하는 시기에 지대증가율(g)은 시장이자율(i)보다 높다. 그러면 이론상 비실재화폐의 증가는 무한대에 이른다. 그러나 모든 정부는 금융정책을 이용해 통화량의 팽창을 조절하기 때문에 통화량이 반드시 무한대에 이르지는 않는다. 그러나 경제의 주기적인 후퇴를 피할 수는 없다.

토지시장과 금융시장의 관계를 연구한 미국의 경제학자 개프니는, 토지시장이 토지 담보대출을 통해 기업경영과 자금분배의 비효율성 등 미시적

경제문제를 야기했으며 경제 불안정성 확대 등 거시경제 문제도 일으킬 수 있다고 말했다. 그가 토지 담보대출과 관련해 찾은 사실은 다음과 같다. 첫째, 상업은행은 토지 담보대출 방식을 선호하며 토지가치와 대출은 상호 촉진하는 관계다. 둘째, 이러한 담보대출이 더 많은 토지 구입에 사용된다. 셋째, 담보대출은 한계생산력에 기초한 것이 아니라 담보의 안정성에 기초하며, 따라서 자금분배의 효율성을 방해한다(전강수·한동근, 2000: 200~201).

폴드베리도 헨리 조지의 경제주기론 및 오스트레일리아 학파의 경제주기론을 결합해 토지시장이 초래한 새로운 경제주기론을 제시했다(Foldvary, 1997). 그가 제시한 주요 내용은 다음과 같다. 경제가 성장하기 시작함에 따라 토지 담보대출 등의 원인으로 통화량이 증가한다. 그 후 이자율이 하락해 과잉투자를 촉진하고 이러한 현상이 경제 과열을 초래한다. 경제가 과열됨에 따라 시민들은 지가가 계속해서 상승할 것으로 믿게 되어 토지투기 현상이 발생한다. 이러한 현상은 지가의 투기적 상승을 가져온다. 그러면 정부의 통화량 감소 정책으로 통화량의 증가가 멈추고 디플레이션에 대한 우려가 자본시장에 영향을 주어 이자율이 상승하기 시작한다. 이후 지가와 이자율의 상승으로 초래된 기업 원가의 상승이 새로운 투자를 억제하며, 민간의 유효수요가 축소된다. 이로 인해 경제가 후퇴하기 시작하며 부동산 가격이 하락한다. 그 결과 부동산 담보대출액이 그 담보가치를 초과한다. 마지막으로 부동산시장의 붕괴가 이어지면서 은행이 파산한다. 폴드베리가 제시한 경기주기론의 핵심은 토지시장이 통화량 팽창을 유발해 주기적으로 인플레이션과 디플레이션을 가져올 수 있다는 것이다.

화폐와 경기변동 주기의 관계를 깊이 연구한 하이에크도 비슷한 논리를 전개했다. 하이에크는 경기변동의 원인으로 화폐가치의 탄력성에 주목했다. 즉, 화폐가치의 탄력성은 통화량의 공급 속도에 좌우되기 때문에 결국 통화량이 핵심이라는 것이다. 여기서 통화량 공급 속도에 영향을 주는 이자율은 반드시 균형이자율은 아니며, 단기간 내에 은행의 유동성에 따라 결정된다(Foldvary, 1997: 521~541).

중국 학자들도 주기적인 경기변동에 대해 다음과 같이 일치된 견해를 보인다(龍胜平·方奕, 2006: 6~7). 부동산 자산의 희소성과 정보의 비대칭 → 투자자가 미래의 부동산 수익을 과도하게 낙관 → 담보융자를 이용한 진일보한 투자규모 확대 → 더 많은 수의 참여, 은행의 담보대출 규모 증가 → 다량의 은행 담보대출 자금이 부동산시장에 진입 → 담보가치가 실제 가치를 초과 → 거품 확대 → 거품 붕괴 시작 → 부동산 가격 하락 → 부(-)의 대출 초래 → 은행의 대량 손실 → … → 금융위기의 과정이다.

앞서 제시한 이론들을 종합하면, 지가체계에서 부동산 담보대출을 통해 통화량 팽창이 진행되면 처음에는 경제가 빠른 속도로 증가하는 것처럼 보이지만 일정한 시간이 지나면 역으로 경기가 후퇴해 경제위기가 도래한다. 그리고 이러한 경기변동이 주기적으로 진행된다.

4. 지대자본 화폐화 이론에 기초한 중국 토지시장 분석

지금까지 이론적 차원에서 지대자본 화폐화 이론을 제기하고 그 영향에 대해 살펴보았다. 이제는 이러한 이론체계가 실제적으로 어떤 의미를 갖는지 살펴보고자 한다. 이를 위해 일시불로 토지출양금을 받고 토지사용권을 유상 양도하는 중국의 공공토지임대제를 사례로 실제로 지대자본 화폐화가 발생하는지, 그리고 지대자본 화폐화가 공공토지임대제에 어떤 영향을 미치는지 간략히 살펴보자.

1) 주택구매제도를 통해 주택담보대출 추진

중국은 1978년부터 개혁개방을 외쳤지만 20년 후인 1998년에서야 주택개혁을 추진했다. 1998년 이전까지만 해도 복지의 일환으로 정부 또는 기업이 도시 주민에게 주택을 분배해 주는 주택실물분배제도를 실시했다. 주택이 거래가 아닌 분배의 대상이다 보니 공식적인 부동산시장이 형성되기는 어려웠다. 당시 주민들은 낮은 수준의 주택사용료를 납부했는데, 그 비용으로는 주택 유지보수도 감당하기 어려운 수준이었다. 그러다가 중국 정부가 더 이상 주택 공급을 책임지기 어렵게 되자 1998년에 주택실물분배제도를 폐지해 버렸다. 정부는 주민들의 주택 구매를 통해 부동산업을 성장시키고 더 나아가 경제성장을 이끌어내고자 했다. 주민들이 주택시장을 통해 주택을 구매해야 하는 상황에 처하자 중국인민은행(中國人民銀行)은 구입 자금 부족 문제를 해결하기 위해 1998년 「개인주택 담보대출관리 방법」을 발표하고 주택가격의 70~80%를 대출해 주었다. 대출 비율만 보면 상당히 높은 수준이었다.

정부가 시중은행을 통해 대출을 실시하고 구매력을 갖춘 시민들이 주택구입에 나서자 부동산 가격은 상승하기 시작했고 경제 역시 빠르게 성장했다. 중국 정부가 당초에 목표로 설정한 경제성장이 실현되는 것처럼 보였다. 그런데 문제는 그 부작용으로 부동산이 투기 대상이 되면서 부동산가격이 급등했다는 것이다. 부동산 투기로 인한 부동산 가격 상승은 결국사회문제로 대두되었고 중국 내에서는 부동산 투기근절과 가격 안정화를위해 부동산 보유세를 실시해야 한다는 주장이 제기되었다(신금미, 2015a: 217). 토지를 국가가 소유하면서 공공토지임대제를 실시하는 중국의 부동산시장에서는 토지사유제에 기초한 한국의 부동산시장이 겪는 문제들이동일하게 나타났다. 필자는 중국의 토지출양제가 유발하는 지대자본 화폐화가 중요한 원인으로 작용했다고 본다.

2) 지대자본 화폐화로 발생된 비실재화폐량 계산

앞서 제기한 지대자본 화폐화 이론에 따르면, 비실재화폐를 발생시키는 핵심 조건은 지대자본화(지가화)와 부동산담보대출 두 가지다. 중국 부동산 시장은 두 가지 조건을 모두 충족시킨다. 우선, 중국의 토지출양제가 요구하는 일시불 토지출양금은 성격상 40년 또는 70년의 미래 지대를 자본화한다는 점에서 지대자본화 조건을 충족시킨다. 그리고 중국 역시 부동산 담보대출을 적극적으로 실행하고 있어서 둘째 조건도 충족시킨다. 이러한 각도에서 중국 토지시장에서 지대자본 화폐화로 인해 발생한 비실재화폐의 존재 및 그 영향을 분석했다. 〈표 7-1〉의 수치는 기간이 충분하지는 않지만, 중국에서 지대자본 화폐화로 인해 발생한 비실재화폐의 존재와 그 영향을 파악하는 데 도움이 된다. 다만 분석을 위해 변수에 대해 두 가지 가정을 했다. 첫째, 토지자산 총액이 지가총액이라고 가정했다. 둘째, 부동산담보대출 총액이 토지에서 발생한 비실재화폐 총액이라고 가정했다.

〈표 7-1〉은 1997~2005년의 토지자산 총액과 부동산담보대출 총액을 보여준다. 토지자산 총액은 지가총액을 대신하는 대리변수다. 2002~2005년의 수치는 자료를 획득하기 어려워 이전 기간의 평균 증가율을 활용해 추정한 값이다. 부동산담보대출 총액은 비실재화폐를 나타내는 대리변수다. 1997년의 부동산담보대출 총액은 2114억 위안으로 비교적 낮았으나 2005년이 되면서 3조 252억 위안으로 급격히 증가했다. 이러한 수치에 기초해 계산한 중국의 1997년 화폐화지수는 0.8이었으며, 2001년에는 2.8이었다. 한국의 화폐화지수(1990년도 2.2, 2006년도 13.5)와 비교하면 낮은 편이다(〈표 7-2〉 참조). 하지만 2005년에는 중국의 화폐화지수가 6.5로 매우 높아졌다.

표 7-1 **비실재화폐량 및 관련 수치(1990~2005)** 단위: 억 위안

연도	토지자산액 (A)	부동산담보대출액 (B)	M2	화폐화지수 (B/A×100)	담보액/M2
1990	46,258				
1991	66,787				
1992	91,402				
1993	136,621				
1994	178,448				
1995	217,857				
1996	250,336				
1997	261,038	2,114	90,995	0.8	2.3%
1998	292,271	2,915	104,499	1.0	2.8%
1999	311,468	4,063	119,898	1.3	3.4%
2000	343,545	6,689	134,610	1.9	5.0%
2001	353,072	9,756	158,302	2.8	6.2%
2002	378,409	13,737	185,007	3.6	7.4%
2003	405,564	21,028	221,223	5.2	9.5%
2004	434,667	25,907	253,208	6.0	10.2%
2005	465,859	30,252	298,756	6.5	10.1%

주: 토지자산액의 2002~2005년 수치는 1997~2001년(5년)의 평균 증가율(7.18%)을 적용해 계산한 추정값이다.
자료: 토지자산액: 吳德進·李國柱 等(2006:16~17).
부동산담보대출액: 李木祥(2007: 85).
부동산 가격과 M2: 『中國統計年鑑』(매년도).

하나 더 살펴볼 내용이 있다. 바로 M2(총통화) 전체에서 부동산담보대출액이 차지하는 비율의 변화다. 일반적으로 민간 보유 현금통화와 예금통화(요구불예금)의 합계를 M1(통화)이라고 하며, M1에 저축성예금을 합한 것을 M2(총통화)라고 한다. 정부가 통화량을 조정할 때 사용하는 모니터링 변수가 바로 M2(총통화)다. 중국 역시 국제 기준을 준용해 통계를 작성하고 있다. 〈표 7-1〉을 보면 중국의 M2는 꾸준히 증가하고 있다. 그런데 부동산담보대출 총액이 더 빠르게 증가하면서 [담보액/M2]의 비율이 꾸준히 증가하고 있다. 이러한 수치 변화가 의미하는 것은 전체 M2를 구성하는 화폐 중

표 7-2 **한국과 중국의 화폐화지수 비교(1997~2005)**

연도	한국		중국	
	화폐화지수	증가율(%)	화폐화지수	증가율(%)
1997	4.8		0.8	
1998	6.5	35.4	1.0	25.0
1999	7.2	10.8	1.3	30.0
2000	8.9	23.6	1.9	46.2
2001	10.5	18.0	2.8	47.4
2002	13.5	28.6	3.6	28.6
2003	11.9	-11.9	5.2	44.4
2004	13.1	10.1	6.0	15.4
2005	13.5	3.1	6.5	8.3

에서 부동산담보대출, 정확히 말하면 토지자산에서 창출되는 화폐량이 더 많아지고 있다는 것이다.

정리하면, 중국에서는 1980년대 초부터 선전경제특구를 시작으로 토지출양제 실험을 하면서 지대자본화가 진행되기 시작했다. 그리고 1998년에 주택실물분배제도가 폐지되고 그 대신 주택구입제도와 담보대출제도가 추진되면서 지대자본 화폐화가 진행되었고 그 결과 비실재화폐가 발생했다. 비실재화폐는 시간이 흐르면서 총액의 규모가 더욱 커졌으며 M2에서 차지하는 비율도 점차 증가하고 있다.

제3부

경험

제8장

중국 토지제도에 영향을 끼친 헨리 조지

미국의 정치경제학자인 헨리 조지의 지대공유 이론은 영국이나 호주처럼 토지가 사유화된 자본주의 국가에 중요한 영향을 주었다. 그런데 흥미롭게도 그의 이론은 중국과 심지어 러시아 및 북측 등 사회주의 국가에도 큰 영향을 주었다. 헨리 조지가 중국에 영향을 준 경로는 상당히 복잡하다. 직접적인 네 가지 경로와 간접적인 한 가지 경로를 합하면 모두 다섯 가지의 경로가 확인된다.

각각의 경로를 시간 순서대로 간략하게 살펴보자.

경로 1. 홍콩 식민지를 거쳐 개혁·개방기 중국의 도시토지정책에 영향

경로 1의 개요는 다음과 같다. 대영제국은 1841년 아편전쟁 승리로 획득한 홍콩 식민지에 공공토지임대제를 추진했다. 이후 1980년대에 중국은 개혁개방을 추진하면서 가장 중요한 벤치마킹 사례로 홍콩의 토지공유 및 사용권 양도 정책을 받아들였다. 중국의 공공토지임대제 모델이 나름 성공하자 이후 인접 국가인 북측과 베트남 등 사회주의 경제체제 전환국에 영향을 주었다. 다섯 가지 경로 중에서 시간상 가장 앞서는 경로 1은 간접적인 경로에 해당한다.

중국의 영토였던 홍콩이 영국에 할양된 역사적 계기는 1840년에 발발한 제1차 영·중 아편전쟁이었다. 전쟁 기간인 1841년 5월 영국에 양도된 홍콩섬에 대해 당시의 영국 선장 찰스 엘리엇(Charles Elliot)은 홍콩 토지제도에 대한 가이드라인 성격의 명령을 다음과 같이 발표했다. 첫째, 토지를 팔지 말고 임대할 것(75년), 둘째, 토지개발권을 공공에게 부여할 것, 셋째, 경매를 위해 '매년' 지대 최저가격을 설정할 것, 넷째, 매년 최고의 가격을 부른 지대 입찰자에게 임대할 것, 다섯째, 정부에 통지하지 않는 사적인 토지거래는 금지할 것 등이다. 이는 언뜻 보아서 헨리 조지가 제시한 원칙들과 상당히 유사하다. 『홍콩의 역사(history of Hong Kong)』를 쓴 엔다콧(G. B. Endacott)은 영국이 홍콩에 이러한 조치를 취한 이유에 대해 "지가 상승에 따른 투기가 예상되기 때문에 좋은 부지를 확보하고 미래 발전을 보장하기 위해서"라고 서술하고 있다(엔다콧, 2006: 43). 당시 모든 영국 식민지는 토지투기 때문에 몸살을 앓고 있었다(엔다콧, 2006: 66). 전통적으로 영국은 모든 토지소유권은 여왕에게 귀속된다는 원칙(Queen's land)에 기초해 크게 자유보유 토지(freehold land)와 임차보유 토지(leasehold land)로 구분해서 토지를 관리하고 있었다. 홍콩의 토지제도는 이러한 영향하에 있었다.

엘리엇이 제시한 공공토지임대 원칙은 그 후 크게 두 가지 점에서 변화가 발생했다. 하나는 75년으로 고정된 임차기간이 1848년 2월에 상인 지주의 요구로 99년으로 변경되었다. 당시 99년은 영구 임차를 상징했다. 또 다른 하나는 경매 대상이 매년 지대에서 전체 사용기간에 대한 일시불 지대로 변경되었다(엔다콧, 2006: 95~96). 이후 홍콩이 중국에 반환되기까지 토지임대기간은 상당히 복잡하게 변화해 왔다.

여기에서 홍콩의 토지제도사를 자세히 기술하기는 어렵다. 토지제도의 핵심을 지대공유로 보았을 때, 제도가 정착된 근현대 홍콩의 지대 환수 방식은 다음 세 가지, 즉 ① 토지사용권 공개경매 시 사용 기간의 임대료 총액, ② 임대계약 수정 시 재조정되는 임대료 상승액, ③ 임대 갱신하면서 재조정되는 임대료 상승액을 환수하는 구조다. 그중에서도 공개경매 시의 임대료 총액 환수에 주로 의존하고 있다. 초기 연간 임대료는 명목상의 대지 임대인 명목지대(ground rent, 연간 지대의 5%)를 받는 것으로 대체되었다(Phang, 2000: 340).

홍콩의 이러한 지대납부 방식은 여러 가지 한계를 내포하고 있다. 가령, 홍콩은 1990년 초반까지 성장을 보이다가 주택초과공급으로 인해 1997년 금융위기를 맞았고 지금도 고지가로 몸살을 앓고 있다. 홍콩의 영향을 받은 중국 대륙에서도 비슷한 양상을 보이고 있다. 이 점은 뒤에서 살펴볼 것이다.

홍콩에서 공공토지임대제가 실시된 해(1841)가 헨리 조지가 출생(1839)하고 난 2년 뒤이기 때문에 홍콩이 헨리 조지의 지대공유 이론의 영향을 받았다고 볼 수는 없다. 그럼에도 불구하고 경로 1을 포함시킨 이유는, 먼저, 홍콩의 초기 공공토지임대제의 기본 원리가 헨리 조지의 이론과 매우 유사하기 때문이다. 즉, 헨리 조지가 품었던 생각들이 이미 홍콩에서 실현되었던 것이다. 둘째, 홍콩은 중국 개혁개방기의 도시토지정책에 가장 큰 영향을 주었으므로 중국의 토지정책을 이해하는 데 매우 중요하기 때문이다. 셋째, 중국 신해혁명을 일으킨 쑨원(孫文)이 홍콩에서 대학을 다녔고 홍콩을 거점으로 혁명을 모색했으므로 홍콩의 토지정책이 쑨원에게 중요한 영향을 주었을 것으로 판단되기 때문이다. 실제로 영국으로 망명해 헨리 조지의 영향을 크게 받은 쑨원은 삼민주의를 이야기하면서 평균지권과 '토지국유화'를 언급했다.

경로 2. 중국 산둥성 자오저우만에서 최초로 16년간 지대조세제 실시[1]

헨리 조지가 지대공유를 위한 처방책으로 제시한 지대조세제가 전 세계에서 가장 먼저 실현된 곳이 바로 중국 산둥성 자오저우만(膠州灣) 일대다. 지대조세제가 실현된 시기는 청조(淸朝) 말이자 헨리 조지 사후 1년 뒤인 1898년으로, 당시 자오저우만은 독일의 조차지(租借地)였다. 이 제도는 독일이 청나라와 조약을 체결해 자오저우만 일대 1036km²를 99년간 조차하기로 한 1898년부터 자오저우만이 일본에 점령당한 1914년까지 약 16년간 실시되었다. 자오저우만은 산둥반도의 남쪽 연안에 있는 만으로, 황해로 나가는 입구에 칭다오(靑島)가 있다.

이 제도를 실시하게 된 배경은 홍콩과 유사하다. 아프리카 식민지 경험이 많은 독일도 식민지 개발에서 발생하는 상당한 이득이 토지투기자에게 돌아가는 현상을 경험했다. 이러한 문제를 해결하고자 독일 토지개혁연맹(Bund für Bodenbesitzreform)은 1894년과 1895년 두 차례에 걸쳐 당국에 개혁건의서를 제출했고, 이러한 내용이 독일 해군 장교들에게 영향을 주었다. 이들 중에는 자오저우만 일대를 점령한 오토 본 디에드리히(Otto von Diedrichs) 해군제독도 포함되었다.

자오저우만이 본국 식민지관리청이 아닌 해군 당국의 관할로 유지되자 디에드리히 제독은 모든 토지거래는 해군 당국의 사전 동의를 얻도록 포고령을 내리고 지대조세제를 추진했다. 이를 주도하고 구체화한 인물은 독일인 루트비히 빌헬름 슈라마이어(Ludwig Wilhelm Schrameier) 박사로, 그는 '토지 및 조세에 관한 법률(Land and Tax Statute)'을 입안했는데, 이 법률은 이후 자오저우만 일대의 토지제도와 조세제도의 근거가 되었다. 주요 내용은 다

---

1   이 내용은 김윤상, 『토지정책론』(2002)의 사례를 주로 참조했다.

음과 같다. 첫째, 연간 토지세액은 토지소유자가 가한 개량물의 가치를 제외한 지가의 6%로 한다. 둘째, 지가는 정기적으로 재평가한다. 셋째, 지가상승분에 대해서는 토지양도가 진행될 때마다 또는 25년마다 과세한다. 넷째, 25년 동안 토지양도가 없을 경우에는 지가차액의 3분의 1을 징수한다.

이 법률이 시행된 초기에는 토지세 이외의 징수액이 거의 없어 단일세제에 가까웠으며 이후에는 관세가 추가되었을 뿐이다. 이 제도는 매우 성공적이어서 어촌에 불과했던 칭다오가 무역항으로 발전하는 데 크게 기여했다.

슈라마이어 박사는 1924년 쑨원의 초청으로 중국에 가서 토지개혁과 토지세제 개혁에 관한 자문 역할을 했다. 그는 1926년 광둥(廣東)에서 교통사고로 사망했는데, 당시 광둥 시장이던 쑨원의 아들이 묘석을 세워 그의 공을 기렸다. 묘비에서는 자오저우만에서 지대조세제를 실시하게 된 것이 헨리 조지로부터 영향을 받은 것임을 분명히 밝히고 있다. "자오저우만의 독일 조차지에서 슈라마이어가 담당했던 주 업무는 토지제도의 확립이었으며, 이 제도는 토지개혁에 대한 헨리 조지의 사상이 최초로 구현된 제도였다."

당시 홍콩과 자오저우만 모두 열강 제국의 식민지로, 한쪽은 공공토지임대제를, 다른 한쪽은 지대조세제를 실시함에 따라 중국은 두 가지 제도를 모두 실시하는 독특한 경험을 갖게 되었다. 두 사례의 공통점은 모두 식민지라는 점, 그리고 권력을 쥔 이들이 토지의 중요성을 이해하고 있었다는 점, 마지막으로 식민지 지배 초기에 경제적 이해관계가 형성되지 않아 지대공유 정책을 추진하기가 수월했다는 점이다.

경로 3. 헨리 조지로부터 영향을 받은 쑨원이 평균지권 원칙을 중국과 대만에 실현

홍콩과 자오저우만 사례는 서울시만 한 비교적 좁은 지역에서 실시된 사례였다. 이에 반해 셋째 경로는 중국과 대만이라는 국가 전체에 적용된 것으로, 비교적 우리에게 익숙한 경로다. 바로 쑨원에 관한 이야기다. 쑨원은 반청운동에 가담해 1895년 10월 광저우에서 거병했으나 실패해 1896년에 런던으로 망명했다. 이 해는 헨리 조지가 영국을 방문한 지 12년 되는 때다. 이때 쑨원은 영국의 톨스토이주의자를 통해 헨리 조지를 알게 되었으며, 『진보와 빈곤』을 읽고 크게 감명을 받았다. 당시 중국이 자본주의 발전 과정에서 부닥친 문제는, 첫째, 서양의 자본주의 문제점을 어떻게 해결할 것인가, 둘째, 기존에 남아 있는 봉건(군벌) 세력이 차지한 땅을 어떻게 균등하게 분배할 것인가 하는 것이었다. 이에 대한 해결책으로 쑨원은 1년간 영국에 머무르며 헨리 조지의 토지사상에 기초해 삼민주의(민족, 민권, 민생) 가운데 민생주의를 구상했다.

쑨원은 "토지세는 정부재정을 확보하기 위한 유일한 수단으로써 대단히 정의롭고 합리적이며 공정 분배된 세금이고, 우리는 이 위에 새로운 사회 체제를 형성할 것이다"라고 했다. 그의 민생주의는 '평균지권(平均地權)'과 '경자유전(耕者有田)'으로 압축된다. 핵심 원리는 ① 토지소유자로 하여금 스스로 지가를 신고하도록 하고, ② 신고 지가를 기초로 토지보유세를 거두며, ③ 신고 지가가 지나치게 낮을 때는 정부가 매수하고, ④ 증가한 지가는 사회가 환수하는 것이다(韋杰廷, 1991: 126~130). 지대세를 중심으로 하면서 필요한 경우 국가가 매수하는 전략을 쓰는 쑨원의 민생주의 사상은 그의 민족·민권 사상에 비해 사회주의 요소를 많이 지니고 있었다. 이에 마오쩌둥을 대표로 하는 중국공산당은 쑨원의 민생주의 사상을 농민의 토지 요구 문제를 해결하는 방안으로 삼았다. 그런데 중국의 농지개혁은 후에 마르크스-레닌주의에 기초한 사회주의 집체화로 이행했다는 점에서 쑨원의 본래 원칙과 분명 차이가 난다. 이후 쑨원의 삼민주의는 대만의 토지정책에도 영향을 주어 대만헌법 142조에 '평균지권'이 명시되는 등 중요한 철학 및 정책 기조로 이어져오고 있다.

경로 4. 하워드의 '전원도시안', 러시아·중국·북측의 수도 재건에 영향[2]

지금까지의 경로가 지대조세제나 공공토지임대제가 일부 지역 또는 국가 단위에서 실현된 것이었다면 경로 4의 특징은 공공토지임대제가 도시계획과 결합되었다는 것이다. 그 중심에 영국의 도시계획가 에버니저 하워드가 자리한다.

하워드는 대도시 런던이 처한 도시문제를 해결하기 위한 대안으로 전원도시안(Garden City)을 제시했다. 전원도시는 기본적으로 자족 기능을 갖춘 계획도시로서, 주변을 그린벨트로 둘러쌌으며 주거, 산업, 농업 기능이 균형을 갖추도록 했다. 이 도시모델이 채택한 가장 중요한 원칙, 그러나 이후의 자본주의 신도시 건설에서 무시되어온 원칙이 바로 토지 공유 및 임대 방식이었다. 이러한 원칙은 흥미롭게도 헨리 조지의 영향을 받았다. 당시 헨리 조지는 1881년에 『아일랜드의 토지문제(The Irish land question)』라는 책을 썼으며, 주간신문 ≪아이리시 월드(The Irish World)≫의 특파원으로 아일랜드와 영국에 파견되어 1년간 강의를 했는데, 이를 계기로 영국 내에는 헨리 조지의 주장을 따르는 그룹이 생겨났다. 하워드도 이러한 그룹에 참여해 교류하면서 토지문제의 중요성을 인식할 수 있었다.

하워드의 전원도시안은 전 세계 신도시 건설에 지대한 영향을 주었다. 1899년에 전원도시협회(Garden City Association) 결성을 시작으로 영국 허트포드서에는 1903년 레치워스라는 신도시가, 1920년 웰윈이라는 신도시가 건설되었으며, 전원도시안은 1944년 영국 '도시 및 지역계획법(The Town and Country Planning Act)'이 제정되는 데에도 크게 기여했다. 이 법을 통해

---

2   이 내용은 박인성·조성찬, 『중국의 토지정책과 북한』(한울, 2018)에서 제10장 「북한 토지개혁에 주는 함의」를 크게 참조했다.

영국에서는 토지 공유화 및 개발허가제를 실시되었다. 전원도시안은 이후에도 지속적으로 전 세계 자본주의 국가의 신도시 및 위성도시 건설에 영향을 주었다. 그러나 이미 언급한 대로 하워드가 강조했던 토지 공유 및 토지사용권의 개인 양도, 토지사용료 납부라는 핵심 원리는 실현되지 못했다.

이후에 하워드의 전원도시 계획안은 볼셰비키 혁명 후 소비에트의 수도 모스크바의 도시건설에 큰 영향을 미쳤다. 산업화 도시의 문제를 해결하기 위해 제시된 전원도시 개념이 사회주의자들에게 가장 이상적인 개념으로 받아들여졌던 것이다. 전원도시안은 1935년 '모스크바 재건을 위한 계획'에서 마이크로 디스트릭트(Microdistrict, 우즈베크어로는 mikrorayon, 작은 구역 또는 지구를 뜻함)로 재탄생했다(임동우, 2011: 44~45에서 재인용). 그리고 전원도시안은 러시아를 거쳐 중화인민공화국의 도시공간 구조와 북의 평양 수도 건설에도 큰 영향을 주었다. 당시 이는 너무도 당연한 일이었다. 마이크로 디스트릭트 개념은 중국에서는 단위대원(單位大院)이라는 형태로, 북에서는 '주택소구역계획'이라는 명칭으로 새롭게 도입되었다(임동우, 2011: 76~77에서 재인용). 단, 러시아나 중국 및 북측이 주목한 것은 적정 도시규모, 녹지공간 확보, 직주근접 등이어서 토지 공동소유 원리는 채택했지만 개인임대 원리는 배제했다. 오늘날 중국은 토지출양 방식으로 도시토지사용권을 개인에게 양도하고 있어 큰 틀에서는 하워드가 원래 제시했던 전원도시안의 핵심 원리를 회복했다. 북측도 토지의 개인임대 및 적정 사용료 부과 원리를 적용한다면 하워드가 본래 제시했던 전원도시안에 더욱 가까워질 것이다. 다행히도 북은 현재 국가소유부동산리용권 제도를 실시하면서 개인들에게 등록 방식을 통해 낮은 부동산사용료로 임대하고 있어 큰 틀에서는 하워드가 제시했던 전원도시안의 핵심 원리를 따르고 있다고 볼 수 있다(윤종철, 2018). 다만 재산권을 보다 안정적으로 보장하고 부동산사용료를 인상해야 하는 등의 과제를 안고 있다.

경로 5. 개혁개방 이후 현대 중국에 영향

미국의 민간 연구소 중에는 링컨이라는 사업가가 헨리 조지의 영향을 받아 만든 링컨연구소(http://www.lincolninst.edu/)가 있다. 이 연구소는 미국은 물론 전 세계적으로도 활발한 연구 활동을 전개해 오고 있다. 그중의 하나가 링컨연구소 중국 프로그램이다. 정확한 명칭은 '베이징대 – 링컨연구소 도시개발 및 토지정책 센터(the PKU-Lincoln Institute Center for Urban Development and Land Policy)'다. 2007년에 베이징대 내에 설치한 이래로 벌써 10주년 기념행사를 할 정도로 정부, 학계 및 연구 분야에서 의미 있는 활동을 전개하고 있다. 중국이 추진하고 있는 부동산세 도입 실험은 여러 나라의 제도를 참고했겠지만 여러 정황상 링컨연구소 중국 프로그램으로부터 영향을 받았음을 추측할 수 있다. 사실 중국이 추진하려는 부동산세는 이미 과거 자오저우만에서 지대조세제를 실시했던 경험에 뿌리를 두고 있다.

지금까지 살펴본 다섯 가지 경로를 종합하면, 중국은 헨리 조지가 지대공유에 대한 처방으로 제시한 두 가지 방법 모두를 초기부터 경험한 특별한 국가다. 그 영향력은 오늘날 중국의 토지정책 연구에 중요하게 기여하고 있다. 중국은 현재 공공토지임대제라는 큰 틀에서 토지출양 방식의 한계를 극복하기 위해 지대조세제에 해당하는 부동산세를 실험하고 있다. 중국은 헨리 조지가 지대공유 방안으로 제시한 두 가지 방법 중에서 공공토지임대제를 중심으로 채택했지만, 실제 제도가 발전해 나가는 과정에서는 공공토지임대제와 지대조세제를 융합하는 과정을 거치면서 통합적으로 실현하고 있다.

제9장

실질적 사유화로 기울어진 중국의 공공토지임대제 모델*

역사적인 관점에서 중국의 토지제도사를 살펴보면, 한쪽에서는 토지공유의 강력한 힘이 작동하고 다른 한쪽에서는 토지사유의 강력한 힘이 작동해 변증법적인 변화과정을 거쳐 왔다. 1978년 개혁개방 이후 오늘날에는 토지소유권은 국가(공공)가 갖되 토지사용권은 물권(物權)화해 독립시킨 후 민간에게 양도(임대)하는 공공토지임대제가 균형점으로 자리 잡았다. 그런데 경제특구와 개발구를 중심으로 도시화 성장전략을 추진하면서 균형점이 다시 공공토지를 '실질적으로' 사유화하는 방향으로 기울고 있다. 그 결과 자본주의 토지사유제 국가가 경험하는 것과 유사한 부동산 문제가 발생하고 있다.

1. 개혁개방 이전까지의 중국 토지제도의 변화

중국의 역사는 토지의 공유화와 사유화 간의 힘겨루기라고 해도 과언이

---

* 이 장은 조성찬, 「중국의 도시화와 공공토지 사유화」, ≪역사비평≫, 116(2016년 가을호), 98~125쪽을 참조했다.

아니다. 토지제도의 변천은 바로 이러한 갈등에서 비롯되었다. 개혁개방 이전까지 토지제도는 크게 여섯 단계를 거쳐 변화해 왔다.[1]

1단계는 원고(遠古) 시대인 하(夏)대 이전의 토지 공동소유[共有] 시기다. 2단계는 하(夏), 상(商) 주(周) 3대부터 춘추전국시기 말기까지 1800여 년의 기간 동안 진행된 토지공유(公有)제 시기다. 이 시기에는 공공토지임대제의 원형으로 볼 수 있는 정전제가 시행되었다. 성인 남자가 가정을 이루면 농지를 분배받아 경작하다가 늙거나 병들었을 때 농지를 반환했다. 농민들은 분배받은 토지에 대한 사용권만 있고 소유권은 없었다. 그러나 하조(夏朝)에 이르러 생산력 향상, 상품교환의 활성화, 인구증가, 농민봉기 등으로 인해 정전제가 와해되기 시작했다. 이때 소유권의 사유화가 진행되면서 공유 성격의 토지사용권도 점진적으로 사유화되었다.

사유화로의 관성은 3단계인 토지사유제 맹아 시기로 발전했다. 이 시기는 춘추전국 시기부터 진(秦), 한(漢)을 거쳐 위진남북조(魏晉南北朝) 시기까지 약 830년 정도 지속되었다. 이때 농지를 분배하고 반환하는 제도는 이미 붕괴되었으며, 개인이 토지를 자유롭게 매매했다. 그 결과 토지겸병이 나타나자 이를 막기 위해 개인의 토지소유를 인정하되 면적을 제한하는 한전제(限田制), 점전제(占田制) 등을 시행했다.

4단계는 토지공유제 회복 시기다. 이 시기는 남북조(南北朝)부터 수(隋), 당(唐)까지의 시기로, 약 260여 년간 진행되었다. 이 시기의 가장 중요한 제도는 균전제(均田制)로, 이전의 정전제와 유사하다. 균전제의 시행으로 국가의 토지소유권과 농민의 토지사용권 관계가 다시 중요해졌다. 이러한 제도적 전통은 이후 쑨원이 헨리 조지의 책 『진보와 빈곤』의 영향을 받아 중

---

1 중국 토지제도의 다섯 단계 변화 과정은 박인성·조성찬, 『중국의 토지개혁 경험: 북한 토지개혁의 거울』(한울, 2011), 19~69쪽을 크게 참조했다.

화민국의 토지제도로 제시한 평균지권 사상의 기초가 되었다.

5단계는 토지사유제 확립 단계다. 이 시기는 송(宋) 이후 청(淸)을 거쳐 민국이 설립될 때까지의 1200여 년의 기간이다. 1949년 신중국이 수립되기 이전에는 토지매매와 토지겸병이 심각했다. 1930년대 중반, 국민당 농민위원회(부) 서기로 일하면서 21개 성(省)의 통계를 수집하는 일을 담당했던 마오쩌둥이 직접 확인한 통계수치에 따르면, 당시 전체 농촌인구의 약 70%가 빈농, 소작농, 반소작농, 농업노동자로 이루어져 있었다. 그리고 약 20%는 자신의 농토를 경작하는 중농들이었고 나머지 10%는 고리대금업자와 지주였다. 농촌인구의 10%밖에 되지 않는 부농, 지주, 고리대금업자들이 경작지의 약 70%를 차지하고 있었다(스노, 1995: 206). 언뜻 보면 조선 말 동학농민혁명이 일어난 당시의 상황과 유사하다.

마지막 6단계는 1949년 신중국 수립 후에 재확립된 토지공유제 단계다. 농촌 문제는 결국 농촌 '토지' 문제임을 간파한 마오쩌둥과 중국 공산당은 신중국을 수립하기 전에 먼저 여러 해방구에서 토지를 농민들에게 나눠주는 개혁조치를 취했고, 혁명에 성공한 이후에는 여러 단계를 거치며 도시토지의 국유화 및 농촌토지의 집체소유화를 완성했다. 그런데 토지에 대한 개인의 권리를 인정하지 않는 토지국유화 및 집체소유화의 경제적·사회적 결과는 처참했다.

다행히도 1978년 이후 개혁기에 접어들어 토지사용권을 유상 양도하는 공공토지임대제를 실시하면서 도시에서 놀라운 경제성장이 진행되자 역사적 시행착오가 줄었다. 그런데 민간의 지대추구가 허용되면서 도시토지문제는 새로운 형태로 전개되었다. 과거의 농지문제가 지닌 심각성만 인식되었을 뿐, 도시토지문제, 특히 지대 사유화 문제가 부각된 역사적 경험은 부재한 상황에서 어떻게 하면 도시토지를 공평하면서도 효과적으로 이용할 수 있는지를 간과했기 때문이다.

2. 개혁개방 이후 중국의 도시토지개혁

1) 개혁 추진 배경

1949년 신중국 수립 후부터 1978년도 개혁개방 이전까지 중국의 토지제도는 기본적으로 무상·무기한·무유통이라는 3무(無) 방식이었다. 정부기관과 국유기업을 중심으로 토지를 사용하되 토지사용료와 사용기한이 없었으며 사용권 유통도 허용되지 않았다. 그러다가 토지이용체계가 한계에 이르자 문제의 심각성을 느낀 덩샤오핑은 1978년 12월, 중국 공산당 제11기 3중 전회를 통해 '토지법'을 신속하게 제정·공포할 것을 건의했다. 또한 전국인민대표대회 제5기 제4차 회의에서 "모든 토지를 소중히 여기고 합리적으로 이용해야 하며, 경지를 잘 보호해야 한다"라고 건의했다. 이후 중국의 토지사용 방식에 커다란 변화가 일어나기 시작했다.

중국의 도시토지개혁은 1982~1987년 선전(深圳), 푸순(撫順) 등의 도시에서 처음으로 토지사용료를 징수하면서 시작되었다. 1987년 9월 9일에는 중국 최초로 선전 경제특구에서 토지사용권을 양도하는 방식으로 50년 기한의 주택용지를 건설기업에 양도했다. 이때 50년에 해당하는 토지사용료를 '일시불'로 받았다. 같은 해 12월 1일에는 최초로 경매 방식으로 토지사용권을 양도했다. 이후 1990년부터는 이러한 방식의 토지사용권 유상양도 방식(출양)이 전국 도시에 적용되었다.

2) 도시토지제도 현황

현재 중국에서 시행되고 있는 토지사용권 배분 방식은 크게 행정배정[劃撥] 방식, 출양(出讓) 방식, 연조(年租) 방식, 기업출자 방식, 수탁경영 방식,

다섯 가지다. 토지를 사용하려는 정부기관, 기업이나 개인은 이러한 다섯 가지 방식을 통해 국가로부터 토지사용권을 획득한다. 여기서는 앞의 세 가지 방식에 대해 살펴보자.

행정배정 방식은 개혁·개방 이전의 방식과 동일한 형태로, 주로 국가기관용지, 군사용지, 도시기반시설용지, 공익사업용지, 국가가 중점을 두는 에너지·교통·수리 등의 기초시설용지, 기타 법률 및 행정규정이 정한 용지를 배분하는 것이다. 무상으로 사용하고, 사용기간에 제한이 없으며, 허가 없이는 재양도, 임대, 저당 등을 할 수 없다.

출양 방식은 국가의 토지소유권을 대표하는 현·시 인민정부가 토지사용권을 토지사용자에게 양도하고 토지사용자는 지방정부에 토지출양금을 일시에 지불하는 방식이다. 토지사용권 출양은 국유토지에 한해서 이루어지며, 농민 집체소유의 토지는 국유토지로 전환시킨 후에 출양 가능하다. 출양 방식은 토지 유상사용 방식 중 가장 주된 방식이다. 토지사용권은 양도 및 저당 등 물권적 행위가 가능하다. '도시국유토지사용권 출양과 재양도 임시조례'는 토지사용권 출양의 최고기한을 용도별로 정하고 있다. 주거용지는 70년, 공업용지는 50년, 교육·과학기술·문화·위생·체육용지는 50년, 상업·여행·오락용지는 40년, 종합 혹은 기타용지는 50년이다.

연조 방식은 출양 방식의 한계를 보완하기 위해 1990년대부터 적용되기 시작한 토지 유상사용 방식이다. 출양 방식과의 가장 큰 차이점은 토지사용료를 '매년' 납부한다는 점이다. 일반적으로 토지사용권의 임대기간은 길지 않으며, 임대기간 내에는 매년 토지소유자에게 임대료를 납부한다. 토지사용료 매년 납부라는 방식은 급속한 경제성장과 도시화가 진행되고 있는 중국에서 큰 의미를 갖는다. 왜냐하면 출양 방식의 경우 초기에 토지사용료를 일시불로 납부하면 그 이후 상승하는 토지가치는 토지사용권자에게 귀속되지만, 연조 방식의 경우 매년 상승하는 토지사용권 가치에 기초

표 9-1 **토지사용권 배분 방식에 따른 비교**

배분 방식	유/무상	기한	유통	배분대상	장·단점	비고
행정배정	무상	무기한	유통 가능 (허가 필요)	공공시설용지	- 부정부패 - 지대 손실 - 토지이용 저효율	개혁개방 이전 방식
출양 (일시불)	유상	유기한 (장기)	유통 가능	개발용지 등	- 간접적인 임대제 - 정부 재정수입 확충 - 토지이용 효율성 증대 - 협상 방식은 문제	공공토지 임대 (한계 많음)
연조 (매년 납부)	유상	유기한 (중단기)	유통 가능	행정배정 용지 등	- 직접적인 임대제 - 안정적인 재정수입 - 토지이용 효율성 증대	공공토지 임대 (가장 바람직)
기업출자	무상	무기한	유통 불가	주식회사화 국유기업	- 토지가치 평가에서 자의 성이 큼	국가 토지 현물 출자
수탁경영	무상	무기한	유통 불가	국유 대형 기업	- 해당 기업 특혜 및 부패 의 소지가 큼	행정배정용지 자체 개발

자료: 조성찬(2012), 표 1 수정.

해 사용료를 납부하므로 토지가치 상승분의 공공 귀속이 가능하기 때문이다. 이러한 점 때문에 출양 방식보다 이론적으로 더 바람직하다.

〈표 9-1〉을 기준으로 신규 토지에 대해 토지사용권 배분 방식을 적용한 현황을 살펴보면 출양 방식이 2010년 기준 건설용지 공급총량의 67.9%를 차지해 가장 중요한 역할을 담당하고 있음을 알 수 있다. 행정배정 방식 역시 2010년 기준 건설용지 공급총량의 32.0%를 차지하고 있어 여전히 중요한 역할을 담당하고 있다.

그런데 이론상 가장 바람직한 토지사용권 배분 방식인 연조 방식은 2010년 0.1%에 불과했다. 이는 오히려 줄어든 수치로, 2007년에는 8.6%로 가장 높은 비율을 보였다(〈표 9-2〉 참조).

표 9-2 **토지사용권 배분 방식 통계(2001~2010)** 단위: km², %

연도	건설용지 공급총량		행정배정		출양		연조		기타	
	공급량	비율	공급량	비율	공급량	비율	공급량	비율	공급량	비율
2001	1,786,783	100	739,795	41.4	903,941	50.6	101,283	5.7	41,764	2.3
2002	2,354,369	100	880,521	37.4	1,242,298	52.8	175,558	7.5	55,991	2.4
2003	2,864,367	100	652,582	22.8	1,936,040	67.6	105,516	3.7	170,230	5.9
2004	2,579,197	100	620,540	24.1	1,815,104	70.4	87,725	3.4	55,828	2.2
2005	2,442,695	100	646,234	26.5	1,655,861	67.8	80,441	3.3	60,159	2.5
2006	3,068,059	100	637,906	20.8	2,330,179	75.9	75,878	2.5	24,096	0.8
2007	3,419,740	100	760,880	22.2	2,349,601	68.7	293,972	8.6	15,282	0.4
2008	2,341,847	100	623,806	26.6	1,658,597	70.8	36,160	1.5	23,285	1.0
2009	3,616,488	100	1,222,875	33.8	2,208,139	61.1	90,300	2.5	95,173	2.6
2010	4,325,614	100	1,382,673	32.0	2,937,178	67.9	5,526	0.1	237	0.0

자료: 中華人民共和國國土資源部(2011: 90~91).

3. 중국의 농촌토지제도 개혁

신중국 수립 이후 중국 농촌의 토지소유제 개혁 과정은 크게 4단계로 진행되어 왔다. 1단계는 1949년부터 1953년까지 진행된 '농지 개인소유제' 단계로, 정권을 획득한 중국공산당은 지주의 토지를 무상으로 몰수해 농민들에게 나눠주었다.

2단계는 1953년부터 1957년까지 진행된 '노동 군중 집체소유제' 단계로, 1단계에서 드러난 문제를 해결하고 사회주의로의 개혁을 향해 발을 내딛기 시작한 단계다. 2단계는 다시금 세 단계로 나뉜다. 2-1단계는 호조조(互助組) 개혁 단계로, 토지는 여전히 농민의 재산으로 남아 있었으며 농민들은 노동력만을 교환했다. 2-2단계는 초급농업합작사(初級農業合作社) 개혁 단계로, 농민들은 초급농업합작사에 토지를 출자하고, 출자한 토지면적에 따라 이익을 분배받았다. 초급농업합작사는 통일경영 방식으로 운영되었으며, 토지소유권과 경영권이 분리되었다. 2-3단계는 고급농업합작사(高級農業合作社) 개혁 단계로, 초급농업합작사의 기초 위에 농민의 토지소유권을 집체소유로 귀속시키고 이익분배를 없앴다. 농민은 단지 고급농업합작사의 직원 신분으로 임금을 받았다.

3단계는 1958년부터 1976년까지 진행된 '인민공사 집체소유제 단계'다. 2-3단계인 고급농업합작사의 기초 위에 합작화를 최고로 완성한 단계다. 인민공사 집체소유제로의 개혁은 개인의 재산권을 모두 박탈했기에 노동생산성을 자극하지 못했다. 농민의 노동을 감독하기가 어려웠으며, 농민의 퇴출권을 강제로 박탈했다. 이는 결과적으로 무임승차 행위를 초래해 집체경제활동 효율성이 크게 저해되었다.

4단계는 1977년부터 현재까지 진행되고 있는 '가정연산승포책임제(家庭聯産承包責任制) 단계'다. 토지의 집체소유라는 전제하에 각 가정이 생산의 기본단위가 되고 농지경작권을 다시금 농민에게 나누어 주어 경자유전의 원칙으로 되돌아온 제도다. 농민은 약정된 농업생산물을 국가와 집체에 우선적으로 납부하면 계속해서 토지사용권과 잉여생산물 수취권을 향유할 수 있다. 그런데 최근 변화가 발생했다. 가장 큰 변화는 2006년에 농업세가 폐지된 것이다. 이로써 농민의 부담은 크게 줄어든 반면 수익은 더 보장되는 것처럼 보였다. 그런데 농지 보유의 부담이 사라지고 도시화가 진행되면서 농민공들이 자기 농지를 방치하고 도시로 떠나자 4단계의 가정연산승포책임제 역시 생산성이 떨어지는 한계에 노출되었다. 게다가 농지경작권을 양도하는 것도 쉽지 않아 유휴 농지를 효율적으로 이용하기가 어려웠다. 따라서 2007년 3월 16일 '물권법' 제정을 통해 경작권을 하나의 물권으로 인정했으며, 집체 내에서 경작권 매매를 허용함으로써 대규모 경작을 가능하게 했다.

〈표 9-3〉은 중국 농촌의 토지재산권이 변화하는 과정을 김윤상의 토지

표 9-3 중국 농촌토지재산권 구조 변화 분석

	토지공유 (평균지권)	단독사용 (적법사용)	지대회수 (지대공유)	사용자 처분
제1단계: 농지 개인소유제	부합	부합	부합	부합
제2단계 호조조	부합	부합	부합	부합
초급사(初級社)	부합	부합 안함	부합 안함	부합
고급사(高級社)	부합 안함	부합 안함	부합 안함	부합 안함
제3단계: 인민공사 집체소유제	부합 안함	부합 안함	부합 안함	부합 안함
제4단계: 가정연산승포책임제	부합	부합	농업세 폐지 후 부합 안함	불완전(현재 부합)

자료: 趙誠贊(2008: 87~90).

원리를 기초로 평가한 것이다(김윤상, 2009). 전체적인 변화 과정을 평가하면, 1단계와 2단계는 토지원리에 상당히 부합하는 수준이었다. 그런데 중국이 농지 집체화 과정을 진행하면서 토지원리에서 멀어지다가 제3단계인 인민공사 집체소유제 단계에서는 가장 극심한 불일치를 보였다. 그 결과 1958년 시작된 인민공사 단계는 1970년대를 거치면서 중국에서 대량 기근과 아사자를 발생시켰다. 이후 중국은 재산권 소유구조의 한계를 느끼고 개혁개방 이후 농가별로 농지 경영권을 나눠주는 가정연산승포책임제로 전환했는데, 이 방식은 농민들에게 농업세(지대)를 받지 않는다는 점에서 한계가 있지만 다시금 토지원리에 가까워졌다.

제2-2단계의 초급농업합작사는 토지원리의 '단독사용' 원칙에 부합하지는 않았지만, 농업생산성은 가장 높았다. 이러한 사실은 대규모 농업생산 방식이 필요한 경우에는 토지원리의 '단독사용' 원칙을 수정할 수 있음을 시사한다. 이러한 배경에서 중국은 농지경작권의 처분권을 강화하고 농민으로 하여금 경작권을 자유로이 농업합작사(농업협동조합)에 출자하게 하는 방식으로 새로운 농업 경영을 시도하기 시작했다.

4. 중국의 토지 관련 세제[2]

중국은 공공토지임대제라는 큰 틀에서 토지출양금 또는 토지연조금을 통해 지대를 환수하는 외에 조세 방식을 통해서도 지대를 환수하는 병렬적 시스템을 갖추고 있다. 토지와 직접적으로 관련된 재산세로는 도시토지사용세, 토지증치세, 경지점용세, 세 가지가 있으며, 토지와 간접적으로 관련된 세제로는 영업세, 도시유지건설세, 기업소득세(외상투자기업및외국기업소득세 통합), 개인소득세, 인지세, 가옥세, 계약세, 고정자산투자방향조절세 등 여덟 가지가 있다. 이 중에서 도시토지와 직접적으로 관련된 세제는 도시토지사용세와 토지증치세다.

세제 유형을 부동산의 취득단계, 보유단계, 양도단계에 따라 분류하면 취득단계에는 취득세, 인지세, 경지점용세, 세 가지가 있다. 보유단계에는 가옥세, 도시토지사용세, 두 가지가 있다. 양도단계에는 영업세, 도시유지건설세, 교육세, 개인소득세, 인지세, 토지증치세, 여섯 가지가 있다(〈표 9-4〉 참조).

도시토지사용세는 토지를 사용하는 기관(기업, 개인)에 대해 점유 토지면적을 과세 근거로 부과한다. 세율은 해당 토지가 소재한 도시의 등급과 해당 토지의 등급에 따라 결정된다. 국가기관, 인민단체, 군대 사용 토지, 공공용지 등은 토지사용세가 면제된다. 토지사용세는 큰 틀에서 토지보유세에 해당한다. 토지사용세를 규정하는 근거는 1988년에 제정된 '중화인민공화국 도시토지사용세 임시 조례'다. 이후 1차 수정을 거쳐 2007년 1월 1일부터 적용된 세율(조례 제4조)은 〈표 9-5〉와 같다.

토지사용세는 원리상 헨리 조지가 강조한 지대조세제 성격에 해당한다.

---

2   이 절은 박인성·조성찬, 『중국의 토지개혁 경험』, 275~283쪽을 참고해 수정·보완했다.

표 9-4 **부동산의 취득·보유·양도에 따른 조세의 분류**

구분	세목	과세표준	세율	내용
취득 단계	취득세	취득가액	1~3%	토지·주택 등 권리 이전 시 당해 권리의 취득자에게 부과징수
	인지세	기재금액	0.05%	계약 체결, 증빙 취득 등에 대해 부과징수
	경지점용세	경지면적	일정 세액	중국 국경 내 농업용지에 주택을 건설하거나 기타 비농업용으로 전용하는 단위나 개인에 대해 징수
보유 단계	가옥세	건물가치, 임대소득	1.2%, 12%	주택 및 건물의 가치 또는 임대 소득에 대해 부과징수
	도시토지사용세	토지면적	일정 세액	국유토지를 과세대상으로 당해 국유토지의 사용권을 보유하고 있는 단위 또는 개인에게 징수
양도 단계	영업세	양도소득	5%	부동산을 판매하고 취득하는 영업액에 대해 징수 (2년 이상 보유한 주택은 면제)
	도시유지건설세	영업세액	7%	도시 시설유지 및 건설비용 조달을 위해 징수
	교육세	영업세액	2%	교육 및 교육시설 확보 유지를 위해 징수하는 부가세
	개인소득세	양도차액	20%	부동산 판매 이익에 대해 징수 (5년 이상 보유한 1가구 1주택 면제)
	인지세	양도차액	0.05%	계약 체결, 증빙 취득 등에 대해 부과징수
	토지증치세	양도차액	초과 누진세	국유토지사용권 또는 건축물 및 그 부속설비의 소유권을 양도하고 소득을 취득하는 단위 또는 개인에게 징수

자료: 신금미(2015b: 44), 표 1 수정.

그런데 한계도 분명해 보인다. 간략하게나마 이 조세제도를 평가하면, 우선, 과세 기준이 가치(지대)가 아닌 면적이다. 물론 토지 등급별로 세액범위가 달라지기는 하지만 한계가 크다. 둘째, 10년 전에 수정된 세액 범위가 지금도 그대로 적용되고 있다. 즉, 현실적인 지대 환수장치로는 상당히 미흡함을 알 수 있다. 가령, 베이징시의 보통 아파트(100m²)를 대상으로 세액을 계산하면 이 아파트의 토지 지분율(가령, 20%)에 최고 세액인 30위안을 곱한다고 해도 매년 납부하는 토지사용세는 600위안으로 터무니없이 낮은 금액이다. 물론 아파트 소유자들은 이미 토지출양금을 납부했기 때문에 자기 의무를 다했다고 항변할 것이다.

도시토지사용세가 투기를 막는 효과가 미약하자 중국 정부는 토지투기를 막기 위해 1993년 12월 13일에 '토지증치세 임시조례'를 공포하고 1994

표 9-5 **도시토지사용세의 제곱미터당 연간 세액**

등급	연간 세액 범위(위안/m²)
대도시(50만 명 이상)	1.5~30
중등도시(20만 명에서 50만 명)	1.2~24
소도시(20만 명 이하)	0.9~18
현 정부 소재지, 건제진(建制鎮), 공광업 지구	0.6~12

년 1월 1일부터 징수를 시작했다. 납세자는 국유토지사용권, 지상건축물 및 그 부속물을 유상양도해 수익을 얻는 단위와 개인으로, 과세 대상은 양도차액이다. 이때 양도차액은 부동산을 양도하면서 얻은 수입에서 토지사용권 취득 시 지불 금액, 토지개발비용, 새로 건설한 건물 및 부설설비의 원가와 비용 또는 구 건물 및 건축물의 평가가격, 양도부동산과 관련된 세금, 재정부가 규정한 기타 공제 항목 등을 공제한 이후의 금액이다. 구체적인 세율은 토지가치 증가액의 공제액을 초과한 금액, 즉 과세표준액과 공제액의 비율에 따라 네 등급으로 구분해 이 비율이 50% 이하이면 30%의 세율을 적용하고, 이 비율이 200%를 초과하는 경우에는 60%의 세율을 적용하는 초과누진세율 구조다. 토지증치세는 1990년대 말까지 제대로 기능하지 못하다가 2007년에 403.1억 위안을 환수해 같은 해의 도시토지사용세 수입인 385.5억 위안을 넘어섰다. 그런데 도시토지사용세의 징수 수준이 매우 낮기 때문에 두 제도를 비교하는 것은 큰 의미가 없어 보인다.

5. 토지출양에 기초한 중국 도시화 전략의 한계

중국은 개혁개방 이후 경제성장이 급속하게 이루어지면서 도시화 역시 빠르게 진행되었다. 이러한 과정에서 토지공급체계는 비공간적 도시화와

표 9-6 **토지증치세의 세율구조**

급수	토지가치 증가액의 공제항목을 초과한 금액의 비율	세율
1	<50%	30%
2	50~200%	40%
3	100~200%	50%
4	≥200%	60%

자료: 王春雷(2009: 196).

공간적 도시화를 매개하는 중요한 역할을 담당했다. 특히 1990년대 이후의 전체 과정을 살펴보면 다음과 같다. 우선 지방정부는 토지를 통해 투자를 유치하고 도시건설자금을 확보하기 위해(이를 토지경영이라고 부른다) 토지사용제도 개혁, 분세제(分稅制) 개혁, 시범적인 상하이 푸둥신구(浦東新區) 개발, 주택개혁 및 부동산업을 기간산업으로 삼는 정책을 추진했다.

지방정부가 채택한 주요 방법은 다음과 같다. 첫째, 저가로 농지를 수용한 후, 한편으로는 주거용 및 상업용으로 고가로 출양해 거액의 토지수입을 확보하고, 다른 한편으로는 협의 방식(또는 표면상 경매, 입찰 방식)을 통해 공업용지를 저가로 출양해 투자를 유치하면서 주거용 및 상업용 토지에서 얻은 수입으로 공업용 토지에서 입은 손실을 보충했다.

둘째, 도시건설과 유지에 쓰이는 막대한 지출을 대부분 토지 및 토지와 관련한 수입에서 충당했다. 가령, 도시토지사용료 징수를 위한 연구와 실험을 가장 먼저 추진한 랴오닝(遼寧)성 푸순(撫順)시의 경우 토지사용료 수입을 도시기반시설 건설에 투자했다. 푸순시가 1984년부터 징수를 시작한 이래 3년 동안 거둬들인 토지사용료는 2847만 위안에 이른다. 이 중 2000만 위안이 넘는 돈은 대부분 도시의 난방 공급, 도로 수리, 도시 녹화와 작은 주택단지 연계 건설 등에 투입되었다. 그런데 토지 수입이 도시건설에 투입되자 토지가격은 더욱 상승해 지방정부는 더 많은 수입을 얻을 수 있게 되었다. 이로 인해 지방정부는 도시계획을 통해 도시 규모를 확대하고 '도시계획 → 토지 개발 → 토지 수입 → 도시건설 → 지가 상승'이라는 순환 고리를 형성했다. 이처럼 토지 매수 및 비축을 통한 토지 수익의 창출 및 개발구를 통한 공업용 지가 보상은 지방정부가 토지를 경영하는 양대 수단이었다.

과거 지방정부의 이러한 토지경영 행위는 공업화 및 도시화를 급속히 추진하는 데 중요한 역할을 담당한 반면, 농지 저가 수용 및 토지출양 방식에 기초했기에 심각한 지속 불가능성 문제를 초래했다. 지속 불가능성 문제는 크게 세 가지로 정리된다. 첫째, 지방정부가 토지재정에 지나치게 의존함에 따라 도심의 비축 토지가 부족해지기 시작했다. 둘째, 지방정부가 실적주의 및 재정 확대를 위해 개발구 건설사업을 진행함에 따라 농지 위법 사용이 증가했다. 셋째, 농지의 위법 사용은 농민의 합법적인 권익을 심각하게 침해했다.

6. 실질적 의미의 토지사유화를 보여주는 현상

중국은 여전히 토지의 국가소유 및 집체소유 형식을 유지하고 있으며, 이러한 제도가 사유화로 바뀔 가능성은 낮다. 그럼에도 불구하고 실질적인 의미의 사유화가 진행되고 있음을 감지할 수 있다. 중국에서 진행되고 있는 실질적인 의미의 토지사유화 경향은 크게 이론적·제도적·경제적 차원에서 확인할 수 있다. 이론적 관점에서의 토지사유화 경향은 7장 '지대자본화폐화 이론'에서 자세히 살펴보았듯이, 토지가 국가소유이고 국가가 토지를 기업과 개인에게 장기간 임차하는 방식이더라도 지대를 일시불로 납부하는 방식을 택하면 지가가 형성되거나 미래 지대가 제대로 환수되기 어렵다. 이러한 토지 자산은 그 개발과정에서 은행 담보대출을 통해 화폐화되는 구조가 형성된다. 그 결과로 미래 지대가 대부분 사유화되면 투기 수요가 증가하고 이는 다시 지가 상승, 화폐유동성 과잉으로 이어져 이로 인한 거품경제를 피할 수 없게 된다. 이제 이론적 차원의 사유화 경향을 중국 현실의 제도적·경제적 차원에서 확인해 보자.

1) 제도적 차원의 사유화 경향

(1) 중국식 지가 시스템인 토지출양제

앞에서 토지출양 방식의 핵심 원리는 최소 40년(상업용지)에서 최대 70년(주거용지) 동안 토지를 사용할 수 있는 권리, 즉 토지사용권을 지방 정부로부터 양도받아 사용하되, 사용 대가를 토지출양금이라는 이름으로 '일시불'로 납부하는 것이라고 설명했다. 이러한 토지사용권은 용익물권에 해당하는 것으로, 양도와 저당 등 토지소유권의 기능을 대부분 지니고 있다. 여기서 문제가 되는 것은 일시불로 토지출양금을 납부하게 되면서 매년 납부해야 할 토지사용료(지대)를 토지사용 기간만큼 합산(지대자본화)한 것으로 이해되는 토지출양금이 사실은 '작은 지가'가 되었다는 것이다. 그리고 중국의 급격한 도시성장으로 인해 지방정부가 일시불로 받은 토지사용료가 실제 토지사용 기간 동안 회수해야 할 금액에 크게 못 미치게 되었는데, 이때 나머지 차액은 지대추구의 대상이 되어 민간에게 귀속되고 있다.

이러한 관점에서 볼 때, 지대와 관련해 중국 토지사용권 시장이 안고 있는 핵심적인 문제는 크게 두 가지다. 첫째, 개혁개방 이전에 행정배정 방식을 통해 무상으로 토지사용권을 획득한 기업들이 개혁개방 이후에도 지속적으로 지대를 향유하는 구조라는 것이다. 〈표 9-1〉의 기업출자 방식과 수탁경영 방식이 여기에 해당한다. 정부도 국유기업을 개혁하는 과정에서 이러한 문제를 해결하기 위해 지대를 매년 납부하는 방식으로 유상화하려 하지만 쉽지 않은 과제다.

둘째, 출양 방식은 지대를 일시불로 납부하기 때문에 지방정부의 입장에서 일시에 막대한 재정수입을 확보해 도시개발의 재원으로 활용할 수 있다는 장점이 있으나, 반면에 다음과 같은 한계가 존재한다. ① 지속적이며 안정적인 재정수입의 근원을 포기하게 된다. ② 일시불로 지대를 납부하기 때문에 토지개발업자와 부동산 구입자들은 큰 재정적 부담을 지게 되어 진입장벽을 형성한다. ③ 재정적 부담을 해결하기 위해 불가피하게 부동산 담보대출을 받아야 하는데 이는 부동산 거품을 조장하고 유동성 과잉을 초래한다. ④ 현재 시점에서 미래 수십 년 후의 지대를 예측해 총지대액을 결정하기 때문에 지대추정이 불완전하게 이루어지고 이는 정부의 재정수입 유실을 초래한다. ⑤ 이러한 원인이 총체적으로 결합해 부동산 투기를 부추긴다. 현재 급속한 경제성장을 보이고 있는 중국 부동산시장의 이면에는 이러한 다섯 가지 문제점이 모두 발생하고 있다(박인성·조성찬, 2011: 395~397).

중국 도시토지의 핵심적인 토지공급체계인 토지출양제는 토지사용 기간 동안 납부해야 할 지대를 토지사용권을 획득한 초기 시점에 '일시불'로 납부하기 때문에 지대의 자본화가 불가피하게 일어난다. 그 결과 앞에서 논한 문제들이 발생할 수밖에 없다. 이는 구조적인 문제다. 정리하면 중국의 토지출양제는 기본적으로 토지사유제하의 지가시스템과 성격이 유사하다.

(2) 토지출양제와 주택 사유화 및 상품화의 결합

중국은 신중국 출범 이후 약 50년간 시행해 온 복지개념의 실물주택 분배제도를 1998년에 전면적으로 취소하고, 주택 사유화 및 상품화를 추진했다. 그 결과 실물분배에서 화폐보조 위주의 주택분배 정책으로 바뀌었고, 주택의 무상분배, 저렴한 임대, 국가나 직장 단위에 주택분배를 의지하는 제도와 관행이 근본적으로 변했으며, 주택 소비주체가 집체에서 개체 소비자로 바뀌었다. 개체 소비자 주민이 개인적으로 주택을 구매할 수 있는 자유를 얻으면서 교외에 제2의 주택을 구매하는 것도 가능해졌다(박인성, 2009: 142). 개혁 이전에 기업에서 저렴하게 제공하던 주택을 이제는 개별 소비자가 주택시장에서 직접 해결해야 하는 상황으로 바뀐 것이다.

그런데 문제는 주택의 사유화와 상품화가 토지출양제와 결합되면서 파급력이 커졌다는 점이다. 감가(減價)되는 건물만 보유해서는 불로소득이 발생하지 않지만, 토지가 결합된 주택을 보유할 경우 급속한 도시화에 따라 상승하는 지대가 고스란히 주택 소유자에게 귀속되는 구조가 형성된 것이다. 그 결과 상품화된 주택시장은 주택개혁 초기의 주거안정 성격에서 벗어나, 이제는 자본주의 주택시장에서와 같이 투기억제(주거안정)와 경기부양 사이를 오가는 정책 사이클의 늪에 빠지게 되었다.

최근 사례를 살펴보자. 중국은 2015년 저성장 국면에 처하면서, 2011년에 실시한 강력한 부동산 규제정책을 대부분 풀고 다시금 부동산 경기부양 모드로 선회했다. 당시 중국 정부는 '3·30 부동산 부양정책'과 '9·30 부동산 대출정책' 등을 통해 통화 완화조치, 실수요 지원, 구매제한 폐지, 주택 공적금 완화, 금융 및 재정·세금 조정 등 부동산부양 정책을 실시했다(왕봉, 2015: 94). 인민은행은 2015년 10월 24일에 기준금리를 0.25%p 내림으로써 2014년 11월 이후 여섯 차례 금리를 인하했다. 이는 다섯 번째 마이너스 금리 시대의 시작을 의미하는 것으로, 부동산 경기부양이 주목적이었다(오광진, 2015.10.26). 이렇게 해서 주택가격이 다시 오르고 부동산시장이 과열되자 중국 정부는 강력한 규제책으로 돌아섰다.

(3) 주택건설용지의 토지사용권 기한 자동 연장

중국 주택정책에서는 토지사유화 경향을 확실하게 보여주는 결정이 이루어졌다. 이는 주택 소유자들의 욕구와 염려를 반영한 것으로, 70년 기한의 주택건설용지 토지사용권을 자동으로 연장하겠다는 결정이다. 중국 부동산시장에서의 주택구입 및 투기는 암묵적으로 토지사용권의 지속적인 소유, 즉 실질적인 토지소유에 기초했는데, 이것이 정책으로 공식화된 것이다. 이러한 일들은 물권법 제정을 통해서 진행되었다.

한때 사유재산을 상징하던 '물권(物權)'이라는 단어는 각종 법률에서조차 금기시되었다. 그러나 사회주의 시장경제가 발전하고 도시화가 심화됨에 따라 개인재산을 보호하기 위한 법률의 필요성이 제기되었다. 이후 5년여간의 긴 논쟁 끝에 2007년 3월 16일 제10기 전국인민대표대회 제5차 회의에서 '물권법(物權法)'이 통과되었다.

새로 제정된 '물권법'에는 모든 국민들의 우려와 관심의 대상이던 주택건설용지 사용권 기한과 관련해 중요한 사항이 포함되어 있었다. '물권법' 제149조에서는 "주택건설용지 사용권이 기간 만기되면 자동 연장된다. 비주택건설용지 사용권 기한 만료 후의 연장은 법률규정에 의해 처리한다"라고 규정했다. 이는 출양 방식으로 토지사용권을 획득한 주택 소유자들이 부단히 제기해 온 "70년 기한 만기에 도달한 후에 우리들의 주택과 재산권은 어떻게 되는가?"라는 의문과 불안감을 고려한 조치라고 할 수 있다(박인성·조성찬, 2011: 355~356).

'물권법'은 기간 연장 이후의 토지사용료 지불 기준과 방법에 대해서는 명시하지 않았으며 향후의 정책연구 과제로 남겨놓는다고 밝혔다. 그런데 '물권법' 제정 후 10년이 지난 시점에서 이러한 우려는 뜻하지 않게 중국의 작은 도시 원저우에서 현실화되었다. 그리고 이는 곧바로 중국 정부를 긴장시켰다.

(4) 원저우시에서 불붙은 토지사용권 만기에 따른 토지출양금 재납부 논쟁

2016년 4월경에 원저우(溫州)시에서 출양 방식의 토지사용권 만기가 도 래하면서 토지사용료 재납부 여부가 중요한 사회문제가 되었다. 20년 전 에 주택 사유화 실험을 전개한 원저우시가 20년 기한의 토지사용권과 주 택(건물) 소유권을 결합한 상품주택을 시장에 공급했는데, 지금 와서 매매 가의 45%에 해당하는 30만 위안의 토지사용료를 재납부하라고 한 것이 문 제가 된 것이다. 그 당시 개혁을 추진한 국무원도, 원저우시도, 그리고 현 행 '물권법'도 '자동연장'만 이야기했을 뿐, 토지사용권 만기 후의 토지사용 료 재납부 문제에 대해서는 명확하게 규정하지 않았기 때문이다(≪中國日 報≫, 2016.4.17).

토지사용권 연장 방식부터 문제시되었다. 중국 학계의 논의를 정리하면, 부동산 완전 사유화, 토지사용권 무상 연장, 1년마다 계약 갱신 등의 해법 이 제시되었다(≪뉴스핌≫, 2016.4.18). 부동산 완전 사유화는 자본주의 토지 사유화를 주장하는 것이다. 토지사용권 무상 연장은 계속해서 자동 연장하 되 더 이상 토지출양금을 납부하지 않도록 하자는 것이다. 이 두 가지 방식 은 심각한 불평등 문제와 정부의 재정수입 감소를 초래한다. 1년 계약 갱신 은 출양 방식의 한계를 극복하고 일시불 납부의 부담을 줄이기 위한 것으 로, 필자가 가장 바람직한 형태로 평가한 토지연조제와 유사하다. 다만 차 이가 있다면, 필자가 주장하는 토지연조제는 단기는 물론이고 중장기간의 토지사용권까지 안정적으로 보장해 주면서 토지사용료를 매년 납부하는 것에 초점을 두고 있다는 것이다.

중국 최초의 경제특구 선전에서는 이미 유사한 사례가 있었다. 1980년 8 월에 특구가 설립되고 20년 기한의 토지사용권을 분배했는데, 2000년이 되 면서 문제가 생겼다. 이 사안에 대해 선전은 '선전시 만기도래 부동산 계약 연장에 관한 규정'을 제정하고(2004.4.23), 만기 토지에 대해 '토지출양금 납부'를 원칙으로 제시했다. 그리고 납부 금액은 당시 기준지가의 35%로 정했다(≪뉴스핌≫, 2016.4.18). 그런데 이 규정에서 말하는 부동산은 앞에서 언급한 '행정배정 방식', 즉 무상으로 토지사용권을 취득한 부동산 또는 낮은 수준의 지가를 납부하고 행정배정 방식 토지를 유상양도 방식으로 전환한 부동산에 해당하는 것으로, 이들 토지사용자는 35%의 토지출양금을 납부할 의사와 여력이 있다. 그런데 원저우시나 앞으로 중국 전역에서 나타날 사례들의 주택소유자는 이미 대출을 통해 상품주택에 높은 수준의 가격을 부담한 이들이어서 선전 사례와 동일선에서 놓고 비교하기는 곤란하다. 토지출양제에 기초한 중국의 공공토지임대제는 빠른 경제성장과 도시화로 인해 성공한 것처럼 보이지만 '지대 문제'는 향후에도 계속해서 다른 형태로 중국 사회를 괴롭힐 것이다.

2) 경제적 차원의 사유화 경향

실질적인 토지사유화 경향의 핵심은 사실 지대 사유화다. 이는 토지소유권이 국가에 있건 개인에게 있건 상관없다. 따라서 중국처럼 토지가 국유라 하더라도 사회가 창출한 지대의 큰 부분이 사유화된다면 이는 실질적인 토지사유화 경향으로 해석할 수 있다. 이를 보여주는 상징적인 사례가 중국에서 개혁개방 이후 최초로 토지 유상양도를 실시한 선전경제특구의 토지출양 사례다(≪深圳商報≫, 2006.2.1).

〈표 9-7〉의 사례분석 I을 보면, 선전경제특구는 1987년 9월 9일 최초로 협의 방식을 통해 면적 5412㎡의 주택용지를 50년 기한으로 108.24만 위안(제곱미터당 200위안)에 양도했다. 당시 '선전경제특구 토지관리 임시규정(深圳經濟特區土地管理暫行規定)'은 지대를 일시불로 납부하는 출양 방식 외에 매년 납부하는 방식도 규정하고 있었다. 만약 매년 납부 방식으로 환수

한다면 최소 811.8만 위안에서 최고 1623.6만 위안을 환수할 수 있었다. 즉, 실제 금액과의 차액만큼 사유화되는 것이다. 첫 번째 협의 출양 이후 선전시는 1987년 11월 25일 두 번째로 공개입찰 방식을 통해 4만 6355m²의 상품주택용지 사용권을 50년 기한으로 선화개발공사(深華工程開發公社)에 매각했다. 토지사용료 총액은 1705.9만 위안(제곱미터당 368위안)이었다. 그러나 공개입찰 출양 사례 역시 대량의 지대수입이 유실되었다(사례분석 II). 선전시 정부가 매년 지대납부 방식을 선택했다면 해당 토지로부터 최소 6953.3만 위안의 지대수입을 얻을 수 있었으나, 실제로는 1705.9만 위안을 얻는 데 그쳤다. 이 부지에는 1989년 둥샤오화위안(東曉花園)이라는 중국 최초의 분양주택이 공급되었다. 180여 세대의 저층아파트인 둥샤오화위안은 당시 최초 분양가가 약 408위안/m²이었는데, 30년이 지난 2018년 현재 120배가 상승해 4만 8000위안/m²에 거래되고 있다.

선전경제특구의 토지사용권 양도 사례는 중국 공공토지임대제 개혁에서 상징성이 매우 크며, 많은 한계를 지닌 '출양 방식'이 전국적으로 확대 실시하는 데에도 결정적인 영향을 미쳤다. 그런데 아쉽게도 출양 방식이 지닌 한계로 인해 지대 환수가 충분히 이루어지지 않았다. 환수되지 않은 지대는 개발업체와 주택소유권자에게 사유화되었는데, 이 수치는 그 뒤 중국이 보여준 높은 경제성장률을 감안하면 놀라운 수준이다. 둥샤오화위안 아파트의 가격 상승이 이를 상징적으로 보여준다.

7. 실질적 사유화를 막기 위한 정책적 노력

토지사유화를 막기 위한 중국 정부의 정책적 노력은 크게 세 가지 차원에서 이루어지고 있다. 첫째, 토지사유화의 이론적·제도적 경향에서 분석

표 9-7 **일시불 방식 및 매년 납부 방식의 지대총액 차이 분석** 단위: 만 위안

사례분석 I		공급면적	표준	연한	임대료 총액	차이	사유화 비율
일시불(협의출양)			50년에 200위안	50년	108.24(A1)	-	
매년 납부	주택용지 최저	5,412m²	1년에 30위안	50년	811.8(B1)	703.56 (B1-A1)	86.7%
	주택용지 최고		1년에 60위안	50년	1623.6(C1)	1515.36 (C1-A1)	93.3%
사례분석 II		공급면적	표준(위안)	연한	임대료 총액	차이	사유화 비율
일시불(입찰출양)			50년에 368위안	50년	1705.9(A2)	-	
매년 납부	주택용지 최저	46,355m²	1년에 30위안	50년	6953.3(B2)	5247.4 (B2-A2)	75.5%
	주택용지 최고		1년에 60위안	50년	13906.5(C2)	12200.6 (C2-A2)	87.7%

주: 사유화 비율은 차이를 임대료 총액으로 나눈 값이다.
자료: 조성찬(2011: 328), 표 2 수정.

한 토지출양제 자체를 극복하기 위해 이론적 타당성이 더 높은 토지연조제 실험을 전개하고 있다. 둘째, 토지출양제의 한계를 보완하면서 동시에 지대 사유화를 막기 위한 부동산세, 즉 부동산 보유세 실험이다. 셋째, 토지사유화의 경제적 경향에서 분석한 지대의 사유화를 막기 위해 개발이익 공유 방식으로 접근하는 충칭시 지표거래 사례다.

1) 토지연조제 도입 및 실험

중국은 토지출양제가 지닌 한계를 극복하기 위해 매년 지대를 납부하는 연조제 방식을 적용하고 있다. 중국은 1998년에 '토지관리법 실시조례(土地管理法實施條例)' 제29조를 개정해 국유토지를 유상으로 사용하는 방식으로 토지출양제 외에 토지연조제 방식에도 법적 지위를 부여했다. 이어서 1999년 8월 1일 국토자원부가 '국유토지임대 규범화에 관한 약간의 의견(規范國有土地租賃若干意見)'을 발표했는데, 이 의견은 신규 건설용지 공급

에서 토지출양제 방식을 주된 수단으로 삼으면서도 토지연조 방식을 토지출양 방식의 '보조적인' 수단으로 적용할 수 있도록 위상을 정립했다. 토지연조 방식에 대한 실험은 선전과 상하이의 푸둥신구 등 여러 도시에서 진행되고 있다. 자세한 내용은 뒤에서 살펴보고 여기서는 푸둥신구의 도입 배경을 간략히 살펴본다.

토지출양 방식을 통해 한정된 토지자원에서 파생되는 토지사용권을 매각해 재원을 마련하는 '토지재정' 방식은 비축토지의 감소라는 결과에 이르렀다. 이로 인해 비축토지가 감소되고 있는 지방정부는 도시 근교의 집체 건설용지 수용을 확대하려 노력하고 있으며, 더불어 도심 토지 역시 보다 효율적으로 이용해야 한다는 필요성을 깨닫게 되었다. 중국의 경제수도 상하이가 이를 잘 보여준다.

류수이(流水)는 상하이가 직면한 도심 토지부족 문제를 분석한 후, 도심 토지를 효과적으로 사용하기 위해서는 토지사용료를 일시불로 납부하는 토지출양제 방식이 아니라 매년 납부하는 토지연조제 방식으로 전환해야 한다고 제시했다. 그가 토지연조제를 제시한 근거는 상하이시가 1999년 5월 31일 공포한 상하이시 '국유토지임대 임시판법(國有土地租賃暫行辦法)'과 이 법률에 기초해 푸둥신구 토지연조제 시범지역을 진행한 경험이었다.

국토자원부가 '국유토지임대 규범화에 관한 약간의 의견'(1999.7.27)을 공포하기 두 달 전인 5월 31일, 상하이시는 처음으로 '국유토지임대 임시판법'을 공포하고 푸둥신구를 상하이시 국유토지임대 시범지역으로 지정했다. 상하이시 '국유토지임대 임시판법'은 국토자원부가 '국유토지임대 규범화에 관한 약간의 의견'을 통해 제시한 지도원칙을 따르면서도 상하이시 자체의 독특한 규정을 제정했다(조성찬, 2011: 268). 상하이 푸둥신구 실험이 제시한 토지연조제 해법은 이론적 부합성 및 정책적 적용 가능성이 뛰어나 향후 중국 토지정책의 나아갈 방향을 제시했다는 점에서 큰 의의가 있다.

2) 부동산세 도입 실험

중국의 토지 관련 세제는 나름의 시스템을 갖추고 있다. 헨리 조지의 지대공유 이론에 부합하는 도시토지사용세도 있으며, 주택을 대상으로 그 가격에 1.2% 또는 임대료 기준 12%를 적용해 과세하는 가옥세도 있다. 그리고 앞에서 살펴본 것처럼 토지투기를 막기 위한 토지증치세도 마련하고 있다. 그럼에도 불구하고 높은 지가 상승 및 주택가격 상승에 따른 부동산 투기를 막기에는 역부족이었다. 이러한 배경이 새로운 부동산세 도입을 촉발한 원인이다.

리커창(李克强) 총리는 「중국 2030(China 2030)」 보고서를 통해 부동산세 도입을 강력히 주장했다. 초기에 물업세라는 용어로 사용되던 부동산세는 보유 기간 동안 발생하는 지대를 과표로 하는 보유세 성격이다. 대상은 토지출양 방식으로 공급된 토지다. 도입 목적은 첫째, 지방정부에 안정적인 세원을 제공하고, 둘째, '토지재정'에서 '공공재정'으로 변화를 유도하며, 셋째, 빈부격차를 축소하고, 넷째, 주택투기를 억제하고 주택가격을 내리기 위함이다.

중국 정부는 이미 2003년 10월에 중국공산당 제16기 3중전회(3中全會)에서 결의한 '중공중앙의 시장경제체제 개선을 위한 약간의 문제에 대한 결정'에서 "조건이 갖추어지는 대로 부동산에 대해 통일된 물업세를 징수하며, 이에 따라 관련된 세제와 비용을 폐지한다"라고 밝혔다. 2005년 10월 열린 중국공산당 제16기 5중전회에서도 "점진적으로 물업세 징수를 추진한다"라며 물업세 도입의지를 분명히 했다. 이러한 정책의지에 따라 중국 정부는 이미 시범 연구도시를 선정해 정책을 도입하기 위한 구체적인 연구를 진행해 왔다. 2005년에 베이징, 선전(深圳), 충칭(重慶), 닝샤(宁夏), 랴오닝(遼宁), 장쑤(江蘇) 등 여섯 곳을 1차 시범 연구도시로 선정했으며, 2007

년 9월에는 안후이(安徽), 허난(河南), 푸젠(福建), 톈진(天津) 등 네 곳을 추가로 선정했다(박인성·조성찬, 2011: 284~285).

그러나 부동산세가 아직 국가 단위에서 법적·정책적으로 체계화되지는 못하는 한계를 보이고 있다. 중앙 정부가 부동산세 도입을 강력하게 추진하고 있음에도 불구하고 실험도시가 선정되어 실험이 전개된 지 10년이 넘도록 실질적인 모습을 갖추지 못하고 있는 것이다. 그 이유는 부동산세 도입을 놓고 내부에서도 논쟁이 벌어지고 있기 때문이다. 중국의 부동산세 도입에 대해서는 이론 차원에서나 중국이 시급히 해결해야 하는 부동산 문제 차원에서는 대체로 공감대가 형성되었다. 하지만 제도를 실험하고 도입하는 과정에서 중국의 현행 제도적 한계들 및 문제 해결의 시급성에 대한 인식 차이로 인해 실행에 어려움을 겪고 있다. 가장 중요한 쟁점은, 토지공유제하에서 개인이 소유권을 갖지 못한 상태이므로 부동산세를 부과할 수 없다는 것이었다. 그러나 이는 2007년 '물권법' 제정을 통해 개인재산권을 물권으로 인정하면서 해소되었다.

둘째 쟁점은 도입 목적에 대한 불일치다. 가령, 탕짜이푸(唐在富, 2012)는 전반적인 차원에서 부동산세 도입을 강하게 주장하고 있는 반면, 리우진쉰(劉金順, 2012)은 지방재정 분권을 위한 재원확보를 물업세 도입의 가장 중요한 목적으로 삼아야 한다는 점을 강조한다. 셋째 쟁점은 이중과세라는 문제제기다. 정협 위원이자 기업의 대표이사직을 맡고 있는 톈짜이웨이(田在瑋, 2012)는 일반론에 대해서 동의하면서도, 주택 구매자들은 70년에 해당하는 토지출양금을 이미 부담했기 때문에 물업세를 납부하는 것은 이중과세 성격을 지닌다고 주장한다. 형식상으로 보면 이미 토지출양금을 일시불로 납부했기 때문에 다시 세금을 납부하는 것은 이중과세로 볼 수 있다. 그런데 실제적인 측면에서 보면 토지출양 방식은 지대를 제대로 납부한 것이 아니기 때문에 이중과세로 보기 어렵다.

표 9-8 **상하이시와 충칭시의 가옥세 비교**

구분	기존 가옥세	상하이시	충칭시
과세대상	도시의 경영성 건물	행정구 전체 기존 주택, 신축주택	9개 주성구 단독주택, 고급주택, 보통주택
납세 의무자	경영성 건물 소유 권자	- 신규 구매로 1가구 2주택 이상을 보유하게 된 상하이시 호적자 - 주택을 새로 구매해 1가구 1주택 이상을 보유하게 된 비(非)상하이시 호적자	- 단독주택을 보유하고 있거나 단독주택을 새로 구입한 자 - 고급주택을 새로 구입한 자 - 본시 호적이 아니거나, 사업체가 없거나, 직업이 없는 개인이 보통주택을 구입해 2주택 이상을 보유하게 된 자
과세표준	장부가액의 70~90%, 임대료	평균 거래가격의 70%	평균 거래가격
세율	1.2%, 12%	0.4%, 0.6%	0.5%, 1%, 1.2%
면제금액	-	1가구 1인당 60m^2	단독주택은 가구당 180m^2 고급주택은 가구당 100m^2

자료: 신금미(2015a: 224), 표 2 수정.

다행히도 상하이시와 충칭시에서는 기존 가옥세를 일부 개정한 형태로 부동산세를 시범적으로 실시하고 있다. 원래 기존 가옥세는 주택 건물의 가치 및 임대소득에 부과되던 것이다. 그런데 물업세 도입을 놓고 논쟁을 하다가 상하이시와 충칭시는 2011년 4월에 각각 '개인주택 방산세 시범 잠행방법'을 발표하고 단순 보유 개인주택에 대해 토지와 주택을 합산해 과세 표준을 계산하는 보유세 성격의 부동산세를 시범적으로 도입했다. 〈표 9-8〉에서 정리한 두 도시의 실험을 간략히 평가하면, 우선 충칭시가 기존 보유 단독주택을 과세대상에 포함시키고는 있지만, 충칭과 상하이 모두 '개인주택 방산세 시범 잠행방법'을 시행한 이후 새로 구입한 주택을 과세대상으로 삼았기에 과세 범위가 한정적이고(신금미, 2015a: 215~216), 실질 세율이 낮아 도입 목적을 달성할 수 있는지도 불명확하다. 무엇보다 토지 보유에 과세한다는 물업세 본래의 성격이 무색해지고 마치 주택이라는 건물의 보유에 과세한다는 인식을 갖도록 했다. 2019년 3월에 개최되는 양회에서 부동산세 입법 내용이 통과되었기 때문에 절차상 2020년에 입법이 마무리

될 예정이다. 하지만 입법화가 매년 미루어지고 있는 실정이다. 중국 정부가 부동산세 도입을 얼마나 주저하고 있는지를 알 수 있는 단면이다.

부동산세 도입 논쟁과 상하이시 및 충칭시의 가옥세 시범 적용을 정리하면, 근본적인 해결책은 최초 토지사용권을 유상으로 양도할 시에는 토지연조 방식을 통해 매년 제대로 지대를 환수하는 것이다. 그리고 토지출양 방식으로 개인이 취득한 토지에 대해서는 가옥세 등 부동산 보유세를 과세하되 토지사용권 기한이 끝나고 재계약할 때 토지연조 방식으로 전환해야 한다.

3) 충칭시, 도농 간 개발이익을 공유하기 위해 지표거래 실험

충칭시는 현재 도시와 농촌이 도시화함에 따라 발생하는 개발이익을 공유하기 위해 '지표거래(地標去來)'라는 아주 독특한 정책을 실험하고 있다. 지표거래를 한 마디로 정의하면 '택지개발권 양도제'라고 할 수 있다. 개발이익 공유는 중국 토지사유화의 핵심인 지대 사유화를 보완하기 위한 정책적 노력이라고 할 수 있다.

중국은 식량자급을 중시하기 때문에 전체 농지면적이 18억 무(畝) 이하로 줄어들지 않도록 신경을 쓰고 있다. 따라서 각 지방정부는 할당된 일정 면적의 농지를 유지해야 한다. 그런데 중국의 경제성장이 급속하게 진행되어 도시화가 빠르게 일어나고 도시 주변부의 농지가 도시용도로 전환하면서 지방정부는 농지보호와 경제성장 사이에서 딜레마에 빠지게 되었다.

충칭시가 이러한 딜레마를 해결하기 위해 중국 최초로 추진하고 있는 정책이 바로 지표거래다. 지표거래를 실시하면 도시 주변부에서 멀리 떨어져 있어 사용하지 않는 농민의 주택용지와 그 부속시설 용지, 향진기업 용지, 농촌 공공시설 용지 등 농촌의 건설용지를 농경지로 복원하면서 생기는 농지면적만큼 해당 농촌마을에 농촌 택지개발권을 부여할 수 있으며, 원거리의 농촌마을은 이 개발권을 토지거래소를 통해 도시토지 개발자와 거래할 수 있다. 이를 통해 도시와 농촌은 도시화에 따른 토지가치 상승의 열매를 공유할 수 있다(中國城市中心, 2016.1.14).

추이즈위안(2014)은 이 방식을 중국의 노동자와 농민이 소자산계급으로 신분 상승해 사회 전체가 프티부르주아 사회주의로 나아가기 위한 정책 중 하나라고 소개하고 있다. 도시로 진출하기를 희망하는 원거리 거주 농민들이 지표거래를 통해 자본을 형성함으로써 도시로 진입할 수 있도록 하는 것이 정부 정책의 주요 목적이다. 지표거래는 중국 정부의 신형도시화 전략과 연결된다.

제10장

중국 선전경제특구의 토지연조제 모델

1. 공공토지임대제의 성공을 좌우하는 지대납부 방식

공공토지임대제는 중국 등 전환기 사회주의 국가가 토지개혁 수단으로 사용하는 가장 대표적인 제도일 뿐만 아니라 핀란드나 호주 캔버라, 홍콩, 싱가포르 등 기존의 시장경제 국가가 오랫동안 실시하고 있는 선진국형 제도이기도 하다.

공공토지임대제의 성공 요인은 다양하다. 전강수는 공공토지임대제의 주요 변수로 임대기간, 지대납부 방식, 지대 책정, 공공의 태도, 정책 목표, 제도 운영 주체의 여섯 가지를 제시했다(전강수, 2007: 199~203). 그런데 공공토지임대제의 핵심 목적이 자연 및 사회발전에 의해 형성된 지대를 공공이 환수해 개인의 평등한 토지사용권을 보장하고 동시에 시장경제가 건강하게 유지되도록 하는 데 있다면 '얼마'의 지대를 '어떻게' 환수하느냐, 즉 지대납부 방식이 제도 성공의 관건이다. 그 이유는 니콜라우스 티드먼(Nicolaus Tideman), 메이슨 개프니 등의 미국 경제학자들이 4명의 노벨 경제학상 수상자들을 포함한 28명의 경제학자의 연대서명을 받아 당시 소련의 대통령이던 고르바초프에게 보낸 공개서한에 잘 드러나 있다(전강수·한동근, 2000:

229). 이 공개서한은 여섯 가지의 근거를 들어 토지임대료를 일시불로 받는 것보다 매년 환수하는 것이 지속가능한 경제개혁과 성장에 유리하다고 주장했다. 이 주장에 따르면 지대를 매년 환수하는 방식은 얼마의 지대를 어떻게 환수하는지를 결정하는 중요한 변수다.

지대납부 방식의 중요성은 구체적인 역사적 경험을 통해 드러난다. 주요국의 공공토지임대제 실시 사례를 분석한 부라사와 홍의 연구에 따르면, 호주 캔버라의 경우 매년 지대를 납부하는 방식에서 일시불 방식으로 변경해 토지사용권을 토지소유권화함으로써 제도의 취지가 무색해졌다(Bourassa and Hong, 2003: 39~58). 중국도 지대 납부 방식에서 자유롭지 못하다. 중국은 공공토지임대제를 지대를 일시불로 납부하는 방식의 토지출양제와 매년 납부하는 방식의 토지연조제로 구분한다. 토지개혁의 실험도시였던 선전은 원래 매년 지대납부 방식을 구상했다. 그러나 실제로는 처음부터 일시불 방식을 시행했고, 그 이후 이 방식이 중국 전역에 확대되면서 각종 문제의 심각성이 드러나기 시작했다. 중국 정부도 이러한 문제의 심각성을 인식하고 일찍부터 매년 지대납부 방식을 실험하기 시작했다. 가장 대표적인 실험도시인 상하시 푸둥신구의 실험 성과를 분석한 상하이시 토지학회는 결론적으로 "자기의 밥을 먹어라(吃自己的飯)"라고 평가하면서 각 세대가 자기 세대의 경제적 노력으로 발생하는 지대를 재원으로 활용하는 매년 지대납부 방식이 세대 간 형평성을 위해 매우 중요하다고 강조했다(上海市土地學會課題組, 2006).

이처럼 지대를 납부하는 방식은 공공토지임대제 성공의 핵심 관건이다. 이러한 점에서 중국 도시토지제도의 바로미터에 해당하는 선전경제특구의 공공토지임대제 개혁과정이 지대납부 방식을 중심으로 어떻게 개혁되어 오고 있는지를 이해하는 것은 오늘날 중국이 겪고 있는 주택가격 급등과 부동산투기 등의 부작용을 이해하고 중국의 향후 토지제도 개혁방향을 가

표 10-1　**중앙정부, 광둥성 및 선전시 정부의 관련 정책**

단계	정책명	공포 일자	유효/실효 등
제1단계 (1978~ 1981)	'广東省經濟特區條例'	1980.4.15	유효
	'國務院關于中外合營企業建設用地的暫行規定'	1980.7.26	임시
	'全國城市規劃工作會議紀要'	1980.12.19	-
제2단계 (1982~ 1987)	'深圳經濟特區土地管理暫行規定'	1981.12.24	실효(1988.1.3)
	'深圳經濟特區土地使用費實施辦法'	1985.11.22	실효(1990.8.3)
	'深圳經濟特區抵押貸款管理規定'	1986.2.13	실효(1990.3.19)
	'深圳市人民政府貫徹"國務院關于鼓勵外商投資的規定"中有關稅收优惠政策的實施辦法'	1987.5.5	-
	中國第一次正式出售土地使用權	1987.9.9	-
제3단계 (1988~ 1999)	'深圳經濟特區土地管理條例'	1988.1.3	실효(1991.5.10)
	'城鎮國有土地使用稅暫行條例'	1988.9.27	수정(2006.12.31)
	'广東省城鎮土地使用稅實施細則'	1989.3.25	수정(2009.1.4)
	'广東省經濟特區抵押貸款管理規定'	1990.2.28	폐지(1992.12.20)
	'城鎮國有土地使用權出讓和轉讓暫行條例'	1990.5.19	유효
	'深圳經濟特區土地使用費征收辦法'	1990.8.3	실효(2008.4.7)
	'广東省經濟特區土地管理條例'	1991.5.10	수정(1997.8.15)
	'深圳經濟特區土地使用權出讓辦法'	1992.6.3	폐지(2001.9.12)
	'广東省抵押貸款管理條例'	1992.12.20	유효
	'深圳經濟特區土地使用權出讓條例'	1994.7.5	수정(1998.2.13)
	'深圳市人民政府關于調整深圳經濟特區土地使用費征收標准的通知'	1997.4.23	실효(2008.4.7)
	'广東省經濟特區土地管理條例'(修正)	1997.8.15	실효(1999.12.11)
	'深圳經濟特區土地使用權招標, 拍賣規定'	1998.2.6	유효
	'深圳經濟特區土地使用權出讓條例'(第2次修正)	1998.2.13	수정(2008.9.23)
제4단계 (1997~ 현재)	深圳市羅湖區"年地租"模式的試点	1997	-
	'國有企業改革中劃撥土地使用權管理暫行規定'	1998.2.17	유효
	'中華人民共和國土地管理法實施條例'	1998.12.27	유효
	广東省年地租体係高級研討會	1999.4	-
	'規范國有土地租賃若干意見'	1999.8.1	유효
	'深圳市年地租條例(草案)'	2000.10.20	실효
	'深圳市人民政府關于加强土地市場化管理進一步搞活和規范房地産市場的決定'	2001.7.6	유효
	'深圳市人民政府批轉市規劃與國土資源局市國有資産管理辦公室關于我市國有企業改制中土地資産管理若干意見的通知'	2003.6.2	유효
	'深圳市到期房地産續期若干規定'	2004.4.23	유효
	'深圳市臨時用地和臨時建筑管理規定'	2006.5.2	유효
	'市國土房産局開展"服務年"活動工作方案'	2009.8.25	유효
제5단계 (1999~ 현재)	'广東省人民代表大會常務委員會關于廢止广東省經濟特區土地管理條例的決定'	1999.12.11	유효
	'广東省實施'中華人民共和國土地管理法'辦法'	2000.1.8	유효
	'广東省人民政府辦公廳關于加快建立和完善土地儲備制度的通知'	2003.4.28	유효
	'深圳市土地儲備管理辦法'	2006.6.5	유효
	'中華人民共和國城鎮土地使用稅暫行條例'(2006年修訂)	2006.12.31	유효
	'深圳經濟特區土地使用權出讓條例'(第3次修正)	2008.9.23	유효
	'广東省城鎮土地使用稅實施細則'(修訂)	2009.1.4	유효

늠할 수 있는 중요한 근거가 된다.

선전경제특구가 경험한 공공토지임대제 개혁과정 분석은 2부 이론 편에서 제시한 '지대원리'와 '지대자본 화폐화 이론'에 기초했다. '지대원리'와 '지대자본 화폐화 이론'의 관계를 한마디로 정리하면, 공공토지임대제가 매년 지대 납부를 중심으로 하는 '지대원리'를 따르지 않고 일시불 방식을 따를 경우 지대자본 화폐화 이론에서 제시한 부동산 거품과 투기 등 일련의 문제들을 경험하게 된다는 것이다. 이와 같은 이론적 근거와 인식틀에 근거해 이 장에서는 중국 공공토지임대제의 바로미터인 선전경제특구 토지제도가 지대납부 방식을 중심으로 어떻게 개혁되어 왔는지를 분석했다. 〈표 10-1〉은 지대납부 방식에 중요한 변화를 가져온 정책들을 단계별로 정리한 것이다.

2. 다섯 단계 변화 과정

1) 제1단계(1978~1981): 무상사용에서 매년 납부 또는 일시불로 개혁

1978년 개혁개방 이전에는 중국의 토지사용제도가 기본적으로 무상, 무기한, 무유통, 3무(3無) 방식이었다. 그러나 같은 해 12월, 중국공산당 제11기 3중전회에서 토지법을 신속하게 제정·공포할 것을 건의하고, 전국인민대표대회 제5기 제4차 회의에서 "모든 토지를 소중히 여기고, 합리적으로 이용하며, 경지를 잘 보호해야 한다"라는 건의를 제시하면서 토지사용 방식에 일대 변화가 일어나기 시작했다(류해웅·박인성·박현주, 2001: 22~23). 중앙정부는 후속조치로 다음 세 가지 시책을 공포해 선전경제특구 공공토지임대제 형성에 결정적인 기초를 제공했다.

(1) '광둥성경제특구 조례'(1980.4.15): 공공토지임대제 제도개혁을 최초로 전개

광둥성이 1980년 4월 15일에 공포한 '광둥성경제특구 조례(广東省經濟特區條例)'는 공공토지임대제 개혁의 서막을 열었다. 광둥성 정부는 이 조례를 통해 정식으로 선전, 주하이(珠海), 산터우(汕頭) 등 3개 경제특구를 지정하고, "특구 토지는 중화인민공화국 소유다. 각 상업용지는 실제 수요에 맞추어 제공하고, 사용연한, 사용료 액수 및 납부방법은 서로 다른 업종과 용도에 근거해 우대혜택을 부여하며, 구체적인 방법은 별도로 규정한다"(제12조)라고 규정했다.

(2) '국무원 중외합영기업 건설용지 임시규정'(1980.7.26): 장소사용료 체계를 최초로 규정

중국 정부가 공공토지임대제 개혁을 추진하게 된 배경은 연해 도시를 중심으로 외자를 유치해 도시기반시설 건설자금을 확보하기 위한 것이라는 사실은 이미 잘 알려져 있다. 중국 정부가 건설자금을 확보하기 위해 토지유상사용을 통한 정부수입 증대방안을 제시하자, 1980년 7월 26일 국무원은 '국무원 중외합영기업 건설용지 임시규정(國務院關于中外合營企業建設用地的暫行規定)'을 공포했다.

이 임시규정의 주요 특징은 장소사용료 표준과 납부방법이다. 장소사용료 표준은 매년 일정액을 공고했으며, 납부방법은 일시불과 매년 납부 중 하나를 선택할 수 있도록 했다. 토지사용권의 임의 양도는 시기상 아직 허용하지 않았다.

(3) '전국도시계획 업무회의 기요'(1980.12.19): 정비된 토지사용료 체계를 규정

1980년 12월 9일에 국무원이 공포한 '전국도시계획 업무회의 기요(全國城市規劃工作會議紀要)'는 "종합개발과 도시토지사용료 납부 정책의 실시는

경제 판법을 통해 도시건설을 관리하는 중요한 개혁 원칙"이라고 밝히고, "도시계획 범위 내에서 토지를 점용하는 단위와 개인은 모두 그 해의 실제 점용면적에 따라 토지사용료를 납부"하도록 하는 시책을 제시했다. 이 기요에서 제시한 토지사용료 체계는 '개발비(판매 시)+토지사용료(매년)+도시유지비(매년)'의 체계로, 비교적 잘 갖추어져 있다. 개발비는 토지개량물 설치비용으로, 판매 시 개발비를 회수하면 지방정부가 빠르게 건설비용을 회수할 수 있다. 토지사용료는 매년 납부하는 지대 성격이며, 도시유지비는 도시유지관리세와 기업소득세를 통칭한 것이다.

이 기요의 유상사용 체계는 두 가지 의의를 가진다. 첫째, 비교적 잘 정비된 '개발비+토지사용료+토지 관련세' 체계를 제시했다. 둘째, 토지사용료 표준은 지역별 및 등급별 비용에 근거해 확정한 실제 점용면적의 가치이기 때문에 리카도의 차액지대이론에 부합한다.

2) 제2단계(1982~1987): '토지출양금 또는 토지사용료' 체계

1981년 12월 24일 공포된 '선전경제특구 토지관리 임시규정'은 차액지대의 원리에 근거해 위치에 따라 차별적인 토지사용료 표준을 적용함으로써 중국 도시토지 유상사용을 위한 본격적인 단계에 들어서기 시작했다(詹蕾, 2003: 1). 이 임시규정의 특징은 다음과 같다. 첫째, 협의 방식을 통해 토지사용료를 확정했다. 둘째, 상품주택용지의 토지사용 기한은 최장 50년, 공업용지와 상업용지는 각각 30년과 20년으로 규정했다. 셋째, 토지사용료의 조정주기는 매 3년에 1회이며, 변동폭이 30%를 초과해서는 안 되었다. 넷째, 토지사용료 납부 방법으로 일시불(2년 내에 납부 완료, 이자는 계산하지 않음) '또는' 매년 납부 둘 다 가능했다. 이 임시규정이 이전 규정들보다 더욱 정비된 형태를 갖추고는 있지만, 협의를 통해 토지사용료를 일시불로 납부할 경우 많은 문제가 발생할 가능성이 커진다는 점에서 한계를 지니고 있었다.

이러한 틀에 기초해 선전경제특구는 1987년 9월 9일 최초로 협의 방식을 통해 면적 5412m²의 주택용지를 50년 기한으로 108.24만 위안(제곱미터당 200위안)에 양도했다(詹蕾, 2003: 1). 이 내용은 9장에서 이미 자세히 살펴보았다. 이 사례는 공공토지임대제 개혁이라는 상징성에도 불구하고 한계를 노출했다. 첫째, 토지사용료 결정 시 경매나 입찰 방식이 아닌 협의 방식을 적용함으로써 토지사용료 총액이 낮아질 가능성이 커졌다. 둘째, '선전경제특구 토지관리 임시규정'은 지대를 일시불로 납부하는 출양 방식 외에 매년 납부하는 방식을 통해 토지사용권을 양도할 수 있도록 규정하고 있음에도 불구하고 최종적으로는 출양 방식을 채택했다. 결과적으로, 협의 방식과 출양 방식이 결합되면서 다량의 지대수입이 유실되는 문제가 초래되었다. 선전시는 첫째 사례에서는 협의 방식으로 출양했으나 이후 둘째 사례에서는 공개입찰 방식으로 출양했다. 이는 첫째 사례가 보인 협의출양의 한계를 극복하는 것처럼 보였지만 실제로는 큰 차이가 없었으며, 오히려 기업의 진입장벽만 높인 셈이 되었다.

3) 제3단계(1988~1999): '토지출양금+토지사용료+재양도' 체계

(1) '선전경제특구 토지관리 조례'(1988.1.3): 통일된 출양 방식 규정

1988년 1월 3일에 '선전경제특구 토지관리 조례'가 공포되면서 선전경제특구 공공토지임대제는 더욱 정비된 법률지위를 획득했다. 이 조례의 주요 특징은 다음과 같다. 첫째, 토지사용권 양도는 통일되게 출양 방식으로 진행해 일시불로 토지출양금을 납부하는 동시에, '보조적으로' 매년 토지사용료를 납부하도록 했다. 또한 행정배정제도를 폐지해 전면적으로 토지출양제도를 실시하도록 했다. 둘째, 토지사용권 양도 시 입찰과 경매 방식을 도입했다. 셋째, 토지사용권 재양도를 허용했으며, 동시에 재양도 과정에서 발생할 수 있는 지대유실을 예방하기 위해 토지사용권 재양도금을 규정했다. 넷째, 행정배정토지를 유상 양도하거나 토지용도를 변경해 경제적 이익을 획득하는 경우 시 국토국에 토지사용권 출양에 준하는 금액을 지불하도록 했다. 다섯째, 출양 방식으로 토지사용권을 획득하는 경우 발생하는 자금부족 문제를 해결하기 위해 담보대출을 규정했다.[1]

'선전경제특구 토지관리 조례'가 시장경쟁방식인 입찰과 경매 방식을 도입했고, 토지사용권 재양도를 허용했다는 점에서 지대원리에 부합하는 진보임은 분명하지만, 출양 방식을 주된 방식으로 삼은 것은 분명한 퇴보다. 출양 방식과 토지사용권 재양도가 결합되면서 토지사용권 재양도금 납부 규정에도 불구하고 지대 유실을 초래했기 때문이다. 또한 이 조례가 통일되게 출양 방식 적용을 규정하면서 결과적으로 담보대출 규정을 필요로 하게 되었다. 이로 인해 지대자본 화폐화 이론에서 전개하고 있듯이 부동산 담보대출로 인한 유동성 급증, 주택가격 상승, 부동산 투기 및 부동산 거품을 초래할 제도적 기초가 마련되었다.

선전에서 실시된 통일된 출양 방식 적용과 재양도 허용은 1990년 4월 29일, 국무원이 공포한 '도시국유토지사용권 출양 및 재양도 임시조례'를 통해 전국적으로 확대 적용되었다. 또한 이 임시조례를 통해 현행 토지출양

---

1 그런데 '선전경제특구담보대출 관리규정(深圳經濟特區抵押貸款管理規定)'에 따르면, 담보인의 재산인 주택과 물건, 유가증권, 지불증권 등을 담보대출의 저당물로 삼을 수 있으나(제5조), '토지'는 담보물로 삼을 수 없다(제6조). 그러나 이후 제정된 '광둥성경제특구담보대출 관리규정(广東省經濟特區抵押貸款管理規定)'(1990.2.28)에서는 "건축물 등 부동산"도 담보권 설정이 가능하다고 규정했으며, 이후에 제정된 '광둥성담보대출 관리조례(广東省抵押貸款管理條例)'(1992.12.20)는 더욱 명확하게 '토지사용권'도 담보권 설정이 가능하다고 규정했다(제5조).

제의 기초가 구체적으로 형성되었다.

(2) '선전경제특구 토지사용료 징수판법'(1990.8.3): 정비된 토지사용료 평가체계 규정

광둥성 정부가 1988년 1월 3일 공포한 '선전경제특구 토지관리 조례'에 근거해 선전시 정부는 1990년 8월 3일 '선전경제특구 토지사용료 징수판법'을 공포했다. 이 판법의 주요 목적은 특구의 토지관리를 강화하고 토지차액 수익을 조절하며 토지사용료 징수업무를 개선하는 것으로, 토지사용료에 대한 심사·결정 표준을 개선했다. 이전 표준이 토지용도에 따른 토지사용료 최저 수준과 최고 수준만 제시했던 것에 비해, 이 판법에서 제시한 토지사용료의 심사·결정 표준은 토지용도(토지종류), 토지위치(토지등급), 토지면적이라는 세 가지 변수를 기준으로 토지사용료를 확정했다.[2]

(3) '선전경제특구 토지사용권 출양조례'(1994.7.5): 재차 통일된 출양 방식 규정

'선전경제특구 토지관리 조례'(1988.1.3) 제8조에서 "통일되게 유상 출양으로 진행한다"라고 규정한 이후, 선전시 정부는 특구의 토지사용권 출양을 관리하기 위해 1994년 7월 5일 이 규정에 근거해 '선전경제특구 토지사용권 출양조례(深圳經濟特區土地使用權出讓條例)'를 제정·공포했다. 이 조례의 주요 특징은 다음과 같다. 첫째, 이 조례와 '선전경제특구 토지관리 조례'는 토지사용권 출양 방식의 지위를 확립한 것으로, 토지사용자는 '동시에' 매년 토지사용료를 납부해야 한다. 둘째, 이 조례는 토지용도에 따라 토

---

2 이 판법 제5조에 따르면, 3년에 한 번 토지사용료 표준을 조정해야 한다. 그러나 시정부는 7년 이후인 1997년 4월 23일에서야 '선전시 인민정부의 선전경제특구 토지사용료 징수표준 조정에 관한 통지'를 반포하고 두 번째 토지사용료 표준 조정 작업을 진행했다.

지사용권 연한을 다르게 규정했으며, 이전 규정과 비교해 연한이 더욱 길어졌다. 셋째, 이 조례는 토지사용권 출양과 관련한 행정행위에 대해 토지관리부문의 행정권위와 관리책임을 더욱 명확하게 규정했다.

4) 제4단계(1997~현재): 토지연조제의 법률지위 획득 및 국부적인 실험 전개

(1) 토지연조제 실험 실시 개요

선전경제특구의 토지개혁은 3단계를 거치면서 출양 방식을 일관되게 강조해 왔다. 그러다가 제도 실행 기간이 15년 가까이 되면서 선전시는 출양 방식의 한계와 매년 지대납부 방식의 중요성을 깨닫기 시작했다. 3단계에서도 토지사용료라는 매년 지대납부 방식이 사용되기는 했으나, 토지출양 방식에 종속되어 있다는 점에서 한계가 있었다. 그러나 4단계부터 실험 실시되기 시작한 토지연조제는 토지출양제의 허점을 보완하기 위한 위상을 갖는다는 점에서 비슷한 역할을 담당하기는 하지만, 한 필지에 토지연조제 하나만 적용되는 '독립된' 방식이라는 점에서 차이가 있다.

선전시 정부가 매년 지대납부 방식을 중시하게 된 것은 경제가 발전하면서 드러나기 시작한 행정배정용지가 시장에 진입하는 문제, 토지시장 바깥에서 토지자원이 거래되는 문제, 위법용지가 관리감독을 벗어나는 문제를 해결하기 위해서였다. 토지사용료는 토지소유자의 권리를 보여주며 지대차이 조절수단으로서 그동안 중요한 작용을 해왔으나 점차 한계를 보여주었다. 선전시 정부가 토지연조제를 실시해야 하는 필요성과 기대 효과는 다음의 세 가지였다.

첫째, 토지연조제는 국가 토지권익의 실현에 유리하다. 당시에는 행정배정용지가 선전 건설가능 용지의 70% 정도를 차지하고 있었는데, 이러한 상황은 국가로 하여금 도시토지소유권을 경제적으로 충분히 실현하기 어렵게 한다. 반면 토지출양금을 아직 납부하지 않았거나 조금만 납부한 경우, 매년 지대를 회수하면 행정배정 방식과 유상출양 방식의 차별을 해소해 공정하게 경쟁할 수 있는 시장 환경을 조성하는 데 유리하다. 둘째, 정부수익 증가에 유리하며 국유자산 유실을 방지한다. 당시 선전에는 다량의 임시용지가 있었으며 성질과 용도를 바꾼 위법용지가 많아 토지출양금 방식만으로는 이러한 토지를 관리할 수 없었다. 그런데 토지연조제를 적용할 경우 어느 토지도 이 제도에서 벗어날 수 없었다. 셋째, 토지연조제가 확립된 후 토지사용료 납부, 임시용지 매년 지대납부, 성질과 용도를 바꾼 용지의 보상비용 및 기타 비용이 유기적으로 결합하면 무질서한 토지출양금+토지사용료+토지 관련세 체계가 개선될 수 있을 것으로 기대했다(劉維新·劉祚臣, 1998: 16~17).

상술한 배경과 필요에 기초해 선전시는 토지연조제의 가능성을 탐색하기 위해 1997년 루오후구(羅湖區)의 토지사용료를 매년 납부하는 방식으로 전환하는 실험을 전개했다. 그해 루오후구의 지대수입이 1억 위안에 이르렀으며, 1998년에는 1.4억 위안에 달했다. 이 실험의 기초 위에서, 선전시 정부는 1998년부터 전국에서 가장 먼저 토지연조제 조례를 제정하기 위한 초안 작업을 시작했다. 이후 2000년 10월 20일 '선전시 연지대조례(초안)[深圳市年地租條例(草案)]'이 통과되었으나, 내부 의견의 불일치로 인해 최종 통과되지는 못했다.

(2) 중앙정부가 공포한 법률·법규, 토지연조제의 법적 권위 확정

중앙정부는 새로운 법률과 법규를 공포하고 선전이 실험 실시하고 있는 토지연조제를 추인해 법률 지위를 확보하도록 했다. 가장 대표적으로는 '국유기업개혁 중 행정배정 토지사용권 관리 임시규정(國有企業改革中劃撥土地使用權管理暫行規定)'(1998.2.17), '토지관리법 실시조례'(1998.12.24), '국유토지임대 규범화에 관한 약간의 의견'(1999.7.27) 세 가지가 있다.

먼저 국가토지관리국이 발표한 '국유기업개혁 중 행정배정 토지사용권 관리 임시규정'은 행정배정으로 취득한 국유기업 토지자산을 유상사용의 궤도로 전환하는 데 토지연조제를 사용할 수 있다고 규정했다. 또한 처음으로 "토지임대란 토지사용자가 현급 이상 인민정부 토지관리부문과 일정 기간 토지임대계약을 맺고 지대를 납부하는 행위를 의미한다"라고 정의했다. 게다가 임대계약은 재양도와 담보 대상이 될 수 있다고도 규정했다.

'국유기업개혁 중 행정배정 토지사용권 관리 임시규정'이 처음으로 국유 토지임대 방식을 공공토지임대제의 하나로 선택할 수 있다고 인정한 이후 같은 해 12월 24일 국무원은 계속해서 더욱 강력한 법적 권위를 가지는 '토지관리법 실시조례'를 제정했다. 이 조례 제29조는 국유토지임대 방식(토지연조제)을 합법적인 궤도 내로 포함시킨 후에 이 방식을 명확하게 공공토지임대제의 하나로 규정했다. 이렇게 해서 토지연조제 방식이 마침내 국가 차원의 독립된 법적 권위를 획득하게 되었다.

'토지관리법 실시조례' 제정 이후 국토자원부는 이 조례를 실시하기 위해 1999년 7월 27일 '국유토지임대 규범화에 관한 약간의 의견'을 공포했다. 이 의견은 다음과 같은 의의를 갖는다. 첫째, 처음으로 국가 차원에서 토지연조제의 전체 체계와 규범을 규정했다. 둘째, 경영성 주택개발용지에 대해 토지출양제 방식을 주된 방식으로, 토지연조제 방식을 보조적인 방식으로 해서 두 가지 방식의 우선순위를 명확히 했다. 이 의견은 비록 법률 형식은 아니었지만 강한 행정구속력을 가지고 있어서 전국 범위의 토지연조제 실험을 지휘했다. 통계에 따르면 1997년 10월부터 전국에서 토지연조제를 실시한 현과 시는 860여 개에 달했으며, 이 의견이 발표된 이후 2003년 말까지 토지연조제를 실시한 곳은 모두 1000여 개에 이르렀다(徐婷·周寅康, 2006: 38; 秦耕, 2004: 12).

(3) '선전시 연지대 조례(초안)'(2000.10.20): 토지사용료를 대체

2000년 10월 20일, 선전시 인민대회 상무위원회는 '선전시 연지대 조례(초안)[深圳 市年地租條例(草案)]'를 심의 통과시켜 전국에서 가장 먼저 입법형식으로 토지연조제를 추진했으며, 기존 토지사용료 징수제도를 대체했다. 이 초안은 토지사용료를 '연지대(年地租)'로 바꾸었으며, 토지사용자가 행정배정 토지를 사용해 상품주택용지와 비상품주택용지로 변경하고 건축면적도 증가되었으나 아직 지가를 납부하지 않은 용지, 임시건축용지, 사용기한이 만료되었으나 계속해서 사용하는 용지 등은 매년 10월 1일 이전에 정부에 연지대를 납부해야 한다고 규정했다(深圳市人民政府, 2000: 40).

'선전시 연지대 조례(초안)'의 의의는 토지출양 방식과 과거의 토지사용제도로 인해 발생한 일부 역사적인 문제를 해결하는 보완 수단이라는 점이다. 이 초안은 공평원칙을 실현하고 평등한 시장 환경을 창조하기 위해 "다른 용지에 대해 다른 표준의 연지대를 징수한다"라고 명확히 했다. 즉, ① 경매와 입찰 등 시장방식으로 취득한 토지사용권의 용지에 대해서는 상징적인 지대를 징수하고, ② 행정배정 방식, 협의출양 등 비시장방식으로 취득한 토지사용권의 용지에 대해서는 지가 수준에 상당하는 연지대를 징수하며, ③ 임시건축용지, 위법용지에 대해서는 지가 수준 이상의 연지대를 징수한다고 밝혔다. 이 조례 초안은 위법 용지에 대해 징벌적인 징수 표준을 적용했으며, 연지대 징수 목적은 국유자산 유실을 막는 것이지 위법 용지를 합법화하기 위함이 아니라고 밝혔다.

(4) '국유기업개혁 중 행정배정토지', '기한만료 부동산의 재계약', '임시용지와 임시건축물'에 토지연조제 적용

선전시는 일찍부터 정식으로 '선전경제특구 연조제 조례'를 제정하려고 했으나, 지금까지 제정하지 못한 채 다른 법률을 제정·공포해 제한적으로

나마 토지연조제를 실시하고 있다. 선전시는 국유기업개혁 중 행정배정토지, 만기 주택의 연장 및 임시용지와 임시건축물에 대해 각각 '선전시 국유기업개혁 중 토지자산관리에 대한 약간의 의견(我市國有企業改制中土地資産管理若干意見)'(2003.6.2), '선전시 만기주택 연장에 관한 약간의 규정(深圳市到期房地産續期若干規定)'(2004.4.23), '선전시임시용지 및 임시건축 관리규정(深圳市臨時用地和臨時建筑管理規定)'(2006.5.1)을 공포했다.

먼저, 선전시가 공포한 '선전시 국유기업개혁 중 토지자산관리에 관한 약간의 의견'에서, 국유기업개혁이 토지자산과 관련되는 경우 기업개혁 중 비상품성 토지자산의 처리방식은 토지연조제를 포함한다고 규정했다. 만약 국유기업이 정부의 특허로 경영과 관련된 공공시설 토지자산을 가지고 있으면 국유토지임대계약 체결 등의 방식으로 처리하도록 했다.

다음으로, 만기주택 문제를 해결하기 위해 선전시 정부는 '선전시 만기주택 연장에 관한 약간의 규정'을 공포했다. 구체적으로 "주택권리증서 등 기상의 토지사용 기한이 만료되는 행정배정 성질의 부동산과, 원래 행정배정용지를 지가 보충납부 후 출양하고자 하나 기한을 새로 조정하지 않아 기한이 이미 만료된 주택"(제2조)에 대해, "업주가 계속해서 해당 토지를 사용할 필요가 있는 경우, 용도를 변경하지 않는 조건하에서 지가 보충 납부를 통해 토지출양 계약을 체결하거나 연지대를 지불하고 토지임대계약을 체결"(제3조)하는 방식으로 연장을 진행한다고 규정했다. 비록 제3조 규정의 적용범위가 행정배정 성질의 토지에 국한되기는 하지만, 토지연조제의 뛰어난 활용성을 제고했음은 분명하다.

마지막으로, 임시용지와 임시건축 관리를 강화하기 위해 선전시 정부는 '선전시 임시용지 및 임시건축 관리규정'을 공포했다. 이 관리규정에서 정의하는 임시용지란 건설사업 시공, 지질조사 및 긴급한 공공서비스 시설의 수요로 인해 임시로 사용하는 국유토지를 말한다. 또한 임시건축이란 단위와 개인이 생산 및 생활의 필요로 건축한 구조물로, 규정의 기한 내에 반드시 철거해야 하는 건축물, 구조물, 또는 기타 시설을 말한다(제2조). 이 규정은 임시용지와 임시건축의 법률 근거일 뿐만 아니라 제2조에서 선전시가 국유토지임대와 관련한 구체적인 관리규정을 시행하기 전에 이 규정을 참고해 처리할 수 있다고 규정하고 있어, '선전경제특구 연조제 조례'가 아직 공포되지 않은 상황에서 토지연조제 실시의 주요 법률 근거가 되고 있다.

5) 제5단계(1999~현재): '토지출양금+토지사용세'와 연지대의 쌍궤제 체계

제4단계는 토지연조제가 토지출양제를 보완하기 위한 '독립된' 토지 유상사용 방식으로 인정되어 실험 실시되기 시작했다는 특징을 지니고 있다. 제5단계는 실험 실시에서 한 단계 더 나아가 법적으로 토지출양제와 토지연조제의 우선순위를 강화하고 토지사용료를 토지사용세로 대체했다는 특징을 지니고 있다.

1999년 12월 11일, '광둥성인민대표대회 상무위원회 광둥성경제특구 토지관리조례 폐지에 관한 결정(广东省人民代表大會常務委員會關于廢止广東省經濟特區土地管理條例的決定)'이 공포되고, 2000년 1월 8일 '광둥성 '중화인민공화국 토지관리법' 실시판법(广東省實施"中華人民共和國土地管理法"辦法)'이 새롭게 공포되었다. 그리고 이 실시판법 제33조는 "토지사용권 출양은 현급 이상의 인민정부가 통일되게 조직하고, 토지행정주관부문이 구체적인 실시를 책임지며, 협의·입찰·경매 방식을 채택해 출양한다"라고 규정함으로써 토지출양제가 공공토지임대제의 핵심 방식임을 다시금 명확히 했다.

2009년 1월 4일, 광둥성이 '광둥성 도시토지사용세 실시세칙(广東省城鎭土地使用稅實施細則)'을 공포한 이후 선전경제특구의 토지사용료 체계가 정식으로 '토지사용세' 체계로 전환했다. 이 실시세칙 제5조가 규정한 선전시 토지사용세 범위는 제곱미터당 1.5~30위안이었다. 이는 '선전시 인민정부의 선전경제특구 토지사용료 징수표준 조정에 관한 통지(深圳市人民政府關于調整深圳經濟特區土地使用費征收標准的通知)'(1997.4.23)가 규정한 갑종 토지사용료 징수표준의 범위(0.1~35위안)와 비교해 큰 차이가 없었다. 이로써 선전시가 제3단계부터 실행해 오던 '토지출양금+토지사용료' 체계가 '토지출양금+토지사용세' 체계로 전환되었다.

정리하면, 선전시는 제4단계부터 적용범위와 대상에 따라 '토지출양금+토지사용료' 체계(5단계)와 '연지대' 체계(4단계)를 선택적으로 실행하는 쌍궤제(雙軌制)를 실시하기 시작했다. 지금까지 살펴본 다섯 단계 공공토지임대제 개혁과정을 정리하면 〈표 10-2〉와 같다.

3. 토지원리에 기초한 개혁과정 평가

1) 쌍궤제로 공공토지임대제 체계 완성

선전경제특구는 제1단계(1978~1981)부터 '일시불 지대납부 방식'(토지출양제)과 '매년 지대납부 방식'(토지연조제)을 선택할 수 있도록 했으며 처음부터 일시불 방식에 치중하지는 않았다. 그러다가 제2단계(1982~1987)에 들어서고 실제 적용단계에서 일시불 방식을 선택하면서 중국 토지개혁의 방향성이 결정되었다. 제3단계(1988~1999)에 들어서면서 공공토지임대제는 분명한 변화를 맞이했다. 즉, 일시불 방식과 매년 납부 방식 가운데 하나를 선택하는 방식에서 '토지출양금(기본) 및 토지사용료(보조)' 체계로 전환해, 선택이 아닌 두 가지 방식을 결합하는 방식을 택했다. 제4단계(1997~현

표 10-2 선전경제특구 공공토지임대제 5단계 개혁과정

제도 구분	세계 모델	주요 법률 근거	토지연조제(토지사용료) 적용 범위	사용권 연한	지대 표준	지대 확정 방식
제1단계 (1978-1981)	토지출양금 또는 토지 사용료(선택)	중외합영기업 건설용지에 관한 임시규정	중외합영기업 용지(새로 수용한 토지 및 기존 기업용지)	-계약 시 규정 -급 인민정부 자체 제정	-매년 5~300위안/m² -대중도시의 도심과 근교는 최저 10위안/m²보다 낮아서는 안 됨	협상
제2단계 (1982~1987)	토지출양금 또는 토지 사용료(선택)	선전경제특구 토지관리임시 규정	선전경제특구	-주택: 50년 -공업: 30년 -상업: 20년	-공업: 10~30위안/m² -상업: 70~200위안/m² -주택: 30~60위안/m² -여행: 60~100위안/m²	협상
제3단계 (1988-1999)	토지출양금 (주)+토지사 용료(보) +저당포	선전경제특구 토지사용료조례 선전경제특구 토지사용권 출양조례	선전경제특구 국유토지사용권 선전경제특구 국유토지사용권	-생산경영과 경영임종이 실제 수요에 근거해 확정, 최장 50년 -거주: 70년 -공업: 50년 -교육, 과학기술: 50년 -상업 등: 40년 -종합 또는 기타: 50년	토지용도(토지유형),토지위치(토지등급), 토지면적에 따라 확정(검증, 등급) 출양금: 토지사용권 출양계약 시 결정	협의, 입찰, 경매 경매, 입찰, 협의
제4단계 (1997~현재)	통일된 출양 방식 진행 및 제한된 토지연조제 실시	국유토지임대 규범화에 관한 약간의 의견	토지재양도, 임대, 기업개혁과 토지용도 변경으로 인해 반드시 유상 사용해야 하는 토지	-단기: 5년 -장기: 출양 방식 최고기한 이내	-국유토지임대의 임대료 표준은 지가표준과 상호 균형 이룸 -협의방식은 임대 최저임대료 표준과 최저지가를 환산한 최저임대료 표준보다 낮아서는 안 됨 -임차인이 토지사용권 취득 시 토지사용료를 아직 납부하지 않은 경우, 임대료 표준은 지가 전체를 환산한 것임을	입찰, 경매, 협의

따라야 함
- 임차인이 토지사용권 취득 시 수용, 이전 등 토지비용을 납부한 경우, 임대료 표준은 공제한 관련 토지비용 후의 지가 잔액을 환산한 것을 따라야 함

선전시 단기주택 연장에 관한 규정	- 행정배정 성질의 단기주택 - 원래 행정배정용지 지료, 보완납부 후 출양용지로 전환했으나 기존 기한을 조정되지 않아 이미 만료된 주택	초정기한은 이미 사용한 기한을 뺀 남은 기한	(출양 방식) - 보충 지가 1회성 납부: 공고된 해당 용도 기준지가의 35% - 연지대 납부 표준은 시 국토관리부문이 정기적으로 공포	협의
선전시 임시용지 및 임시건축 관리규정	임시용지	〈선전시도시계획조례〉 - 임시건설용지: 2년 - 만기 후 1회 연장 가능, 단 1년을 넘으면 안 됨	- 임시사용 토지계약서 임시용지사용료 결정 - 출양토지 위의 임시건축 사용료 규정 없음	협의
광동성 중화인민공화 국토지관리법 실시판법	(통일된 출양제 진행 외) - 경영성 주택용지: 반드시 공개입찰, 경매방식으로 출양 - 행정배정토지의 경영성 활동 - 국유기업의 개혁 방면 - 임시 사용 토지	- 거주: 70년 - 공업: 50년 - 교육, 과학기술 등: 50년 - 상업 등: 40년 - 종합 또는 기타: 50년		
토지출양금 토지사용세 (주) 및 연지대(보)와 쌍계제 체계			- 토지출양금 외 - 선전토지사용세: 1.5~30위안 - 행정배정토지 경영성 용도 변경: 토지사용권 출양금 등 유상사용료 납부 - 국유기업개혁: 토지평가 결과를 근거로 출양금, 연지대, 출자금 획정	협의, 입찰, 경매

제5단계
(1999~현재)

재)에 들어서면서 부분적이지만 독립적으로 토지연조제를 실행할 수 있는 가능성을 열어놓음으로써 '토지출양금+토지사용료'를 기본 방식으로 삼으면서 토지출양제가 갖는 한계를 보완하기 위해 토지연조제 방식을 적용할 수 있도록 제도적 장치를 마련했다. 마지막 제5단계(1999~현재)에서는 토지사용료가 토지사용세로 대체되었으며, 4단계부터 정비된 쌍궤제 체계가 법적으로 더욱 강화되었다.

정리하면, 토지출양제의 한계가 드러나자 토지연조제의 장점을 인식한 선전시는 '행정배정토지의 경영성 활동', '국유기업개혁 방면', '임시사용 토지'에 토지연조제를 적용하고 있다. 현행 토지연조제는 적용범위에서 한계가 있음은 분명한 사실이나, 토지개혁 단계 전체로 볼 때 토지연조제의 분명한 효과가 인식되고 제도적으로도 강화되고 있어 토지원리 가운데 셋째 원리인 '매년 지대 납부' 원칙이 충족되는 방향으로 전개되고 있다고 평가할 수 있다.

2) 협의 방식을 통한 토지연조제 실시로 한계 노출

선전경제특구는 제1단계와 제2단계에서 협의 방식을 통해 토지사용권 임차인과 양도 금액을 결정하도록 규정했다. 그러다가 지대유실 등 문제가 심각해지면서 제3단계부터 일관되게 협의 방식 외에도 입찰과 경매 방식을 통해 토지사용권을 양도하고 지대를 확정할 수 있도록 했다. 특히 상업용도처럼 입찰이나 경매 방식을 적용할 수 있는 조건을 갖춘 경우에는 반드시 입찰이나 경매 등 시장경쟁방식을 채택하도록 법규정을 강화하고 있다. 그런데 특기할 점은 이러한 방향성이 제4단계의 토지연조제 실험 실시에서는 아직 적용되지 않고 있다는 점이다. 제4단계에서 공포된 '국유토지 임대 규범화에 관한 약간의 의견'에서는 토지연조제 방식으로 토지사용권을 양도하는 경우 협의 외에도 입찰과 경매 방식을 적용할 수 있다고 규정하고 있으나, 실시와 관련된 '선전시 만기주택 연장에 관한 규정'과 '선전시 임시용지 및 임시건축 관리규정'에서는 협의 방식만을 규정하고 있어 제도적 미비점이 노출되었다. 이러한 점에서 선전경제특구의 토지연조제는 지대원리의 둘째 원리인 '경매와 입찰을 통한 토지사용권 분배' 원칙에 부합하지 않는다.

3) 제3단계의 토지사용료 표준이 가장 과학적

토지사용료 표준은 지대 환수 수준을 결정한다는 점에서 토지연조제 성공에 중요한 변수다. 제1단계의 토지사용료 표준은 지대 범위(5~300위안/㎡) 및 최저한도(대중도시의 시 구역과 근교 구역은 최저 10위안/㎡보다 낮아서는 안 됨) 방식으로 결정되었다. 제2단계의 토지사용료 표준은 용도에 따라 지대 범위를 결정했다. 반면 제3단계의 토지사용료 표준은 차액지대이론을 응용해 토지용도(토지유형), 토지위치(토지등급), 토지면적(갑종, 을종)에 따라 확정하는 방식으로, 가장 과학적이고 합리적인 방식으로 평가된다. 제3단계까지는 토지사용료 체계와 토지출양금 체계가 서로 독립적으로 합리적인 표준을 가지고 있었으나, 제4단계에서 '국유토지임대 규범화에 관한 약간의 의견'이 공포된 이후 두 체계가 서로 결합되기 시작했다. 이러한 변화는 중국 정부가 제4단계부터 토지출양제 방식을 통일되게 적용하되 보조적으로 토지연조제 방식을 적용할 수 있도록 한 데서 비롯된 것으로 보인다. 제5단계의 '광둥성 중화인민공화국 토지관리법 실시판법'은 구체적으로 임대료 표준을 규정하지 않고 단지 토지사용세의 범위(1.5~30위안/㎡)와 임대료 납부 상황만 규정했다.

4) 토지연조제의 토지사용권 기한은 토지출양제에 비해 짧고 불안정

제3단계에서 '선전경제특구 토지사용권 출양조례'가 공포된 이후 선전시를 포함한 중국의 토지사용권 기한이 안정적인 법률 근거를 갖게 되었을 뿐만 아니라 용도별로 세분화되고 더 길어졌다. 이 출양조례 이전의 법률은 토지사용권 기한에 대해 분명하게 규정하지 않았고, 규정한 기한도 비교적 짧았다. 반면 토지연조제는 토지사용권 기한이 짧거나 아니면 토지출양제의 토지사용권 기한에 종속되어 있어 독립적이지 못하다.

5) 토지연조제 방식의 토지사용권은 물권화 조건을 충분히 만족시키지 못함

개인의 재산권을 안전하게 보호하는 것은 토지연조제를 성공적으로 실행하기 위한 중요한 조건이다. 제1단계와 제2단계의 관련 법률은 '토지사용계약'과 '토지사용증서'를 규정했으나 토지사용권 등기제도를 규정하지는 않았다. 게다가 매매와 용도변경 후 토지매매를 금지했고, 임대[出租]와 자의적인 토지 재양도를 금지했다. 제3단계부터는 토지사용권 등기제도를 실행하기 시작했으며, 토지사용권의 재양도와 저당 또한 허용되었다. 선전시는 현재 토지등기증서 발급제도를 실시하고 있다. 이처럼 제1단계와 제2단계의 토지사용권은 물권 조건을 갖추지 못했으나, 제3단계부터는 출양 방식으로 취득한 토지사용권에 대해 물권 조건을 만족시키기 시작했다.

제4단계부터는 만기주택을 연장할 경우에만 토지연조제 방식으로 취득한 토지사용권을 등기하도록 한다. 우선, '국유토지임대 규범에 관한 약간의 의견'과 '선전시 만기주택 연장에 관한 약간의 규정'은 토지사용권의 등기제도를 규정했으나, '선전시 임시용지와 임시건축 관리규정'은 등기제도를 규정하지 않았다. 게다가 '국유토지임대 규범화에 관한 약간의 의견'에서는 토지연조제 방식의 토지사용권 등기제도를 규정하고 재임대[轉租], 재양도, 또는 담보를 허용하고 있지만, 선전시 정부는 이와 관련한 상세한 규정을 두고 있지 않다.

4. 지대자본 화폐화 이론에 기초한 토지출양 방식이 미친 영향 분석

토지사용료 일시불 방식(토지출양)을 기본 방식으로 하고 매년 납부 방식(토지연조)을 보조 방식으로 하는 선전경제특구의 비대칭적 쌍궤제는 토지연조제의 잠재력을 충분히 발휘하는 데 한계를 보이고 있다. 현재 선전경제특구 관련 통계자료가 토지연조제와 관련된 자료를 제공하고 있지 않아 이 절에서는 '지대자본 화폐화 이론'에 기초하고 토지출양 관련 자료를 이용해 토지출양 방식이 선전경제특구에 끼친 영향을 살펴보려 한다.

1) 일시불 방식이 입찰 및 경매 방식과 결합되면 지가 급등 초래

지대이론에 따르면 일시불로 납부하는 토지출양금 역시 지대의 일종이다. 그러나 토지사용 기한이 길어질수록 토지출양금의 실제 성질은 점점 지가에 가까워진다. 그리고 이러한 지가성 토지출양금은 부동산시장에서 일련의 문제를 초래한다. 그중의 하나가 토지출양금의 불안정한 급등 현상이다. 〈표 10-3〉의 계약지가는 계약 시 양도소득 총액을 기준으로 계산된 지가성 토지출양금으로, 계약지가에서 산출된 단위지가는 출양가격의 불안정성을 보여주고 있다. 1997년의 단위지가가 553.9위안/㎡보다 낮았는데, 불안정한 과정을 거쳐 2008년에는 갑자기 2342.8위안/㎡으로 급등했다. 단위지가를 선전시의 네 가지 지가지수(주택용지, 상업용지, 업무용지, 공

표 10-3 **선전시 역대 토지출양계약 현황(1987~2008)**

연도	합계				구분							
					협의		입찰		경매		공시	
	필지수	면적(m²)	계약지가(위안)	단위지가(위안/m²)	필지수	면적(m²)	필지수	면적(m²)	필지수	면적(m²)	필지수	면적(m²)
1987~1993	1636	3782.9	-	-	1574	3739.7	59	42.3	3	0.95	-	-
1994	500	1351.0	-	-	495	1343.0	3	4.3	2	3.80	-	-
1995	739	1878.6	-	-	739	1878.6	-	-	-	-	-	-
1996	668	1249.8	-	-	666	1247.1	2	2.7	-	-	-	-
1997	573	1272.7	705005.0	553.9	573	1272.7	-	-	-	-	-	-
1998	560	1978.9	573178.0	289.6	556	1968.5	2	5.8	2	4.58	-	-
1999	590	969.7	465915.0	480.5	584	934.4	6	35.3	-	-	-	-
2000	502	1076.6	519649.7	482.7	491	1034.3	7	15.6	4	26.73	-	-
2001	524	1251.0	799422.0	639.0	514	1146.0	6	79.9	4	25.06	-	-
2002	427	1332.3	428330.0	321.5	415	1273.1	2	7.6	10	51.62	-	-
2003	332	1409.6	592594.0	420.4	322	1301.6	-	-	10	108.02	-	-
2004	326	1073.0	756300.0	704.8	303	938.6	-	-	12	104.67	11	29.74
2005	288	918.9	534862.2	582.1	278	856.3	-	-	5	50.70	5	11.94
2006	368	1689.0	1348305.8	798.3	342	1570.0	9	65.4	8	34.79	9	18.76
2007	517	1899.3	1615342.1	850.5	487	1787.9	2	5.3	-	-	28	106.05
2008	260	543.5	1273288.1	2342.8	201	264.9	1	3.0	-	-	58	275.62

자료: 深圳市(2009: 106).

업용지)와 비교하면 단위지가의 불안정성이 분명히 드러난다. 2007년까지는 단위지가와 지가지수의 추세가 유사했다. 그러나 2007년 이후 지가지수가 하락하는 동안 단위지가는 오히려 급등했다(〈그림 10-1〉 참조). 이처럼 1급 부동산시장에서 결정되는 단위지가는 2급 부동산시장에서 결정되는 지가지수보다 매우 불안정하다.

2008년 단위지가가 급등한 가장 직접적인 이유는 토지사용권 가격 결정 방식이 협의 방식에서 입찰 및 경매 방식으로 변화했기 때문이다. 1987년부터 2007년까지 토지출양금을 낮추는 협의출양 방식이 평균 96.8%를 차

그림 10-1　선전시 토지출양금의 단위지가와 지가지수의 변동

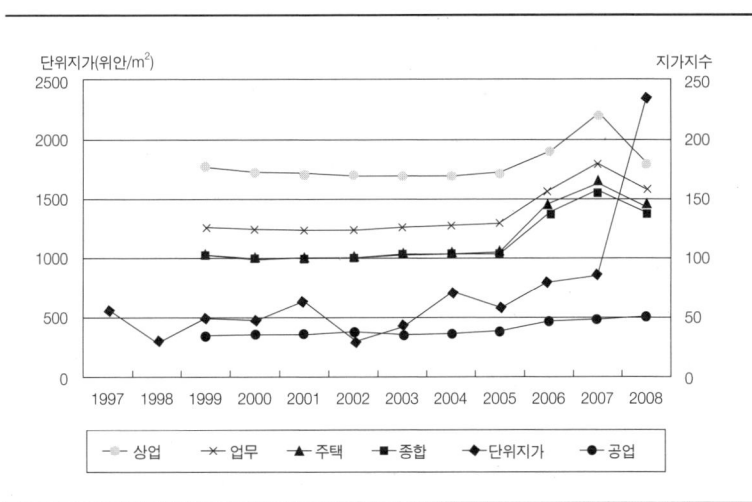

주: 지가지수의 기본가격은 2001년 1월 1일 기준 1320위안/m²로, 매년 4분기 지수임.
자료: 深圳市(2009).

지했다. 그런데 2008년에 협의출양 비율이 77.3%로 하락하고 입찰 및 경매 방식의 비율이 증가했다. 여기서 알 수 있는 사실은 시장경쟁방식에 해당하는 입찰 및 경매 방식이 그 자체로는 협의 방식에 비해 우월하지만, 토지출양 방식이 입찰 및 경매 방식과 결합되면 지가급등을 초래할 가능성이 더욱 커진다는 점이다.

2) 토지사용권 재양도 과정에서 다량의 지가 상승분 사유화

출양 방식에 의해 형성된 지가는 주택가격의 중요한 구성부분이 된다. 2009년 5월 말 국토자원부는 주택항목용지 지가에 대한 설문조사를 실시했는데, 전국에서 지가동태를 측량한 105개 도시의 620개 사례를 보면 지가가 주택가격에서 차지하는 비율이 최저 5.3%, 최고는 58.6%였으며, 평

표 10-4 **토지출양금 단위가격과 2급 부동산 거래 평균가격 비교(2004~2008)**

단위: 위안/m²

연도	토지출양금 단위가격 (A)	2급 부동산 거래 평균가격					
		상품주택		업무빌딩		상업용 주택	
		평균가 (B)	비율(%) (A/B× 100)	평균가 (C)	비율(%) (A/C×100)	평균가 (D)	비율(%) (A/D×100)
2004	704.8	5997.52	11.8	10016.14	7.0	12426.49	5.7
2005	582.1	7040.10	8.3	12490.88	4.7	15611.48	3.7
2006	798.3	9230.35	8.6	16014.52	5.0	18409.63	4.3
2007	850.5	13369.62	6.4	23534.82	3.6	19102.28	4.5
2008	2342.8	12794.20	18.3	20397.43	11.5	12832.98	18.3
평균 비율	-	-	10.7		6.4		7.3

주: 평균가격은 매년 12월의 수치임.
자료: 深圳市(2009).

균 23.2%였다.[3] 그런데 이 비율을 선전시의 비율과 비교하면 선전시 상품주택 가격 대비 토지출양금 비율이 10.7%, 업무빌딩 가격 대비 토지출양금 비율이 6.4%, 상업용 주택 가격 대비 토지출양금 비율이 7.3%로, 매우 낮음을 알 수 있다(〈표 10-4〉참조). 이렇게 전국 수치와 선전시 수치가 차이 나는 이유는 지가동태측량 도시 620개 사례의 지가는 2급 부동산시장에서 형성된 지가인 반면 비교 대상인 선전시의 지가는 1급 부동산시장에서 결정된 토지출양금 가격이기 때문이다. 이를 통해 선전시에서도 2급 부동산시장에서 형성된 가격이 크게 올랐음을 알 수 있는데, 이는 결국 토지사용권을 재양도(주택 매매)하는 과정에서 지가가 상승하는 동시에 다량의 지가 상승분이 사유화되었음을 의미한다.

---

3   조사대상은 주로 2006년 이래 토지를 취득해 판매단계(판매 완료 포함)에 진입한 상품주택 개발항목이다. 조사한 주택가격은 상품주택 공사 시의 평균 판매가격으로, 지가는 토지출양 시의 건물면적 지가다. 조사대상의 출양 방식은 통일되게 입찰경매 방식이었다(上海市規劃和國土資源管理局, 2009: 4).

표 10-5 선전시 역대 주택개발자금 출처(1991~2008)　　　　　　　　　단위: 억 위안

| 연도 | 당해년 자금합계 (A) | 국내 대출(B) | | 외자 이용 | 국가 예산 내 자금 | 자체 조달금 | 기타 자금 출처 | | 담보대출 비율(%) (B+C)/A×100 |
		은행 대출	비은행 대출				개인담보 대출(C)	계약금 및 선납금	
1991	39.11	-	-	-	-	12.42	-	11.33	-
(생략)									
2005	694.01	152.98	6.88	2.38	-	216.49	72.96	184.10	33.55
2006	837.85	220.61	8.78	8.94	-	174.78	158.3	213.91	46.27
2007	847.92	163.91	5.92	11.78	-	241.43	154.54	223.97	38.25
2008	754.37	269.55	19.6	1.49	-	203.35	97.73	134.64	51.29

자료: 深圳市(2009).

3) 담보대출에 과도하게 의존하는 구조 초래

토지출양제에 기초해 형성된 주택가격은 주택개발기업과 주택구매자들로 하여금 부득이하게 담보대출을 통해서 자금을 확보하도록 만든다. 〈표 10-5〉는 선전시의 역대 부동산개발자금 출처를 보여준다. 통계에 따르면, 2005년부터 기업담보대출과 주택담보대출이 시작되었다. 2005년에는 담보대출 총액이 232.82억 위안이었는데, 이는 당해년 자금총액의 33.55%를 차지했다. 2006년에는 각각 387.69억 위안과 46.27%였으며, 2007년에는 각각 324.37억 위안과 38.25%였다. 가장 최근인 2008년에는 각각 386.88억 위안과 51.29%로, 처음으로 당해년도 자금 총액의 50%를 초과했다. 이처럼 선전시의 주택개발자금은 과도하게 담보대출에 의존하고 있는 상황이다.

또 다른 수치 역시 선전시가 일찍부터 담보대출에 의존하고 있었음을 보여준다. 〈표 10-6〉에 따르면, 1993년에는 부동산 담보등기 총액이 3.85억 위안이었다. 이후 담보등기 총액이 계속 증가했는데, 1994년부터 2000년까지 평균 증가율이 85.44%에 달했다. 2001년 이후 담보등기 총액이 100

표 10-6 선전시 역대 부동산 담보등기 현황(1993~2008)

| 연도 | 필지 수 | 면적 (만m²) | 담보등기 총액 | | | | 증가율 (%) |
			중국화폐 (억 위안)	홍콩화폐 (억 위안)	미국달러 (억 위안)	합계 (억 위안)	
1993	902	5.42	2,840	1,010	-	3.85	
1994	1272	22.15	6,840	3,710	-	10.55	174.03
1995	3006	56.03	8,240	5,020	-	13.26	25.69
1996	4067	36.25	37,350	13,580	6,340	57.27	331.90
1997	11282	213.84	76,070	19.00	1,010	96.08	67.77
1998	23747	272.69	152,450	15,640	0.040	168.13	74.99
1999	38498	675.00	34,700	2,500	0.250	37.45	-77.73
2000	54466	1034.67	35,200	2,640	0.140	37.98	1.42
2001	63719	959.22	123,220	0.950	0.060	124.23	227.09
2002	62452	702.61	111,730	4,880	0.020	116.63	-6.12
2003	81897	1223.01	161,580	4,010	0.030	165.62	42.00
2004	56205	1113.10	543,580	6,110	0.008	549.70	231.90
2005	80447	666.09	336,930	8,266	0.028	345.22	-37.20
2006	62743	570.29	375,070	5,670	0.088	380.83	10.31
2007	54291	504.83	452,821	5,959	0.058	458.84	20.48
2008	63398	1387.88	1039,907	9,969	0.662	1050.54	128.96

자료: 深圳市(2009).

억 위안을 초과했으며, 2008년에는 총액이 무려 1050.54억 위안으로, 처음으로 1000억 위안을 초과했다.

4) 과도한 토지사용권 양도 및 불안정한 재정수입 초래

과거 중국 지방정부는 토지출양금 수입을 최대화하는 것이 곧 도시경영을 잘하는 것이라고 단순하게 이해했다. 이러한 이해에 기초해 토지출양금 수입을 확대하기 위해 각 지방정부는 최대한 토지출양 방식으로 토지사용권을 매각했다. 선전시의 경우, 전체 면적이 2020km²이고 개발가능 면적은 814km²인데, 20년 동안 550km²를 출양했다. 이로 인해 출양 가능한 토

표 10-7 **선전시 재정 일반예산수입 지수(1979~2008)**

연도	수입 (억 위안)	지수(%) 1979 =100	지수(%) 이전 연도 =100	토지출양금 합계 필지 수	토지출양금 합계 면적 (hm²)	토지출양금 합계 계약지가 (억 위안)	계약지가/수입 ×100 (%)
1979	0.17	100.0	-	-	-	-	-
(생략)	-	-	-	-	-	-	-
1994	74.40	43764.7	110.6	500	1351.0	-	-
1995	88.02	51776.5	118.3	739	1878.6	.	-
1996	131.75	77500.0	149.7	668	1249.8	-	-
1997	142.06	83564.7	107.8	573	1272.7	70.50	49.63
1998	164.39	96700.0	115.7	560	1978.9	57.32	34.87
1999	184.21	108358.8	112.1	590	969.7	46.59	25.29
2000	221.92	130541.2	120.5	502	1076.6	51.96	23.41
2001	262.49	154405.9	118.3	524	1251.0	79.94	30.45
2002	265.93	156429.4	101.3	427	1332.3	42.83	16.11
2003	290.84	171082.4	109.4	332	1409.6	59.26	20.38
2004	321.47	189100.0	110.5	326	1073.0	75.63	23.53
2005	412.38	242576.5	128.3	288	918.9	53.49	12.97
2006	500.88	294635.3	121.5	368	1689.0	134.83	26.92
2007	658.06	387094.1	131.4	517	1899.3	161.53	24.55
2008	800.36	470800.0	121.6	260	543.5	127.33	15.91

자료: 『深圳市統計局』(http://www.sztj.com/main/xxgk/tjsj/tjnj/200911202487.shtml); 深圳市(2009).

지자원이 부족해지는 상황에 처했다(曾玉林, 2006.6.26). 이후 선전시는 토지부족 문제를 해결하고자 공공이익의 이름으로 농경지를 싼 가격에 수용하는 악순환에 빠지게 되었다.

안정성 측면에서 볼 때 토지출양금의 재정수입 능력은 갈수록 떨어지고 있다(〈표 10-7〉 참조). 우선, 토지출양 총수와 면적이 갈수록 적어지고 있다. 1994년에는 토지출양 총수와 면적이 각각 500필지와 1351.0hm²였으나, 2008년에는 그 수치가 각각 260필지와 543.5hm²로 낮아졌다. 다음으로, 시간이 흐르면서 토지출양금 수입이 급증하거나 급감하고 있다. 이와 동시에 재정수입의 증가속도가 토지출양금 수입의 증가속도에 비해 더욱 빠르다.

이로 인해 토지출양금 수입이 일반 재정수입 총액에서 차지하는 비율이 1997년 49.63%에서 2008년에는 15.91%로 크게 낮아졌다. 이처럼 토지출양금 수입이 불안정해지면서 선전시 정부는 토지출양금을 높이거나 아니면 다른 일반 세원을 찾는 등의 노력을 할 수밖에 없게 되었다.

5. 선전경제특구 모델에 대한 평가

중앙정부와 광둥성 및 선전시가 제정·공포한 법률 자료로 선전경제특구 공공토지임대제 개혁과정을 분석한 결과 다섯 단계의 변화과정을 거쳤음을 확인했다. 분석의 초점인 지대납부 방식의 관점에서 볼 때, 제1단계(1978~1981)와 제2단계(1982~1987)는 '일시불 지대 납부' 또는 '매년 지대납부 방식'(선택)으로, 매년 지대납부 방식이 제도적으로는 중요한 위치를 차지하고 있었다. 그러나 제3단계(1988~1999)에서 '토지출양금(기본) 및 토지사용료(보조)'의 체계로 전환하면서 매년 지대납부 방식이 보조적인 위상으로 하락했다. 제4단계(1997~현재)에 들어서면서 '토지출양금+토지사용료'(기본)와 '연지대'(보조) 체계로 전환되어 부분적이지만 독립적으로 토지연조제를 실행할 수 있는 가능성이 열렸다. 마지막 제5단계(1999~현재)에서는 토지사용료가 토지사용세로 대체되고 제4단계의 쌍궤제 체계가 법적으로 더욱 강화되었다.

선전의 현행 토지연조제는 적용범위에 한계가 있음은 분명하나, 지대원리의 셋째 원리인 '매년 지대 납부' 원칙이 강화되는 방향으로 전개되고 있다고 평가된다. 다만 제4단계의 토지연조제 관련 제도에서 규정하고 있는 협의를 통한 토지사용권 분배는 지대원리의 둘째 원리인 '경매와 입찰을 통한 토지사용권 분배' 원칙에 부합하지 않았다. 그 밖에도 선전경제특구 토지개혁 과정을 통해 제3단계의 토지사용료 표준이 가장 과학적이었다는 것과, 토지연조제의 토지사용권 연한이 토지출양제에 비해 짧고 불안정하며 물권화 조건도 충분히 만족시키지 못한다는 것을 알 수 있었다. 이러한 특징은 선전의 토지연조제가 앞으로 제도적으로 더욱 보완되어야 함을 시사한다.

지대자본 화폐화 이론의 관점에서 토지출양제가 선전경제특구에 미친 영향을 통계자료를 통해 분석한 결과, 크게 네 가지 결론을 얻을 수 있었다. 첫째, 출양 방식과 입찰 및 경매 방식의 결합이 지가 급등을 초래했고, 둘째, 토지사용권 재양도 과정에서 다량의 지가 상승분이 사유화된 것으로 추정되었으며, 셋째, 출양 방식으로 인해 과도한 담보대출 의존구조가 초래되었고, 넷째, 출양 방식으로 인해 과도한 토지사용권 양도 및 불안정한 재정수입이 초래되었다. 이러한 분석 결과는 지대자본 화폐화 이론의 타당성을 크게 입증하는 것으로 판단된다.

지대원리와 지대자본 화폐화 이론은 동전의 양면에 해당한다. 즉, 지대원리가 충족되지 않으면 지대자본 화폐화 이론이 제시한 여러 가지 부작용이 연쇄적으로 나타난다. 중국은 현재 부동산 가격 급등과 부동산 투기 및 주기적인 부동산 거품 붕괴를 심하게 겪고 있다. 그리고 중국 부동산 제도의 바로미터라고 할 수 있는 선전경제특구 역시 동일한 문제를 보여주고 있다. 결론적으로 선전경제특구의 공공토지임대제 경험이 지대원리와 지대자본 화폐화 이론의 타당성을 뒷받침하고 있음을 알 수 있다. 또한 이는 중국의 공공토지임대제가 매년 지대납부 방식을 강화하는 방향으로 더욱 개혁되어야 한다는 것을 보여준다.

제11장

중국 상하이 푸둥신구와 쑤저우공업원구의 토지연조제 모델

1. 상하이 푸둥신구

1) 토지연조제의 실시 필요성 증대

상하이시 개발은 1990년대부터 중앙정부와 상하이시 정부가 주도해 추진했다. 푸둥신구 개발은 상하이시 전체 발전의 중심에 있었다(박인성·李青외, 2008: 32~40). 그런데 상하이시에서 경제발전이 진행됨과 동시에 토지유상사용 체계에 문제가 드러나기 시작했다. 상하이시 도시계획 및 국토자원국 소속 류수이가 분석한 바에 따르면, 상하이시는 첫째, 토지 가용자원의 제한, 둘째, 단일한 토지 유상사용료 납부 방식, 셋째, 쌍궤제의 지속적인 운용이라는 세 가지 문제에 직면했다(流水, 2009: 12~14).

첫째, 가용할 수 있는 토지자원이 제한되어 있었다. 상하이시는 전체 6000여km²의 토지면적에서 건설용지 면적이 2500km² 정도를 차지한다. 총밍섬(崇明島)을 제외하면 이미 사용되고 있는 건설용지 면적이 1200km²로, 상하이시 전체 건설용지의 약 50%가 이미 사용되고 있었다. 상하이시는 매년 새롭게 증가하는 건설용지가 제한되어 있어서 남아 있는 토지자원을 효율적으로 사용해야 하는 과제를 안고 있었다.

둘째, 토지사용료 납부 방식이 단일화되어 있었다. 토지사용제도를 탐색하던 개혁 초기에는 토지사용료를 일시불 납부, 매년 납부 등 다양한 방식으로 납부했으나 개혁이 심화되는 과정에서 출양 방식으로 단일화되었다. 이러한 특징은 10장 선전경제특구에서 살펴본 바와 같은 맥락이다.

셋째, 쌍궤제가 지속적으로 운용되고 있었다. 신규 건설용지는 토지사용권을 기본적으로 출양 방식으로 공급하도록 했는데, 당시 상하이시는 여전히 행정배정 방식을 통해 대량의 토지사용권을 공급하고 있었다. 쌍궤제란 건설용지 공급에서 출양 방식과 행정배정 방식 두 가지가 병존한다는 의미다. 행정배정 방식을 통한 공급은 기초시설, 과학연구, 문화, 국방 등 공익적인 성격의 용지 외에 기존에 사용되던 대량의 상업 및 공업 용지에도 적용되고 있었다. 무상·무기한을 특징으로 하는 행정배정 방식이 여전히 중요한 위치를 차지하면서 지방정부 수익으로 귀속되어야 할 지대수입이 여전히 기업의 수중에 머물러 있었다.

상하이가 직면한 문제를 분석한 류수이는 여러 해결방안을 제안했다. 그중에서 정부는 협의를 통해 토지사용자와 출양 계약뿐만 아니라 매년 토지사용료를 납부하는 토지임대계약(土地租賃合同)도 체결할 것을 제안했다. 류수이가 언급한 토지임대계약이란 바로 토지연조제를 말하는 것이다. 그가 토지연조제를 제시한 근거는, 상하이시가 1999년 5월 31일 공포한 상하이시 '국유토지임대 임시판법'과 이 법률에 기초해 진행한 푸둥신구 토지연조제 시범지역의 경험이었다.

2) 상하이시 '국유토지임대 임시판법' 공포

국토자원부가 1999년 7월 27일 '국유토지임대 규범화에 관한 약간의 의견'을 공포하기 두 달 전인 5월 31일, 상하이시는 처음으로 '국유토지임대 임시판법'을 공포하고 푸둥신구를 상하이시 국유토지임대 시범구로 지정했다. '국유토지임대 임시판법'의 체계는 푸둥신구 토지연조제 실험을 이끌었다. 상하이시 '국유토지임대 임시판법'의 체계와 특징을 살펴보자.

〈표 11-1〉을 보면, 상하이시 '국유토지임대 임시판법'은 국토자원부가 공포한 '국유토지임대 규범화에 관한 약간의 의견'의 지도원칙을 따랐을 뿐만 아니라, 선전시의 '연지대' 체계와 비교할 때 상하이시만의 독특한 규정을 포함했는데, 그 내용은 다음과 같다.

우선, 토지연조제의 적용범위를 확장했다. '국유토지임대 규범화에 관한 약간의 의견'과 선전시가 실행한 '연지대'는 토지연조제가 보완기능을 담당한다는 점을 강조했으나, 상하이시의 토지연조제 체계는 그 적용범위를 행정배정토지 및 임시용지 외에도 '상품주택용지 외의 기타 항목용지'(제5조)에까지 확장했다. 「푸둥신구 국유토지연조제 과제연구 보고(浦東新區國有土地年租制課題研究報告)」는 심지어 "중대 산업항목이 보유한 주택용지, 보장성 주택항목용지"에 연지대를 적용할 수 있는 가능성을 제시했다. 이는 상하이시 정부가 토지연조제의 적용범위를 확대해 상품주택용지 외의 모든 용지에 토지연조제를 적용할 수 있다는 것을 표명한 것이다.

둘째, 지대체계를 지가체계에 종속시켰다. 경영성 항목용지(상업, 여행, 오락, 금융, 서비스업 등)의 최저 임대료 표준은 표준지가(標定地價)의 할인가치를 최저 표준으로 삼았다(제12조). 비록 원칙상 임대료는 협의, 경매, 입찰 등의 방식으로 결정하지만, 최저 수준은 표준지가가 결정하도록 했다. 이처럼 지대체계가 지가체계의 영향을 받기 때문에 지대체계는 완전히 독립된 성격이 아니었다.

셋째, 연지대와 토지사용세의 관계를 명확히 했다. 이 판법은 토지사용세와 연지대의 중복 납부를 피하기 위해 연지대를 납부할 경우 세무부서는

표 11-1 **상하이시 '국유토지임대 임시판법'의 토지 유상사용 체계**

항목	내용
정책목표(제1조)	토지자원을 적합하고 합리적인 이용 촉진, 토지 유상사용제도의 개선
토지연조제 적용범위	- 상품주택항목용지 외의 기타 항목용지는 임대 방식으로 취득 가능(제5조) - 본 판법 실시 전에 행정배정 방식으로 취득한 토지사용자는 본 판법의 규정에 따라 임대 방식으로 전환해 국유토지를 사용(제36조) - 국유토지를 임대해 임시로 사용하는 경우 본 판법 규정을 참조해 집행(제37조)
제도 운영 주체(제4조)	상하이시 주택토지관리국
권능 성질(제13조)	- 임대토지사용권 등기 - 부동산 권리증서
사용권 기한(제11조)	- 공업용지 50년 - 교육, 과학기술, 문화, 위생, 체육용지 50년 - 상업, 여행, 오락용지 40년 - 기타 용지 50년

임대료 표준(제12조)	- 임대료는 최저표준보다 낮아서는 안 됨
	- 임대료는 임대토지 표준지가의 현재가치를 최저표준으로 삼음
	  - 경영성 항목용지(상업, 여행, 오락, 금융, 서비스업 등)
	  - 임차인이 상하이 시민이 아닌 자, 법인 또는 기타 조직
	상위 규정 외에, 임대료는 본 시 외상투자기업토지사용표 표준을 최저 표준으로 삼음

임대료 결정 방식 (제8조)	협의, 입찰, 경매 등 방식을 선택할 수 있음 - 협의 방식: 토지사용자가 건설항목계획 입안, 건설용지계획허가, 건설용지심사 등 관련 수속을 처리 - 입찰, 경매 방식: 토지사용권 출양 관련 순서를 참조해 진행
임대료 갱신 주기	- 임대료는 최저표준 조정 시간과 폭에 근거해 상응된 조정을 해야 함(제24조) - 용도를 변경하고 비준을 거친 경우, 임대계약 또는 보충계약을 다시 체결하고 상응하도록 임대료를 조정(제15조) - 양도 시 임대계약을 다시 체결하고 상응하도록 임대료를 조정(제17조)
도시계획과 연계	- 반드시 본 시 토지이용총체계획, 도시계획, 토지이용연도계획과 도시계획 관리기술규정의 요구를 참조해야 함(제7조) - 임대계약 명기: 임대토지의 계획용지 성질과 규범기술 매개변수(제10조) - 용도변경의 경우, 반드시 임대인과 도시계획관리부문에 신청해야 함(제15조)
사용권 처분	양도(제16조), 임대토지사용권의 분할(제18조), 합작과 합영(제19조), 건축물 저당(제20조), 재임대(제21조) 가능
토지사용세와의 관계 (제25조)	임대료에서 도시토지사용세 공제
임대토지사용권 연장 (제26조)	- 만기 6개월 전에 연장 신청 - 사회공공이익에 근거해 임대토지사용권을 회수할 필요가 있는 경우 외에는 비준을 받아야 함
임대토지사용권 만기 후 회수(제27조)	- 임차인이 연장 신청은 했으나 비준을 아직 얻지 못한 경우, 임대인은 상응하는 보상을 해야 함 - 임차인이 연장 신청을 하지 않은 경우, 무상으로 임대토지사용권을 회수할 수 있음
임대토지사용권 사전 회수	- 공공이익을 위해 사용 토지를 조정할 필요가 있는 경우(제28조), 도시계획을 실시하기 위해 사용 토지를 조정할 필요가 있는 경우 상응하는 보상 실시 - 다른 토지의 임대토지사용권을 임차인과 교환(제31조)

임대료에서 도시토지사용세(城鎭土地使用稅)를 공제한다고 규정했다(제25조). 이러한 조항은 지대원리의 '세수이전' 가능성, 즉 '연지대 증가+근로세 등 기타세금 감면'의 가능성을 열어놓았다.

마지막으로, 임차인의 토지사용 권리를 보장하기 위해 노력했다. 상하이시가 임차인으로부터 임대토지사용권을 사전에 회수할 경우 임차인에게 다른 임대토지사용권을 제공(교환)할 수 있도록 했다(제31조). 이러한 규정은 토지사용자(임차인)의 합법적인 권리를 보호하기 위한 법적 조치에 해당한다.

3) 푸둥신구 토지연조제 평가

1996년 푸둥신구는 상하이항만기계주식회사(上海港机股份有限公司)로 하여금 마토우(碼頭) 거리 449번지 인근의 11개 필지를 사용하도록 비준함으로써 처음으로 토지연조 방식을 적용하기 시작했다. 푸둥신구에서 10년 동안 토지연조제를 시범 실시한 이후, 상하이시 토지학회는 이를 종합적으로 분석해 2006년 11월 「푸둥신구 국유토지연조제 과제연구 보고」를 발표했다.

이 보고서는 푸둥신구가 국유토지 임대면적, 임대금액 방면에서 매년 뚜렷한 진전이 있었다고 밝혔다. 이를 구체적으로 살펴보면, 전체 푸둥신구에서 2002년에 발생한 토지임대료는 967.5만 위안, 2003년에는 1334.13만 위안이었다. 그리고 2004년 말에 이르기까지 국유토지 임대 면적이 152폭(幅), 토지 총면적이 219.5만m²였으며, 토지임대료 징수액은 1758.6만 위안이었다.

보고서에 따르면, 푸둥신구의 토지연조제 실험은 푸둥신구 토지 유상사용제도를 한층 개선했으며, 토지배치의 효율성을 높였고, 기업용지의 일시불 투자비용을 감소시켜 양호한 기업 투자환경을 조성했다. 또한 부존 토지를 적극적으로 활용해 도시화 발전을 촉진했고, 국유토지 수익 유실을 감소시켜 정부에 안정적인 토지수익을 안겨 주었으며, 투자 유치라는 종합적인 경쟁능력을 상승시켰다.

한편 이를 실험하는 과정에서 몇 가지 문제도 발생했다(上海市土地學會 課題組, 2006a: 25~27). 첫째, 임대료 표준이 불합리했다. 푸둥신구 국유토지 협의 임대료는 주로 상하이시 외상투자기업에 대한 토지사용료 표준을 참조했다. 이 표준은 1995년 토지등급에 근거해 확정한 것이었다. 그런데 표준지 등급은 구간이 넓었으며 장기간 수정작업도 진행하지 않았다. 따라서 임대료 표준도 장기간 수정되지 않았고, 토지시장과 연결되지도 않았으며, 토지출양금과 조화를 이루지도 못했다.

둘째, 임대토지의 양도, 저당, 분할에 관한 법적 근거가 부족했다. 임대토지에 대해 등기, 양도, 재임대, 저당, 권리분할 등 물권에 준하는 권리를 설정하기 위한 법적 근거가 부족해 임대토지의 물권 여부는 논쟁을 불러일으켰다. 이로 인해 은행으로부터 담보를 설정할 수 없었다.

셋째, 이중 납부의 문제다. 토지임대료와 토지사용세의 관계가 제대로 정리되지 못해 동일한 토지에 대해 토지임대료를 납부한 이후 도시토지사용세를 또 납부해야 했다.

넷째, 임대료 징수비용이 상승했다. 토지임대료는 주로 토지관리부문이 징수했다. 그런데 일부 기업이 토지임대료를 연체하는 경우 독촉 작업이 순조롭게 진행되지 못하면서 토지임대료 징수비용이 상승했다.

다섯째, 임대토지의 전기(前期) 개발과 투자 회수기간이 지나치게 길었다. 전기 개발이란 특정 토지를 개발자(임차인)에게 공급하기 전에 시정부가 먼저 도로, 전기, 상하수도 등 기초시설을 공급하는 단계를 말한다. 그런데 연지대 형식의 토지사용료 징수체계로 인해 전기 개발에 대한 투자를 회수하는 기간이 길어지면서 정부는 큰 부담을 지게 되었다.

4) 상하이시 토지학회가 제시한 대책

상하이시 토지학회 과제팀이 연구해 발표한 「푸둥신구 국유토지연조제 과제연구 보고」는 상술한 문제에 대해 나름의 대책을 제시했다(上海市土地 學會課題組, 2006b: 36~42).

우선, 국유토지임대 방식에 관해 지대원리에 더욱 부합하는 의견과 시책 을 제시했다. 즉, 시장경쟁방식의 적용범위를 확대하고 협의 방식을 규범 화하도록 다음과 같은 의견을 제시했다. 첫째, 새로 증가한 모든 토지와 원 래 행정배정된 토지였으나 상업, 관광, 오락, 금융, 서비스업 등 경영성 항 목용지로 변경하는 모든 토지는 입찰, 경매, 공시 방식을 통해 공개 임대해 야 한다. 둘째, 일시적으로 공개 경쟁방식을 적용할 수 없는 경우에는 협의 를 통해 임대할 수 있지만, 협의임대 계약이 체결된 후에는 사회에 공개해 야 한다. 셋째, 행정배정토지의 양도(기업개혁), 단기 용지 및 임시 용지는 협의임대 방식을 적용할 수 있다.

다음으로, 국유토지임대의 공급모형과 전기 개발문제에 대해서는 더욱 현실에 적합한 의견을 다음과 같이 제시했다. 첫째, 숙성토지 임대 방식(정 부토지비축기구가 책임실시, 정부 주도 – 시장화 운영)과 미숙성지 임대 방식 중 푸둥신구는 최대한 숙성토지 임대 방식으로 입찰, 경매, 공시를 통해 임대 한다. 전기 개발 비용문제는, 재정예산 보조, 출양금 일부, 비축기금, 공적 금 및 사회보장기금, 토지채권 발행 등의 방식으로 해결한다. 둘째, 시정부 의 자금 능력이 부족한 경우 정부는 숙성토지 임대 방식에 해당하는 '정부 주도 – 시장화 운영 방식'을 적용한다. 즉, 정부는 입찰 방식으로 개발기업 을 선택해 전기 개발을 진행하고, 개발기업의 투자와 이윤은 토지임대료로 매년 회수한다. 셋째, 미숙성지를 임대하는 경우, 임대료 표준을 낮추거나 아니면 임대료 납부시기를 늦추어 개발기업으로 하여금 전기 개발 자금을 회수한 후에 임대료를 납부하도록 한다. 넷째, 기타 새로운 항목이 아닌 토지임대(토지철거 등 전기 개발의 항목은 해당되지 않음)는 직접 토지를 임대하고 임대료를 징수할 수 있다.

마지막으로, 이 보고는 국유토지 임대료 확정에 관해 다음과 같이 건의했다. 첫째, 푸둥신구 임대료 확정 방법은 '양결합일공제(兩結合一控制)' 원칙을 준수해야 한다. '양결합'이란 시장경쟁임대와 협의임대를 결합하는 것으로, 임대료 총량을 고정하면서 적절하게 두 가지 방식을 조정한다는 의미다. '일공제'란 최저 임대료 표준이 정부가 공표한 해당 지역의 기준임대료보다 낮아서는 안 된다는 의미다. 둘째, 푸둥신구는 '지가연금화' 방법을 통해 임대료를 확정할 수 있다. 셋째, 토지임대료 표준을 조정하는 방법은 두 가지다. 하나는 경제발전 수준과 물가변동 상황을 근거로 조정하는 것이다. 나머지 하나는 인력과 재정력 등에서 앞의 방안을 적용하기에 객관적인 제약요소가 존재할 경우, 대신 지가지수 변화에 근거해 기준임대료를 조정하는 것이다.

2. 쑤저우공업원구

1) 개요

쑤저우공업원구(蘇州工業園區)는 1994년 중국과 싱가포르 양국이 합작 투자로 건설한 첫 번째 합작공업단지다. 1994년 2월 11일, 중국 국무원이 '쑤저우공업원구 개발건설 관련 문제 회답'을 공표한 이후, 중국 - 싱가포르

양국은 2월 26일 쑤저우공업원구 합작 건설 계약을 체결하고 1994년 5월 12일 건설을 시작했다. 쑤저우공업원구는 싱가포르의 선진 경험을 살려, 선진국에서 시행된 80여 개의 정책을 실행했다. 당시 쑤저우공업원구는 중국이 세계를 이해하는 하나의 창구였다.

쑤저우공업원구의 주요 특징은 두 가지다. 첫째, 공업단지 개발은 중국 –싱가포르 합작투자공사가 책임을 지고, 행정과 관리는 중국 정부가 전권을 행사하며, 해외자본 유치는 양국이 공동으로 책임을 지는 구조였다. 둘째, 국무원은 쑤저우공업원구에 자주권을 부여했으며, 쑤저우공업원구가 자율적으로 싱가포르의 선진적인 경제 활동 및 공공관리 방면의 경험을 참고하는 것에 동의했다. 쑤저우공업원구의 성공경험과 개발모델은 중국의 다른 공업단지 건설에 좋은 사례가 되어, 선양소프트웨어단지(沈陽軟件區)(2003), 다롄소프트웨어단지(大連軟件區)(2005), 난징텅페이창조중심(南京騰飛創造中心)(2006), 항조우과학기술단지(杭州科技園)(2006)가 건설되었다.[1]

여기서 눈여겨볼 지점은 쑤저우가 싱가포르와 합작으로 공업원구를 건설하고 운영했다는 점이 아니라 싱가포르의 공업원구 운영 노하우를 받아들였다는 점이다. 이러한 운영 노하우에는 토지의 유상사용체계도 포함된다. 14장에서 살펴볼 싱가포르의 토지제도는 상당히 선진적이고 안정적인데, 이러한 흐름은 산업단지 개발 및 운영으로 이어졌다. 쑤저우가 공업원구를 개발 및 운영하면서 받아들인 모델은 이러한 싱가포르 모델을 배경으로 한다.

---

1   쑤저우공업원구에 대한 자세한 내용은 서울대학교 SSK동아시아도시연구단, 『특구: 국가의 영토성과 동아시아의 예외공간』(알트, 2017)의 5장 「중국의 개발구 발전전략의 이해: 쑤저우공업원구」를 참조.

2) 장쑤성과 쑤저우공업원구의 토지연조제 체계

2003년 5월 15일 장쑤성 인민정부 제6차 상무회의는 '장쑤성 국유토지임대법(江蘇省國有土地租賃法)'을 심의 통과시키고 5월 19일 이를 공포했다. 장쑤성은 '중화인민공화국 토지관리법(中華人民共和國土地管理法)', '장쑤성토지관리조례(江蘇省土地管理條例)' 등의 법률과 법규에 근거해 '장쑤성 국유토지임대법'을 제정했다. 그 후 2004년 8월 20일 쑤저우 인민정부는 '쑤저우공업원구 국유토지임대 실시세칙(임시)[蘇州工業園區國有土地租賃實施細則(試行)]'을 공포했다. '쑤저우공업원구 국유토지임대 실시세칙(임시)'은 '장쑤성 국유토지임대법'에 따라 제정했기 때문에 두 규정의 구조와 내용은 매우 유사하다.

'장쑤성 국유토지임대법'은 비교적 잘 갖추어진 토지연조제 체계를 제시했다. 특히 이 법규는 한편으로는 '국유토지임대 규범화에 관한 약간의 의견'(1999.7.27)에서 제시한 경영성 부동산 개발용지는 반드시 출양 방식을 시행해야 한다는 원칙을 받아들이는 한편, 국유토지임대 방식의 적용범위를 기타 건설항목용지 및 행정배정용지에 부합하지 않는 범위의 부존 건설용지로 확장했다(제6조). 그러나 '쑤저우공업원구 국유토지임대 실시세칙(임시)' 제6조는 적용범위를 "행정배정용지에 부합하지 않는 범위의 부존 건설용지"로 제한했다. '장쑤성 국유토지임대법'의 특징은 담보대출의 총액에 대해 최고한도를 설정했다는 것이다(제16조). 이러한 규정은 원리상 담보대출이 초래할 수 있는 화폐유동성 과잉 문제를 예방할 수 있다. 그러나 '쑤저우공업원구 국유토지임대 실시세칙(임시)'은 상응하는 내용을 제정하지 않았다. 장쑤성과 쑤저우가 발표한 두 제도를 비교하면 〈표 11-2〉와 같다.

표 11-2　**장쑤성과 쑤저우공업원구의 토지연조제 체계 비교**

항목	장쑤성 '국유토지임대법'	쑤저우공업원구 '국유토지임대 실시세칙(임시)'
정책목표	국유토지자산 관리, 토지이용 효율 제고, 토지 유상 사용제도 개선(제1조)	동일(제1조)
주관부문	토지행정주관부문(제3조)	토지행정주관부문(제3조)
계획부문과 협조	용도, 기한 등 조건은 도시계획부문과 협의해 결정하며, 동급 인민정부에 보고해 비준 후 실시(제4조)	동일(제4조)
적용범위	- 경영성 부동산개발용지: 출양 방식(제5조) - 기타 건설항목용지: 임대 방식 - 행정배정용지 범위에 부합하지 않는 부존 건설용지: 임대, 출양(제6조)	행정배정용지 범위에 부합하지 않는 부존 건설용지: 임대, 출양(제5조)
사용권 분배 방식	- 경쟁구매 조건의 항목용지: 입찰, 경매, 공시 방식(제5조) - 협의 방식	동일(단기임대는 입찰, 경매, 공시 방식을 적용하지 않음, 제7조)
사용 종류 ─ 단기임대	일반적으로 5년을 초과하지 않음(제7조)	- 5~10년(제6조) - 적용범위: 중국 ─ 싱가포르 합작구 내 및 주변 농촌부의 임시 상업용지는 임시 건축물 등 보수만 가능
사용 종류 ─ 장기	출양 방식의 최고연한을 초과해서는 안 됨(제7조)	- 출양 방식의 최고연한을 초과해서는 안 됨(제6조) - 적용범위: 공업용지와 단지 관리위원회가 확정한 특수 항목용지에 제한됨
임대료 표준	기준지가와 표준지가를 기초로 하고, 해당 지역의 시장가격을 참조해 지대보호가 확정(제8조)	- 동일(제8조) - 장기임대: 수익자본화 공식을 채용해 확정 - 단기임대: 지역에 따라 동급 용도 토지임대료의 50~80% 적용
임대료 조정	규정 없음	- 장기임대: 매 5년에 조정 1차(제8조) - 단기임대: 매 3년에 조정 1차
권능 성질	- 물권성질: 토지등기 수속, 토지사용권증서 수령, 임차토지사용권 취득(제11조) - 양도, 재임대, 저당 가능(제13조)	동일(제11, 12조)
용도 변경	비준을 거친 후 다시 토지임대계약 또는 보충계약 체결(제12조)	동일(제12조)
저당 대출액	- 철거보상 재정착 비용 또는 토지수용 보상비용보다 높아서는 안 됨(제16조) - 원래 행정배정 토지사용권을 임대 방식으로 전환할 경우, 이 토지의 출양 토지사용권 평가가격 또는 표준지가의 60%보다 높아서는 안 됨 - 상위 조항의 규정 이외의 임차인 토지사용권은 저당이 안 됨	규정 없음
출양 방식으로 전환	임차인이 동등 조건하에서 우선 구매권을 가짐(제17조)	동일(제13조)
임차인 보호	- 만료 이전에 토지사용권 회수 불가(제19조) - 사회공공이익의 필요 시 보상 후 회수	동일(제15조)
기한 연장	- 원래 임차인이 동등 조건하에서 우선 임차권을 가짐(6개월 전에 연장사용 신청)(제20조) - 기한연장 신청을 안 했거나 비준을 받지 못한 경우, 국가는 무상으로 토지사용권 회수	동일(제16조)

3. 선전, 상하이, 쑤저우의 경험 비교

지금까지 10장과 11장을 통해 중국 선전경제특구, 상하이 푸둥신구 및 쑤저우공업원구의 토지연조제 체계와 특징을 살펴보았다. 토지연조제를 적용 범위에 따라 구분하면, 푸둥신구의 적용범위가 가장 넓다. 푸둥신구 토지연조제 모델은 3개 모델 중에서 유일하게 정부가 토지사용자에게 직접 임대해 주는 모델이다. 쑤저우공업원구 모델이 임시용지를 포함하지 않는 것을 제외하면, 3개 모델 모두 행정배정토지와 임시토지에 대해 상응하는 시책을 채택하고 있다. 또한 원래의 행정배정토지 또는 행정배정토지의 재양도, 임대, 저당 등 시장진입 행위에 대해 연지대를 징수하며, 토지출양 방식이 해결하지 못하거나 출양 방식이 초래한 문제들을 해결하고자 한다.

〈표 11-3〉의 비교분석을 보면 상하이시 푸둥신구 토지연조제 모델이 가장 참고할 만한 가치가 있다. 그 이유는, 나머지 두 모델과 비교할 때 첫째, 상위 법률의 규정하에서 토지연조제의 적용범위를 확대했고, 둘째, 임대료를 확정할 때 협의 입찰, 경매 등의 방식으로 확정했으며, 셋째, 토지사용료 중복 납부를 피하기 위해 임대료에서 도시토지사용세를 공제하는 제도를 규정했기 때문이다.

그러나 이 모델 역시 두 가지 결함을 가지고 있다. 임대료 조정 주기 문제와 토지사용권 기한 문제다. 임대료 조정 주기와 관련해서는, '용도변경 시' 및 '재양도 시' 임대료를 조정한다고 규정하고 있으나 이러한 조정이 비정기적이다. 푸둥신구 모델에서는 '최저표준 조정 시' 이에 상응하도록 임대료를 조정한다고 규정하고 있어 지대체계와 불안정한 지가체계를 서로 결합시켰다. 지대를 결정하는 가장 좋은 방법은 매년 지대를 재평가하는 것이다.

토지사용권 기한 문제와 관련해, 푸둥신구 모델의 연한은 공업용지가 50

표 11-3 **3개 경제구의 토지연조제 체계 비교**

항목	선전경제특구	상하이 푸둥신구	쑤저우공업원구
근거법	深圳市到期房地産續期若干規定 深圳市臨時用地和臨時建筑管理規定	上海市國有土地租賃暫行辦法	蘇州工業園區國有土地租賃實施細則(試行)
적용범위	행정배정 토지의 사용기간 만료 주택 임시용지	- 상품주택용지 이외의 기타 건설용지 - 행정배정 방식 취득 토지 - 임시용지	행정배정용지 범위에 부합하지 않는 기존 토지
물권적 성질	- 행정배정용지 등기 - 토지사용권 연장등기 부동산등기 금지	- 임대토지사용권 등기 - 부동산권리증서 등기	- 토지등기 - 토지사용권증서 등기
사용권 기한	최장 사용기간에서 이미 사용한 기간을 제한 나머지 - 임시건설용지: 2년 - 만기 후 1회 1년에 한해 재연장 가능	- 공업용지: 50년 - 교육, 과학기술, 문화 등 용지: 50년 - 상업, 여행, 오락용지: 40년 - 기타 용지: 50년	- 단기: 5~10년 - 장기: 출양 방식의 최고연한을 넘겨서는 안 됨
지대결정 방식 및 기준	- 협의를 통한 결정 - 시 국토관리부문이 정기적으로 공표 - 협의를 통한 결정 - 임시사용토지계약서에서 결정	- 협의, 입찰, 경매로 결정 - 지대는 최저기준보다 낮아서는 안 됨 - 지대는 임대토지 지역 표준지 지가의 할인액을 최저 기준으로 삼음 - 상위 규정 외에, 지대는 상하이시 외상투자기업 토지사용료 기준을 최저기준으로 삼음	- 경쟁 조건이 갖추어진 용지: 입찰, 경매, 공시 - 단기임대는 입찰, 경매, 공시 방식 미적용 - 기준지가와 표준지가를 기초로 해당 토지의 시장가격 평가액을 참조해 지대보호가격을 결정 - 장기임대: 수익자본화공식 채택 - 단기임대: 지역에 따라 동일 용도 토지지대의 50~80% 적용
지대 재평가 주기	국토관리부문 정기적으로 표준을 공표	- 지대 최저표준 조정 시 - 용도변경 시 - 양도 시	- 단기임대: 3년에 한 번 - 장기임대: 5년에 한 번
사용권 처분	규정 없음 매매, 저당, 교환, 증여 불가	양도, 사용권 분할, 건축물 등의 저당 및 임대	양도, 재임대, 저당
토지사용세와의 관계	규정 없음	임대료에서 도시토지사용세 공제	규정 없음
출양 방식으로의 전환	재계약시 두 가지 중 하나 선택 규정 없음	규정 없음	토지사용자 출양 방식으로 우선구매권

년, 교육, 과학기술, 문화 등의 용지가 50년, 상업, 여행, 오락용지가 40년, 기타 용지가 50년으로, 이는 '토지관리법'이 규정한 기한에 해당한다. 토지이용계획 및 도시계획의 관점에서 보면 40년에서 50년의 토지사용권 기한은 장기에 해당한다. 만약 도시계획 또는 토지이용계획의 주기가 20년이라고 한다면 합리적인 토지사용권 기한은 같은 주기인 20년이다. 필요한 경우 재연장하면 되기 때문에 20년 기한은 문제가 되지 않는다. 중요한 것은 토지사용권 기한과 도시계획의 주기를 연동하는 것이다.

지금까지 고찰한 선전경제특구, 상하이 푸둥신구, 쑤저우공업원구의 공공토지임대제 체계는 모두 참고할 만한 가치가 있다. 우선, 선전경제특구의 경험은 세 가지 방면에서 시사점을 준다. 첫째, 행정배정 방식에서 토지유상사용 방식으로 전환할 때 어떻게 토지사용료 납부 방식을 응용할 수 있는지, 둘째, 토지출양제 방식으로 획득한 토지사용권이 만기가 되었을 때 어떻게 토지연조제 방식으로 전환할 수 있는지, 셋째, 토지연조제 평가 표준이 어떻게 합리성과 과학성을 띨 수 있는지에 대해 시사점을 준다.

상하이시 푸둥신구 모델 역시 세 가지 방면에서 시사점을 준다. 첫째, 토지연조제의 적용범위를 확대해 상품주택용지 외의 기타 용지, 주요 기업 소속 주택용지, 보장성 주택용지에도 토지연조제를 적용할 수 있다는 것을 보여주었다. 둘째, 전기 개발 방식과 재원문제에 대해 하나의 원칙을 제공했다. 즉, '정부토지비축기구 책임실시'를 기본적인 개발방식으로 삼으며, 만약 정부의 재원능력이 충분하지 않을 경우 '정부 주도 - 시장화 운영 방식'을 채택할 수 있다는 사실을 보여주었다. 셋째, 지대원리 중의 하나인 '세수이전' 원리를 실현하기 위해 초보적이지만 토지연조금 중에서 도시토지사용세를 제외하는 규정을 둠으로써 법인세와 근로소득세 또는 상품부가세 등에도 이 규정을 확대 적용할 수 있는 길을 열어놓았다.

쑤저우공업원구는 임대료 조정 방면에서 매우 좋은 시사점을 제시했는데, 바로 장기임대는 5년에 한 번 조정하고 단기임대는 3년에 한 번 조정하는 것이다. 필자가 보기에 쑤저우공업원구 모델의 임대료 조정주기는 '재평가비용'과 '지대유실' 사이의 균형점에 해당한다.

제12장

구조적 한계를 지닌 홍콩의 공공토지임대제 모델*

1. 홍콩식 토지공개념

홍콩은 인구수 734만 명(2016년 기준)에 면적은 1104km²로, 서울보다 인구는 적으면서 면적은 1.82배 넓은 아시아의 작은 섬이다. 향나무를 실어 나르는 항구가 있었다고 해서 붙여진 이름인 홍콩(香港)은 해안가와 경사진 산에 높이 솟아 있는 고층 아파트, 좁디좁은 주택들, 그리고 세계 최고 수준의 주택가격과 임대료로 유명하다. 그에 못지않게 국제 금융과 무역 및 쇼핑 천국이라는 이미지도 강렬하다.

필자는 2018년 초 홍콩을 방문했을 때 묵었던 호라이즌 올 스위트 호텔은 일반 가정용으로도 장기 임대되고 있었는데, 60~66m² 넓이(방 2개)의 호텔식 주거공간이 12개월 장기 계약할 경우 월 임대료가 우리 돈으로 313만 원에서

---

* 이 장은 서울대학교 아시아연구소(SNUAC)에서 발행하는 《다양성+Asia》(2018년 6월)에 필자가 발표한 글 「홍콩식 토지공개념, 진정한 아시아의 해방구가 되려면」을 바탕으로 작성했으며, 사례는 다음 자료를 활용했다. Yu-Hung Hong, "Policy Dilemma of Capturing Land Value Under the Hong Kong Public Leasehold System," Steven C. Bourassa and Yu-Hung Hong(ed.), *Leasing Public Land: Policy Debates and International Experiences*(Lincoln Institute of Land Policy, 2003), pp.151~176.

340만 원 수준이었다. 홍콩정부가 발표한 저소득층 주거환경에 관한 통계에 따르면 조사대상 물건의 중간에 해당하는 '중앙치' 주택의 면적은 10m², 월 임대료는 우리 돈으로 약 61만 5000원으로 나타났다(연합뉴스, 2018.1.23). 주택가격은 지역마다 천차만별인데, 신지에(新界)지역 취안완(荃灣)에 위치한 취안완대지(荃新天地) 2기 아파트의 경우 2018년 기준 건축면적 102m²(전용면적 77m²)의 주택가격이 17억 7000만 원이었다. 홍콩은 이미 평당 1억 원이 넘는 아파트가 즐비하다. 이렇게 보면 홍콩의 주거환경은 최악처럼 보인다. 그래서 부동산 제도의 기초인 홍콩의 토지제도를 자본주의 국가와 같은 토지사유제로 착각하는 이들이 많다. 하지만 그 반대다.

홍콩은 영국 식민지 시절 부동산 투기를 막고 지속가능한 경제발전을 도모하기 위해 전체 토지를 홍콩정부가 소유하고 장기간의 토지사용권을 개인 및 기업에 양도하는 제도를 채택했다. 이후 이 방식은 자유무역항 및 국제금융허브라는 경제발전의 기초가 되었다. 그리고 중국 대륙의 개혁개방기에 토지개혁의 중요한 모델이 되면서 중국의 경제체제 전환에 크게 기여했다. 중국의 토지개혁 모델이 다시 북측과 베트남에 영향을 주었다는 것은 주지의 사실이다. 홍콩은 결코 작은 섬이 아니었던 것이다. 오히려 자유시장경제 발전을 도모하는 자본주의 국가들과 사회주의 계획경제라는 함정에 빠진 아시아 사회주의 국가들에게 일종의 '해방구'였다.

일반적으로 토지공개념은 크게 '보유세 접근법'과 '공유 및 임대 접근법' 두 가지로 구분할 수 있다. 한국의 문재인 정부가 개헌안을 통해 추진하려던 토지공개념이 보유세 강화를 핵심으로 한다면, 홍콩은 토지를 하나의 공유자원으로 보고 토지소유권을 홍콩정부가 갖되 장기간의 토지사용권을 개인 및 기업에 양도하는 제도를 시행함으로써 새로운 차원의 토지공개념 원리를 추구했다. 필자는 이러한 방식을 '공공토지임대제'라고 부른다.

오늘날 누구도 홍콩식 토지공개념을 사회주의로 매도하지 않는다. 앞서 말했듯이 홍콩식 토지공개념은 자유시장경제와 조화를 이루었으며, 사회주의 계획경제의 체제전환에 중요한 방향성을 제시했다. 이러한 장점에도 불구하고 홍콩식 토지공개념은 중국으로 반환되기 이전부터 심각한 한계에 노출되었으며, 홍콩이 중국에 반환되는 과정에서 이러한 한계는 더욱 구조화되었다. 특히 중국 대륙으로부터 부동산 투기 자본이 유입되면서 이는 더욱 악화되었다. 반면 홍콩특별행정구 수반인 행정장관 선출권이 홍콩 시민에게 부여되지 않고 중국 정부의 영향력에 좌우되면서 친중국 성향의 홍콩정부는 이러한 문제들에 제대로 대처하지 못한 것으로 보인다. 중국과 홍콩 간 일국양제(一國兩制) 체제가 제대로 작동하지 못하자 2014년에는 홍콩 청년들이 주도해 우산시위 운동을 전개하고 홍콩 독립을 요구하기도 했다.

홍콩이 추진한 토지공개념은 아시아의 사회주의 경제체제 전환국에는 일종의 해방구 역할을 했지만, 개인 및 자본의 욕구에 의해 토지제도가 후퇴하면서 극심한 불평등이 만연해졌다. 홍콩식 토지공개념이 진정한 아시아의 해방구가 되기 위해서는 극복해야 할 과제가 분명해 보인다.

2. 식민지 홍콩 토지제도의 형성

홍콩의 토지범위는 영국의 점령 및 조차(租借) 시기에 따라 순차적으로 홍콩섬, 주룽(九龍) 반도, 신지에로 구분된다. 오늘날에는 세 지역을 통틀어 홍콩이라고 부른다. 홍콩섬은 1840년에 발발한 제1차 아편전쟁으로 영국군에 의해 점령되었으며, 1842년에 난징조약을 체결하면서 정식으로 청에서 영국으로 양도되었다. 1843년에 영국은 홍콩섬에 빅토리아 시티(Victoria City)를 수립하고 총독부를 신설했다. 주룽반도는 1860년 제2차 아편전쟁으

그림 12-1　식민지 홍콩의 단계별 영토 확보

자료: https://namu.wiki/w/홍콩%20특별행정구#fn-10

로 베이징 조약이 체결되면서 영속적으로 영국에 귀속되었다. 신지에라고
불리는 곳은 1898년 영국이 중국으로부터 99년간 조차한 곳이다. 조차의
유효기간은 1997년까지였다. 신지에에 대해서는 홍콩섬과 주룽반도에 적
용된 영구 양도 방식이 아닌 일시적인 조차 방식이 적용되었는데, 이는 후
에 홍콩 반환이 신지에를 넘어 홍콩섬과 주룽반도까지 포함되는 원인이 되
었다. 〈그림 12-1〉은 홍콩의 현재 18개 구(區)를 보여주는 것으로, 1~9번이
신지에지역이고, 10~14번이 주룽반도이며, 15~18번이 홍콩섬이다.

　식민지 홍콩의 토지제도는 홍콩섬 점령과 함께 형성되기 시작했다. 전쟁
기간인 1841년 5월, 영국에 양도된 홍콩섬에 대해 당시의 영국 선장 엘리엇
은 홍콩섬 토지를 공유상태로 유지하기 위해 전체 토지를 공유(the Crown)

로 선포하고, 가이드라인 성격의 명령을 다음과 같이 발표했다. 첫째, 토지를 팔지 말고 임대할 것(75년 동안), 둘째, 토지개발권을 공공에게 부여할 것, 셋째, 경매를 위해 '연간' 지대 최저가격을 설정할 것, 넷째, 최고 금액을 제시한 연간 지대 입찰자에게 임대할 것, 다섯째, 정부에 통지하지 않는 사적인 토지거래는 금지할 것 등이다. 이러한 다섯 가지 기본 원칙은 홍콩 공공토지임대제의 기초를 다지는 데 중요한 역할을 담당했다. 또한 공공토지임대제의 장점을 이해한 영국 정부는 토지임대정책에 대해 '도시성장관리', '산업개발 및 공공주택개발 촉진', '기초시설 투자재원 마련'이라는 세 가지 목적을 제시했다.

영국이 홍콩에 이러한 조치를 취한 이유에 대해 『홍콩의 역사』를 쓴 엔다콧은 "지가 상승에 따른 투기가 예상되기 때문에 좋은 부지를 확보하고 미래 발전을 보장하기 위해서"라고 서술하고 있다(엔다콧, 2006: 43). 당시 모든 영국 식민지는 토지투기 때문에 몸살을 앓고 있었다(엔다콧, 2006: 66). 당시 홍콩 식민지는 낮은 소득세율 및 영국 본국의 재정지원 부족으로 인해 내부적으로도 토지임대료 수입에 의존할 수밖에 없는 상황이었다.

3. 홍콩 토지제도의 변화

엘리엇이 제시한 공공토지임대 원칙은 크게 임차기간 및 지대납부 방식 두 가지 점에서 변화가 발생했다(엔다콧, 2006: 95~96). 먼저 임차기간이 길어졌다가 줄어들었다. 초기인 1843년에는 건축용지와 기타 용지의 사용기한이 각각 75년 및 21년으로 결정되었다. 임차인은 공개 경매를 하거나 연간 지대를 직접 납부함으로써 임차권을 획득했다. 그런데 주민들이 75년의 임대기한에 만족하지 않자 1848년 영국 정부는 75년 기한을 999년으로 '무상'으로 연장했다. 1860년, 주룽섬의 소유권이 영국에 귀속되면서 기존 토지소유자는 토지임대 기한이 999년인 임차인으로 인정되었다. 이와 동시에 토지소유권을 상실한 토지소유자는 보상을 받았다. 그러다가 1898년, 영국 정부는 홍콩 총독에게 999년의 임대기한 제도를 폐지하도록 통지했으며, 75년을 새로운 임대기한으로 하는 제도를 추진하도록 했다. 그러나 홍콩 식민지 정부는 임차인의 강한 반대에 직면했고, 부득이하게 75년의 '무상' 연장권을 허용한 후에야 75년 임대기한 제도를 실시할 수 있었다.

다른 변화는 경매 대상이 '연간 지대'에서 전체 사용기간의 지대 총액으로 변경되었다. 즉, 매년 납부에서 일시불 방식으로 전환된 것이다. 이후 연간 지대는 명목지대(연간 지대의 5%)로 변했으며 납부액이 고정되었다(Phang, 2000: 340). 이처럼 일시불 방식으로 변경된 것 외에도, 앞서 살펴본 대로 임차기간이 변경되는 과정에서 임차료를 전혀 납부하지 않는 무상 원칙이 적용되는 토지가 생기면서 홍콩의 토지사용제도는 크게 후퇴했다.

현재 홍콩의 지대 일시불 방식에 따른 토지임대료 납부는 세 단계로 이루어진다. 즉, 1단계: 초기 임대 단계 → 2단계: 임대계약 수정 단계 → 3단계: 계약연장(갱신) 단계다. 우선, 1단계인 초기 임대 단계에서는 사용기간에 해당하는 지대를 일시불로 납부한다. 홍콩정부는 한 필지의 토지개발권을 양도할 때 매매계약서에 용도, 고도, 구획비율 및 건축설계상의 제한을 기재한 후 이러한 내용의 매매계약서를 토지개발권 경매에 관심이 있는 모든 토지개발회사에 보낸다. 토지임대계획은 각 회계연도가 시작하는 시점에 공개발표하며, 매월 공개경매를 진행한다. 경매 진행 시에는 경매에 참여하는 토지개발회사의 상세한 정보를 공개한다. 앞에서 언급한 대로 매년 납부하는 명목지대가 이미 고정되어 있기 때문에 홍콩정부는 초기 임대단계에서 일시불 지대를 최대로 획득하고자 한다. 2단계인 임대계약 수정 시에는 임대료를 일시불로 납부한다. 임대계약 수정을 희망하는 임차인은 신청 후 토지국의 공식 허가를 얻어야 한다. 토지국이 공식 허가하면 임차인은 수정계약으로 인해 발생하는 토지가치 증가분에 대해 일시불로 개발이익(betterment charge)을 납부해야 한다. 마지막으로 3단계인 계약연장 시에는 사용기간에 해당하는 지대를 일시불(lump sum payment)로 납부한다. 현행 임대제도하에서 홍콩정부는 상술한 세 단계를 이용해 지대를 회수할 수 있으나, 1단계에서 회수하는 일시불 지대 금액이 가장 큰 비중을 차지한다.

4. 1997년 홍콩반환 이후의 토지임대료 납부 방식

이러한 과정을 거쳐 홍콩의 토지임대료 납부 방식은 매년 납부 방식에서 일시불 방식으로 전환되었고, 무상으로 토지를 제공하는 경우도 많아서 여러 부작용이 발생했다. 대표적인 것이 홍콩의 금융위기다. 1960년대 말에 금융위기가 발생하자 홍콩정부는 1969년부터 1981년까지 토지임대료에 대해 매년 납부 방식과 유사한 '분기상환방식'을 실행했다. 이 기간에 정부는 모든 임차인에게 매년 지대의 형식으로 일시불 지대를 납부할 수 있도록 선택의 기회를 주었다. 1960년대 말에 발생한 금융위기로 인해 기업 등의 임차인이 은행대출을 받을 수 없게 되자, 이러한 문제를 해결하기 위해 1969년 정부는 일시불 지대 총액이 1000만 홍콩달러를 넘는 중심상업구역(CBD) 내부의 상업용지에 우선적으로 분기상환방식을 적용했다. 이후 정부는 이 정책을 모든 임대용지에 확대 적용했다. 분기상환 회수는 10차(1차에 전체 금액의 10% 납부)였으며, 1회 납부에 5%의 이자비용을 추가했다. 홍콩의 금융위기가 끝난 이후 디폴트가 증가하자 1981년에 정부는 분기상환방식을 폐기했다.

1973년, 홍콩정부는 임차인과 임대연장계약을 체결할 때 고정되어 있는 명목지대 납부율을 인상하려고 했으나 임차인의 반대에 직면했고, 결국 '가정(假定)' 임대소득의 3%를 명목지대 납부율로 결정했다. 1984년, 중국과 영국 정부가 홍콩의 반환에 관해 협상할 즈음, 홍콩정부는 명목 대지지대 수준을 다시금 인상할 생각이 없었다. 또한 50년 기한의 토지사용권 연장에 대해 일시불 지대를 요구하지도 않았다. 1984년 중국 정부와 영국 정부가 체결한 '공동선언' 부록 제3항은 1997년 6월 2일 또는 그 이전에 기한이 도래하는 모든 토지임차권에 대해 '무상'으로 50년 재연장하는 내용으로, 양국 정부가 합의했다(Cruden, 1999: 6~12).

그러나 1973년 시기의 임대계약과 비교하면 중대한 변화가 있었다. 정부는 매년 부동산 가치를 재평가할 수 있게 되었으며 '실제' 대지지대 수준을 수정할 수 있게 되었다. 결과적으로 1997년 홍콩의 중국 반환 이후 홍콩의 공공토지임대제는 토지임대료 납부를 일시불 방식에서 다시금 매년 납부 방식으로 부분적으로 회복한 것으로 볼 수도 있다. 현재 홍콩의 부동산 소유자는 실제 지대를 과표로 해서 5%의 재산세(rates), 3%의 명목지대, 15%의 임대소득세(property tax)를 납부한다(Hui, Ho and Ho, 2004: 83). 참고로, 재산세는 '가정'하에 발생한 임대소득을 대상으로 과세하는 반면, 임대소득세는 '실제' 발생한 임대소득을 대상으로 과세한다는 점에서 차이가 있다.

5. 홍콩 공공토지임대제 모델의 가능성

홍콩정부는 우선 지대환수로 공공재정을 확충했다. 홍콩에서 지대 관련 수입은 줄곧 재정수입에서 중요한 위치를 차지해 왔다. 팡의 연구에 따르면, 1970년부터 출양한 토지를 대상으로 분석한 결과, 첫째, 홍콩정부는 1970년부터 1991년 사이에 발생한 토지가치 증가부분의 39%를 환수했다

표 12-1   2004/2005년 홍콩정부의 재정수입

세금 명	비율
기업소득세	23.40%
노동소득세, 임대소득세 및 개인평가세	17.00%
요금 및 수수료	6.80%
도박세	6.20%
재산세	6.10%
인지세	5.40%
토지 기금, 재산 및 투자세	8.20%
양도세	3.30%
일시불 토지임대료	5.90%
다른 운영 수입	5.00%
다른 자본 수입	12.70%
합계	100%

자료: Littlewood(2007: 11).

(Phang, 2000: 343~344). 당시 한국의 법인세 세율은 27.5%였다. 이 기간 동안 토지임대료 수입은 정부 재정 총수입의 21%를 차지했으며, 정부 총 기초시설비용의 80% 이상을 차지했다. 1982년에는 이 비율이 35%로 상승했으며, 총 기초시설비용의 109%로 상승해 가장 높은 수준에 이르렀다. 그러나 지대회수의 주요 방식이 매년 납부 방식이 아니라 토지임대계약에서 환수하는 일시불 방식이었다. 〈표 12-1〉은 2004/2005년 홍콩정부의 재정수입 재원 비율이다.

둘째, 홍콩의 조세대체는 자유무역항 및 국제금융허브로의 경제발전에 기여했다. 지대 관련 수입이 재정수입에서 중요한 비중을 차지하기 때문에 홍콩정부는 기업소득세와 노동소득세 등 경제활동에 부담을 주는 세제를 감면할 수 있었다. 이러한 효과를 '조세대체효과'라고 한다. 팡의 연구에 따르면, 당시 기업소득세율은 16.5%, 비법인 기업소득세율은 15%였다(Phang, 2000). 노동소득세율을 순수입 기준으로 계산하면 0~2만 홍콩달러는 2%, 2만 1~5만 홍콩달러는 9%, 5만 1~8만 홍콩달러는 17%, 8만 홍콩달

러 이상은 20%를 환수했다. 그러나 총세수입이 총수입의 15%를 초과하지 못하도록 하는 규정을 두었다. 이처럼 개인을 우대하는 규정으로 인해서 44%의 노동자는 노동소득세를 부담하지 않았다. 낮은 기업소득세와 노동소득세 세율은 노동의욕과 기업투자 등 각종 경제활동을 자극해 홍콩이 자유무역항 및 국제금융허브로 발전하는 데 중요하게 기여했다. 홍콩과 싱가포르의 경험을 기반으로 조세대체 정책은 임차인이 고율의 지대를 납부하는 정책에 대한 반대를 줄이며 흑자재정을 향유하고 경제발전을 촉진하게 된다고 인식했던 것이다. 스위스에 위치한 세계 경쟁력 평가기구인 국제경영개발연구원(International Institute for Management Development)이 발표한 ≪국가 경쟁력 순위 2009(World Competitiveness Scoreboard, 2009)≫ 평가를 보면, 홍콩이 2위, 싱가포르가 3위, 핀란드가 9위를 차지했다.

셋째, 홍콩의 공공토지임대제 경험은 중국을 위시한 사회주의 국가의 경체제제 전환에 기여했다. 중국이 선전 등 경제특구 정책을 성공적으로 추진하자 이는 중국 전역은 물론이고 인접국가인 북측과 베트남 등의 경제체제 전환에도 중요한 영향을 주었다. 그런데 중국 최초의 경제특구 선전은 홍콩의 제도로부터 큰 영향을 받았다. 중국이 특구 건설이라는 개방정책을 모색한 것은 1978년 4월 10일부터 5월 6일까지 국가계획위원회와 대외외무부 경제무역 고찰단이 홍콩과 마카오를 방문하면서부터였다. 물론 이와 더불어 5월 2일부터 6월 초까지 서유럽 5개국 방문도 진행했다. 그런데 선전의 전신인 바오안현(寶安縣)과 주하이현(珠海縣)에 농업수출기지와 대외가공조립기지를 설치하는 방안 등에 대한 논의가 시작되었을 때, 구체적인 계획을 수립한 것은 중국 광둥성과 교통부가 관할하는 홍콩 소재 초상국(招商局)이었다(이일영, 2008: 20). 선전이라는 도시의 건설과 구조는 자본의 측면뿐만 아니라 접근성이라는 공간적 측면에서도 홍콩에 의해 규정되었던 것이다(이일영, 2008: 8). 중국이 폐쇄된 상황에서 자유항 홍콩이 바로 옆에 존재하고 있다는 것은 경제체제 전환기의 선전이 시험장이자 창구가 될 수 있는 중요한 조건이었다(이일영, 2008: 40).

넷째, 홍콩의 공공토지임대제 경험은 중국 – 홍콩의 일국양제식 정치경제 통합에 기여했다. 중국과 홍콩이 최초로 추진한 일국양제는 타이완과의 통일을 염두에 둔 것으로, 중국이 정치적인 차원에서 구상하고 있는 통일전략이 중국과 홍콩의 경제통합을 큰 틀에서 이끌었다고 할 수 있다. 이러한 힘은 중국의 전국인민대표대회에서 '홍콩특별행정구기본법'을 제정 및 통과시키는 것으로 구체화되었다. 이후 경제적인 차원에서 일국양제식 경제통합이 진행되었다. 주요한 경제통합으로는, 중국이 홍콩과 2003년에 맺은 경제협정동반자협약(Closer Economic Partnership Arrangement: CEPA), 2006년 8월 21일에 체결된 중국 – 홍콩 간 이중과세방지협정(DTA 2), 2014년 상하이 – 홍콩의 증시 간 교차매매를 허용한 후강퉁(滬港通), 2016년 선전 – 홍콩의 증시 간 교차매매를 허용한 선강퉁(深港通)이 있다.

그런데 경제통합 요인에서 토지제도의 유사성에 따른 경제통합 효과는 충분히 강조되지 않는다. 홍콩으로부터 크게 영향을 받은 중국의 토지제도는 토지사용 기간에 해당하는 토지임대료를 일시불로 납부한다는 점에서 홍콩의 토지제도와 아주 유사하다. 토지제도가 유사하면 양 경제체 상호 간에 기업 진출이 용이하고 부동산 매입 등 재산권 구조도 쉽게 파악할 수 있어 투자 리스크를 줄일 수 있다. 즉, 토지제도의 유사성은 물자나 자본의 이동뿐만 아니라 기업과 사람의 이동도 용이하게 해주었으며, 보다 실질적인 차원의 통합이 진행되는 데 기여했다.

다섯째, 홍콩식 토지공개념은 자본주의와 사회주의를 연결하는 가교이자 대안적인 경제이론의 가능성을 보여주었다. 홍콩식 토지공개념은 영국이 식민지 통치를 위해 추진한 것이었지만 자본주의 시장경제와 잘 융합되었다. 출발점이 사회주의적이었던 것은 결코 아니었지만 후에 중국 등 사회주의 국가의 경제체제 전환에 기여했다. 이러한 맥락에서 홍콩식 토지공개념을 '자유사회주의(liberal socialism)'라는 새로운 이데올로기로 파악할 수 있다. 이는 더 깊이 있는 연구가 필요한 영역이다.

6. 홍콩 공공토지임대제 모델의 구조적 한계

홍콩의 공공토지임대제 모델은 다음과 같은 문제를 안고 있었다. 먼저, 토지임대료의 일시불 납부 및 낮은 수준의 명목지대가 고지가의 핵심 원인으로 작용했다. 차액지대이론에 따르면, 만약 정부가 매년 비개량 토지에서 발생하는 지대 전부를 환수하면 지가가 높아질 수 없으며 오히려 '0'으로 수렴된다. 그런데 홍콩 지가는 일시불 방식 때문에 초기에 고지가가 형성되었으며, 낮은 수준의 명목지대는 투기수요를 자극해 지가가 급등하는 원인이 되었다. 1970~1995년 기간의 임대수입 구성이 홍콩 지가가 높은 원인을 설명한다. 1970~1995년 기간에는 임대 총수입 6만 7147달러 중에서 토지임대료 매년 납부액이 차지하는 비율은 겨우 4%에 불과한 반면 일시불 수입은 96%를 차지했다. 또한 일시불 수입 중에서 1단계 경매임대 일시불 수입이 75%로 가장 높은 비중을 차지했다(〈그림 12-2〉 참조). 이로써 알 수 있듯이, 홍콩정부가 초기 경매임대 일시불 수입에 지나치게 의존하면서 지가 앙등을 초래했다. 홍콩이 일시불 수입에 의존한 원인은 홍콩의 명목지대가 낮은 수준으로 고정되어 있었고, 계약 연장 시 납부하는 일회성 대금에 대해 임차인들이 강렬하게 반대했으며, 재개발 등으로 인해 임대계약을 재협상해야 할 경우 이 과정이 어려워 초기 경매 단계에서 가장 많은 지대를 확보하려고 노력했기 때문이다.

다음으로, '지나친 초기 일시불 의존 및 낮은 명목지대' 구조가 지가는 물

그림 12-2 **1995년 홍콩의 지대 총수입**

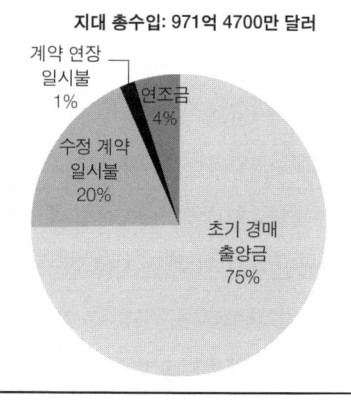

지대 총수입: 971억 4700만 달러

계약 연장
일시불
1%

연조금
4%

수정 계약
일시불
20%

초기 경매
출양금
75%

론 주택가격 앙등을 초래했다. 토지임대료 일시불 방식은 진입장벽 및 토지
독점을 형성했고, 토지독점은 다시 건축물과 주택가격의 급등 및 금융 불안
정성 문제를 초래했다. 한 통계에 따르면, 홍콩 전체 주택의 70%가 7대 건
설회사에 속했으며, 55%는 4대 건설회사에, 25%는 한 건설회사에 속했다.
초기 경매 일시불 금액이 몇백만 홍콩달러에 상당하기 때문에 거대 자본가
만 경매시장에 참여할 수 있다. 이러한 자본가는 금융산업과 밀접한 관계를
맺기 때문에 부동산 가격의 폭락은 금융위기를 초래할 가능성이 크다. 비록
초기 경매 일시불 금액이 높다 하더라도 미래의 토지가치 증가를 완전히 환
수할 수는 없다. 결과적으로 이러한 현상이 토지투기를 초래하고, 이는 다
시 건축물 가격의 상승을 초래한다. 특히 1984년 홍콩정부는 1997년 6월
27일 만기가 도래하는 모든 임대계약을 '무상'으로 2047년까지 연장했는데,
이 사건은 불로소득의 토지투기 현상을 더욱 강력하게 부추기는 계기가 되
었다.

셋째, 토지임대료 일시불 방식과 부동산 담보대출의 결합으로 부동산시

장에 유동성 과잉이 초래되고 부동산 투기가 극심해지면서 1997년 금융위기가 초래되었다. 스탤리(Staley)의 연구에 따르면, 홍콩의 부동산업과 건설업은 홍콩 증권시장에서 45%를 차지했는데, 이러한 수치는 싱가포르의 13%, 말레이시아의 8%, 일본의 2%, 영국의 10%보다 훨씬 높다(Hong, 1999: 171에서 재인용). 셰징잉(謝經榮)의 연구에 따르면, 1998년 이후 대량의 은행 대출이 이루어졌다(任宏·王林, 2008: 203~207에서 재인용). 1998년의 통계자료에 따르면, 과거 20년 동안 부동산 관련 대출이 GDP에서 차지하는 비중은 20~30%에 불과했으나 1998년에는 무려 70% 수준에 육박했다. 또한 1980년대 초에는 개인주택 구매에 사용된 대출이 GDP의 8%를 차지했는데, 1998년에는 그 비율이 40%에 이르렀다. 이처럼 부동산 건설과 구매를 위해 이루어진 대량의 은행담보대출이 부동산시장에 진입하면서 부동산업이 지나치게 빠르게 확장했을 뿐만 아니라 홍콩의 경제성장 또한 지나치게 부동산업에 의존하게 되었다. 결과적으로 어느 정도 자금을 가진 투자자는 부동산투기와 주식투기를 선택했고 이로써 부동산시장의 거품은 더욱 증가했다.

7. 홍콩 모델에 대한 평가

홍콩식 토지공개념 제도는 여러 차원에서 그 가능성이 확인되었다. 그런데 중국으로 반환되기 이전부터 임차기간 및 지대 납부 방식이 심각하게 퇴보했고, 특히 중국으로 반환되는 과정에서 토지사용권이 무상으로 재연장되는 후퇴를 경험했다. 물론 매년 납부하는 지대는 여전히 매우 낮은 수준이었다. 즉, 투기의 대상이 된 것이다. 중국 대륙으로부터 유입된 자본은 노동자 유입과 더불어 홍콩 부동산시장을 더욱 교란하는 원인이 되었으며,

이는 홍콩 시민들, 특히 청년들의 불만을 촉발했다. 청년들은 2014년 우산 시위를 일으키고 행정장관 직접 선출권과 홍콩 독립을 요구했다. 홍콩정부는 이러한 문제들에 대처해야 했지만 홍콩의 수장인 행정장관에 대한 실질적인 선출권이 시민이 아닌 중국 중앙정부의 손에 주어지면서 홍콩의 자치권이 크게 약화되었고 홍콩정부는 홍콩 문제에 제대로 대처하지 못하게 되었다. 토지는 생산 및 생활 기반으로서의 토지와 영토로서의 토지라는 두 가지 차원을 동시에 갖는데, 홍콩은 지금 두 가지 차원의 문제가 복잡하게 결합되면서 중국-홍콩 간 일국양제마저 어려움에 처하고 있다.

홍콩은 작은 도시정부 모델로서뿐만 아니라 중국이라는 전체 정치경제 체제의 한 일원으로서 중국과 어떻게 결합할 수 있는지를 보여준다는 점에서 여전히 중요하다. 홍콩식 토지공개념 모델은 여러 차원에서 긍정적인 역할을 했으나 오늘날 한계도 분명해 보인다. 따라서 홍콩식 토지공개념 제도를 발전적으로 전환하는 것은 여전히 중요하다. 아시아의 해방구로 기여한 홍콩식 토지공개념이 다시금 새로운 도시정부로서의 가능성을 보여주기 위해서는 기본 원칙으로 돌아갈 필요가 있다. 그 내용은 홍콩의 초기 토지제도를 제시한 엘리엇의 가이드라인에서 보았듯이, 시장에서 결정되는 토지 지대에 기초해 토지임대료를 매년 납부하는 원칙을 회복하는 것이다. 즉, 홍콩정부는 무상 전환한 토지사용권에 대해 부여된 낮은 수준의 지대를 실질적인 수준으로 끌어 올려야 한다. 홍콩식 토지공개념의 핵심도 결국은 한국처럼 지대를 적정하게 환수하는 데 있는 것이다. 그래야만 투기적 가수요가 억제되어 부동산 가격이 합리적인 수준으로 유지될 수 있고, 그 기초 위에 도시재개발, 공공주택 공급 등 필요한 도시관리 사업을 진행할 수 있으며, 국제금융 허브 및 자유무역항으로서 보다 발전된 도시경제 모델을 보여줄 수 있다.

제13장

실질적 사유화로 후퇴한 캔버라의 공공토지임대제 모델

1. 신수도 건설 및 공공토지임대제 모델 실시

이 장에서는 호주 캔버라에서 시행되고 있는 공공토지임대제에 대해 알아보고자 한다. 1788년 영국 대령 아서 필립(Arthur Phillip)은 호주 시드니에 도착한 뒤 이 영토는 영국의 주권에 속하며 또한 모두 왕, 즉 공유지에 속한다고 선언했다. 그러나 오랜 시간이 흐른 뒤, 특히 1880년대에는 도시토지에서 땅 투기가 만연했다. 또 토지사용료를 거의 내지 않는 '무단점유자(squatters)'는 농지를 효율적으로 관리하지 못한다는 지적도 제기되었다. 19세기 말에는 대부분의 호주 공유지가 '자유보유(freehold)' 형태로 사유화되었다.

이런 배경하에 호주의 6개 정부(States)는 연방정부를 설립하면서 연방정부 수도를 건설하려는 구상을 하고 있었다. 당시 신수도를 건설하기 위해 구획된 '호주 수도 부지(Australian Capital Territory: ACT)' 내에서 정부는 공공토지임대제(매년 납부)를 추진할 계획이었다. 공공토지임대제 모델을 추진하려는 주요 목적은, 첫째, 개발하려는 토지에서 토지투기가 일어나지 않도록 하고, 둘째, 토지가치 증가분을 공유로 환수하며, 셋째, 수도건설에 필요한 비용을 충당하고, 넷째, 임대목적조항(lease purpose clauses)을 통해 질서 있고 계획적인 개발을 추진하기 위함이었다(Bourassa, Neutze and Louise, 1996: 274).

상술한 목적을 달성하기 위해 연방정부가 실행한 주요 정책수단은 다음과 같다. 첫째, 개발 및 재개발에 적합한 모든 토지에 대해 공유를 선언했다. 둘째, ACT정부가 토지사용자와 임대계약을 체결하고 토지이용자에게 토지를 매각하지 않도록 하는 정책을 시행했다. 셋째, 토지가치의 증가에 따라 매년 토지임대료를 조정했다. 넷째, 토지용도를 조절하기 위해 임대계약에 '임대목적조항'을 포함시켰다. 다섯째, 새로 임대계약을 맺으면 약정된 시간 내에 건축을 시작하고 완공하도록 요구했다. 대규모 건물을 제외한 모든 개발은 1년 이내에 건설이 시작되고 2년 내에 완공되어야 했다. 여섯째, 만약 개발이 완료되지 않으면 다른 임차인에게 재임대를 할 수 없도록 했다. 일곱째, 임대 목적이 변하면 토지의 연간 임대료도 조정했다. 이는 임대가치의 변화를 반영하기 위해서였다.

1910년, 신수도를 건설하기 위해서 ACT정부는 관련 법률(The Seat of Government Administration Act)을 승인했다. 그리고 1911년부터 1917년까지 20만 에이커의 땅을 구입했다. 1985년에 ACT정부는 670에이커의 토지를 별도로 구입했다. 1920년대 말에 이르러서는 새로운 신수도 건설이 거의 완성되었다. 상술한 일곱 가지 정책수단을 통해 ACT정부는 모든 ACT 구역에서 1927년부터 공공토지임대제(매년 납부)를 시행하기 시작했으며 매년 토지임대료를 연방정부에 납부했다(Forster, 2000: 401; Bourassa, Neutze and Louise, 1996: 273).

2. 공공토지임대제의 퇴보

공공토지임대제(매년 납부)를 시행하던 초기 정책은 지대원리에 비교적 부합했다. 그러나 시간이 흐르면서 원래 정책체계가 지대원리로부터 멀어졌다. ACT정부는 1924년에 「도시지역 임대조례(City Area Leases Ordinance)」를 제정한 이후, 이 조례에 따라 최초 임대차 계약을 체결했다. 당시 임대기간은 최장 99년이었다. 토지임대료는 경매를 통해 결정되는 '비개량 토지가치(the sum bid)'의 5%로 정해졌으며, 20년 후에 매년 토지임대료를 재평가하고 10년마다 수정하는 조건이 추가되었다. 나아가 임대목적조항은 임대 토지의 용도가 주택 부지, 상업용지 또는 커뮤니티 부지로 제한된다고 명시했다. 시간 변화에 따라 새로운 임대 계약은 기타 상세한 용도와 개발 요건을 포함했다.

공공토지임대제가 시행되면서 다음과 같은 효과가 발휘되었다. 첫째, 미개발 토지의 지가 증가분이 사유화되는 것을 예방할 수 있었다. 둘째, 토지개발 비용의 축소가 개발토지의 구매자에게 유리하게 작동했다. 넷째, 질서 있는 계획적인 개발이 가능했다.

그러나 1935년 이후로 임대제도가 변화하면서 정부의 임대토지 재산권을 점차 잠식했다. 임대제도의 주요 변화 과정은 다음과 같다. 토지투기자들은 토지임대차 계약의 첫 대금이 경매가격의 5%에 불과한 규정을 이용해 토지임대차 계약 경매시장에 적극 참여했다. 이에 1935년에 설립된 '공공회계위원회(Public Accounts Committee)'는 해결 방안을 제출했다. 최저경매가격(reserve price)을 초과하는 부분은 모두 토지출양금으로 납부하도록 했다. 이 방안의 목적은 토지투기자들의 금융 부담을 증가시키기 위한 것이었다(Benchetrit and Czamanski, 2004: 45). 그러나 역설적으로 이 정책으로 인해 공공토지임대제가 후퇴할 조짐을 보이기 시작했다. 게다가 1935년부터 매년 토지임대료의 기초를 결정하는 가격이 경매 가격에서 정부의 평가 가격으로 바뀌었다. 또한 '20년 이후에 토지임대료를 재평가하고, 10년마다 1회 수정한다'라는 기존 규정을 '20년마다 재평가'하는 방식으로 바꾸었다. 더 나아가 1938년부터는 토지임대계약 만기 시에 개량가치를 누릴 수 있었던 정부의 권리를 토지 임차인에게 부여해 버렸다.

1971년, 호주 연방정부는 정치적인 이유로 매년 납부 방식의 공공토지임대제(Rental Leasehold System)를 폐지하고 일시불 방식의 공공토지임대제(Premium Leasehold System)로 전환했다. 매년 납부 방식이 폐지되기 전부터 시민들은 이 방식을 좋아하지 않았다. 토지 임대료가 공평해 보이지 않기 때문이었다. 사람들이 토지 임대료가 불공평하다고 느낀 이유는, 인플레이션이 빠른 속도로 진행되는 상황에서는 토지의 실제 가치는 비슷하더라도 언제 자기 땅을 평가하느냐에 따라 매년 토지임대료가 크게 차이가 나기 때문이었다. 게다가 존 고턴(John Gorton) 당시 대통령은 선거에서 승리하기 위해 재산세율(Municipal Property Tax rates)[1]을 인상하되 전체 재정수입은 불변이라는 공약을 지키기 위해 1971년 1월부터 매년 납부 방식을 폐지한다고 선포했다. 매년 납부 방식이 폐지된 이후 정부는 임차인에게 토지용도 변화로 인해 발생하는 모든 가치를 요구할 수 없게 되었다. 당시 호주 연방정부가 방치한 매년 지대수입은 1억 호주달러였다. 그 결과 중대한 재

---

1 1925년에 비개량 토지가치에 기초한 재산세를 마련했다. 그러나 이 세제가 출범한 이후 40년 동안은 외자 유치와 외지 시민 유치를 위해 세율을 낮게 유지했다. 캔버라 정부 관리와 시민들은 매년 납부하는 토지임대료와 재산세가 서로 다른 성격의 재원이라는 점을 제대로 구별하지 못했다. 이러한 오류로 인해 매년 납부 방식은 실패로 돌아갔다(Neutze, 1987: 152; Bourassa, 2003: 24). 부라사의 견해대로라면 토지 지대는 토지소유자가 토지 재산을 운용해 벌어들이는 소득인 반면, 재산세는 지방정부가 기반시설과 서비스를 제공하는 대가로서의 비용(charges)이다. 그의 견해에 따르면, 재산세 과표는 기반시설과 서비스로 인한 토지가치의 증가분이어야 한다(Bourassa, 2003: 24).

정수입 유실을 초래했다(Hong, 1999: 2). 벤체트릿과 크자만스키(Benchetrict and Czamanski, 2004)의 분석에 따르면, 캔버라 외에 이스라엘과 홍콩 역시 매년 납부 방식에서 일시불 방식으로 변화했다. 홍과 램(Hong and Lam, 1998)은 이러한 변화를 초래한 원인 중 하나로 정부가 '거래 비용'을 축소하려는 가능성에 크게 주목했다.

연방정부의 정권이 이와 같이 변화하고 공공토지임대제 자문위원회(The Commission of Inquiry into Land Tenures)의 최초 보고서『토지임대자문위원회 1차 보고서(Commission of Inquiry into Land Tenures, First Report)』가 1973년 발표된 이후, 1974년 정부는 다시금 새로운 상업용지 임대에 대해 매년 납부 방식을 실시했으나 상업계의 반대에 직면했다. 최초의 매년 토지임대료 조정기간은 계약 후 6년이었으며 이후 3년에 한 번 조정하는 방식이었다. 그러나 상업계의 지속된 반대로 인해 1980년 ACT정부는 다시금 매년 납부 방식을 ① 9년 기간의 지대총액 납부와 ② 계약상의 지대와 시장 지대의 차액의 6배를 납부하는 방식으로 전환했다. 게다가 ACT정부는 대부분의 상업용지 임대기한을 99년까지 연장할 수 있도록 허용했으며, 평가한 비개량가치의 10%를 지대로 납부하는 조건으로 한 번 더 99년 연장할 수 있도록 허용했다(Neutze, 1987: 153).

1980년에 재정부(Commonwealth Minister)는 새로운 규정을 공표했다. 주택용지 임차인은 명목상의 행정비용을 납부하는 조건으로 토지사용 기한 30년 이내에 아무 때나 연장계약을 체결할 수 있도록 했다. 이러한 내용은 1991년에 공포된 'ACT 토지법'에 포함되었다. 'ACT 토지법'은 '비주택용지 임대'에 대해서도 유사한 규정을 두었다. ACT정부 또는 재정부가 공공목적 수행을 위해 특정 비주택용지를 필요로 하지 않는다면, 비주택용지 임차인은 주택용지 임차인에게 부여된 연장계약 체결과 유사한 권리를 향유할 수 있다는 내용이다. 현재 매년 납부 방식은 캔버라에서 명목상의 제도로 흔

적만 존재하고 있다.

3. 임대목적조항의 기능 저하

캔버라 신수도를 건설하던 당초 ACT정부는 임대목적조항 방식을 이용해 토지를 계획하고 토지 (재)개발을 조정하려고 했다. 원래 구상대로라면 ACT정부는 1920년대 말부터 임대목적조항을 시행해 토지이용의 내용과 속도를 조절해야 했다. 그러나 임대목적조항은 기대만큼 자신의 역할을 담당하지 못했다.

임대목적조항의 역할에 대해서는 서로 상반된 평가가 있다. 첫째는 매년 납부 방식이 시행되고 폐지된 기간(1927~1971) 동안 임대목적조항은 토지이용계획의 기능을 십분 발휘했지만 매년 납부 방식이 폐지된 이후에는 임대목적조항의 기능이 약화되었다는 평가다(Neutze, 1987: 156; Bourassa and Hong, 2003: 49~51). 임대목적조항을 실시한 기간 동안 토지임대기구는 토지임대행정 역할과 토지이용계획 역할을 모두 담당했다. 정부가 농촌 및 도시토지를 소유하고 있었으며, 정부가 토지이용 계획자이자 토지 개발자였기 때문에 '법정' 토지이용계획이 크게 필요하지 않았다. 그러나 1971년 매년 납부 방식이 폐지된 이후 두 가지 역할이 분리되었으며, 토지임대행정 역할은 점차 약화되었다. 다만 임차인이 재개발을 신청하면서 정부는 토지이용계획의 필요성을 느끼게 되었다. 이때 도시계획의 주요 수단인 용도지역지구제(Land Use Zoning)가 점차로 토지이용을 조정하는 주요 수단으로 변해버렸다. 결과적으로 토지이용계획 부문이 추진한 용도지역지구제는 이전에 임대목적조항이 담당했던 토지이용 조정기능을 대체했다. 맥스 나츠(Max Neutze)의 평가에 따르면, 1971년 매년 납부 방식이 폐지된 이후 일시불 또는 토지 자유보유 형식은 토지이용계획을 더욱 실행하기 어렵게 했다(Neutze, 1987: 156).

이와 상반된 또 다른 평가는 임대료 납부 방식의 변화가 아닌 임대목적조항 자체에 내재된 복잡성과 모호성이 임대목적조항의 약화를 야기했다는 것이다(Hong, 1999). 1995년 캔버라 공공토지임대제 평가위원회는 피스윅(Fyswick)시의 사례를 분석했다. 분석 결과, 임대목적조항이 복잡하고 모호한 상황에서 이를 강제로 시행한 점이 임대목적조항 약화의 주요 원인이라고 진단했다. 이 시의 임대목적조항이 너무 복잡하고 모호하기 때문에 지방정부 관리들은 계약을 위반한 임차인을 추방할 수 없었다. 오히려 지방정부 관리들은 임차인에게 사면기간(amnesty period)을 허용해 임대계약 개정을 유도한 뒤 불법적인 토지이용 상황을 공식화했다. 임차인은 임대계약을 조정한 후 수정된 일시불 토지임대료(modification premiums)를 납부하면 그만이었다. 그런데 수정된 일시불 토지임대료는 공개시장에서 결정되는 가치보다 훨씬 낮았다.

4. 매년 납부 방식 폐지에 따른 결과

캔버라의 토지정책을 살펴보면 1930년에 일시불 방식이 도입되고 '임대목적'이 변화했으며, 1971년에 매년 납부 방식이 폐지되었다. 이러한 여러 가지 변화로 인해 공공토지임대제 모델이 심각한 영향을 받았다(Neutze, 1987: 163). 매년 납부 방식의 폐지는 다음 네 가지 방면에서 부작용을 초래했다.

첫째, 매년 납부 방식에서 일시불 방식으로 전환하면서 임차인은 일시불 방식으로 취득한 토지를 '자유보유(freehold)' 토지로 간주했다. 자유보유

표 13-1 **토지 관련 총수입 구성(1970~1995)**

분류	캔버라
전체 토지수입	18억 4500만 달러
초기 프리미엄	43%*
재산세	48%
매년 토지임대료	8%
임대 변경 프리미엄	1%
임대 연장 프리미엄	0%
전체 비율	100%

* 1989년부터 캔버라정부는 초기 프리미엄(Initial Lease Premiums)과 임대변경 프리미엄(Lease Modification Premiums)을 구분하기 시작했다. 이로 인해 1970년부터 1988년까지는 이 수치에 임대변경 프리미엄이 포함되었다.
출처: Hong(1999: 3).

토지는 '실질적인' 사유토지를 의미한다.

둘째, 매년 납부 방식의 폐지로 인해 정부는 매년 토지가치 증가분을 환수하지 못하게 되었다. 도시개발이 진행되면 해당 토지나 주변 토지의 '임대목적'이 달라지며, 이로 인해 토지가치가 상승한다. 그러나 정부는 매년 토지임대료를 조정하는 방식으로 토지가치 증가분을 환수할 수는 없었다. 〈표 13-1〉은 캔버라의 토지 관련 수입(Total Land Revenue)을 나타낸 것인데, 이 두 도시의 매년 토지임대료(Annual Land Rent) 수입이 매우 낮은 비중을 차지하고 있음을 알 수 있다. 캔버라는 8%였다.

셋째, 매년 납부 방식의 폐지로 인해 정부는 토지이용을 효과적으로 조절할 수 있는 기회를 상실했다. 캔버라가 발전하면서 토지용도가 빠르게 변화하고 토지이용밀도 역시 빠르게 향상되었지만, 정부는 개발권 소유자들에 대한 이점을 충분히 누리지 못했다.

넷째, 매년 납부 방식의 폐지를 전후해 토지 관련 재정수입(매년 토지임대료, 일시불 토지임대료, 개발부담금, 재산세 등)이 전체 재정수입에서 차지하는 비중은 갈수록 낮아졌다. 매년 납부 방식을 폐지하기 전에는 1960년도 지

표 13-2 **지방정부의 재정수입 항목(1959~1960)**   단위: 1000파운드

재원유형	전체 정부	경영기업	합계
재산세	84,092	6,629	90,721
다른 조세	1,541	0	1,541
이용자부담금	28,646	96,987	125,633
보조금	22,281	0	22,281
기타	5,626	5,392	11,018
합계	142,186	109,008	251,194

출처: Woodruff and Ecker-Racz(1966: 150).

표 13-3 **오스트레일리아 연방정부 토지세 수입(1939~1963)**

연도	토지세 수입(호주달러)	전체 세수입 대비 비율(%)
1939	2,000,000	2.7
1944	4,000,000	1.3
1948	4,000,000	1.0
1950	4,000,000	0.8
1952	6,000,000	0.7
1963	0	0.0

출처: Woodruff and Ecker-Racz(1966: 156).

표 13-4 **토지 지대수입과 토지 관련 총수입/기초시설 재정 비율(1970~1995)**

분류	캔버라	홍콩
토지 지대수입	5%	51%
토지 총수입	10%	74%

출처: Hong(1999: 2).

방정부의 재산세 수입이 전체 세수에서 차지하는 비율이 98%, 총재정수입에서 차지하는 비율이 60%였다(〈표 13-2〉 참조). 그러나 매년 납부 방식을 폐지한 후에는 연방정부 차원에서 토지 관련 세수가 전체 세수에서 차지하는 비율이 갈수록 낮아졌다(〈표 13-3〉 참조). 매년 납부 방식을 폐지한 후 1970~1995년에는 캔버라 토지임대소득(Lease Revenues)과 토지 관련 총세

입(Land Revenues)이 기반시설 재원조달에서 차지하는 비율이 매우 낮았는데, 그 수치는 홍콩보다도 크게 낮았다(〈표 13-4〉참조). 이로써 캔버라의 토지 관련 재정수입은 이전의 중요한 위치를 잃어버렸다.

매년 납부 방식의 폐지 외에 캔버라의 토지 관련 재정수입이 하락한 또 다른 중요한 이유는 외자 유치를 위한 도시 간 경쟁이 치열했기 때문이다(Hong, 1999: 2). 캔버라를 포함한 여타 지방 정부가 높은 수준으로 토지 관련 세금을 부과한다면, 기업 또는 투자자들은 부담이 높은 지역에 투자하고 싶지 않을 것이다. 이러한 이유로 인해 새로 도시를 건설해야 하는 캔버라 정부는 토지 관련 각종 부담을 덜어주는 정책수단으로서 투자를 유치하지 않을 수 없었다.

5. 토지임대료 매년 납부 방식 현황

1) 매년 납부 방식의 폐지 전 시행된 지가 상승분 회수 방식

매년 납부 방식을 전면 폐지한 후 ACT정부는 특히 재개발에 따른 지가 상승분을 회수할 수 없게 되었다. 1980년 말까지 ACT정부는 네 가지 방식을 통해 지가 상승분을 회수했다. 첫째, 농촌토지를 도시 상업용지로 바꾼 후 경매를 통해 임대차 계약을 맺을 때 지가 상승분을 회수했다. 둘째, 재산 가치의 상승에 따라 재산세율(rates)을 조정해 지가 상승분을 회수했다. 셋째, 토지용도의 변화 혹은 토지 재개발 시 1971년에 수정한 '도시구역 임대 조례'에 근거해 지가 상승분의 50%를 회수했다.[2] 넷째, 상업용지에 대해 매

---

2 1989년 ACT정부가 자치권을 획득한 이후 더 많은 재정수입이 필요해졌다. 이를 위해 ACT

년 토지임대료를 조정할 때 지가 상승분을 회수했다. 이밖에 매년 납부 방식으로 계약한 상업용지의 임차인이 매년 토지임대료를 납부하지 않으면 일시불 토지임대료 형식으로 지가 상승분을 회수했다.

2) 토지 관련 부담에서 매년 납부 방식의 중요성 회복

1990년대 이후 오늘날 캔버라의 토지 관련 부담에서 매년 납부 방식의 중요성과 위치가 회복되고 있다. 우선 현재 캔버라의 토지 관련 부담은 양도세(Duties), 재산세(Rates), 토지세(Land Tax), 토지임대료(Land Rent)의 네 가지다. 양도세는 서민들이 재산(주택, 토지, 토지와 개량물, 상업용지)을 살 때 내는 세금이다. 공공주택은 양도세를 내지 않지만, 토지임대계획(The Land Rent Scheme)에 포함된 토지는 양도세를 내야 한다. 2010년 기준 양도세율은 〈표 13-5〉에 나와 있다.

재산세 부과는 재산의 종류에 따라 계산법이 다르다. 표준재산의 경우 재산세=FC+((AUV−16,500호주달러)×P)다. 기업 재산의 경우 재산세=FC+(((AUV×UE)−16,500호주달러)×P)다.[3] 주택용지, 상업용지와 농업용지의 고정비용(FC) 및 재산세율(Rating Factor)은 모두 다르다(〈표 13-6〉 참조). 재산세의 특징 중 하나는 '비개량 토지가치' 산정법을 이용하는 것이다. ACT 정부가 이용하는 평가방법은 시장비교법, 잔여법, 두 가지다. ACT정부는

정부는 개선비용 계산법을 변경했다. 계산법의 변경으로 사회에서 논쟁이 벌어졌으며, 1989년 이후 개선비용 계산법은 1990년 2월, 1992년 4월, 1993년 9월 등 여러 차례 변경되었다(Benchetrit and Czamanski, 2004: 50). 지금은 용도변화부담금(Change of Use Charge)이라는 이름으로 75%의 개선비용을 부과한다.

3   FC: 고정비용(Fixed Charge), AUV: 이전 3년간 비개량 토지의 평균 평가치, UE: 개별 단위 자격(individual unit entitlement), P: 재산세율.

표 13-5 **양도세 기준 및 세율(2010)**   단위: 호주달러

재산가치	세액
0~100,000	20호주달러 또는 100호주달러당 2.00호주달러, 또는 더 큰 금액
100,001~200,000	2,000호주달러에 100호주달러당 3.50호주달러를 더한 금액, 또는 100,000 호주달러를 넘는 금액
200,001~300,000	5,500호주달러에 100호주달러당 4.00호주달러를 더한 금액, 또는 200,000 호주달러를 넘는 금액
300,001~500,000	9,500호주달러에 100호주달러당 5.50호주달러를 더한 금액, 또는 300,000 호주달러를 넘는 금액
500,001~1,000,000	20,500호주달러에 100호주달러당 5.75호주달러를 더한 금액, 또는 500,000 호주달러를 넘는 금액
1,000,001 이상	49,250호주달러에 100호주달러당 6.75호주달러를 더한 금액, 또는 1,000,000호주달러를 넘는 금액

출처: ACT 재정부 홈페이지(http://www.revenue.act.gov.au/duties/land_and_improvements).

표 13-6 **재산세의 고정비용 및 재산세율(2010)**

재산 유형	고정비용	재산세율
주택	509호주달러	0.3129%
상업	1,040호주달러	0.7434%
농업	106호주달러	0.1804%

자료: ACT 재정부 홈페이지(http://www.revenue.act.gov.au/rates/rates_billing).

기본적으로 시장비교법을 사용하지만 비교 대상이 없으면 잔여법을 사용한다.[4]

토지세는 전 재산에 대해서 3개월에 한 번씩(6월 1일, 10월 1일, 1월 1일, 4월 1일) 부과하는 세금이다. 토지세 부과 대상은 구체적으로 주택용지, 기업 또는 수탁인 소유의 주택용지와 상업용지다(the Land Tax Act 2004, Part2 section9). 토지세 산정법은 '토지가치×세율'이다. 〈표 13-7〉의 세율에 따

---

[4] 재산세 계산법은 호주의 '재산세법'(the Rates Act 2004) part6과 part7에서 구체적으로 설명하고 있다.

표 13-7 **용도 및 가치에 따른 토지세 세율**

주거 재산	한계 세율
AUV가 75,000호주달러까지	0.60%
AUV가 75,001~150,000호주달러	0.89%
AUV가 15,001~275,000호주달러	1.15%
AUV가 275,001호주달러 이상	1.40%
상업 재산	**한계 세율**
AUV가 150,000호주달러까지	0.89%
AUV가 150,001~275,000호주달러	1.25%
AUV가 275,001호주달러 이상	1.59%

자료: ACT 재정부 홈페이지(http://www.revenue.act.gov.au/land_tax/land_tax_rates).

르면 상업 재산의 세율은 주택 재산의 세율보다 약간 높다.

3) 지불 가능한 주택 건설 지원에 적용

토지임대료 매년 납부 방식은 주로 '공공주택법(Housing ACT)'과 '토지임 대계획'의 두 방면에 적용된다. 참고로 '토지임대계획'은 ACT정부의 지불 가능한 주택계획의 일종이다. 공공주택은 매년 재평가되는 시장지대(주택임대료 포함)의 100%를 납부한다. 그러나 임대 시작 할인(a tenancy commencement rebate)을 이유로 초기 3주간 임대차에 대해서는 무료 혜택을 받는다.

'토지임대계획'은 지불 가능한 단독주택의 건설을 지원하기 위해 '토지임 대법 2008(Land Rent Act 2008)'에 근거해 임차인이 토지임대료 매년 납부를 선택해 건축할 수 있도록 했다. 또한 반드시 주택건설용지를 구입하지 않 아도 되도록 했다. 매년 토지임대료 표준 비율은 비개량토지 가치의 4%이 며, 할인된 매년 토지임대료 비율은 비개량토지 가치의 2%다. 이 외에도 임차인이 납부하는 매년 토지임대료의 급등을 막기 위해 매년 토지임대료 증가율은 임금 증가율을 넘어서지 못하도록 했다. 다만 '토지임대계획'을 통해서 획득한 토지는 매년 토지임대료 외에 양도세(Duties), 재산세(Rates) 및 토지세(Land Tax)를 내야 한다.

6. 캔버라의 공공토지임대제 평가

캔버라가 시행하는 공공토지임대제는 표면상 큰 문제는 없어 보인다. 그러나 실행 과정에서 비교적 많은 핵심 문제가 드러났다. 이러한 문제는 두 가지 유형으로 나눌 수 있다. 첫째는 정치상의 문제이고, 둘째는 정책상의 문제다.

1) 정치상의 문제

정치적인 문제를 살펴보면, 첫째, ACT정부는 정치상의 압력을 극복하지 못했다. 공공토지임대제 자문위원회는 지방정부의 수장이 시민의 선택을 받을 경우 매년 납부 방식은 내재적인 불안정성을 피할 수 없다고 토로했다.[5] ACT정부는 먼저 매년 납부 방식을 폐지한 이후 실질적인 자유보유 형식의 토지사용제도로 전환했다.

둘째, ACT정부는 '대리인 문제'를 노출했다. 부라사, 나츠, 그리고 루이즈(Bourassa, Neutze and Louise, 1996)의 평가에 따르면, 토지소유자로서의 정부 역할은 매우 중요하다. 그러나 ACT정부는 토지소유자로서의 역할을 충분히 발휘하지 못했다(Bourassa, Neutze and Louise, 1996: 287~288). 부라사

---

5   "Commission of Inquiry into Land Tenures, First Report"(Canberra, AGPS, 1973)(Neutze, 1987: 151에서 재인용).

는 토지소유자, 토지관리자, 토지계획가라는 정부의 세 가지 역할을 제안했다. 그중에서 특별히 토지관리자의 역할을 강조하고, 지방정부가 전문적인 토지관리기구를 설치해야 한다고 주장했다. 토지관리기구는 지방정부에 속하지만 그 역할과 경영체계는 민간기구와 유사해야 하며, 지방정부는 전문적인 토지관리기구에 명확한 목표를 제시하고 토지관리기구로 하여금 토지자산관리와 도시경영을 하도록 해야 한다. 그런데 나츠에 따르면, 지방정부는 스스로에 대해 자산 개발과 이용을 통해 가장 높은 이윤을 추구하는 소유자가 아니라 법률상의 계획기구에 불과하다는 관점을 중시하고 있다. 또한 나츠는 지방정부가 재정수입을 늘리기 위해 재개발 정책수단을 이용하는 데 관심이 없다는 점을 지적했다(Neutze, 1987: 158).

2) 토지 유상사용 체계의 문제

정책상의 문제는 다음과 같다. 첫째, 지대원리에 따르면, 1971년 매년 납부 방식이 일시불 방식으로 전환된 것은 토지 유상사용 체계의 후퇴 때문이었는데, 일시불 방식으로의 변경은 필연적으로 지대자본 화폐화와 부동산 거품을 낳았다.

둘째, 캔버라가 시행한 99년의 토지이용 기한은 너무 길다. 장기간의 토지이용 기한은 토지 임차인이 스스로 토지소유권을 갖고 있다고 느끼게 하여 도시토지용도를 적기에 조정하기 어렵게 만든다.

셋째, 정부는 지대를 재평가할 때 매년 지대가 아닌 99년 지가 평가액의 5%를 기초로 했다. 지가 평가액에 기초한 지대평가는 정확하지 않기 때문에 토지임대료 수입의 대량 유실이 초래된다.

넷째, ACT정부는 별도의 토지계좌를 마련하지 않았다. 따라서 정부는 시민들에게 토지 관련 수입 정보를 제공할 수 없었으며 나아가 시민들의 격려와 지지를 받을 수 없었다. 그 결과 투기나 사유화를 목적으로 하는 개발업자와 토지사용자들이 매년 납부 방식을 폐지하도록 강하게 요구했을 때 이를 방어할 강력한 지원군이 없었다.

제14장

나름 성공적인 싱가포르의 공공토지임대제 모델

1. 싱가포르의 발전 모델에 관심 갖는 북측

2018년 6월 12일, 북측과 미국 두 정상이 싱가포르의 센토사섬 카펠라 호텔에서 역사적인 첫 만남을 갖기 전날 밤에 김정은 위원장은 2시간 정도 싱가포르 관료들과 외출을 했다. 북측 조선중앙통신 12일 보도에서는 "최고영도자(김정은) 동지께서는 싱가포르의 자랑으로 손꼽히는 대화초원(가든바이더베이)과 세계적으로도 이름 높은 마리나베이샌즈 건물의 지붕 위에 위치한 스카이 파크, 싱가포르항을 돌아보시면서 싱가포르의 사회경제 발전 실태에 대해 요해(파악)하시었다"라고 밝혔다. 그리고 "앞으로 여러 분야에서 귀국의 훌륭한 지식과 경험들을 많이 배우려고 한다"라고 보도했다.

싱가포르와 북은 긴밀한 경제 협력관계를 맺고 있는 관계다. 싱가포르는 북의 일곱째 교역국으로, 평양에서 봄, 가을에 개최되는 국제상품전람회에도 싱가포르의 기업 10개 정도가 매년 참여해 기업 홍보도 하고 투자협력 사업도 진행하고 있다. 평양에는 아침 6시부터 밤 12시까지 영업하는 편의점이 있는데 이러한 서구 음식문화를 확산시킨 체인점은 모두 싱가포르 자본이라고 한다.

싱가포르와 북의 협력은 비영리 분야에서도 활발하게 전개되고 있다. 두 국가가 협력해 만든 비영리 교육단체 '조선 익스체인지(Choson Exchange)'는 북에 시장경제와 마케팅을 가르치고 있는데, 당이나 군에 들어가 고위직에 오르는 대신 성공적인 사업가가 되고 싶어 하는 젊은이들이 많다고 한다(JTBC, 2018.5.31). '조선 익스체인지'의 전 이사 안드레이 아브라하미안(Andray Abrahamian)은 "싱가포르는 사회주의 정책들이 많은 곳이다. 그러나 효율성을 증진시키기 위해 시장 원칙을 이용하고 있다. 그래서 북은 싱가포르의 효율성에 주목한다"라고 설명한다.

더 놀라운 일이 있다. 현재 금강산 부근에 위치하고 있으며 천혜의 요새로 알려진 원산 해안가를 따라 대형 호텔지구가 개발되고 있는 것이다. 5월 24일 진행된 풍계리 핵실험장 폐쇄를 위해 세계 기자들을 초청했을 때 이용한 공항은 평양 순안국제공항이 아닌 원산 갈마국제공항이었다. 싱가포르 기업들이 요즘 집중적으로 투자하는 곳은 바로 갈마국제공항이 있는 원산이다. 전체적인 투자 규모는 정확하게 알 수 없지만 대략 150억 달러로 추정된다. 갈마국제공항도 싱가포르 기업의 투자로 성사된 경우다(JTBC, 2018.5.31). 갈마국제공항은 원래 군 비행장이었으나 김정은 집권 이후 2014년 6월 11일에 '원산 – 금강산국제관광지대'(중앙급)로 결정되면서 2015년에 민간 국제공항으로 변신했다.

왜 북의 김정은 정권은 싱가포르를 발전 모델로 삼았을까? 여러 가지 이유가 있겠지만 싱가포르의 경제체제와 정치체제가 북이 원하는 목적을 모두 달성했기 때문으로 보인다. 싱가포르의 경제체제는 개방형 통상국가로 아시아 금융 허브 등 자본주의 선진국 수준이며, 정치체제는 서구 선진국의 민주주의 모델과 달리 권위주의 체제다. 따라서 김정은 정권의 입장에서 싱가포르 모델은 경제발전을 도모하면서도 기존 정치권력을 유지할 수 있는 모델인 것이다.

그런데 싱가포르의 경제체제 이면을 조금 더 깊이 들여다보면 토지정책과 관련해 놀라운 사실을 발견할 수 있다. 싱가포르는 1965년 말레이시아로부터 독립하면서 사유화된 토지를 국가가 매입한 후 공공토지를 임대하는 정책을 시행함으로써 토지투기를 차단하고 토지임대료를 적절하게 재정수입으로 환수했다. 이러한 기초 위에서 싱가포르가 추진한 산업단지 및 주택정책은 놀라운 성과를 보였다. 사실 김정은 정권이 싱가포르 모델에서 주목해야 할 지점은 바로 이것이다.

2. 독립 직후 토지국유화를 추진한 배경

싱가포르의 정식 국명은 싱가포르공화국(Republic of Singapore)으로, 1819년 영국이 무역거점으로 개발한 도시다. 이는 마치 영국이 1841년에 홍콩을 대중국 무역거점으로 개발한 것과 유사하다. 그러다 보니 홍콩과 마찬가지로 싱가포르는 부동산 법과 도시계획에서 대체로 영국의 것들을 채택했다(Haila, 2000). 싱가포르는 1963년에 말레이시아에 포함되었다가 1965년 8월 9일 말라야 연방에서 탈퇴하면서 독립했다. 이후 해상 동서교통의 중요한 지점에 자리잡고 있다는 지리적 이점을 기반으로 자유무역항으로 번창했다(네이버 백과사전).

싱가포르는 국토 면적 659.9km², 인구수 560.7만 명(2016년 기준)으로, 1개의 큰 섬과 50여 개의 작은 섬으로 이루어진 도시국가다. 국토 면적은 서울(605.4km²)보다 약간 넓지만 인구밀도는 서울보다 낮다. 싱가포르의 1인당 국민소득은 2016년 기준 5만 2961달러로, 굉장히 높은 수준이다. 같은 해 한국의 1인당 국민소득은 2만 7539달러였다. 세계 경쟁력 평가기구 국제경영개발연구원이 평가한 국제경쟁력 지수는 2009년 기준 3위였다. 당시 한국은 27위였다.

정치적 굴곡을 겪으며 1965년에 말레이시아로부터 독립한 신생국 싱가포르가 이처럼 빠른 속도로 경제성장을 이룬 비결은 무엇일까? 이 책은 그이유로 공공토지임대제에 주목한다. 싱가포르 초대 총리 리콴유(李光耀)는 건국 초기부터 토지를 국가가 매입해 공공토지임대 방식을 구현했다. 국유토지 비율은 현재 85% 수준이다. 이러한 정책 추진의 배경에는 개인 차원의 경험이 중요한 역할을 했다. 싱가포르가 독립하기 전인 1961년에 한 판자촌에서 큰 화재가 일어났다. 이를 지켜본 리콴유는 독립국의 수장이 된이후 가난한 판자촌 주민들의 주거를 신속히 복구한다는 명분을 내세우며 '토지수용법'을 개정해 시세보다 낮은 가격으로 화재 지역 토지를 매입했다. '토지수용법' 개정안을 제출하면서 리콴유는 다음과 같이 말했다.

이 화재로 인해 이익을 얻도록 내버려 두는 것은 대단히 극악한 짓입니다. 만일 토지소유자들이 조금이라도 이익을 얻을 수 있다면, 그것은 토지소유자가 불법 거주자들이 사는 땅을 방화하도록 유도하는 일이 될 뿐입니다(리콴유, 2001: 174; 이성영, 2019.3.12에서 재인용).

이 인용에 따르면 판자촌 화재는 불법 거주자들을 내쫓고 도시개발을 하기 위해 토지소유자들이 의도적으로 일으킨 방화였다. 이처럼 리콴유는 토지 불로소득을 보장하는 토지사유제가 만들어내는 폐해를 명확히 인식하고 있었다. 다음과 같은 발언은 이를 증명한다. "나는 공적 자금으로 세워진 인프라나 경제 발전으로 인한 땅값 상승을 통해 개인 지주가 이익을 누릴 이유가 전혀 없다고 보았다"(리콴유, 2001: 175). 그는 '토지는 여왕의 것 (Queen's land)'이라는 전통을 보유한 영국의 캠브리지대학교에서 법학을 공부하고 변호사가 된 수재였다. 이후 리콴유는 강력한 '토지수용법'을 통해 시세보다 낮은 가격으로 토지를 꾸준히 매입해 공공토지임대제를 추진했다. 리콴유는 독재 및 가문의 장기 집권으로 인해 비판을 받기도 하지만 혼란스러운 건국 초기 리콴유와 같은 강력한 리더십은 역설적으로 정부의 토지수용 및 공공토지임대제 추진에서 빛을 발했다.

3. 싱가포르의 공공토지임대제 모델

1) 모델의 개요

앞서 이야기한 대로, 싱가포르는 1965년 독립 이후부터 국유화를 지속적으로 추진했다. 1960년에 국유지 비율이 44%였던 것이 1985년에는 76%, 2005년에는 85%까지 이르렀다. 이러한 국유지 비율이 공공토지임대제를 적용할 수 있는 기초가 되었다.

공공토지임대제 관련 부서는 토지행정을 담당하는 도시재개발청(URA)과 싱가포르 토지청(SLA)이며, 산업단지 주관부서는 주룽타운회사(Jurong Town Corporation: JTC)다. 그리고 공공주택 공급 부서는 주택개발청(HDB)이다.

도시재개발청은 1989년에 제정된 URA법 제32조에 근거해 상업용, 호텔용, 개인 주거용 및 산업 개발을 위해 토지를 공급한다. 상업용, 호텔 및 개인 주거 개발을 위한 부지는 일반적으로 99년 임차기간으로 공급한다. 산업단지는 60년 기간으로 공급한다. 토지는 일반적으로 공개 공공 텐더(open public tender) 방식으로 공급된다. 그러나 작은 주거용 토지와 보존 목적의 주거용 가게(conservation shop houses)는 공개 경매 방식으로 공급된다.

도시재개발청과 함께 토지행정 주관부서인 싱가포르 토지청은 기관의

표 14-1 싱가포르의 공공토지임대제 시스템 개요

항목	내용
토지이용계획	이용 허가/이용 불허를 공표한 성문화된 종합계획(Master plan)
토지소유권	- 정부보유(State owned) - 자유보유(Freehold)(10% 미만의 개인 보유 토지와 더불어 1989년에 양도 중지됨) - 임대보유(Leasehold)
토지행정 주관부서	도시재개발청(Urban Redevelopment Authority) 싱가포르 토지청(the Singapore Land Authority)
산업단지 주관부서	주롱타운회사(Jurong Town Corporation)
공공주택 공급 주관부서	주택개발청(Housing Development Board)

자료: Hui, Ho and Ho(2004: 79).

목적이 정부의 토지사용권 판매로부터 최적의 수익을 확보하는 것이다. 이를 위해 토지가격 정책, 임차 및 재산권 제한 등을 수행한다(Hui, Ho and Ho, 2004: 80).

싱가포르의 공공토지임대제는 산업단지 임대와 공공주택 영역에서 큰 비중을 차지한다. 산업단지가 어디에 입지하든 모두 주롱타운회사의 관할 아래 공장이 있거나 공장이 없는 토지를 임차한다. 표준 임차기간은 30년이며, 30년 재연장이 가능하다.

정부가 수용을 통해 확보한 토지는 토지임대 및 토지판매라는 두 가지 방식을 통해 시장에 공급된다. 정부가 소유한 국유토지의 85% 이상이 임대를 통해 공급되며 이때 주택부지는 99년 임차 기간으로 공급된다. 토지판매는 주로 콘도미니엄과 고급 콘도 등 민간 주도 주택개발을 위한 토지로 제공된다. 토지를 판매할 때 정부는 토지별로 용도와 개발밀도, 개발 프로젝트 완료 기한 등을 설정하는 식으로 개입한다. 이러한 구체적인 지침은 도시계획이라는 틀에 기초하고 있다.

싱가포르에서도 토지임대, 즉 토지사용권 양도는 중국의 출양 방식과 유사한 토지경매 및 텐더 방식을 적용한다. 토지경매는 우리가 잘 알듯이 99

년 또는 60년 토지사용권에 대해 가장 높은 경매가격을 부르는 입찰자에게 토지사용권이 귀속되는 방식이다. 반면 텐더 방식은 일반적으로 비공개 입찰경매 방식을 말한다. 토지경매가 공개된 장소에서 진행되는 경매라면 텐더는 비공개된 장소에서 진행되는 입찰경매로 이해하면 된다. 중요한 점은 중국이 적용한 출양 방식이 초기에 '협상 방식'에 크게 의존했던 것에 비해 싱가포르의 토지사용권 양도는 기본적으로 경매 방식을 적용한다는 점이다. 그럼에도 중국, 홍콩, 싱가포르의 토지임대 방식이 장기간의 토지사용권을 일시불로 사용자에게 공급한다는 점에서 큰 틀에서는 비슷하다. 이는 중국과 홍콩 사례에서 확인했듯이 토지임대 체계에서 심각한 한계로 작용할 수 있는데, 싱가포르는 여러 안전장치를 통해 이러한 부작용을 최소화하고 있는 것으로 보인다.

2) 토지가치 환수체계

지대는 크게 '최초 프리미엄', '차별화된 프리미엄(Differentiated Premium: DP)', 조세(부동산 조세, 자동차세) 및 개발부담금(DC)을 통해 환수한다.

먼저 토지사용권 최초 유상양도를 통해서 99년 또는 60년 기간의 토지임대료를 일시불로 확보할 수 있다. 토지경매와 텐더를 통해서 일시불 프리미엄이 결정되기 때문에 이론상 최고가가 결정 및 환수된다. 이러한 토지사용권 판매 수입(최초 프리미엄)은 상당한 비중을 차지한다. 〈표 14-2〉에서 보듯이, 1995년부터 1997년까지 2년 기간 동안 토지사용권 판매에서 발생한 수입은 같은 기간 개발부담금에서 발생한 수입보다 7배나 많다. 토지사용권 판매 수입이 전체 정부 재원에서 차지하는 비중은 1995년 6.3%에서 1997년 15.9%로 늘어났다. 그러나 1998년에 개발부담금과 토지사용권 판매 수입이 크게 줄어들었다. 이러한 현상은 홍콩에서도 동일하게 발생했

표 14-2 **연도별 토지사용권 판매 수입(프리미엄)**　　　　　　　　단위: 100만 싱가포르달러

	2000~ 2001	1999~ 2000	1998~ 1999	1997~ 1998	1996~ 1997	1995~ 1996	1994~ 1995
정부 재정	33,527	28,619	28,213	30,613	28,929	25,254	23,713
개발부담금	602 (1.8%)	118 (0.4%)	96 (0.3%)	469 (1.5%)	576 (2.0%)	450 (1.8%)	266 (1.1%)
프리미엄	1,043 (3.1%)	249 (0.9%)	181 (0.6%)	3,949 (12.9%)	4,603 (15.9%)	3,094 (12.3%)	1,496 (6.3%)

주: 괄호 안의 수치는 정부 재정에서 차지하는 비중임.
자료: Hui, Ho and Ho(2004: 93), 표 9 수정.

다. 토지 재정수입의 심각한 감소는 주로 1998년 아시아 금융 위기로 인한 경기 침체 때문이었다. 이 당시 주택시장은 공급과잉이었고, 따라서 부동산 자산 가격은 하락했다. 이때 도입된 핵심 정책이 개인주택 개발을 위한 정부토지 임대 프로그램을 연기하는 것이었다(Hui, Ho and Ho, 2004: 93). 그 결과 토지사용권 판매 수입이 급감했다.

싱가포르는 부의 재분배를 위해 다른 형태의 부담금을 두고 있다. 이를 차별화된 프리미엄이라 부른다. 차별화된 프리미엄은 원래의 계약내용이 변경되어 기존보다 더 많은 권리를 부여할 경우 가격이 오르면 그 차액을 기준으로 부과하는 방식이다. 차별화된 프리미엄은 토지위원회(Commissioners of Lands)가 부과한다. 차별화된 프리미엄이 부과되는 경우는 다음과 같다. 용적율이 증가하는 경우, 용도가 변경되는 경우, 임차 기간이 연장되는 경우, 부과된 제한들이 사라지고 개발 강도에 변경이 생기는 경우, 정부가 부과한 제한적인 계약조건들이 사라지는 경우다(Hui, Ho and Ho, 2004: 86~87, 76~100). 이처럼 차별화된 프리미엄은 개념상 프리미엄과 부담금의 성격을 동시에 갖고 있는 부담금 유형이다.

싱가포르의 부동산 조세 체계(property tax system)에 따르면 부동산 관련 세금에는 인지세(stamp duty), 물품 및 서비스세(Goods and service tax), 상속

표 14-3 **싱가포르의 부동산 조세 체계 및 내용**

부동산 조세 유형	내용
인지세 (stamp duty)	인지세는 다음 이율로 싱가포르 부동산의 구매 가격에 부과된다. 0~180,000싱가포르달러는 1%, 180,001~360,000싱가포르달러는 2%, 360,001싱가포르달러 이상은 3%
물품 및 서비스세 (Goods and Service Tax)	상업용 부동산의 취득 비용에 단일한 3% 요율이 부과된다. GST는 상업 부동산에서 발생하는 임대료에 부과된다. 그러나 기업이 GST 목적을 위해 등록되면 임차인에게 비용은 아니다.
상속세(Estate duty)	망자 자산의 주된 가치(principal value)에 부과된다.
소득세 (Income tax)	취득 후 3년 이내에 판매해 발생한 소득에 부과된다. 이는 개인 회사의 주된 자산이 부동산일 경우 주식의 처분에서 발생하는 소득에도 부과된다. 비거주자에게는 순 임대료 수입에 대해 26%의 소득세가 적용된다. 반면 거주자에게는 개별 비율로 과세된다. 상업 부동산 소유주는 모든 임대료 수입에 물품 및 서비스세(GST)를 보고해야 한다.
재산세 (Property tax)	모든 주택, 건물, 토지 및 공동주택의 매년 가치(annual value)에 부과된다. 현재의 부동산세 세율은 상업용과 주거용 부동산 모두 10%다. 개인이 소유하면서 점유하는 주거용 부동산은 4%다.

자료: Hui, Ho and Ho(2004: 82~83), 표 2 수정.

세(Estate duty), 소득세(Income tax), 재산세(Property tax)가 있다. 세금의 내용 및 부과 기준을 정리하면 〈표 14-3〉과 같다.

싱가포르의 부동산 세제에서 가장 중요한 것이 재산세다. 싱가포르 정부는 싱가포르 내의 모든 움직일 수 없는 부동산에 재산세를 부과한다. 여기에는 HDB 아파트, 주택, 사무실, 공장, 가게 및 토지가 포함된다. 부동산 소유자가 부담하는 세금은 부동산의 매년 가치에 기초해 상업용과 주거용 모두 매년 가치의 10%를 환수하며, 개인이 소유 및 점유하고 있는 주거용 부동산은 매년 가치의 4%를 환수한다.

재산세의 과표인 매년 가치(annual value)는 평가된 매년 임대료로서, 부동산이 실제로 임차가 되었든, 소유자가 주거하든 비어 있든 상관없이, 토지소유주가 수선비, 보험료, 유지비 및 재산세를 부담하면서 임차한다고 가정했을 때 누릴 수 있을 것으로 기대하는 매년 임대료(Hui, Ho and Ho, 2004: 83). 매년 가치는 [(월 임대료 시세−비용)×12]로 계산된다. 최근 자료

표 14-4　**연도별 재산세 수입(1996~2000)**　　　　　　　　단위: 100만 싱가포르달러

	2000~2001	1999~2000	1998~1999	1997~1998	1996~1997
재정청 집계 전체 수입	18733.5	15080.6	15628.2	16856.6	15270.4
부동산세	1409.0	1147.4	1809.3	2355.5	1563.5
비율	7.5%	7.6%	11.6%	14.0%	10.2%

자료: Hui, Ho and Ho(2004: 93), 표 9 수정.

에 따르면 싱가포르의 재산세 세율은 소유자 거주 시에는 매년 가치에 따라 0~16%의 점진적 세율이 적용되며, 소유자 비거주 시에는 매년 가치에 따라 10~20%의 점진적 세율이 적용된다(이관옥, 2018: 133). 1996~2000년 동안 발생한 싱가포르의 재산세 수입 비율은 〈표 14-4〉와 같다.

　싱가포르의 인지세 체계는 주목할 필요가 있다. 싱가포르의 인지세 체계에 따르면 인지세에는 구매자 인지세(BSD), 구매자 추가 인지세(ABSD), 판매자 인지세(SSD)가 있다. 구매자 인지세는 거래가격(또는 시장 가격 중 높은 가격)의 1~4%가 부과된다. 구매자 추가 인지세는 시민의 경우 최초 구입은 0%, 두 번째 구입은 12%, 세 번째 구입은 15%가 부과되며, 영주권자는 최초 구입은 5%, 두 번째 이후 구입은 15%가 부과된다. 그런데 판매자 인지세의 경우 보유기간 1년까지는 12%, 보유기간 1~2년은 8%가 부과되며, 보유기간이 2~3년이면 4%, 3년 이상이면 0%가 부과된다. 싱가포르 인지세의 특징은 구매자에게는 부동산 매입을 신중하게 판단하도록 유도하며, 부동산 판매자에게는 장기 보유를 유도하도록 과세해 투기적 수요를 최대한 완화한다는 점이다. 대신 판매자에게 양도소득세를 부과하지는 않는다(이관옥, 2018: 135).

　〈표 14-4〉에는 나와 있지 않지만 파악해야 할 세금이 있다. 바로 자동차세다. 싱가포르에서 자동차세가 매우 중요한 역할을 한다. 원래 취지는 교통 혼잡을 막기 위한 것이지만, 도로 사용에 대한 대가를 납부한다는 점에

서 토지세의 일종이라고 할 수 있다. 1994년에 이런 명목으로 거두어들인 자동차 관련 세금은 42억 싱가포르달러인데, 이는 싱가포르 전체 세수의 20~25%를 차지했다(신장섭, 2003: 358). 지금도 자동차세는 싱가포르의 전체 세수에서 여전히 중요한 위치를 차지하고 있을 것으로 보인다.

마지막 토지가치 환수장치로 자유보유 토지 및 공개시장에서 구입한 토지에 적용하는 개발부담금(development charges)이 있다. 싱가포르는 계획허가에 의한 토지이용 및 개발밀도의 변화로 발생하는 토지가치 상승분을 공유함으로써 분배 형평성을 보장하기 위해 개발부담금을 부과한다. 개발부담금은 도시재개발청이 부과하며, 싱가포르 국세청장이 118개 개발구역에 대해 개발부담금 요율을 1년에 두 번 조정한다. 수요가 많은 지역은 개발부담금 인상률이 더 높다. 싱가포르의 개발부담금은 1980년 2월부터 계획허가로부터 발생한 가치상승의 70%를 환수하다가, 1985년 6월부터 50%로 축소되었다. 싱가포르 정부는 개발부담금의 50% 수준을 개발업자가 전체 비용 구조에서 부담하면서도 재개발에 참여할 수 있는 적정 수준으로 보고 있다.

4. 공공토지임대제에 기초한 주택제도와 산업단지

1) 주택제도

싱가포르의 주택제도는 매우 유명하다. 싱가포르 주택모델은 노무현 정부 때 '토지임대부 주택'이라는 정책으로 도입되었다가 오늘날 서울시에서 추진하는 '토지임대부 사회주택'으로 진화했을 정도다. 노무현 정부가 도입한 토지임대부 주택은 '반값 아파트'로도 유명했는데, 50년이라는 장기 토지사용권과 건물소유권이 결합한 재산권 구조다. 싱가포르의 저렴한 주택 가격과 높은 자가주택보유율은 임금상승 요구에 완충작용을 했으며, 상품의 국제경쟁력을 제고하고 경제발전을 촉진하는 요인으로 작동했다. 싱가포르가 추진한 공공토지임대제 모델은 주택 분야에서 토지임대부 주택으로 구체화되어 시장경제와 조화를 이루면서도 사회정책 추진의 기초가 될 수 있음을 알려주는 대표적인 사례다.

싱가포르의 주택정책은 1960년에 설립된 국토개발부 산하 주택개발청 (Housing Development Board: HDB)이 총괄한다. 싱가포르 정부는 여러 민족으로 구성된 싱가포르 시민들에게 자신의 재산을 갖도록 하는 것이 국가에 대한 충성심을 키우고 국민국가로서의 통합을 이루는 최상의 방책이라고 판단하고 국민들의 주택소유 촉진 정책을 우선적으로 실시했다. 이 정책에서 정부는 '시장에 개입하는' 수준에 그친 것이 아니라 주택의 조성과 관리를 전면적으로 떠맡았다(≪한겨레≫, 2006.12.8). 싱가포르의 주택 유형으로는 크게 HDB가 공급하는 HDB 아파트(한국의 토지임대부 분양주택과 같은 형태), 공공임대주택이 있다. 이 외에 토지와 건물 모두 개인이 소유할 수 있는 민간주택이 있다.

현재 싱가포르의 주택보급률은 110%를 넘고, 국민의 85% 정도가 정부가 공급한 HDB 아파트에 거주하며, 20% 미만의 부유층만 민간주택을 소유하고 있다. HDB 아파트는 평생 두 번에 걸쳐 공급받을 수 있으며, 정부는 집값의 대부분(80%)을 장기저리(2%)로 융자해 준다. 공공주택은 시중 가격 대비 약 55% 수준으로 저렴하게 공급된다. 따라서 자금이 충분하지 않아도 주택보유자가 될 수 있다. 대신 몇 가지 조건이 따른다. HDB 아파트를 신청하기 위해서는 시민권 보유, 수입 조건, 연령, 가족 구성원, 주택 보유 이력 등의 조건이 부합해야 한다. 그리고 최소 거주조건 5년이 지나 HDB 아파트를 판매할 때는 건물 가격 상승분만을 반영해 정부에 팔아야

표 14-5 **싱가포르의 주택 통계**   단위: 천 가구

	1970	1980	1990	2000	2010	2016	2017
주택 총계	305.8	467.1	690.5	1,034.0	1,164.9	1,370.3	1,399.7
공공주택	120.1	337.2	574.4	838.6	895.8	1,004.4	1,017.3
민간주택	185.7	129.9	116.1	195.4	269.1	365.9	382.4
공공주택비율(%)	39	72	83	81	77	73	73
가구수	380.5	472.7	661.7	915.1	1,145.9	1,263.6	1,289.9
주택보급율(%)	80	99	104	113	102	108	109
공공주택 거주율(%)	30.9	67.8	85	88	82.4	80	79
자가 보유율(%)	29.4	58.8	87.5	92.0	87.2	90.9	90.7

자료: 이관옥(2018: 119).

한다. 이를 환매조건부 주택이라고 한다. 따라서 싱가포르의 HDB 주택은 판매를 통해 물가상승 이상의 시세차익을 거두기는 어렵다. 이 외에 HDB가 저소득층을 위해 공급하는 공공임대주택은 전체 주택시장에서 약 2%를 차지한다. 건설자금은 전액 정부가 지원한다.

2006년도 당시 싱가포르의 HDB 아파트를 다룬 기사를 보면, 방 5개짜리 HDB 아파트(110㎡, 침실 3개, 한국식 30평형대)의 가격이 대략 1억 2000만 원이었다(≪한겨레≫, 2006.12.8). 정부가 저리로 대출해 준다면 일반 서민들이 충분히 살 수 있는 금액의 아파트다. 당시 강남의 평균 집값이 10억 원이었다.

싱가포르의 공공주택이 성공할 수 있었던 요인은 크게 국가의 토지소유, HDB 주도의 다량 공공주택 공급, 중앙연금의 적극적인 대출 지원이라는 세 가지로 정리할 수 있다. 싱가포르는 90%에 달하는 토지가 국유지다. HDB는 공공주택을 제공하기 위해 육상교통청으로부터 토지를 구매하기 때문에 토지를 확보하는 데 어려움이 없다. 싱가포르는 국민통합을 위해 초기부터 강력한 공공주택 공급정책을 추진했다는 점도 이미 언급했다. 마지막으로 중요한 요소가 중앙연금(Central Provident Fund: CPF)이다.

싱가포르 사회보장제도의 기본 원칙은 '자립과 자조'다. 일반 국민의 노후생활, 주택 구입, 의료비 지출 등을 기본적으로 국민 각자의 저축을 통해 대비하도록 하여 국가의 공적 부조를 최소화하는 원칙을 추진하고 있다. HDB보다 더 이른 1955년에 설립된 중앙연금은 초기에 노후보장에 초점을 맞추어 시행했으나 1968년에는 적립금을 이용해서 공공주택을 구입할 수 있게 되었다. 1977년에는 의료비 지원 기능이 추가되었다. 중앙연금은 한국의 국민연금처럼 고용주와 근로자 쌍방이 임금의 일정비율을 분담해 적립한다. 무려 소득의 33%를 국가가 거두어 강제 저축하게 하고 이를 활용한다.

2011년 기준, 회원 335만 명, 자산이 약 170조 원인 중앙연금은 주택구매자에게 지급되는 주택보조금의 원천이다(정지은, 2016.3.10). 무주택자들은 저렴하게 공급되는 HDB 아파트를 중앙연금의 주택보조금으로 지원받을 수 있으며[1] 필요한 경우 HDB의 저리 융자를 통해 주택을 구매할 수도 있다. 최소 거주기간이 지나면 일정 정도 상승된 가격으로 HDB에 판매하고[2] 고급주택을 구입할 수도 있다.

---

[1] 이관옥 교수는 주택보조금의 유형을 가족보조금(재판매아파트), CPF 추가보조금, 특별 CPF 주택보조금(BTO 아파트), 상향이동 주택보조금(BTO 아파트), 크게 네 가지로 제시한다.
  – 가족보조금(재판매아파트): 월급 1만 2000싱가포르달러 미만의 최초 주택구입자에게 4만~5만 싱가포르달러 지급.
  – CPF 추가보조금: 소득이 5000싱가포르달러 미만인 가정의 경우 5000~4만 싱가포르달러 지급.
  – 특별 CPF 주택보조금(BTO 아파트): 정부 아파트를 구매하는 소득 8500싱가포르달러 미만 가정에 5000~4만 싱가포르달러 지급.
  – 상향이동 주택보조금(BTO 아파트): 더 큰 면적의 정부 아파트로 상향이동하는 가정에 1만 5000싱가포르달러 지급.

[2] HDB가 공공주택 재판매 중개업무를 수행한다. 먼저 구입희망자가 희망가격을 제시하면 HDB는 적절한 판매자와 중개시켜 준다. 2실형은 85~90%, 3실형은 80%, 4실형은 77.5%,

2) 산업단지(경제개발구)

싱가포르는 경제개발구 관리제도가 매우 유명하다. 1994년 중국은 쑤저우시에 경제개발구를 만들 때 싱가포르와 합작했다. 당시 싱가포르는 1980년대부터 구역발전전략을 전개하기 시작했고, 이미 인도(1992), 베트남(1996) 등지에 공업단지를 건설했다. 쑤저우 경제개발구는 다음과 같은 특징을 갖는다. 첫째, 경제개발구 개발은 중국 - 싱가포르 합작투자 개발공사가 책임지고, 행정 및 관리는 중국 정부가 전반적인 권한과 책임을 가지며, 대외 투자유치는 양국이 공동 책임지는 구조다. 둘째, 중국 국무원이 쑤저우 경제개발구에 자치권을 부여해 싱가포르의 경제활동과 공공관리 방면의 경험을 참고하도록 했다. 싱가포르와의 합작이 성공하자 중국 내에 싱가포르 모델을 확산하기 위해 여섯 개의 거점을 만들었다.

싱가포르 경제개발구 모델에서 더 눈여겨볼 지점은 토지임대 방식의 경제적 효율성이다. 2000년대 초반 한국에서도 경제특구 개발이 이슈가 되었는데 그 당시 남덕우 전 국무총리는 "공적 소유의 매립지는 매각하는 것보다 장기 임대하는 것이 바람직하다"라는 관점을 제시했다. 싱가포르 국립대학의 신장섭 교수(경제학과) 역시 공단 부지는 정부의 총괄적인 계획 아래 한꺼번에 개발하고 전체를 임대하는 방식이 부동산 투기도 막고 재원을 확보하는 데도 유리하다고 보았다. 북이 정말로 싱가포르로부터 배워야 할 것은 국가 차원의 토지공개념 제도와, 경제개발구에서의 토지 관리방식인 것이다. 그리고 이를 원산 - 금강산국제관광지대라는 중앙급 경제개발구에 적용할 필요가 있다. 이렇게 하면 원산은 개방의 새로운 실험대가 될 것이다.

5실형 이상은 75%의 시세차익을 인정해 준다.

5. 싱가포르 모델에 대한 평가

싱가포르의 공공토지임대제 또한 중국과 홍콩처럼 출양 방식을 통해 99년(주택) 또는 60년(산업단지) 기한으로 토지사용권을 공급한다. 토지사용권 가격은 경매를 통해 결정된다. 토지임대 수입은 전체 재정에서 중요한 구성 요소다. 그러나 출양 방식에 의존하기 때문에 토지임대 수입의 변동이 큰 편이다. 다행히도 토지가치 상승분을 확보하기 위해 보완적으로 매년 임대가치를 기준으로 재산세, 개발부담금, 인지세 등 조세를 부과하며, 이 외에도 부담금을 통해서 토지가치 상승분을 환수한다. 그리고 주택의 경우 환매조건부 주택 판매로 가격을 조정하는 기능이 있다. 정리하면, 초기 출양 방식으로 토지사용권을 공급하는 한계는 있으나 이를 보완하는 제도가 잘 갖춰져 있다는 것이 높은 평가를 받을 수 있는 근거다. 다만 향후에는 매년 부과되는 재산세 환수율을 매년 가치 기준 50% 수준에 이르도록 조정할 필요가 있다.

6장에서 도출한 지대원리를 다시 정리하면, 차액지대 공유, 경매를 통한 토지사용권 분배, 매년 지대 납부, 조세대체의 네 가지다. 이를 준거로 싱가포르의 공공토지임대제를 평가하면 대체로 네 가지 조건을 모두 충족하고 있다. 각각을 살펴보자.

첫째, 싱가포르는 기본적으로 토지공개념이 매우 강한 국가다. 이는 토지매입을 통한 토지국유화 비율을 85% 수준까지 끌어올린 것만 보아도 알 수 있다. 이러한 점에서 첫째 원리인 차액지대 공유의 원칙을 충족한다.

둘째, 싱가포르의 토지사용권 최초 양도방식은 공개 경매 및 텐더(비공개 입찰) 방식이다. 기본적으로 경쟁 원리를 통해 최고가 청약자에게 토지사용권을 양도하는 방식이다. 따라서 둘째 지대원리인 경매를 통한 토지사용권 분배도 충족한다.

셋째, 싱가포르는 중국과 홍콩처럼 출양 방식, 즉 토지사용료 일시불 방식을 택하기 때문에 매년 지대 납부의 원칙과는 거리가 멀다. 그럼에도 불구하고 출양 방식의 한계를 보완하기 위해 나름 매년 지대납부 체계를 보유하고 있다. 대표적인 것이 재산세다. 더 특징적인 점은, 중국은 지가에 기초해 세금을 환수하는 반면, 싱가포르는 매년 가치, 즉 지대를 평가한 후 이 가치를 과표로 일정 세율을 적용해 세금을 환수한다는 것이다. 이러한 점에서 셋째 지대원리인 매년 지대 납부도 불완전하지만 나름 충족하고 있다. 다만 매년 가치에서 환수하는 비율이 주택의 경우 소유자 거주 시 매년 가치의 0~16%, 소유자 비거주 시 매년 가치의 10~20%이기 때문에 100%와 비교할 때 크게 못 미친다.

넷째, 사회복지가 잘 갖춰진 유럽 국가들은 개인 및 기업 소득에서 큰 비율로 세금을 환수하기도 하지만, 시장경제 논리로 본다면 정부가 토지에서 재원을 더 많이 확충하는 만큼 '그에 상응하게' 노동소득세, 자본이득세 및 상품부가세를 감면하면 정부 재원은 일정 수준을 유지하면서 시장경제 활성화를 촉진할 수 있다. 이런 관점에서 싱가포르는 토지와 관련된 재정수입이 증가함에 따라 경제에 부담을 주는 다방면의 세율을 인하할 수 있었다. 가령, 1965년 독립 이후 싱가포르에서는 소득과 이윤에 대한 세금이 계속해서 줄어들었다. 1966년에 개인 한계소득세율이 6~55%였으나, 1990년대 후반에는 2~28%로 크게 줄어들었다. 법인세율도 한국이 27.5%일 때 싱가포르는 22% 수준이었다(Phang, 1996). 이 외에도 외국인 투자 기업이 싱가포르에 지역본부를 설치하거나 R&D 투자 등 고부가가치 산업에 투자하면 세금을 대폭 감면해 준다(신장섭: 2003: 358~360). 따라서 싱가포르에서는 토지세 수입이 증가함에 따라 소득 및 이윤에 대한 세금이 줄어드는 '조세대체' 구조가 형성되어 있다. 다만 지대 환수 수준이 뚜렷하게 높지 않은 만큼 조세대체 수준 역시 그다지 높지는 않은 것으로 보인다.

제15장

성공적인 핀란드의 공공토지임대제 모델

1. 추진 배경

핀란드에서 토지 공유 주체는 중앙정부와 자치시(Municipalities)로 나뉜다. 1990년대 초 통계에 따르면, 전체 국토 중 중앙정부 소유 비율이 29%였으며, 자치시 소유 비율이 2%, 개인 소유 비율이 68%(정부 소유에 속하는 목재공사 소유 8% 포함), 교회 소유 비율이 1%였다. 비록 자치시가 소유한 토지 비율은 2%로 매우 낮지만, 핀란드의 도시토지 비율이 전국 토지의 1%에 불과하다는 점을 고려하면 자치시 토지소유가 도시토지에서 매우 중요한 역할을 담당하고 있음을 알 수 있다. 즉, 자치시는 공공토지임대제 실행에서 매우 중요한 위치를 차지하고 있다. 심지어 자치시는 과세권(자치시 소득세 및 재산세)과 토지이용계획을 실행하는 주체다. 대표적으로 핀란드 수도인 헬싱키시는 행정범위 내의 68%의 토지를 보유하고 있으며, 여타 도시정부(Towns) 역시 토지 공유를 강화하고 있다.

일반적으로 핀란드의 공공토지임대제 경험은 성공적인 것으로 평가된다. 주된 성공 요인은 두 가지로 정리된다. 하나는 시민들의 토지 공유 관념이 매우 강하기 때문이고, 또 하나는 도시토지 공유의 전통이 공공토지임대제 실행에 매우 유리한 환경을 조성했기 때문이다.

첫째 요인과 관련해 부언하자면 핀란드 시민들은 본래 토지사유제를 선호했다. 그러나 시민들에게 '사회적인 토지소유권(socially bounded land ownership)'이라는 독특한 관념이 형성되었다. 이러한 관념이 뜻하는 바는, 토지는 먼저 공공의 이익에 복무하고 난 뒤라야 토지소유자의 이익에 복무할 수 있다는 것이다. 이러한 토지가치 관념의 변화는 공공토지임대제의 성공적인 진행을 촉진했다. 이러한 변화를 가져온 최초의 법률은 1920년에 공포된 '근린주구법(Neighborhood Act)'이다.

둘째 요인과 관련해 부언하자면 오래 전부터 도시정부는 국왕의 봉토(封土)에 대해 공공토지임대제를 실행했으며, 토지 매매가 금지되었다. 이러한 역사적 배경은 너무도 자연스럽게 도시에서 공공토지임대제를 추진할 수 있는 배경이 되었다.

2. 핀란드 공공토지임대제 모델의 주요 내용

1906년 이전에 건설한 도시(모두 35개)는 국왕의 봉토에 건설한 것이었다. 현재 전체 도시 중 약 3분의 1은 모두 이러한 역사 배경을 가지고 있으며, 이러한 도시는 공공토지임대제를 실행하고 있다. 그러나 두 번의 '특별법' 제정(1943년, 1962년) 이후 변화가 일어났다. 도시정부가 토지를 매각할 수 있게 된 것이다.

과거 도시 근교 농민들과 새로운 도시 주민은 토지사유제를 더욱 선호했다. 1943년 '특별법' 제정으로 도시 근교 농촌 임차인이 자기의 임차 토지를 구매할 수 있도록 허용함에 따라 도시 내의 임차인 역시 같은 권리를 요구했다. 회의를 거쳐 1962년에 '도시 내 임대토지 조직법(the Act on the Organizing of Leased Land in Towns)'이 통과된 이후 도시토지 임대기한을 별도로 50년 연장하는 것을 허용했다(Bourassa and Hong, 2003: 102 재인용).

1) 정책목표

핀란드의 자치시는 고유의 전통하에 자체적인 토지정책 목표를 수립할 수 있다. 현재 공공토지임대제의 공통된 주요 목적은 토지이용계획을 촉진하고, 토지가격을 안정시키며, 토지가치 증가부분을 환수하고, 토지독점을 방지하며, 산업개발을 촉진하는 것이다. 이로써 알 수 있는 것은 핀란드 공공토지임대제는 홍콩정부가 강조하는 재정확충 부분을 그다지 중요하게 여기지 않는다는 것이다.

2) 임대기간

핀란드는 1966년 제정된 '임대법(Leasehold Act)'에 따라 현재 모든 토지 임대를 관리하고 있다. '임대법'에 따르면 현재 주택용지 임대기한은 30~100년이고, 건축물이 들어선 농지의 최장 임대기한은 15년이며, 개량이 이루어지지 않은 농지의 최장 임대기한은 10년이다. '임대법'이 정한 토지용도별 임대기한을 근거로 헬싱키가 실행하고 있는 구체적인 임대기한은 주택용지가 50~60년, 상업용지가 50년, 공업용지가 20~30년이다. 그런데 주택용지는 1995년 이후 100년의 기한으로 임대하기 시작했다.

3) 임대목적조항

비록 '임대법'이 개발 종료 기한에 대해 아무런 규정을 마련하고 있지 않지만, 자치시는 일반적으로 임대목적조항을 통해 일정 시간 이내에 개발을 완수할 것을 요구하고 있다. 만약 임차인 개발업자가 규정된 시간 이내에 개발을 완수하지 못할 경우 자치시는 해당 토지사용권을 회수하며 다른 임차인에게 임대한다. 어떤 자치시는 임차인에게 벌금을 부과하기도 한다.

4) 토지임대료 표준

토지임대료는 협의를 통해 결정하며, 최고한도가 없다. 비록 '임대법'이 일시불 토지임대료의 전부 또는 일부를 납부하는 것을 금지하지는 않지만, 임차인은 대체로 일시불 방식을 이용하지 않는다. 핀란드는 토지임대료 납부율이 상당히 높아 '임대료 납부 불이행'으로 초래된 재정손실은 매우 작다. 가령, 홍콩의 경험과 반대로 1999년에 매년 토지임대료를 납부하지 않은 비율이 0.07%다. 핀란드의 매년 토지임대료 수준은 적절할 뿐만 아니라 납부율도 상당히 높은 편이다. 자치시가 환수하는 매년 토지임대료 수입은 기초시설 건설과 공공서비스 제공에 쓰이며, 도시관리에서 중요한 역할을 하고 있다.

5) 공공기관도 '내부' 토지임대료 납부

핀란드의 공공기관 역시 토지사용에 대한 대가로 '내부' 토지임대료를 납부해야 한다. 내부 토지임대료 납부 방식은 1990년부터 실행하기 시작했다. 1999년에는 인구 5만 명이 넘는 도시 중에서 60%의 도시가 회계상 내부 토지임대료를 납부하기 시작했다. 이는 공공기관이 직접 현금을 납부하는 방식이 아니라, 공공기관의 한 해 예산에 토지임대료가 책정되는 방식이어서 회계적으로 토지임대료 납부 처리가 이루어진다.

공공기관이 내부 토지임대료를 납부하는 목적은 공공부문의 토지이용 효율성을 높이기 위해서다. 구체적으로 설명하면, 내부 토지임대료 납부는 공공부문으로 하여금 스스로 부담하고 있는 토지이용 비용을 의식하도록 한다. 도시 전체적으로 토지공급이 제한되어 있는 상황에서 공공부문의 토지이용에 따른 비용을 파악하고 있기 때문에 자치시는 공공부문에 대한 토지분배의 최적화를 통해 토지절약을 촉진할 수 있다.

헬싱키시의 경우, 상술한 공공기관의 내부 토지임대료 납부와는 반대로 비영리기구는 토지임대료를 납부하지 않거나 단지 명목상의 토지임대료를 납부할 뿐이다. 다만 헬싱키 시정부는 지원성 토지임대료 규모를 공시하기 위해 원칙상 비영리기구가 납부해야 하는 토지임대료를 재정지출의 비용 항목에 포함시켰다.

6) 협의 방식을 통한 토지사용권 분배

핀란드의 토지사용권 배분 및 매년 토지임대료 결정 방식은 일반적으로 협의 방식을 적용한다. 그런데 헬싱키시는 토지사용기한이 최장인 주택용지에 대해 경매 방식을 통해 결정하고 토지사용권을 분배한다. 경매를 통한 주택용지 사용권 분배 비율은 겨우 1%로, 대부분의 주택용지는 쌍방의 협의를 통해 임차인과 매년 토지임대료를 결정한다.

헬싱키시가 쌍방 협의 방식을 채택할 때, 매년 토지임대료 수준은 토지평가가치의 4%다. 일반적으로 토지평가가치는 시장가치의 80% 수준이다. 상업용지와 공업용지는 시장 토지임대료를 채택하며, 이는 전체 임대계약 중에서 40%의 비율을 차지한다. 두 용지의 매년 토지임대료 수준은 시장 토지가치의 5%다.

7) 임대계약의 연장

임대계약 기한이 만기된 이후 임차인은 토지임대계약을 다시 체결할 수 있다. 그런데 만약 자치시가 임대계약 연장에 동의하지 않으면 임차인이 투자해 이룬 토지 개량물의 가치를 보상해야 한다. 보상 표준은 감가상각률을 고려한 후 남은 가치의 60~70%다. 산업용지 보상은 임대계약상 이미 약정한 보상 조건에 따라 진행한다. 핀란드가 공공토지임대제를 규모 있게 실행하기 위해 광범위하게 사용하는 '모델 계약(Model Contract)'은 보상규정을 포함하지 않는다. 만약 임대계약에 보상협의가 포함되어 있지 않다면 임대계약 만기에 도달했을 때 임차인은 임대토지상의 건축물을 철거해야 한다.

임대재산의 불안전성을 제거하기 위해 지방정부는 다음 세 가지 시책을 마련했다. 첫째, 임대계약 만기가 도래하기 이전에 임차인은 자기의 임대계약을 연장할 수 있다. 핀란드 지역협의체(Finnish Association of Local and Regional Authorities: FALRA)가 설계한 '모델 계약'에 따르면 임차인의 단독주택지와 아파트부지를 계속해서 주택용지로 사용할 경우 재계약의 권리를 향유할 수 있다. 하지만 산업 임대계약은 자동 연장을 허용하지 않는다. 둘째, 자치시는 임차인에게 '영원한 임대'를 제공한다. 셋째, '임대법'의 규정에 근거해 정부는 임차인의 토지사용권을 회수할 수 없다.

8) 임대계약의 재양도 및 담보대출

임차인은 임대계약, 즉 토지사용권을 재양도할 수 있다. 게다가 임대계약은 은행 대출의 담보로 설정할 수 있다. '토지기본법(Basic Code of Land Laws)'에 따르면, 임차인이 자신의 임대권, 즉 토지사용권을 보호하기 위해서는 토지계약 내용을 법원에 등기해야 한다. 이러한 점은 핀란드의 토지사용권이 용익물권의 조건인 권리 등기와 토지사용권의 자유 처분이라는 조건을 충족하고 있음을 보여준다.

9) 임대료 조정 주기와 조정 방법

'임대법'은 시정부가 주기적으로 토지임대료를 수정하도록 규정하고 있다. 주택용지에 대한 매년 토지임대료는 30년에 1회 수정한다. 따라서 주택용지 토지임대료는 현실을 그대로 반영하기 어렵다. 그러나 상업용지와 공업용지는 매년 토지임대료를 수정한다. 매년 토지임대료 수정은 토지임대료를 생활비지수(LCI)와 연동시키는 방식으로 진행한다. 이러한 수정 방식은 주거적인 평가비용의 문제를 해결할 수 있다.

10) 세제

토지임대료 외에 토지 관련 세제로 재산세와 특별추징세가 있다. 1992년에 제정된 '부동산세법(Real Estate Tax Act)'은 자치시가 대부분의 건축용지와 토지개량물에 재산세(annual tax)를 부과할 수 있도록 했다. 1999년 수정된 '부동산세법'은 자치시가 특별추징세를 유휴 토지에 부과할 수 있도록 했다.

3. 핀란드 모델에 대한 평가

핀란드가 북유럽에 속한 국가라서 자료를 확보하기가 쉽지 않아 자세히

살펴보지는 못했지만, 기존 연구를 통해 보건대 핀란드의 공공토지임대제
는 지금까지 살펴본 사례 중에서 가장 안정적이면서 균형 잡힌 모델의 가
능성을 보여주었다. 페커 비르타넨(Pekka V. Virtanen)은 성공 요인으로 네
가지를 제시했다. 첫째, 우수한 임대법률, 둘째, 능력 있고 부패하지 않은
행정, 셋째, 임대목적조항에 의해 실행 가능하고 분명한 정책 목표 제시, 넷
째, 상호 보완적인 도시계획과의 관계다(Bourassa and Hong, 2003: 112). 이
러한 내용을 조금 더 풀어서 설명하고 평가해 보자.

1) 공공토지임대제 시행과 함께 토지소유권 매각도 일부 허용

핀란드의 관련 법률은 정부보유의 토지소유권을 개인에게 매각하지 못
하도록 규정하고 있으나, 핀란드 지역협의체(FALRA)가 설계한 '모델 계약'
은 토지소유권 매각의 가능성을 열어놓았다. 쌍방이 협의 체결한 '모델 계
약'에 토지소유권 매각이 포함된다면, 임차인 개발자는 개발 종료 후 규정
된 시간 내에 토지소유권 구매를 신청할 수 있다. 그러나 핀란드의 수도 헬
싱키는 이러한 매각 규정을 허용하지 않는다.

일반적으로 사유토지시장에 의존해 토지자원을 분배하는 농촌 자치체
는 토지소유권 매각을 허용하나, 발전이 비교적 빠른 대중 도시는 공공토
지임대제를 실행하고 있다.

2) 정치압력이 없는 핀란드의 공공토지임대제

핀란드 자치시는 공공토지임대제를 시행하는 과정에 이념적으로 아무
런 개입을 하지 않는다. 핀란드가 시행하는 공공토지임대제는 단지 정책
목적을 추구하는 수단에 불과하다. 이로 인해 핀란드의 공공토지임대제는

자치시 정치구조가 초래하는 정부 또는 시민의 정치 압력을 받지 않는다. 전통적인 토지공유 관념을 가지고 있으며 토지임대정책의 성과를 직접 경험한 자치시 주민들이 공공토지임대제를 매우 선호하는 경향이 이러한 현상의 가장 밑바닥에 자리하고 있다. 어떤 자치시는 심지어 개발자에게 매년 납부 또는 일시 납부 중 하나를 선택할 수 있도록 하지만, 적은 수의 개발자만 일시불 방식을 선택한다. 개발자들이 매년 납부 방식을 선택해도 임대권이 매우 안전하다고 느끼며, 초기 개발자금 부담을 줄일 수 있다고 생각하기 때문이다.

3) 공공기관도 회계상 내부 토지임대료 납부

핀란드의 공공기관은 자신들이 보유하고 있는 공공시설용지에 대해 회계상 내부 토지임대료를 납부한다. 이러한 정책은 공공기관으로 하여금 자신들이 당연히 부담해야 하는 토지임대료의 규모를 인식하도록 한다. 게다가 내부 토지임대료는 중앙정부로 하여금 전 영토 내에서 발생하는 총 토지임대료의 규모를 파악하도록 한다. 결과적으로 공공토지임대제는 중앙정부나 공공기관으로 하여금 토지의 효과적인 이용을 촉진한다.

핀란드의 이러한 정책은 사실 지금까지 살펴본 여타 국가 또는 도시국가의 공공토지임대제 경험에서 찾아볼 수 없는 독특한 것이다. 왜냐하면 다른 나라에서는 정부기구의 토지 무상사용을 너무도 당연하다고 생각하기 때문이다. 그리고 어찌 보면 회계상 내부적으로 토지임대료를 처리하기 때문에 공공기관으로서는 실제로 토지임대료를 납부하는 것이 아니어서 이러한 정책이 무슨 의미와 효과가 있겠냐고 반문할 수도 있다. 그럼에도 불구하고 핀란드의 독특한 정책은 나름 효과가 있는 것으로 보인다. 심지어 비영리기구의 토지임대료는 중앙정부 예산에 책정되어 있어 공공기관의

토지임대료 정책과 성격이 유사하다. 이로써 핀란드는 원칙적으로 모든 토
지에 대해 토지임대료를 납부한다.

4) 토지임대업무 주관기관인 부동산투자공사는 민간기업

1999년에 중앙정부는 토지임대업무 주관기관 부동산투자공사(Kapiteeli)
를 설립했다. 비록 정부가 설립한 공사이긴 하지만, 법률상으로는 민간기
업이다. 이 공사는 정부 소유 토지를 소유, 개발, 매각, 또는 임대하는 임무
를 담당한다. 다양한 정부기구는 자본 투자 형식으로 자신이 보유한 개량
토지 또는 비개량토지를 이 공사에 위탁해 관리한다. 부동산투자공사는 민
간기업의 효율적인 경영기술을 보유하고 있으며, 이에 기초해 공공이익을
추구한다.

5) 매년 납부 방식은 개발자의 자금 부담 경감

핀란드의 개발자와 주택 구매자에게 공공토지임대제의 가장 큰 장점은
초기 투자자금 및 구매자금 부담을 경감시켜 준다는 것이다. 매우 적은 수
의 개발자만 토지구매 방식을 선택하며, 주택구매자 역시 가능한 한 토지
임대 방식으로 주택을 구매한다. 비르타넨의 연구에 따르면, 주택구매자는
총 주택가격의 70%를 대출로 부담하고, 나머지 30%는 초기 납부금(down
payment)으로 부담한다. 주택가격의 70%라는 대출 비율이 결코 낮은 것은
아니나, 개발자가 선택한 토지임대 방식은 초기 납부금을 줄일 수 있다. 게
다가 공공토지임대제는 주택가격 상승을 억제하며 복지주택(affordable
housing) 공급에도 유리하다(Bourassa and Hong, 2003).

6) 매년 납부 방식으로 토지투기 현상 억제

임대계약은 개발자의 완공 기한을 포함하고 있다. 만약 개발자가 기한 내에 토지개발을 완성하지 못하면, 자치시는 토지임대계약을 취소하거나 벌금을 부과할 수 있다. 따라서 개발자는 쉽사리 투기목적으로 토지를 임차하지 못한다. 이러한 법률 규정은 핀란드의 전통적인 토지공유 관념과 더불어 핀란드 공공토지임대제의 성공에 유리한 조건을 형성한다.

7) 도시계획과의 상호 보완적 관계

자치시의 법정 토지이용계획은 임대계약에 비해 우선권을 가지며, 임대계약 이전에 이미 자치시 정부가 결정한다. 이러한 특성 때문에 자치시의 토지이용계획은 공공토지임대제 실시를 더욱 용이하게 한다. 자치시와 임차인 쌍방이 토지임대를 놓고 협의하는 경우, 토지이용계획의 내용에 따라 협의를 진행한 후 계약을 체결하면 된다. 사실 이러한 점은 다른 사례에서도 대체로 확인되는 내용이다. 중요한 것은 시장의 수요를 정확히 파악해 토지이용계획을 적합하게 수립하고 임대계약을 통해 토지를 적정하게 공급 및 관리하는 것이다.

4. 홍콩, 캔버라, 싱가포르, 핀란드의 경험 종합

2부에서 제시한 이론체계인 지대원리와 지대자본 화폐화 이론에 근거해 간략하게 평가하면, 홍콩과 캔버라의 경험은 매년 납부 방식을 일시불 방식으로 전환한 것은 중대한 정책 착오였음을 보여준다. 이에 비해 싱가포

표 15-1 **캔버라, 홍콩, 핀란드의 공공토지임대제 모델 비교**

항목	캔버라	홍콩	핀란드
임대기한	99년	대부분의 주택용지와 상업용지 임대기한이 50년(1997년 이전에는 75년)	주택용지 50~60년, 상업용지 50년, 공업용지 20~30년
계약 연장권	모든 주택용지 임대는 명목비용 납부조건에서 연장 가능	1997년에 50년 연장. 2047년에 연장 가능한지는 '기본법'에 명확한 규정이 없음	임대인이 공공목적으로 토지가 필요하지 않으면 주택용지는 연장 가능. 공업용지는 제외
개량물 소유권	기한 만료 때에 임차인이 모든 토지개량물 소유권을 가짐	임차인이 모든 토지개량물을 가짐	계약 미연장 시 임대인이 임차인의 토지개량물 보상. 공업용지 토지개량물은 미보상
임대료 납부주기	- 1971년 이전: 지대 조정 및 매년 납부. - 1971년 이후: 모든 주택용지의 매년 지대 폐지, 일시불로 전환	- 임차인이 토지임대계약 초기에 일시불 토지임대료 납부. 재개발 위해 임대조건 수정 시 수정된 일시불 토지임대료 납부 - 임차인이 토지 및 건축물의 임대평가가치의 3%를 매년 토지임대료 형식으로 정부에 납부 - 정부는 매년 임대평가가치 수정	- 임차인이 토지평가가치의 4~5%를 매년 토지임대료로 정부에 납부 - 매년 토지임대료는 주택용지는 30년에 1차 수정, 상업 및 기업용지는 매년 조정. 생활비 변화와 연동
임대조건을 통한 토지사용 통제	정부는 임대목적조항을 포함해 토지이용 허가. 토지개발은 계약상의 약정 시간 내에 종료해야 함.	임대조건을 통해 토지이용 조정. 토지이용이 규정된 실행은 계획부문과 건축부문이 주로 책임짐	임대조건이 토지이용을 통제하지 않음. 세부적인 계획으로 토지이용 조정
재개발 요구	재개발로 초래된 토지가치 상승의 75% 납부(1990년에는 50%)	토지재개발은 정부 허가 필요. 또한 수정된 일시불 토지임대료 납부	정부와 계약 갱신 후 매년 토지임대료를 새로 납부
토지권속 양도	임대권 재양도 가능. 개발 완료 이후에 재양도 진행	임대권 재양도 가능	토지권속(자유보유 및 임대)의 자유로운 재양도 가능
정부의 토지 환수	토지 회수 안 함. 정부는 이미 공공목적의 토지를 충분히 비축	공공목적을 위해 토지 회수. 토지개량물 보상	회수 권리 보유. 시장가격으로 개량물 보상
공공임대에 대한 주민 태도	1788년 왕실부지 선포는 임대제의 유리한 기초. 이후 캔버라 외에서도 자유보유 허용. 시민들은 투표권에 기대 매년 임대방식을 일시불로 전환	공공임대에 대한 공공의 태도는 매우 실용주의적임. 주민은 임대제를 자유보유로 전환하도록 요구하지 않음	공공기구와 시정부는 임대제에 적극적임. 임대법은 이러한 태도를 강화함. 작은 시정부는 임대로 인해 높은 행정비용이 발생하므로 자유보유 선호

출처: Bourassa and Hong(2003: 18~20).

르와 핀란드의 경험이 보여주듯이 매년 납부 방식은 다른 정책들과 효과적으로 결합할 경우 매우 바람직한 경제, 사회적 효과를 가져올 수 있었다. 그러나 모든 정책에는 단점이 있기 마련이다. 홍콩은 중국 귀환(1997) 이전에 실행한 일시불 방식이 부동산거품 문제를 초래했으며, 정부의 토지독점은 주택 공급 속도를 급격히 떨어뜨렸다. 캔버라 사례는 공공토지임대제가 민주주의와 어떤 관계를 맺어야 하는지에 대한 숙제를 던져주었다. 〈표 15-1〉은 캔버라, 홍콩, 핀란드, 세 곳의 모델을 요소별로 비교한 것이다.

제4부

개혁

제16장

해방 후 북의 토지제도 개혁

1. 토지개혁 연혁

해방 후 북이 추진한 토지개혁 과정은 큰 틀에서 중국과 비슷한 방식과 절차를 거쳤다. 이를 정리하면, ① 일정 규모 이상의 개인소유 토지 무상몰수 및 무상분배, ② 매우 짧은 기간 동안 토지사유권 인정, ③ 농업집단화 사업을 통한 국가 토지소유제 확립이다(박인성·조성찬, 2011: 383~388).

세부적으로 살펴보면, 1946년부터 북에서 추진된 토지개혁은 토지에 대한 사유권을 완전히 부인하지는 않고, 일정 면적(5정보) 이상의 개인소유 토지만을 대상으로 무상으로 몰수하고 무상으로 분배했다. 1946년 3월 5일 북조선인민위원회는 '토지개혁에 관한 법령'을 공포하고 토지개혁을 단행하기 시작했다. 곧이어 1946년 3월 8일에 '토지개혁법령에 관한 세칙'을 공포해 1946년 3월 말까지 토지개혁을 완료하도록 요구했으며, 20여 일 만에 무상몰수 방법으로 토지개혁을 완료했다(김상용, 2008). 이후 1954년부터 시작한 '농업 집단화 사업'을 1958년에 완성함으로써 북측 내에서 토지 사유권을 완전히 소멸시키고 사회주의적 토지소유제를 확립했다.

사회주의적 토지소유제는 제도화 과정을 거치게 된다. 북측 노동당은 토지개혁과 사회주의적 토지소유제를 실질적으로 확립한 후 1963년에 토지법을 제정했고, 1972년에는 헌법에서 다시 이를 추인했다. 이후 1977년에 토지법을 개정해 토지를 혁명의 고귀한 전취물로 규정하고(제1조), 모든 토지는 국가 및 협동단체소유로 규정했으며(제9조 제1항), 토지에 대한 매매를 금지했다(제9조 제2항).

1998년, 북측 정부는 개혁개방을 심화하기 위해 헌법을 다시 수정했다. 수정 내용을 살펴보면, 첫째, 생산수단의 소유 주체를 국가와 합작기업에서 국가와 사회합작기업으로 확대했다. 합작기업 외에도 협동조합 소유의 사회합작기업이 포함된 것이다. 둘째, 외국기업 또는 개인이 도로, 해운 등의 건설 및 경영사업 투자에 참여할 수 있도록 교통 부문 국가소유의 범위를 철로와 항공운수로 한정했다. 셋째, '특수경제지대' 건설의 법률 기초를 마련했다. 김정은 정권이 들어서면서 활발해진 경제특구 및 경제개발구 지정의 헌법적 기초가 마련된 것이다.

북이 추진한 토지개혁을 보면 중국의 토지개혁과 상당히 큰 유사점을 발견할 수 있다. 우선, 토지에 대한 사유권을 착취적인 소유권으로 간주해 소멸시키고 토지소유제를 국가소유권과 협동단체소유권으로 구분한 것은 중국의 전민소유 및 집체소유와 그 구조가 같다. 또한 토지개혁 후에 농업을 집단화해 토지에 대한 사회주의적 토지소유제를 확립했고, 또한 토지개혁에서 제외된 토지에 대해서는 강제 몰수하거나, 또는 강압적인 분위기하에서 그 소유자로 하여금 자발적으로 소유권을 포기하게 하거나 협동농장에 기부하게 했다. 마지막으로, 토지개혁을 혁명운동의 일환으로 먼저 실행하고 나서 추후에 제도적으로 추인하는 방식을 취했다.

2. 외자 유치를 위한 토지제도 변화

1) 전체적인 변화

1980년대 들어서면서 조선노동당은 중국처럼 개혁과 개방을 시도하기 시작했다. 첫 시도로 1984년에 외국인 투자를 유치하기 위해 '합영법'을 제정했다. 그 후 1992년 '외국인투자법'을 제정·공포하고 제15조에서 외국의 투자기업 또는 개인투자자에게 토지이용권 설정 가능성을 인정했다.

토지부문 개혁에서 가장 중요한 변화는 1993년에 '토지임대법'을 제정 (1999년 개정)하고 이에 근거해 토지이용권을 인정했다는 점이다. 토지소유권은 국가 또는 협동단체에 속하지만, 외국기업이 장기간 토지이용권을 설정받아 토지를 사용할 수 있는 권리를 보장해 주는 것이다. 북의 관련법에서 '임대'라고 부르지만 이는 실제적으로는 '토지이용권'을 설정하는 것이다. 북에 투자하는 외국의 기업과 개인 및 합영·합작기업에 출자하려는 북의 기관, 기업소, 단체는 토지이용권을 설정받을 수 있도록 했다(토지임대법 제2조, 제5조). 토지이용권은 토지관리기관과의 임대계약에 의해 최장 50년까지 설정이 가능하다. 이와 같은 규정은 일반 도시가 아닌 경제특구에 적용되었으며, 최근 지정된 개발구에서도 추진 가능하다. 1991년에 최초로 라진-선봉자유경제무역지대를 선포한 북은 1998년에 헌법을 개정해 중국의 경제특구와 같은 '특수경제지대'를 창설하기 위한 헌법적 근거를 마련했다.

헌법 수정 내용을 살펴보면, 첫째, 생산수단의 소유 주체를 국가와 합작기업에서 국가와 사회합작기업으로 확대했다. 합작기업 외에도 협동조합 소유의 사회합작기업이 포함된 것이다. 둘째, 외국기업 또는 개인이 도로, 해운 등의 건설 및 경영사업 투자에 참여할 수 있도록 교통 부문 국가소유

범위를 철로와 항공운수로 한정했다. 셋째, '특수경제지대' 건설의 법률 기초를 마련했다. 김정은 정권이 들어서면서 활발해진 경제특구 및 경제개발구 지정의 헌법적 기초가 마련된 것이다.

북이 추진하고 있는 개혁·개방 정책의 핵심은, 중국이 추진했던 큰 틀의 경제체제 개혁을 하려는 것이라기보다는 당면한 경제적 난관을 벗어나기 위해 외자를 유치하려는 것이었다. 2002년 7월 1일 '7·1 경제관리개선조치'를 발표하고 같은 해 7월 31일 '토지사용료 납부규정'을 발표한 이후 시장경제체제의 운영 방식을 도입함으로써 특히 개인 및 합작기업의 토지이용과 외국투자자의 토지임대에 관해 더욱 구체적인 시책을 제공했다. 그뿐만아니라 농민들이 농업생산물 중 일부를 지대로 국가에 납부하는 현물지대 납부 방식의 토지 유상사용이 초보적으로 적용되기 시작하면서, 경제특구가 아닌 일반 지역에서도 점진적인 개혁이 시작되었다. 이후 오늘날 북에서는 토지 유상사용제도 개혁이 느리지만 구체적으로 진행되고 있다.

2) 중국의 경제특구 경험이 북에 미친 영향

서로 인접한 사회주의 국가인 중국과 북측은 건국 이후의 토지개혁 과정이 매우 유사하게 진행되었다. 또한 토지개혁 결과 두 국가의 토지소유제 구조가 모두 전민소유와 집체소유의 두 가지로 구분되었다는 점 역시 매우 유사하다. 게다가 북이 대외 개혁개방 정책을 추진하기 위해 경제특구에 적용한 토지 유상사용 방식은 50년 기한의 토지이용권 매각과 매년 토지사용료 납부 방식이 결합된 구조인데, 이는 중국이 1980년 이후 토지출양제를 위주로 하고 토지사용료(토지사용세)를 보조적인 방식으로 채택한 것과도 매우 유사하다.

상술한 두 국가의 토지정책이 유사한 것은 북이 중국의 개혁개방과 토지개혁 모델을 참고해 정책을 추진했기 때문이다. 가령, 북은 1차 7개년계획(1961~1970)과 6개년계획(1971~1976)이 실패한 이후 상환 책임이 없는 외자를 유치하기 위해 중국의 '중외합자경영기업법(中外合資經營企業法)'을 참고해 1984년 9월 8일에 (구)'합영법'을 제정했다(한국법원행정처 사법정책연구실, 1997: 71). 또한 중국 경제특구 모델을 참고해 라진 – 선봉자유경제무역지대를 설치했다. 북측 정부는 토지임대법을 제정할 때에도 중국의 관련 법률을 참고해 제정했다. 상술한 일련의 사례들을 통해 알 수 있듯이, 인접한 두 사회주의 국가가 정치적·지리적·경제적 영향을 주고받는 관계이기에, 북은 경제특구 토지개혁에서 중국 모델을 참고하지 않을 수 없었다.

3) 경제특구의 변화 단계

북측 경제특구는 전체적으로 네 시기로 구분이 가능하다(이종규, 2015: 38~50). 제1기(1991~2000)는 중국과 일본이 북측 대외무역의 중심이던 시기로, 이때 라진·선봉 지역을 중심으로 경제특구가 처음으로 시도되었다.

제2기(2001~2008)에는 북한의 일본인 납치 문제(2002), 북이 마약거래를 하다가 적발된 봉수호 사건(2003) 등으로 대일(對日) 교역에 차질이 빚어지면서 중국과 한국을 대상으로 한 경제특구 정책들이 시도되었다. 이에 따라 신의주특별행정구, 금강산관광지구, 개성공업지구 등 3개 특구가 새롭게 추진되었으며, 2002년 7·1 경제관리개선조치와 맞물리면서 과감한 정책이 소개되었다. 그런데 현재 3개의 경제특구는 모두 중단된 상태다.

제3기(2009~2012)는 핵실험으로 인한 국제사회의 제재 강화, 한국의 5·24 조치 등으로 대중(對中) 무역의존도가 높아진 시기로, 중국 국경에 근접해 있는 라선경제무역지대와 황금평·위화도경제지대에서 추진되었다. 그러나 라선경제무역지대만 상대적으로 안정적으로 발전하고 있을 뿐, 황금평·

위화도경제지대는 사업이 진척되지 않고 있다.

마지막 제4기(2013년 이후)는 새로 정권을 잡은 김정은 정권이 특수경제지대 정책 및 지방 중심의 경제개발구 정책을 본격적으로 추진하고 있는 시기다.

4) 경제특구 토지이용의 기본원칙과 방식

기본적으로 북측 경제특구 토지제도는 토지의 국유를 유지하면서 토지이용권만 분리해 유상설정해 주는 방식으로, 이는 중국 선전의 이전 모델인 '토지출양제(토지개발비 포함)+토지사용료 납부' 모델과 유사하다. 즉, 50년 단위로 토지이용권을 매각하면서 일시에 임대료를 받으며, 동시에 매년 토지사용료를 납부해야 한다.

토지이용권 계약은 일반적으로 협의 방식을 적용한다. 그런데 라선경제무역지대의 경우 입찰·경매 방식을 적용할 수 있고, 토지사용자의 권리를 보호하기 위한 규정을 두고 있으며, 저당대출이 가능한 등 제도적 틀을 갖추고 있다.

북의 '토지임대법'은 특구가 아니라 하더라도 토지이용권을 설정할 수 있다고 규정하고 있으나, 아직까지는 토지이용권의 설정을 전면적으로 허용하지 않고 특구와 최근 설립한 개발구에서만 허용하고 있다. 이런 점에서 북의 토지 유상사용제도 개혁은 중국의 개혁·개방 초기 실험단계를 크게 벗어나지 못하고 있다. 특구 내 토지사용권 설정은 외국투자기업 및 외국의 개인투자자를 주 대상으로 하는데, 합영·합작기업에 출자하는 북의 기관, 기업소 및 단체도 토지사용권 설정이 가능하다. 매년 납부하는 토지지대는 '토지사용료'라고 부르고 있다.

'토지법'이나 '토지임대법'에서는 아직 토지이용권을 물권의 일종으로 명확하게 규정하고 있지 않다. 그런데 북측에서는 이를 '국가재산리용과 관련된 물적재산권'으로 표현하면서 토지이용권을 물권으로 인정하고 있는 추세다(손희두, 2013: 59에서 재인용).

토지이용권은 설정 근거법이 각각 다를 뿐만 아니라, 토지이용권과 건물의 처분에 관한 근거규정도 각각 다르다. 토지이용권의 설정 및 양도, 임대, 저당 등 토지이용권의 처분에 관한 일반법은 '토지임대법'이다. 그러나 신의주특별행정구, 개성공업지구, 금강산관광지구에서 토지이용권을 설정하는 근거법은 각각 '신의주특별행정구기본법', '개성공업지구법', '금강산관광지구법'이다. 다만 라선경제무역지대의 토지이용권 설정 근거법은 '토지임대법'이다.

토지이용권의 양도, 임대, 저당에 관한 세부적인 법 규정도 다르다. 라선경제무역지대의 토지이용권 처분에 대해서는 '토지임대법 시행규정'(1994년 제정)이, 건물 처분에 관해서는 '자유경제무역지대 건물양도 및 저당규정'(1995년 제정)이 적용된다. 금강산관광지구의 토지이용권 및 건물 처분에 관해서는 '금강산관광지구 부동산규정'(2004년 제정)이 적용된다. 개성공업지구에서의 토지이용권 및 건물 처분에 관해서는 '개성공업지구 부동산규정'(2004년 제정)이 적용된다.

최근 제정된 북의 '경제개발구법'(2013.5.29)은 기본적으로 '라선경제무역지대법', '황금평·위화도경제지대법'과 유사하지만, '경제개발구법'은 하나의 지역만을 대상으로 한 것이 아니라 향후 지정될 예정인 다른 지역까지 고려한 특수경제지대의 일반법 성격이다. 다만 '경제개발구법'은 기존 경제특구인 라선, 황금평·위화도, 개성, 원산·금강산에는 적용되지 않는다(부칙 제2조). 그리고 중앙과 지방의 21개 경제개발구에는 공통적으로 '경제개발구법'이 적용되는 구조다(이종규, 2015: 54~55).

한 가지 짚고 넘어갈 개념이 있다. 우리 법체계에 익숙한 이들에게는 토

개성공단의 토지이용권 값과 토지사용료

2004년 4월 13일, 한국의 '토지공사·현대아산'은 북의 중앙특구개발지도총국과 '개성공업지구 토지임대계약'을 맺고, 50년 기한의 3.24km^{2}에 달하는 토지이용권에 대한 대가로 1600만 달러를 지불했다. 토지이용권 가격은 1m^{2}당 1달러였다. 그리고 매년 납부하는 토지사용료는 10년 동안 납부를 유예한 후 2015년부터 부과할 예정이었다. 이러한 내용은 2014년 12월 24일, 개성공단 측과 북측이 '개성공단 토지사용료 기준에 관한 합의서' 체결을 통해 확정했다.

〈합의서 주요 내용(2014.12.24)〉

① 부과 대상
o 토지사용료는 개성공단에 기업이 입주해 생산·상업활동을 하고 있는 토지에 대해 부과하며, 개발업자의 토지, 미사용 중인 토지, 공공용 성격의 토지 등에 대해서는 토지사용료를 부과하지 않음.

② 토지사용 요율
o 토지사용료는 제곱미터당 0.64달러(0.64US$/m^2)임.

③ 갱신주기
o 토지사용료는 관리위원회와 총국이 합의해 4년마다 조정할 수 있으며, 이 경우에도 종전 토지사용료의 20%를 넘지 않아야 함.

④ 납부시기
o 토지사용료는 2015년부터 연 1회 부과함.
o 토지사용료는 원칙적으로 매년 12월 20일까지 납부하도록 하며 2015년 토지사용료는 2016년 2월 20일까지 납부하기로 함.

지임대료와 토지사용료라는 개념에 대한 구분이 없는데, 북의 『민사법사전』은 두 개념을 다르게 규정하고 있다. 토지임대료는 "토지를 빌려 쓰는 값. 토지소유자는 일정한 기간과 조건으로 토지리용권을 다른 자에게 넘겨주고 그 값과 사용료를 받는다. 토지임대료는 토지리용권값과 토지사용료를 합친 것이다. 좁은 의미에서 토지리용권값만을 토지임대료라고도 한다"라고 규정하고 있다(『민사법사전』 645면). 반면 토지사용료는 "국가의 토지를 리용한 값으로 국가에 무는 료금"으로, 국가가격제정기관이 정한다고 규정하고 있다(『민사법사전』 644면). 토지리용권 값이 중국의 토지출양금(일시불)에 해당하며, 토지사용료는 중국의 토지연조금(매년 납부)에 해당한다. 한편 토지사용료는 한 번 제정한 다음 4년간 변동시키지 않으며, 4년 후 변동시키는 경우 변동폭은 정해진 사용료의 20%를 넘지 않도록 한다고 규정하고 있다.

3. 산업별 부동산 제도의 주요 변화

1) 1차 산업: 포전담당제, 협동농장 해체 및 작업반 단위로 국유 기업소에 재배치

협동농장 개혁조치의 핵심은 분조관리제하의 포전담당제 실시다. 북이 1990년대 초에 경제난을 겪으면서 농촌토지제도에 중대한 변화가 일어나기 시작했다. 결정적인 계기는 2002년에 공포한 '경제관리개선조치'(이하 7·1조치)다. 7·1조치는 가격·환율·임금·재정·기업관리·시장 등 경제 전반에서 폭넓은 변화를 도모하기 위한 것으로, 농지사용에서 7·1조치가 갖는 핵심적인 의의는 농민들이 농지사용료를 지불함으로써 농지를 사용할 수 있게 되었다는 점이다. 중앙정부는 재정 적자를 만회하기 위해 기존에 국영기업의 순소득에 의존하던 구조에서 탈피해 기업소뿐만 아니라 협동농장을 통해서도 재정 적자를 만회하고자 했다. 7·1조치가 중요한 이유는, 북측 당국이 체제 내에서 시장 부문의 위상을 사실상 인정하고 용인했다는 점 때문이다. 그러나 스스로 1940년대의 토지개혁(무상몰수, 무상분배를 통한 지주제 철폐)에 버금가는 사건이라고 평가했던 7·1조치는 뚜렷한 성과를 거두지 못하고 사실상 실패한 것으로 평가된다.

7·1조치가 실패한 이후 10년 후인 2012년에 '6·28 신(新)경제관리개선조치'가 발표되었다. 6·28조치의 핵심은 국가가 따로 생산품목이나 계획을 정해주지 않고 공장기업소들이 독자적으로 생산하고 생산물의 가격과 판매방법도 자체로 정하는 것이다. 농업분야에서는 국가 생산계획과는 관계없이 전체 수확량에서 70%는 당국이, 나머지 30%는 농민이 갖는 개혁조치를 실시하기 시작했다. 그리고 협동농장에서 농사를 짓는 기본 단위인 분조(分組) 규모를 현재 10~25명에서 4~6명으로 줄여 일정 토지와 농기구, 비료 등을 더 작은 분조 단위로 나눠주고, 생산한 농작물에 대한 자율 처분권을 대폭 늘려 생산 의욕을 높이려 했다. 오늘날에는 전체 수확량에 대한 분배 비율이 당국 30%, 농민 70%로 변경되었다.

그런데 6·28조치가 제대로 추진되지 못하고 소규모 분조 단위의 경작방식도 뚜렷한 성과를 보이지 못하는 사이, 북측 당국이 중국이 개혁개방 당시 농업 분야에 처음 적용했던 승포제(承包制)와 비슷한 '가족 단위 경작제'를 2013년부터 암묵적으로 허용할 방침이라는 기사가 흘러나왔다. 이는 작게 나눈 분조를 다시 가구별로 나누더라도 문제 삼지 않겠다는 것으로, 사실상 '공동생산 공동분배'라는 사회주의 농업 시스템을 탈피해 '가족 또는 개인 책임 생산 및 잉여생산물 자유 처분'이라는 새로운 시스템을 묵인하겠다는 것이다. 이윽고 2014년 2월, 북의 《노동신문》은 1면 사설에서 '농촌테제' 발표 50주년을 맞아 "농촌문제 해결은 사회주의 위업 수행의 필수적 요구"라며 농업 개혁을 강조하면서, "모든 농장에서 포전담당책임제를 자체 실정에 맞게 올바로 적용해야 한다"라고 독려했다.

또 하나 눈여겨볼 개혁조치로 협동농장을 해체하고 개별 작업반을 기업소 하위로 재배치한 조치를 들 수 있다. 현재 라선특구에서는 협동농장을 작업반 단위로 분할해 국유 기업소 산하로 재배치했다. 헌법 제22조에 따르면, 토지, 농기계, 배, 중소 공장, 기업소 같은 것은 사회협동단체가 소유할 수 있다고 규정되어 있다. 또한 헌법 23조에서, 협동단체에 들어 있는 전체 성원들의 자원적 의사에 따라 협동단체 소유를 점차 전 인민적 소유로 전환시킨다고 규정하고 있다. 따라서 라선특구 협동농장을 국유 기업소 산하로 재배치한 것은 이러한 조치로 해석할 수 있다. 이렇게 함으로써 기업소는 안정적인 식량을 확보할 수 있으며 농민들은 매월 월급을 받을 수 있어 생활안정을 도모할 수 있다. 무엇보다 장기적으로는 중국의 도시 농촌 간 이원적 토지소유 구조가 보여주는 토지제도의 복잡성을 도시화가 진행되기 이전에 사전에 예방하려는 것으로 해석할 수 있다.

2) 2차 산업: 경제개발구법, 기업경영책임제

북은 외국인투자를 유치하기 위해 2013년 5월 '경제개발구법'을 제정하고, 그 해 11월에 13개의 경제개발구를 지정했다. 이후 평양시를 포함한 전국 각 지역에 20개 이상의 경제개발구를 지정, 추진하고 있다. 가장 최근에 설치된 것은 2017년 12월 21일 발표된 것으로, 평양시 강남군 고읍리의 일부 지역에 설치된 강남 경제개발구다.

경제개발구의 기본적인 토지사용 방식은 경제특구와 유사하다. 경제개발구의 기본 전략은 각 도 등 지방정부로 하여금 자력갱생을 추진하도록 하기 위한 것이다. 그런데 인프라 등의 설치에서 북측 지방정부가 아닌 외국 투자기업이 책임지는 구조여서 경제개발구 사업을 추진하기에는 한계가 많다. 이 지점에서 평화체제를 형성하기 전후에 남측의 건강한 자본과 지식이 북측 경제개발구에 적극적으로 참여할 필요성이 있다는 사실을 알 수 있다.

'경제개발구법' 제정은 북측 기업소가 경제개발구로 진출할 수 있는 가능성을 열어놓았다. '경제개발구법' 제20조를 보면 "우리나라의 기관, 기업소도 승인을 받아 경제개발구를 개발할 수 있다"라고 규정하고 있으며, 제26조에서는 "기관, 기업소, 단체는 다른 나라 투자가와 함께 개발기업을 설립하는 경우 정해진 데 따라 토지리용권을 출자할 수 있다"라고 규정하고 있다. 이러한 규정을 근거로 대부분의 개발방식은 북측 기업과 외국투자가 사이의 합영 개발기업을 설립해 개발하는 방식이 될 가능성이 크다. 이처럼 '경제개발구법'은 북측 기업이 적극적이고 주도적으로 참여할 수 있는 길을 열어놓았다(유욱, 2013: 12).

제조업에서 중요한 개혁조치로는 '경제개발구법' 제정 및 경제개발구 지정 외에 기업경영책임제(독립채산제)를 들 수 있다. 7·1조치가 실패로 끝나자 북측 중앙정부는 다시 2012년 6월 28일에 '우리식의 새로운 경제관리체계를 확립한 데 대하여'를 발표했다. 6·28조치의 주요 골자는 앞서 논한 농촌 협동농장 개혁조치 외에도 공장의 규모는 중소 규모로 하고 기업에서 독립채산제와 월급제를 채택한다는 것이다. 기업소는 농지와 동일하게 생산액의 30%를 국가에 납부하고 있는데, 이는 기업소가 국가로부터 생산수단을 임대 사용하는 것에 대한 사용료를 지불하는 지대 성격이다. 기업이나 농장 등 경제주체의 자율성을 점진적으로 확대시켜 온 6·28조치는 2015년 5월 30일 북측 전역의 모든 공장과 회사, 상점 등에 자율경영권을 부여하는 이른바 5·30조치로 이어졌다. 기업으로 하여금 시장을 상대로 독립해 자주적으로 경영하도록 하고, 당국은 기업에 최저한도의 자금과 물자만 조달하며, 기업소는 제품판매 이윤을 당국과 나눈다는 형식이다. 이러한 북의 경제정책은 현재까지 이어지고 있으며 점차 강화되고 있다(문흥안, 2017: 744).

3) 3차 산업: 장마당의 합법화, '살림집법'과 '부동산관리법' 제정

도시공간을 대상으로 진행된 개혁 조치 가운데 눈여겨볼 것은 장마당의 합법화, '살림집법'과 '부동산관리법'의 제정에 따른 토지사용료 징수다.

오늘날 다수의 연구 및 기사에서는 북이 이미 시장경제로 돌아섰다고 분석하고 있다. 그동안 불법으로 간주되던 장마당이 합법화되었기 때문이다. 북은 고난의 행군을 거치며 장마당이라는 암시장을 통해 경제활동을 전개하기 시작했다. 이때 각 지방 인민위원회 혹은 당위원회는 장마당을 사실상 묵인해 왔다. 원래 장마당은 농민시장이라는 이름으로 거래 품목, 거래 장소, 개설 시기에 대한 강한 통제를 받았었다. 그 결과, 국가가 허가한 장소에서 이루어지던 거래행위가 기차역 앞, 큰 도로변, 주택가 부근 등에서까지 이루어지게 되었다. 또한 시장이 열리는 시기도 10일장에서 상설시장으로 변화되었다(양문수, 2001: 422). 2002년에 발표된 7·1조치는 상인들에게 일정액의 자릿세를 내도록 함으로써 북측 전역에 우후죽순으로 형성된 장마당을 부분적으로 수용하는 계기가 되었다. 여기서 자릿세는 그 성격상 토지사용료의 일종이다.

2009년, 북은 '살림집법'을 제정하고 주택에 대해 사용료를 부과하기 시작했다. 다른 연구에 따르면, 살림집 사용료는 이미 1990년대 초부터 징수했다(이은정, 2013). 아마도 일부 지역에서 시범적으로 실시하다가 '살림집법' 제정을 계기로 전국으로 확산한 것으로 보인다. 북에서 살림집이란 "가정을 단위로 하여 사람들이 살림을 하는 집이며, 여기서 살림은 한 집안을 이루어 생활하는 일"로 정의된다(이은정, 2013). 살림집은 크게 건설지역의 특성에 따라 도시형살림집, 농촌형살림집으로 나뉜다. 도시형살림집은 단층, 소층(2~3층), 다층(4~5층), 고층(6층 이상), 초고층(약 18층 이상) 살림집으로 건설되며 살림방과 부엌, 위생실 위주로 지어지고 전실, 창고, 베란다와 같은 보조공간이 있다. 농촌형살림집은 농촌지역에 마을별, 부락별, 개별적으로 건설되며 대부분 단층건물(한 동 한 세대 또는 한 동 두 세대)이다(이은정, 2013: 2~3). 살림집을 이용하는 공민은 정해진 사용료를 살림집관리기관에 제때에 물어야 한다('살림집법' 제42조 제1항, '도시경영법' 제56조). 살림집 사용료는 국가가격제정기관이 정하는데('살림집법' 제42조 제2항) 살림집을 보수하는 데 충당하지도 못할 정도의 매우 낮은 수준이라고 한다.

2009년, 북은 '살림집법' 제정에 앞서 같은 해 '부동산관리법'을 제정하고 모든 부동산 사용에 대해 부동산사용료를 징수하기 시작했다. 북은 국가의 모든 자원은 전 인민적 소유라는 의미에서 토지, 건물 등 부동산에 대한 이용료를 징수하지 않았다. 그러나 1990년대 경제가 몰락하면서 재정 위기를 해소하기 위해 국가의 토지와 건물을 이용하는 사회협동단체, 공장, 기업소 등 생산단위와 서비스업 단위에서 사용료를 징수하기 시작했다. 본격적으로 부동산사용료를 제정·징수하기 시작한 것은 2006년 4월 11일, 북측 최고인민회의에서 노두철 부총리가 북측 전 지역에서 부동산 조사사업을 실시할 것이라고 밝힌 이후다(이은정, 2013: 12에서 재인용). 2007년도에는 북측 최고인민회의를 통해 당해 연도 예산 수입의 15.4%를 부동산에서 충당한다고 발표했는데, 이는 북측 국방비 지출과 비슷한 규모였다. 부동산사용료는 해당 지역의 재정기관에 납부한다('부동산관리법' 제36조 제1항). 부동산사용료는 소유를 불문하고 토지, 건물, 도로, 산림 등에 대한 실사작업을 실시해 가격을 제정했고 농경지, 산림 등의 경영형 토지, 산업시설·주택·공공시설 등을 건설하는 건설용 부지, 지하자원으로 세분화해 가격제정기준을 설정했다.

4) 개혁 조치에서의 공통점

북이 부동산 부문에서 진행한 개혁 조치를 요약하면, 먼저 1차 산업의 경우 협동농장에서 포전담당제를 중심으로 농민이 일정한 분량을 납부한 후 나머지에 대한 처분권을 부여했다. 2차 산업의 경우 지방정부 주도로 경제개발구를 추진했는데, 여기에 기업소가 적극적으로 참여해 토지이용권 설정이 가능해졌다. 3차 산업의 경우 장마당, 주택 등 도시공간을 사용하는 주체들에게 부동산사용료를 부과하기 시작했다.

각 산업별로 진행된 개혁 조치에서 분명한 공통점을 발견할 수 있다. 토지 등 부동산을 독점적·배타적으로 사용하던 데에서 토지사용료, 부동산사용료, 자릿세, 살림집 사용료 등의 형식으로 '지대'를 납부하는 것으로 바뀌었다는 것이다. 부동산사용료의 경우 특징적인 점은 소유를 불문한다는 것이다. 이는 거의 모든 기업이 국영이기 때문인 것으로 보인다. 이러한 방식은 토지 등 부동산 사용주체의 재산권을 인정 및 보호하면서 이들의 생산의욕을 끌어올려 내수 민간경제를 발전시킴과 동시에 중앙 및 지방정부의 재정수입을 확대할 수 있는 전략으로 파악된다.

4. 오늘날 부동산시장의 형성과 발전

1) 부동산시장의 형성

북에서 부동산시장은 상당히 일찍 출현하기 시작했다. 1940년대 북의 수립과 함께한 1세대가 정년이 되면서 내 집에 대한 인식이 강화되었다. 여기에 더해 1980년대 재일동포의 이주, 전후 베이비붐 세대의 결혼 등으로 주택수요가 급증했다. 그러나 주택 공급은 제자리였고, 권력층을 중심으로 은밀하게 음성적으로 거래되었다(문흥안, 2017: 741~742). 그러다가 1994년 김일성 사망 후 급격히 배급망이 붕괴되면서 '고난의 행군'이 시작되었고, 주택 공급이 중단되어 국가로부터 주택을 배정받는 것이 더욱 어려워졌다. 그러자 사람들이 생계유지를 위해 국가에서 배정받은 살림집을 달러와 바꾸기 시작하면서 살림집 거래가 본격화되기 시작했다. 또한 물건을 매매하는 장마당이 형성 및 발전하면서[1] 시장이 활성화되었고, 이는 역 주변이나 시장 인근 살림집에 대한 수요를 촉발시켜 살림집 거래도 활성화되었다. 이때 식량부족으로 자기 집을 버리고 떠난 도시 노동자 지구의 빈 집이 중요한 공급처가 되었다(문흥안, 2017: 744~745). 주택금융연구원이 발표한 '북한의 주택정책과 시장화 현황'에 따르면 2017년 주택보급률은 60% 수준이며, 수세식 화장실 보급률도 절반 수준이다. 집이 없는 사람들은 부모 세대와 기존 가구에 얹혀살거나 셋방에 거주하고 있다(≪한국경제≫, 2018.4.29).

북의 주택 거래 방식은 상당히 독특하다. 각 시·도 인민위원회가 발급하는 '국가주택이용허가증'(입사증)에 사용자 이름을 구매자 이름으로 바꾸는 식이다. 이 과정에서 각 지역이나 연합기업소의 주택지도원들이 부동산 중개인 역할을 하며 허가증 명의 이전을 처리하고 중개료를 챙긴다. 북에서 부동산 거래는 불법도 합법도 아닌 회색지대이며, 북은 부동산시장을 암묵적으로 제도화했다(정은이, 2015). 돈을 주고 주택 사용권을 넘기는 것은 원칙적으로 불법이다. 그러나 허가증의 명의 변경은 편법일지라도 불법은 아

---

[1] 2003년 김정일 전 국방위원장이 장마당을 공식 인정한 이후 현재 북측 전역에 공식적으로 인정받은 장마당은 500여 개다.

니다. 실제로 서울대 통일평화연구원이 탈북자들을 대상으로 설문조사를 실시한 결과 돈을 주고 주택을 산 경우가 66.9%, 국가 배정이 14.3%로, 매매 주택 비율이 월등히 높았다. 입사증에는 주택을 사용할 수 있는 기간이 명시되어 있지 않으며 상속도 가능하다.

주택 거래가 암묵적으로 진행되면서 주택 거래 시장이 진화하기 시작했으며, 장마당이 형성되면서 돈을 빌려주고 이자를 받는 사금융인 '돈주'가 형성되기 시작했다. 이들은 자금 규모가 커지면서 주택 매매까지 참여하는 수준으로 진화했다. 이제는 아파트를 지은 뒤 파는 일종의 디벨로퍼 역할을 담당하는 수준까지 이르렀다.

'데꼬'라는 중개업자도 등장했다. 이들은 집을 짓기 시작하면 수요자들을 모으는데, 집이 완성되면 입사증을 이전해 주기로 약속하고 돈을 모으는 것으로 알려져 있다. 이 입사증은 시장에서 집이 완공될 때까지 반복 거래되면서 일명 '프리미엄(웃돈)'이 붙는다. 중개업자는 권력기관과 결탁해 개인주택 건설, 아파트 건설, 재건축과 재개발로 부동산시장을 키우고 있다. 이러한 방식은 미래과학자거리와 려명거리 개발에서도 나타났다. 개별 건설 단위에 건설량을 할당하고, 각 단위는 자재를 확보하기 위해서 지하자원을 수출하거나 다른 사업을 전개하기도 한다. 여기에 더해 '돈주'들에게 이권을 보장하는 식으로 주택 건설사업 등 대형 사업에 투자하도록 유도한다(동용승, 2017: 53).

다주택자도 형성되었다. 돈 있는 사람들이 돈 없는 사람에게 200~300달러(22만~33만 원)를 주고 명의를 빌려 집을 구매하는 방식이다. 특히 북에 거주하고 있는 화교 중에는 주택을 여러 채 보유하고 있는 사람들이 많은 것으로 알려져 있다. 가령, 함경북도 회령에는 2015년 기준 32가구의 화교가 56채의 주택을 갖고 있다고 한다.

평양, 남포, 개성, 청진, 신의주, 라선 등에서는 부동산시장이 빠르게 형성되면서 주택 가격이 급등했다. 평양의 고급 별장은 제곱미터당 약 8000달러 수준이며, 중국 단둥시 맞은편의 신의주도 주택 매매가격이 제곱미터당 5000위안(84만 원)으로, 단둥과 비슷한 수준이다(코트라 상하이 무역관, 2018. 7.4). 평양에서 50년 이상 된 낡은 아파트는 3000~3만 달러 선이며, 신축 아파트는 최소 10만 달러(약 1억 원)선에서 거래된다. 평양의 모든 거래는 달러로 진행된다(≪조선일보≫, 2018.6.27).

2) 부동산시장이 작동하는 메커니즘

살림집 증·개축과 교환에서 시작된 부동산 개발은 개인주택의 신축과 판매, 민간 주도의 아파트 건설 및 분양, 주택위탁사업소를 중심으로 하는 재건축·재개발, 부동산 관련 브로커와 주택거래소 등장 등으로 상당히 복잡하게 진화해 왔다(문흥안, 2017: 745~751).

국가소유 살림집의 증·개축은 불법으로 형사처벌 대상이었다. 그러나 1990년대에 장마당 시장이 발달하면서 영업 공간(상점)을 마련하기 위해 살림집 증·개축이 시작되었다. 이러한 증·개축은 단순 주거공간을 점포 겸용 부동산으로 개조하는 계기가 되었다. 증·개축 살림집은 교환 대상이 되었다. 앞서 이야기했듯이 교환은 이용권 매매와 달리 합법적인 행위다.

살림집 증·개축 단계가 지나면서 개인주택의 신축 및 판매 단계로 발전했다. 2000년대 중반, 시장이 활성화되고 건축자재 공급이 원활해지면서 기존 살림집을 허물고 신축하는 사례가 나타났다. 즉, 장마당 시장의 발달로 돈을 축적한 사람들이 기관과 기업소에 의존하지 않고도 주택을 건설할 수 있는 조건이 갖추어진 것이다. 여기서 더 나아가 판매를 위한 살림집을 건설하는 사업주체도 등장했다. 그리고 이들을 지원해 행정절차를 해결하면서 부를 형성하는 간부들도 생겨났다.

이제는 민간이 살림집 차원이 아닌 보다 큰 규모의 아파트 건설 및 분양을 주도적으로 진행하기 시작했다. 최근 북의 주요 기관 및 기업소가 추진하고 있는 전형적인 아파트 건설과정은 다음과 같다. 권력을 지닌 기관이 건설 허가 → 허가권을 담보로 자금조달 능력이 있는 민간사업자(돈주) 물색(이때 브로커도 등장) → 민간사업자들이 건설자금, 자재, 장비 등에 필요한 모든 자금과 현물 제공 → 대가로 민간자본에 아파트 일부 제공 → 시장에서 판매 및 수익 추구다. 이런 메커니즘이 작동하는 이유는 기관 및 기업소가 민간사업자와 협력해 건설한 아파트도 국가예산에 의해 건설된 것으로 실적에 넣을 수 있기 때문이다. 이제는 개인들이 기획해 아파트를 건설하고 분양하는 사례도 등장했다. 그 과정을 정리하면, 도시건설사업소 명의 빌림 → 돈주와 자재를 지닌 개인들이 모여 아파트 건설 기획 → 건설부지에 적합한 인근 기업소 방문 및 협력 요청, 대부분의 공장과 기업소는 종업원 주택 건설 실적을 높인다는 이유로 대부분 수용 → 건설 및 분양, 이런 식의 단계를 거쳐 진행한다. 현재 신축 아파트의 80%가 민간에 의해 건설되었으며, 신축 아파트의 3분의 1이 시장 거래된 것으로 추정된다. 이렇게 아파트 건설 및 거래는 국가계획, 민간 참여자들, 자재시장 등과 연동되어 북측 경제를 이끄는 중요한 축으로 성장했다.

　북에서 큰 규모의 재건축·재개발 시장도 형성되기 시작했다. 2013년에 북측 정부는 주택위탁사업소를 설치해 주민들로부터 돈을 받고 집을 새로 지어주는 기능을 담당하도록 했다. 주택위탁사업소는 철거세대와 합의만 되면 국토관리국으로부터 토지이용허가서를 별도로 받을 필요가 없었으며 절차도 간단했다. 건설주는 철거세대와 합의한 토지이용계약서를 주택위탁사업소에 제출하고 주택위탁사업소에서 건설부지 확보를 확인받으면 건설허가증이 발급된다. 이때 건설주는 부지를 제공한 철거세대에게 현물이나 현금 등으로 보상을 해야 한다. 또한 입사증을 소유한 철거민 세대에게

그림 16-1 **북의 주택 건설에서 비공식적인 민관협력 구조**

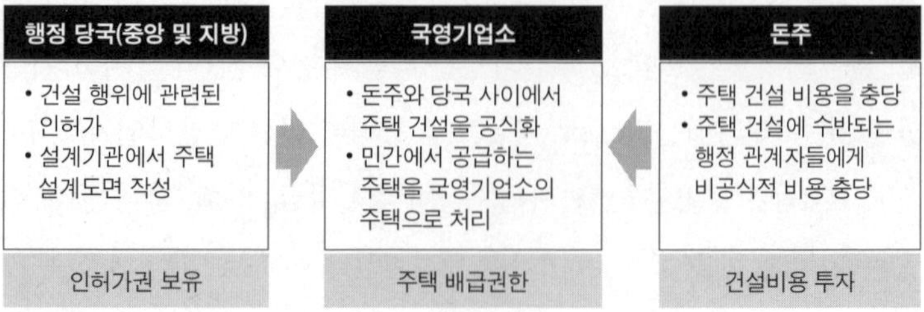

행정 당국(중앙 및 지방)	국영기업소	돈주
• 건설 행위에 관련된 인허가 • 설계기관에서 주택 설계도면 작성	• 돈주와 당국 사이에서 주택 건설을 공식화 • 민간에서 공급하는 주택을 국영기업소의 주택으로 처리	• 주택 건설 비용을 충당 • 주택 건설에 수반되는 행정 관계자들에게 비공식적 비용 충당
인허가권 보유	주택 배급권한	건설비용 투자

자료: 박세훈(2016).

집 한 채를 우선적으로 보장해야 한다.

마지막으로, 지금까지 살펴본 부동산 개발의 중요한 고리에 부동산 관련 브로커가 자리하고 있다. 전문 브로커들은 입지가 좋고 낡은 살림집을 구입해 부동산개발업자에게 파는 일을 한다. 북측 형법 제112조는 "거간행위를 하여 대량의 이득을 얻은 경우 1년 이하의 로동단련형"에 처한다고 규정하고 있어 살림집 등을 중개하는 행위는 엄연히 불법이다. 이러한 엄격한 법 규정에도 불구하고 집데꼬(거간꾼)들이 주택암시장을 형성하는 데 중요한 역할을 맡고 있다. 거간꾼은 원래 살림집 사용료를 징수하는 연합기업소의 말단 주택지도원들로, 입사증 명의 변경에 관여해 중개료를 챙겼던 이들이다. 2013년 1월에는 국가가 공개적으로 수수료와 세금을 받고 개인에게 합법적으로 집을 짓고 팔 수 있게 허가를 내주는 '평양시주택거래소'를 개설하기도 했다. 그러나 그 해 12월 장성택 숙청으로 폐지되었다. 하지만 시간이 지나면 이와 유사한 형태의 지방정부가 주도하는 주택거래소가 다시 등장할 것으로 예상된다.

과거 평양의 부동산 개발 프로젝트(임동우, 2011)

• 1950년대: 천리마운동 5개년 계획. 평양 도시기반시설 복구, 중공업 시설 복구에 초점

• 1960년대: 모란봉거리, 봉화거리, 붉은거리 등 완공. 그 주변에 살림집이 배치됨. 지하철과 무궤도전차 시공 시작. 주변에 농업 개발

• 1970년대: 살림집 90% 이상을 조립식으로 건설(평양시 승호구역 모두 조립식). 기념비 건물 건설, 천리마거리 조성 및 주변에 처음으로 중고층 살림집 도입 시작. 유원지 건설, 지하철 개통 시작

• 1980년대: 영광거리, 창광거리, 문수거리 건설 및 초고층(20~30층) 살림집 건설. 국제도시를 건설하기 위해 류경호텔, 고려호텔, 양각도 국제호텔 계획. 녹지 확충 및 위락시설 건설

• 1990년대: 경제난 시작. 대규모 문화시설 및 기념비 건설사업 축소 및 주택보급사업에 초점(통일거리에 5만여 세대, 광복거리에 2만여 세대). 사업 중단

김정은 시대, 려명거리(2017년 4월 13일 준공) 조성(김효진·최은희, 2018)

• 려명거리 사업 개요

– 부지면적: 약 90만m^2(약 27만 3000평)

– 총 건축면적: 172만 8000여m^2

– 총 예산: 북측 돈으로 약 222억여 원(미화 약 280만 달러)

– 인구: 총 1만 2000명의 평양시민 입주

– 규모: 최대 82층의 아파트를 비롯해 신축아파트 44개 동 총 4804세대, 학교 6개, 유치원 3개, 보육원 3개, 세탁소, 편의시설 등 40여 동의 공공건물 신축. 이 중 15개 건물은 상업용, 7개의 김일성대학 캠퍼스 건물 건설

– 기존 아파트 33개 동 및 공공건물을 포함해 총 70여 개 동 리모델링

– 근로자 수: 약 800만 명

– 녹색도시, 에너지절감도시 조성: 신재생에너지, 건물에 생태녹화기술 도입, 도시녹화 추진, 빗물 회수 이용기술 적용

5. 북의 부동산제도 평가와 전망

1) 평가

현재 진행되고 있는 북의 부동산시장 형성과 이에 따른 다양한 제도 변화에 대해 평가를 내리는 것은 다소 섣부른 느낌이다. 그럼에도 불구하고 북측 토지제도가 나아가야 할 방향을 확인한다는 점에서 필요해 보인다. 그래서 필자는 다양한 평가 기준 중에서 북처럼 사회주의 경제체제 전환국에 의미 있다고 생각되는 제임스 미드의 '자유사회주의' 이론에 기초해서 북의 부동산제도를 개략적으로 평가해 보고자 한다.

제임스 미드는 1977년에 노벨경제학상을 수상한 영국의 경제학자로, 존 스튜어트 밀의 이론을 계승한 것으로 알려져 있다. 그가 핵심적으로 주장한 내용은, 사회주의 국가의 경제발전을 위해서는 공유자산의 시장운용 수익을 통해서 세수와 국채에 대한 정부의 과도한 의존을 줄여 경제의 전반적인 효율을 높이는 방향으로 가야 한다는 것이다(추이즈위안, 2014: 151~152에서 재인용). 한 마디로 국가가 적절한 국유재산을 확보함으로써 민간의 부가 증가할 때 동시에 국가의 부도 증가하는 시스템을 구축해야 한다는 것이다. 여기서 미드가 주로 주목한 국유재산은 바로 '토지'다. 국유 소유의 토지를 민간에 임차하면서 민간의 세금 부담을 낮추면 민간 주도의 시장경제 시스템이 작동하고, 동시에 정부는 토지사용료를 확보할 수 있다. 그리고 경제가 성장할수록 토지사용료 수입도 증가한다. 미드의 자유사회주의를 검토한 중국 학자 추이즈위안은 홍콩과 충칭모델이 민간의 경제발전 과정에서 토지사용료를 받는 대신 세금 부담을 줄였다는 점에서 이 둘을 유사한 구조로 파악하고 있다(추이즈위안, 2014: 152~155). 미드의 이론은 사실 본질적으로 이 책의 핵심 키워드인 공공토지임대제에 기초한 경제발전 전략과 같다. 따라서 북의 경제체제가 앞으로 어떻게 전환되는 것이 바람직한지에 대한 방향성을 제시한다는 점에서 큰 의미가 있다.

미드의 이론 기초에 따르면, 큰 틀에서 북측 경제는 미드의 이론에 부합하는 방향으로 진행되고 있는 것으로 보인다. 북은 현재 경제특구와 개발구를 설치하고 토지사용권을 양도하고 있다. 그리고 도시 및 농촌에서도 부동산 거래 및 투자 등 부동산시장이 형성·발전하면서 '부동산관리법' 제정을 통해 부동산사용료를 부과하고 있다. 다만, 다음의 지점에서 한계를 보이고 있다. 첫째, 경제특구와 개발구 이외의 지역에서 개인 및 기업에 물권적인 토지사용권이 허용되지 않는다. 둘째, 농지도 개별 가구단위의 농지경작권이 확립되어 있지 않다. 셋째, 민법의 규정과 달리 현재 주택소유가 법적으로 허용되지 않는다. 넷째, 살림집에 대한 사용료 부과수준이 낮아 부동산 개발 및 살림집 매매가 투기적으로 전개되고 있다.

2) 전망

제2부에서 제시한 이론틀 및 해외 사례와, 앞서 개략적으로 살펴본 북측 부동산시장 및 제도에 대한 평가 내용을 기초로 향후 부동산시장 및 제도 변화의 전망을 제시하면 다음과 같다. 이러한 전망은 사실 미래 예측이라기보다는 지대원리와 해외의 공공토지임대제 모델 사례에 비추어 변화되어야 할 성격이 더 강하다.

먼저, 경제특구 재산권 모델이 일반 도시로 일반화될 필요가 있다. 부동산 이용에 대한 제도와 권리 관계의 법적 성격은 북의 일반법제와 외국인 투자 관련 법제 간에 커다란 괴리를 보이고 있다. 하지만 북측 기관, 기업소, 단체 및 공민들의 경제에 대한 이해 수준이 점점 높아지고 현실 관행이 점점 발전함에 따라 이러한 경제의식과 환경의 변화를 국가재정 증대와 결부시키려는 요구가 있다. 따라서 외국인 투자와 관련된 부동산 관리법제의 현실 및 변화 양상은 북측 일반법제의 향후 모델이 되어 부동산 이용에 대한 권리의 보장범위는 점차 확대될 것으로 전망된다(손희두, 2013: 57). 특히 중국이 '토지관리법' 제정과 동시에 민법통칙을 제정해 토지사용권을 용익물권으로 인정하고 일반 공민들도 토지이용에 관한 권리를 보장받을 수 있도록 허용한 것은 북측의 부동산법제에서 좋은 모델이다(손희두, 2013: 59).

다음으로 농지경작권을 가구별로 분배해야 하고 농지 소유권을 국유화해야 한다. 중국은 농지경작권을 개별 농민들에게 분배하는 단계에까지는 나아갔다. 북은 여기까지 나아가지 않더라도 가족 단위로 논과 밭을 맡기고 생산량에 대해서도 일정 부분만 환수한 후 나머지는 처분권을 부여하는 개혁을 일관되게 추진할 것으로 보인다. 하지만 여기서 더 나아가 농민들에게 법적인 경작권을 설정하는 방향으로 나아가야 한다. 이와 더불어 라선시에서 시행하고 있는 협동농장의 기업소 재배치 정책을 확대해 농지소유권의 국유화를 완성하는 방향으로 나아가는 것을 신중히 검토해야 한다. 현재 중국은 도시와 농촌의 토지소유권이 국유 및 집체로 이원화되면서 도시화에 따른 여러 문제를 겪고 있다. 따라서 북이 라선시에서 진행하고 있는 정책을 확산해 협동농장의 토지소유권을 국유(전민 소유)로 일원화하고 대신 협동농장 또는 작업반에게 안정적인 토지사용권을 보장한다면 중국이 경험하고 있는 사회문제를 일정 정도 예방할 수 있을 것이다.

셋째, 북은 관광개발을 통한 경제성장 전략을 강화할 것으로 보인다. 북은 2013년 5월 29일 '경제개발구법'을 제정하고, 같은 해 11월에 경제특구와 13개 지방급 경제개발구 설치 등의 정책을 발표했다. 그런데 이러한 정책의 핵심은 사실상 관광산업이었다. 경제특구는 2014년 6월 11일 최고인민위원회 상임위원회 정령으로 발표한 '원산 - 금강산 국제관광지대(특구)'였다. 한편 13개의 경제개발구 중에서 관광을 목적으로 하는 '관광개발구'

는 2개이며, 관광 기능이 포함된 경제개발구는 '관광개발구'를 포함해 모두 6개다. 필자는 생태관광을 마중물로 개인과 기업에게 토지사용의 안정성을 보장해 주고 대신 토지사용료를 환수해 지속가능한 경제발전을 도모하는 전략을 '관광산업에 기초한 토지사용료 순환형 경제발전 모델'로 제시한 바 있다(조성찬, 2015). 관광산업은 경제특구 또는 다른 산업의 발전을 추동할 수 있는 기초다. 관광특구를 조성하면 반드시 도로, 철도, 심지어 항공 등 인프라를 정비해야 하는데, 이렇게 해서 향상된 접근성은 경제특구 입지 선정에서 가장 중요한 고려요소가 된다. 금강산관광특구의 근거법인 '금강산관광지구법' 제21조와 제22조를 보면 소프트웨어 산업 같은 공해가 없는 첨단 과학기술부문에 대한 투자도 관광지구에 할 수 있다고 규정하고 있다. 2003년 1월 18일에 현대측과 아태측 사이에 체결된 합의서를 보면, "통천지구에 스키장, 경공업지구, 첨단기술산업건설에 필요한 부지를 조속히 선정하는 문제를 협의하기로 한다"(합의서 제6항)라고 규정하고 있어 관광과 산업단지가 긴밀하게 결합되고 있음을 알 수 있다. 실제로 '금강산관광지구법'이 제정된 이후 동해선철도 및 도로의 연결에 따른 육로관광과 통천지구 공단화 추진이 합의되기도 했다(법무부, 2003).

넷째, 부동산을 활용한 경제성장 모델의 가능성을 점칠 수 있다. 북의 한 연구자는 논문에서 "모든 경제부문 일꾼들은 최근 시기 조선에서 절실히 제기되는 부동산 문제에 대한 올바른 이해를 가지고 나라의 경제발전에 유리하게 부동산을 잘 이용해 나가야 할 것"이라고 주장했다(손희두, 2013: 52에서 재인용). 그리고 평양의 거리 개발에서 알 수 있듯이, 북에서 부동산 개발은 이미 경제성장의 중요한 한 축이 되었다. 따라서 향후 북은 경제특구 및 개발구의 개발, 노후된 도시의 재개발, 부족한 주택 공급을 위한 부동산 개발을 통해 경제성장을 추구할 것으로 보인다.

다섯째, 단기적으로는 살림집의 불법 양도를 규제하기 위해 살림집 사용료를 인상할 필요가 있다. 살림집 사용료는 국가가격제정기관이 정하는데('살림집법' 제42조 제2항), 살림집을 보수하는 데 충당하지도 못할 정도의 매우 낮은 수준이다. 따라서 불법적인 살림집의 양도를 규제하기 위해 제정된 '살림집법'은 향후 가격 인상이라는 조치를 취할 가능성도 배제할 수 없다(이은정, 2013). 그렇게 되면 살림집의 개인 소유를 법적으로 인정하되 소유에 따른 각종 규제를 마련하면서도 살림집 사용료를 인상할 수 있다.

여섯째, 장기적으로는 도시 살림집 토지사용권 및 건물소유권을 합법화해야 한다. 현재 북에서 진행되고 있는 살림집 거래는 현행법상 불법일 뿐, 시장경제 원리상 자연스러운 현상이다. 현행 북측 '토지임대법'은 일반 지역에서 일반인과 기업들도 토지사용권을 확보할 수 있다고 규정하고 있다. 따라서 중국이 국가 및 기업 소유의 주택을 사유화했던 것처럼, 살림집에 대한 토지사용권 및 건물소유권을 합법화할 수 있다.

일곱째, 개인 간 주택거래를 인정하고 투기방지책(부동산사용료, 공공임대주택, 환매권)을 시행할 필요가 있다. 만약 주택의 개인 간 거래가 인정되면 주택 공급량이 부족한 상황에서 가격 상승이 따르기 때문에 이에 대한 대비 및 해결책으로 부동산사용료(살림집 사용료)의 적정 부과 및 공공임대주택 공급 활성화 등의 대책을 취할 것이다. 추가적인 투기 방지책으로 정부가 토지 등 부동산 환매권을 행사할 수도 있다. 북의 '토지임대법' 제15조에서는 토지리용권의 양도(판매, 재임대, 증여, 상속) 및 저당이 가능하다고 규정하는 동시에 제19조에서는 임대한 토지의 우선구매권(일종의 '환매권')을 규정하고 있으므로 싱가포르가 규정하고 있는 환매조건부 주택을 시장에 공급할 수 있다.

제17장

북측에 바람직한 경제특구 공공토지임대제 모델 제시

1. 모델 제시 배경

김정은 정권은 2013년 5월 29일자로 '조선민주주의 인민공화국 경제개발구법'을 공포하고 경제특구를 기존의 한정된 지역에서 전국적으로 확산하겠다는 의지를 피력했다. 그리고 같은 해 11월 21일자 조선중앙통신 보도를 통해 외자 유치와 경제 개발을 목적으로 경제특구 1곳 및 경제개발구 13곳을 지정·추진한다고 발표했다.

경제특구나 경제개발구 방식을 통해 경제개혁을 추진하는 데 필자가 중요하게 인식하는 것은 토지를 어떻게 소유 및 사용할 것인가 하는 토지정책이다. 이러한 점에서 중국이 1978년 개혁개방을 추진하면서 선전 등 4개의 경제특구를 지정하고 새롭게 추진한 토지사용권 유상 양도 실험은 북측에 큰 시사점을 준다. 중국은 경제특구에서 실험을 거쳐 검증된 토지개혁 방안을 전국으로 확대하는 전략을 추진했다. 북은 중국의 경제특구 토지개혁 모델을 참고해, 토지공유제를 기초로 하면서 외국 기업에 토지사용권을 유상으로 양도하는 공공토지임대제를 추진하고 있다.

그런데 중국에서 공공토지임대제가 경제특구 실험을 거쳐 일반 도시토지로 확대 적용된 이후 주택가격 급등과 부동산투기, 그리고 부동산 담보 대출로 인한 그림자금융 등의 문제가 초래되었다. 그 이유에 대해 필자는 경제특구에서 토지사용료를 매년 받는 방식(토지연조제) 대신 일시불 방식 (토지출양제)을 적용했기 때문인 것으로 보고 있다. 이처럼 토지사용료 납부 방식은 공공토지임대제를 실시하는 것만큼이나 중요하다는 것이 필자의 판단이다(조성찬, 2011).[1] 이는 중국 학계의 판단이기도 하다. 그런데 중국의 경제특구 토지사용료 납부 방식을 절충한 북의 경제특구 역시 동일한 위험 에 노출되어 있다. 따라서 북이 경제특구 및 경제개발구를 확대하려는 시 점에서, 중국의 경제특구 및 도시가 경험하고 있는 부동산 문제들을 방지 하면서도 기업의 안정적인 경영활동에 적합한 '공공토지임대제 모델'을 정 립하는 것이 필요하다.

사실 2002년 12월에 토지공사·현대아산과 북측이 개성공단 추진을 위 해 토지사용 계약을 체결하면서 50년 토지이용권 가격으로 1600만 달러를 지급하고, 10년 후부터 토지사용료를 납부하기로 했다. 그런데 남북 관계 가 경색되면서 2009년 4월 12일, 북은 이미 체결된 계약을 무시하고 5억 달 러(이전의 31배)의 토지이용권 가격을 지급하라고 요구했다. 이러한 사건들 은 예측 가능하면서도 지속가능한 토지사용료 체계 중심의 '공공토지임대 제 모델'이 얼마나 중요한지를 반증한다.

[1] 이 장에서 사용되는 용어에 대해 정의할 필요가 있다. 학술적인 차원인 경우 '토지사용권' 과 '토지사용료'라는 용어를 사용했다. 다만 북측의 관련법을 분석할 때에는 법적 용어인 '토지이용권', '토지이용권 가격'(일시불) 및 '토지사용료'(매년 납부)라는 용어를 사용했 다. 필요한 경우 '토지이용권 가격'과 '토지사용료'를 '토지임대료'라는 용어로 통칭했다.

2. 북측 경제특구 공공토지임대제의 일반 모델 제시

1) 중국 경제특구 및 해외 주요국의 공공토지임대제 실시 경험

공공토지임대제를 이론적으로나 제도적으로 지지하는 연구 결과는 많다. 그리고 실제로 이러한 제도를 실시하고 있는 사례들도 있다. 이 책에서는 호주 캔버라, 핀란드, 싱가포르, 홍콩, 중국의 선전, 상하이 푸둥신구 및 쑤저우 공업단지 사례를 살펴보았다.

핀란드는 가장 성공적인 사례다. 토지임대 관련 법률들이 잘 정비되어 있어 임차자가 잘 보호되며, 토지사용료 매년 납부 방식을 적용하고 있고, 납부 방식을 후퇴시키려는 정치적 압력이 없다. 또한 개발업자의 자금 부담이 낮고, 도시계획과 토지임대 업무가 전문화되어 있으며, 공공기관도 회계상 토지사용료를 납부하고 있다. 이로 인해 결과적으로 토지투기 현상이 예방되고 있다. 반면 주택용지의 경우 30년에 한 번 토지사용료를 평가하고 있어 주기가 너무 길다는 한계가 있다(Bourassa and Hong, 2003: 99~114).

호주의 신도시 캔버라는 대표적인 실패 사례다. 먼저 토지사용료를 매년 납부하는 방식에서 일시불 방식으로 전환하면서 기존의 장점들이 상쇄되었다. 99년의 토지사용권 기간은 너무 길어 토지사유화를 부추기며, 토지개발 속도가 너무 느리고, 토지사용료 수입을 위한 전문 계정도 없다. 또한 전문적인 토지관리기구가 없어 정부의 토지경영능력이 부족하며, 일반 법인세와 토지세를 함께 부담하고 있어 기업의 부담이 크다(Bourassa and Hong, 2003: 39~60).

중국 사례 중에서는 상하이 푸둥신구의 경험이 가장 성공적인 것으로 평가된다. 다른 중국의 사례들과 달리, 토지사용료 일시 납부 방식을 적용하는 범위가 넓고, 정부가 직접 임차인에게 임대하며, 입찰경매 방식을 통해 토지사용권을 양도한다. 또한 개발업자의 자금 부담이 낮고, 토지사용세의 중복납세를 방지하고 있으며, 토지임대 업무와 도시계획 업무가 전문화 및 협력관계를 유지하고 있다. 반면, 토지사용료는 매년 또는 정기적으로 평가하는 것이 아니라 토지용도 변경 시나 재양도 시에만 평가가 이루어지며, 토지사용료 재평가 시 불안정한 지가와 연동된다. 또한 토지사용권 연한이 도시계획 주기와 연결되지 않아 도시를 새롭게 재정비할 경우 기존 토지사용권자와 충돌할 수도 있다.

이 장에서 제시하고자 하는 북측 경제특구 공공토지임대제 모델은 중국 경제특구 및 주요국의 경험이 보여준 장점을 흡수하면서도 한계를 극복할 수 있어야 한다. 그러면도 공공토지임대제 이론에도 부합해야 한다. 특히 토지사용료 납부 방식의 중요성에 대한 이론적 검토가 중요하다.

2) 토지사용료 납부 방식의 중요성

현재 북측 경제특구에서 실시되고 있는 토지제도가 중국의 경제특구의 경험과 제도를 벤치마킹했다는 것은 주지의 사실이다. 이러한 이유로 두 국가 모두 국유토지소유권으로부터 용익물권 성격의 토지사용권을 분리 독립한 후 개인에게서 토지사용료를 받고 일정 기간 토지를 임대해 주는 방식을 적용하고 있다. 그런데 문제는 북이 토지사용료 납부 방식을 설계하면서 중국이 현재 보편적으로 적용하고 있는 토지사용료 일시 납부 방식을 채택했다는 점이다. 토지사용료 납부 방식 측면에서 북이 현재 실시하고 있는 공공토지임대제 체계는 '토지이용료 일시 납부(토지개발비 포함)(중심)+10년 거치 후 토지사용료 매년 납부(보조)' 모델이다(조성찬, 2012: 278). 경제개발구의 기본법 성격인 '경제개발구법'은 토지임대차계약을 통해 토지사용료 납부방법을 결정한다고 규정함으로써 구체적인 입법을 피했다 (제24조 제2항).

북이 채택한 토지사용료 일시 납부 중심의 공공토지임대제는 개혁·개방 초기 경제성장의 기초를 형성할 수는 있지만 경제성장의 지속가능성 측면에서 한계를 내포하고 있다. 최근 중국과 러시아가 라진-선봉 경제특구에 투자를 본격화하면서, 한국 부동산투기의 맹아로 알려진 라진의 땅값이 2년 사이에 3배가량 올랐다는 소식이 전해지고 있다(≪노컷뉴스≫, 2012.6.13). 라진에서의 제2의 땅값 폭등이 염려되는 대목이다.

북의 경제특구 및 경제개발구 추진은 공공토지임대제에 대한 이론적 모델에 기초하면서도 실제 공공토지임대제를 실시했던 여러 경험의 성공 및 실패 사례를 참고해야 지속가능한 성공이 담보된다. 이러한 맥락에서 토지사용료 매년 납부 방식에 기초해 북측 경제특구 공공토지임대제 모델의 원칙을 제시하면 다음과 같다.

3) 북측 경제특구 공공토지임대제 모델의 원칙

(1) 핵심 원칙: 평등지권

모델의 핵심 원칙은 전체 모델을 결정하는 중요한 요소다. 필자는 공공토지임대제 이론에 근거해 평등지권을 모델의 핵심 원칙으로 제시하고자 한다. 현재의 산업사회에서 토지를 필요로 하는 이들이 배타적으로 사용하되 그에 대한 대가를 '제대로' 지불하고 사회는 이를 공유함으로써 평등지권 원칙을 달성할 수 있다. 이러한 맥락에서 앞서 살펴보았듯이, 토지사용료 매년 납부 방식이 중요하다. 만약 토지사용료를 일시불로 납부하면 토지사용료를 제대로 환수하지 못해 지대추구 현상이 발생하며, 게다가 후세대가 누려야 할 토지사용료 수입을 현 세대가 독점해 세대 간 평등한 토지권이 훼손

된다. 이러한 이유로 홍콩 개발의 역사적 과정을 살펴본 엔다콧은 토지를 가장 경제적으로 이용하기 위해, 그리고 공동체의 창조적 노력에 의해 발생한 가치 증대의 정부 몫을 보장하기 위해 공개경매 방식을 적용했고, 지대는 어느 정도 사소한 규제를 받았다고 기록하고 있다(엔다콧, 2005: 303). 그리고 중국에서 처음으로 해외를 대상으로 토지사용권에 대한 일시불 방식의 입찰·경매를 진행했던 상하이 토지관리국 국장 장루까오(蔣如高)는 각 지방정부에 "자기의 밥을 먹어라(吃自己的飯)"라고 제언한 바 있다.

이론상 평등지권의 원칙이 건강한 경제발전을 추동할 수 있는 동력을 갖는 이유는, 경매 방식을 통하면 토지를 가장 효율적으로 사용할 수 있으며 따라서 가장 높은 입찰가격(매년 토지사용료)을 제시하는 주체에게 토지사용권이 양도되기 때문이다. 즉, 토지를 가장 효율적으로 사용한다는 것은 그만큼 경제발전을 추동할 수 있다는 의미다. 또한 가장 높은 입찰가격을 지불한다는 것은 이를 통해 지방정부는 토지사용료 수입을 기본소득이나 도시건설의 재원으로 활용함으로써 간접적이지만 최대한도로 평등지권을 보장할 수 있으며 동시에 지속가능한 소비 및 성장의 기반을 마련할 수 있다는 것을 의미한다.

그런데 기업의 경우 법인세 등 부담도 만만치 않은데 토지사용료까지 부담하면 기업의 경쟁력을 해친다는 반론이 제기될 수 있다. 이러한 문제는 토지사용자가 납부하는 토지사용료만큼 법인세를 공제하는 조세대체 정책을 통해 해결할 수 있다. 조세대체 정책은 '개인이 생산한 것은 개인에게, 사회가 생산한 것은 사회에' 귀속시켜야 한다는 조세정의 원칙에도 부합한다. 경제학에서 지대로 불리는 토지사용료는 개인이 아닌 사회가 창출하는 가치다. 실제 이러한 시스템은 추이즈위안이 언급한 충칭모델에서도 확인할 수 있다. 다른 도시가 33%의 법인세 세율을 적용할 때 충칭은 15% 수준의 법인세를 적용함으로써 기업의 부담을 줄이는 한편 기업에 창의적인 경쟁력을 제공했다고 분석한다. 이는 홍콩과 상하이 푸둥신구의 시스템을 따른 것이기도 하다(추이즈위안, 2014: 170).

정리하면, 평등지권이라는 원칙은 단순히 철학적인 가치만을 내포하는 것이 아니라 지속가능한 경제성장의 동력을 갖는 경제특구에 핵심원칙으로 활용될 수 있다. 단순히 경제효율성만을 강조해 평등지권 원칙을 무시하는 방식의 토지정책은 경제성장 초기에는 급성장을 가져오는 것 같지만 이후에는 지속가능하고 건강한 경제발전을 가로막는다. 아래의 원칙들은 평등지권이라는 핵심 원칙을 세분화한 것에 불과하다.

(2) 토지사용권 분배 및 이용 원칙

평등지권이라는 핵심 원칙에 기초해 제시할 수 있는 토지사용권 분배 및 이용원칙은 다음과 같다.

첫째, 토지를 가장 효율적으로 이용하기 위해 경매, 입찰 등 시장경쟁방식을 통해 토지사용권을 양도한다. 이때 경매 또는 입찰 대상은 일시불 토지사용권 가격이 아닌 매년 납부할 토지사용료다.

둘째, 토지사용권은 용익물권의 일종으로, 토지사용자는 자신의 토지사용권과 지상 개량물을 양도, 재임대, 저당, 증여, 상속할 수 있다.

셋째, 공공이익 또는 도시계획을 위해서가 아니라면 개인 및 기업의 합법적인 토지사용권을 보호한다. 불가피하게 회수하는 경우 건축물의 잔존가치에 합당한 보상을 실시한다.

넷째, 토지사용권 기간은 경제특구의 도시계획 수립 주기에 맞추어 설정한다. 가령, 20년마다 도시계획을 수립하는 경우 토지사용권 기간은 20년이나 40년 또는 60년이 될 수 있다.

다섯째, 정부가 토지사용권을 회수할 필요가 없으며 기존 토지사용자가 계속해서 토지를 사용하고자 할 경우, 기존 토지사용자는 재평가되었거나 재조정된 토지사용료를 납부한다는 조건하에서 계속해서 토지를 사용할 수 있는 권리를 누린다.

(3) 토지사용료 납부 원칙

토지사용료를 납부하는 데서 평등지권을 실현하기 위한 방안은 다음과 같다.

첫째, 도시경영의 수요를 만족시키고 부동산투기와 부동산거품을 예방하기 위해 시장경쟁방식으로 결정된 토지사용료를 매년 납부한다.

둘째, 개인과 기업 및 공공기관 모두 상응하는 토지사용료를 납부한다. 다만 공공기관은 회계적인 처리를 통해 납부할 수 있다.

셋째, 토지사용자가 매년 납부한 토지사용료만큼 근로소득세나 법인세를 공제한다.

넷째, 이전에 토지사용료 일시불 방식으로 토지사용권을 취득한 경우 토지사용권을 연장할 때 토지사용료 매년 납부 방식으로 전환한다.

다섯째, 최초 입찰, 경매 등을 통해 결정된 토지사용료는 '토지위치가 달라지면 토지사용료도 체증 또는 체감한다'는 사실에 근거해 정기적으로 재평가한다. 재평가를 하지 않는 연도에는 생계비지수, 물가상승률, 경제성장률 중 최적의 지표와 연동시켜 재조정한다.

(4) 전기(前期) 경제특구 개발 방식

경제특구 정부의 재정능력이 일정 수준에 도달하기 전에는 '정부 주도+민간자본 참여 방식'을 채택해 개발을 실시한다. 경제특구 정부의 재정능력이 일정 수준에 도달한 이후에는 점진적으로 '정부 토지비축기구 책임시행 방식'으로 전환한다.

(5) 토지임대 업무와 도시계획 업무의 관계

토지임대 업무는 경영능력을 가진 토지비축기구가 책임지지만, 토지용도의 결정 등 도시계획관리 업무는 경제특구 도시계획부문이 책임진다. 토지임대 부서는 이미 결정된 도시계획(토지이용계획)에 근거해 토지사용권을 분배하고 관리한다.

4) 경제특구 공공토지임대제 모델의 장점

필자가 제시한 북측 경제특구 공공토지임대제 모델은 다음과 같은 장점을 갖는다.

첫째, 토지재산권 및 공공토지임대제 이론에 부합하도록 설계되었다. 이는 기존 연구들이 토지개혁의 준거점으로 이론적 정당성을 충분히 강조하지 않았다는 점에서 차별성을 갖는다.

둘째, 평등지권이라는 핵심 원칙에 근거해 전체 체계를 구성함으로써 하위 부문 간 조화를 이룰 수 있다. 이는 기존 연구들이 주요 정책 변수별 분석을 진행하면서 전체 토지이용체계의 변수 간 조화를 고려하지 않았다는 점에서 차별성을 갖는다.

셋째, 기존 사례의 장점과 실패 원인을 검토한 후 설계했기에 유사한 문제를 예방할 수 있다. 이는 기존 연구들이 하나의 분석사례를 살펴보고 시사점을 도출한 것에 비해 필자는 중국 이외의 공공토지임대제 실시 국가의 실패사례까지 살펴본 후 모델을 설계했다는 점에서 차별성을 갖는다.

넷째, 토지사용료를 매년 납부하되 그만큼 법인세를 공제하는 조세대체 기능이 결합되어 기업에 새로운 부담을 지우지 않는다. 기존 연구들은 토지사용료 수입과 법인세 수입을 연결 짓지 않았다. 그 이유는 생산요소인 토지와 자본의 정당한 분배 이론에 기초하지 않았기 때문이다.

다섯째, 무엇보다 토지임대료 매년 납부 방식을 중심으로 설계해 현세대는 물론이고 후세대와의 형평성도 추구할 수 있다. 따라서 사회의 지속가능한 성장을 뒷받침할 수 있다.

3. 경제특구 공공토지임대제 모델의 법률적 적용 가능성

1) 토지이용권 설정의 법적 근거

(1) 대외 개방정책 실시로 토지이용권 설정 가능

북측 토지제도가 공공토지임대제로서의 모습을 갖추기 위한 가장 중요한 조건이 바로 토지이용권의 법적인 설정 가능성 여부다. 중국의 경우, '토지관리법' 제9조는 "국유토지와 농민집체 토지는 법규정에 의해 직장단위 혹은 개인에게 사용을 부여한다"라고 규정하고 있으며, 경제특구 개별법에서 이 원칙을 구현하고 있다.

북은 해방 이후 3단계 토지개혁에 이르면서 토지소유권을 국가소유권과 협동단체소유권으로 규정했다. 3단계까지 개인이나 단체의 토지이용권 설정은 규정되지 않았다. 그러다가 토지개혁 4단계부터 법률체계 및 경제특구 관련법에서 토지이용권 설정에 관한 규정을 두기 시작했다. 각종 법률에서 토지이용권 규정을 마련하게 된 배경은 1990년대 이후 본격적으로 추진된 대외 개방정책이었다. 북은 표면적으로는 1984년 구'합영법' 제정 이후 개방정책을 시작했으나, 본격적으로 개방정책을 시작한 것은 1991년 12월 라진 - 선봉지구를 자유경제무역지대로 지정한 이후부터라고 볼 수 있다. 이후 '외국인투자법', '외국인기업법', '자유경제무역지대법', '토지임대법', '합영법'의 제정과 수정이 이루어졌으며, 2010년 수정된 헌법 제37조에서 "국가는 우리나라 기관, 기업소, 단체와 다른 나라 법인 또는 개인들과의 기업 합영과 합작, '특수경제지대'에서의 여러 가지 기업 창설 운영을 장려한다"라고 규정해 '특수경제지대' 건설의 헌법적 근거를 제공했다.

(2) 경제특구 및 경제개발구에서도 토지이용권 설정 가능

중국의 주요 경제특구인 선전, 상하이, 쑤저우의 토지사용료 매년 납부 방식을 규정한 개별법은 토지사용권 설정이 가능하다는 점을 기본 전제로 받아들이고 있다.

이와 관련해 북의 대외 경제개방 관련 법률도 일관되게 토지 유상사용을 규정하고 있다. 구'합영법'이 처음으로 토지사용료 규정을 담았으며, '외국인투자법' 제15조에서 외국인투자자에게 최장 50년의 임대를 허용한다고 규정했다. '자유경제무역지대법'과 '라선경제무역지대법' 제20조에서도 라진 – 선봉경제무역지대에서 필요한 토지를 임차할 수 있다고 규정했다. 다만 토지이용권을 명문화하지는 않았다. 토지이용권을 처음으로 명문화한 것은 1993년 10월 27일 제정한 '토지임대법'이다. 동법 제3조에서 "토지임차자는 토지리용권을 가진다"라고 규정했으며, 제5조는 "합영, 합작 기업에 토지를 출자하려는 우리나라의 기관, 기업소, 단체는 기업소재지의 도(직할시)인민위원회 또는 라진시인민위원회의 승인을 받아 해당 토지리용권을 가질 수 있다"라고 규정했다.

'토지임대법'은 형식상 경제특구 외의 지역에서도 토지이용권 설정이 가능하다고 규정하고 있다. 그러나 사실상 경제특구에서만 토지이용권 설정이 가능했다. 이러한 사실은 후에 제정된 '신의주특별행정구기본법' 제16조와 '개성공업지구법' 제18조가 토지이용권 규정을 두고 있는 것에서도 알 수 있다. 그런데 2013년 5월 29일 '경제개발구법'이 새롭게 공포되면서 경제특구만이 아닌 일반 경제개발구에서도 토지이용권을 설정할 수 있게 되었다(동법 제26조).

(3) 경제특구 토지이용권은 용익물권의 일종

일반적으로 물권이란 권리자가 법에 기초해 특정한 물건에 대해 직접적인 지배와 배타성을 향유하는 권리를 말하며, 소유권, 용익물권 및 담보물권이 주된 물권이다. 용익물권(用益物權)이란 임차자가 타인의 물건을 독점적으로 사용하고 수익을 향유하며 자유롭게 처분할 수 있는 배타적인 권리를 말한다. 일반적으로 용익물권의 성립 조건은 다음과 같다. 첫째, 용익물권 법정주의 조건을 만족시킨다. 둘째, 사용권, 수익권, 처분권을 배타적으로 향유한다. 셋째, 등기주의 조건을 만족시킨다.

중국은 2007년 3월 16일에 '물권법'을 통과시키고 제117조에서 "용익물권인은 타인 소유의 부동산 또는 동산에 대해 법에 근거해 점유, 사용 및 수익의 권리를 갖는다"라고 명시하고, 토지승포경영권(제124조), 건설용지사용권(제135조), 택지사용권(제152조) 등을 포함시킴으로써 체계적인 입법과정을 거쳤다. 그리고 경제특구 개별법은 토지사용권을 등기하도록 규정하면서, 앞서 제시한 세 가지 조건을 충족하고 있다.

앞서 제시한 세 가지 조건에 기초해 북의 토지이용권이 용익물권에 해당하는지를 분석하면, 상위법에 해당하는 민법 등에서 토지이용권을 용익물권의 일종으로 규정하지는 않아 북측 토지이용권은 용익물권 법정주의에 위배된다. 그런데 '토지임대법' 제7조는 "임대한 토지의 리용권은 임차자의 재산권으로 된다"라고 규정하고 있고, 제15조는 "토지임차자는 토지를 임대한 기관의 승인을 받아 임차한 토지의 전부 또는 일부에 해당하는 리용권을 제3자에게 양도(판매, 재임대, 증여, 상속)하거나 저당할 수 있다"라고 규정하고 있다. '합영법' 제11조와 제12조는 합영기업 당사자가 토지이용권을 제3자에게 출자할 수 있고 출자의 일부분을 상속하거나 양도할 수 있다고 규정하고 있다. 즉, 사용권, 수익권, 처분권의 배타적인 권리를 인정하고 있는 것이다. 게다가 '토지임대법' 제11조 제4항, 제12조 제8항, 제13조 제3항에서는 토지이용권 설정 등기를, 제23조에서는 토지이용권 저당 등기를 요구하고 있다. '외국인투자법'에서는 토지이용권을 구체적으로 규정하고 있지 않지만, 제15조에서도 외국투자자 및 투자기관에 최고 50년까지 토지를 임대한다고 규정해, 실질적으로 토지이용권을 전제하고 있음을 알 수 있다.

이러한 성격은 경제특구 법률에서도 비슷하다. '개성공업지구법' 제18조는 토지이용권의 재양도 및 재임대가 가능하다고 규정하고 있다. 동법은 저당권을 규정하지 않았는데, '개성공업지구 부동산규정' 제2조와 제5조에서 토지이용권을 양도·임대할 수 있는 것은 물론 저당의 담보물로도 삼을 수 있다고 규정하고 있다. '신의주특별행정구기본법' 제16조는 합법적으로 얻은 토지이용권의 양도, 임대, 재임대, 저당을 규정하고 있다.

이상을 종합하면, 북측 토지이용권은 첫째 조건인 용익물권 법정주의에 부합하지는 않지만, 둘째 조건인 사용권의 자유로운 처분과 셋째 조건인 등기주의에는 부합한다. 따라서 북의 토지이용권을 용익물권의 일종으로 해석할 수 있다. 이러한 해석은 앞서 언급한 대로 북측 내 학설이 토지이용권을 '국가재산리용과 관련된 물적재산권'으로 표현하고 있다는 점에서 타당하다고 보인다.

2) 모델의 주요 변수별 현행법 검토

(1) 임차자의 대상

북측 '토지임대법' 제2조는 임차자의 대상으로 외국 법인과 개인을 규정하고 있으며, '토지임대법 시행규정' 제2조는 구체적으로 외국 기관, 회사, 기업 기타 경제조직 및 외국인과 북측 경외에 거주하는 조선 동포, 조선 경내에 있는 외국인투자기업이 임차자가 될 수 있다고 규정하고 있다. 토지 임대의 목적이 외국 법인과 외국인의 투자를 유치하려는 것임이 분명하게 드러난다.

여기서 북측 기업도 임차자가 될 수 있는지를 분석할 필요가 있다. 쟁점은 합영, 합작기업에 토지를 투자하려는 북측 기관, 기업소, 단체도 승인을 거쳐 토지이용권을 가질 수 있다고 규정하고 있는 '토지임대법' 제5조를 어떻게 해석할 것인가다. 한국법원행정처 사법행정연구실은 이러한 쟁점에 대해 북측 기관, 기업소 및 단체는 직접적인 임차인이 될 수 없으며, 단지 제3자로부터 토지이용권을 다시금 임차하는 것에 불과하다고 해석한다(한국법원행정처 사법정책연구실, 1997: 212). 그러나 북측 기업 등이 토지이용권을 가지지 못한다면 토지를 출자할 수 없다는 사실에 비추어 보아, 북측 기업 등도 직접적으로 토지이용권을 가질 수 있다고 해석하는 것이 안전하다. 다만 북측 기업 등은 토지이용권을 받고 나서 곧바로 출자해야 하기 때문에 계속해서 토지이용권을 보유할 수는 없다.

임차자의 범위를 제한하는 것으로 보이는 북의 규정에 비해 중국의 관련 법제는 국내 기업 및 개인도 포함시키고 있어 훨씬 포괄적이다. 가령, 상하이시의 '국유토지임대 임시판법'은 제6조 임차인의 범위에서 "경내외의 자연인, 법인 및 기타 조직은 모두 본 법의 규정에 따라 토지사용권을 취득할 수 있다"라고 명확하게 규정하고 있어 북의 법규정과 뚜렷한 차이를 보인다.

(2) 임대 방식

'토지임대법' 제9조에서는 토지의 임대는 일반적으로 협상 방식을 적용하고 라진 - 선봉경제무역지대는 입찰과 경매 방식을 사용할 수 있다고 규정하고 있다. '토지임대법 시행규정' 제18조와 제29조에서는 입찰과 경매 방식의 적용범위를 규정하고 있다. 입찰 방식은 자유경제무역지대에서 규모가 크거나 주요한 개발대상의 토지임대에 적용할 수 있으며(제18조), 경매 방식은 자유경제무역지대에서 부동산개발용지, 금융, 상업, 관광 및 오락 용지와 같은 경쟁이 강한 토지임대에 적용된다(제29조).

개성공업단지와 신의주경제특구의 토지이용권 분배 방식은 라진－선봉 경제무역지대의 토지이용권 분배 방식과 약간 다르다. '개성공업지구 부동산규정' 제6조에서, 개발업자는 개발 단계별로 중앙공업지구 지도기관과 토지임대차 계약을 맺는다고 규정해 일반적인 협의 방식이 적용된다는 것을 예측할 수 있다. 신의주특별행정구는 '신의주특별행정구기본법' 제14조에서 토지이용권 분배 방식을 구체적으로 규정하지 않고 국가가 토지의 개발, 이용, 관리권한을 신의주특별행정구에 부여한다고 포괄적으로 규정했다.

(3) 토지이용권 기한

북의 '외국인투자법' 제15조와 '토지임대법' 제6조는 라진－선봉경제무역지대의 토지임대 최장 기한이 50년이며 구체적인 기한은 쌍방이 협의로 결정한다고 규정했다. 이에 비해 '개성공업지구법' 제12조와 '신의주특별행정구기본법' 제15조는 토지이용권의 기한을 50년으로 규정했다.

토지이용권 기한이 지나 계속해서 사용하고자 할 경우 '토지임대법' 제36조는 임차자가 기한 만료 6개월 전에 '토지이용연기신청서'를 신청해 토지임대기관의 동의를 획득한 이후에 다시금 토지임대계약을 맺어야 한다고 규정하고 있다. 이때 관련된 수속을 밟고 다시금 토지이용증을 받아야 한다.

북이 기본적으로 50년을 기한으로 규정하는 반면, 중국 경제특구는 다양한 기한 규정을 마련하고 있다. 상하이 푸둥신구는 일반적으로 50년의 기한을 규정하고 있고, 쑤저우는 단기(5~10년)와 장기(출양 최고 사용기한을 넘겨서는 안 됨)로 유형화하고 있으며, 선전의 경우는 임시규정의 성격상 2년 정도로 규정하고 있다. 해외 사례인 호주(99년)와 핀란드 헬싱키(주택용지 100년, 상업용지 50년, 공업용지 20~30년)의 규정을 포함해 전체적으로 살펴볼 때 시스템이 안정적일수록 토지사용 기한이 장기이면서 동시에 용도별로 다르게 규정함을 알 수 있다.

(4) 토지임대료 결정

북은 원래 매년 고정 임대료를 납부하거나 소득의 일정 비율을 임대료로 납부하는 방식을 적용했다. 그러나 대외 개방이 진행되고 토지이용권의 상품화가 진행되면서 임대료 납부 방식에 변화가 발생했다(한국법원행정처 사법정책연구실, 1997: 223). 북의 '토지임대법' 제28조에서 토지임대료는 일시불로 납부하는 토지이용권 가격과 매년 납부하는 토지사용료로 규정하고 있으며, 동법 제29조에서 토지이용권 가격에 토지개발비가 포함된다고 규정하고 있다. 토지개발비란 토지정리, 도로건설, 상하수도, 전기, 통신, 난방 등 시설의 건설에 필요한 비용을 의미한다. 이 장의 목적이 임대료를 매년 납부하는 방식을 중심으로 한 공공토지임대제 모델을 설계하는 것이기에 토지임대료 납부 방식이 중심 위치를 차지한다.

가. 토지임대료 결정 방식

큰 틀에서 북의 토지임대료 결정 방식은 상하이 푸둥신구의 토지임대료 결정 방식과 유사하다(조성찬, 2012). 북의 '토지임대법 시행규정' 제86조에 따르면, 협의 방식으로 토지이용권을 양도하는 경우 국가가격제정기관이 결정한 '기준임대료'에 기초해 토지임대기관과 임차자가 협의로 토지임대료를 결정한다. 단, 입찰과 경매 방식으로 토지이용권을 양도하는 경우 해당지역 자유경제무역기관이 매매기준가격을 결정한 후 낙찰자가 제시한 가격을 토지임대료로 간주한다. 이때의 토지임대료는 토지개발비가 포함된 토지이용권 가격이다. 토지사용료는 국가가격제정기관이 정하며, 4년 동안 불변이고, 변동이 있을 경우 변동폭은 20%를 넘기지 않아야 한다('토지임대법 시행규정' 제92조). 한편 개성공업지구의 토지사용료는 중앙공업지구지도기관과 공업지구지도기관이 협의해 결정한다('개성공업지구 부동산규정' 제15조).

나. 토지이용권 가격 납부 방식

임차자는 토지임대계약을 맺은 날로부터 90일 이내에 토지이용권 가격의 전부를 납부해야 하며, 이때 토지이용권이 양도된다('토지임대법' 제30조). 다만 정부가 장려하는 부문과 토지이용권 가격이 2000만 원(북쪽 화폐 기준) 이상인 경우 토지임대기관의 동의를 얻어 5년 이내에 나누어서 납부할 수 있으며, 이때 상응하는 이자를 납부해야 한다('토지임대법 시행규정' 제42조, 제89조). 협의, 경매를 통해 토지이용권을 양도하는 경우 임차인은 토지임대계약 체결 15일 이내에 토지이용권 가격의 10%를 이행담보금으로 납부해야 한다('토지임대법' 제31조).

다. 토지이용권 가격과 토지사용료 우대 정책

대외 경제개방 관련 법률은 모두 토지이용권 가격의 감면과 토지사용료의 감면 또는 면제를 규정하고 있다. 우선 토지이용권 가격의 감면에 관해 '자유경제무역구법' 제38조, '외국투자법' 제8조, '합영법' 제7조, '합작법' 제6조, '라선경제무역지대법' 제38조는 토지이용권 가격을 감면하고 토지이용 조건의 특혜를 제공할 수 있다고 규정한다. 다음으로 '토지임대법' 제33조는 독려 부문과 라선경제무역지대 내에서 투자하는 기업과 개인에게 10

년 기간 토지사용료를 감면하거나 토지사용료를 면제한다고 규정한다. 개성공업지구는 토지임대계약 체결 10년 후부터 토지사용료를 납부하는 정책을 실시하고 있다('개성공업구부동산규정' 제15조).

북의 토지사용료 감면 또는 면제 규정을 보면 한국이 해외 기업의 투자를 유치하기 위해 적용했던 정책들을 연상시킨다. 심지어 중국은 개혁개방 초기 산업단지에 해외 기업을 유치하기 위해 오히려 '마이너스 지가' 정책을 적용해 투자 기업에 보조금을 주기도 했다. 이에 반해 상하이 푸둥신구는 무분별한 감면 정책이나 보조금이 아닌, 이중 납부 성격의 도시토지사용세를 토지사용료에서 공제하는 방식을 적용해 공공토지임대제 체계를 훼손하지 않았다. 북도 이러한 전략이 필요한 것으로 보인다.

라. 라선경제무역지대 토지이용권 가격과 토지사용료 등의 결정 방식

라선경제무역지대는 '토지임대법 시행규정' 제86조에서 협의 방식으로 양도할 때 적용하는 '기준임대료'에 근거해 토지이용권 가격을 결정한다. 토지위치의 좋고 나쁨에 비추어 토지를 세 가지 유형으로 구분한다. 그런 후에 각 유형의 토지는 다시금 세 가지 용도군으로 구분된다. 첫째 용도군은 금융, 상업, 호텔, 오락용지다. 둘째 용도군은 주택과 공공건설용지다. 셋째 용도군은 공업과 창고용지다. 토지이용권 가격은 토지위치의 좋고 나쁨과 용도에 따라 결정된다(〈표 17-1〉 참조). 다만 이 원칙이 1997년도 자료를 기초로 정리한 것이어서 오늘날에는 내용에 변화가 있을 것으로 보인다. 그럼에도 큰 틀을 이해하는 데에는 도움이 될 것이다.

라선경제무역지대는 이미 구체적으로 토지개발비와 이전비(이주비, 안치비)의 결정 방식을 규정했다. 과거 자료에 따르면, 토지개발비는 용도와 위치에 상관없이 모두 53.80원(북측 화폐)/m²였다. 이 지대의 토지개발비는 주로 구역 II와 구역 III의 토지에 적용된다. 일반적으로 구역 I의 토지이용

표 17-1　**라선경제무역지대의 기준임대표**　　　　　　　　　　　　　　단위: 원/m²

구역	위치의 구분 기준	용도구분	용도종류	가격
구역 I	- 상하수도, 오수, 전기, 통신, 난방, 도로 등 기본적인 기초시설이 완비된 구역의 토지 - 주로 도시 중심구역과 항구 주변 토지	제1용도군	금융, 상업, 호텔, 오락용지	64,50
		제2용도군	주택과 공공시설용지	53,75
		제3용도군	공업과 창고용지	43
구역 II	- 구역조건이 구역 I보다 불리하지만 구역 III보다 유리한 구역 - 주로 도시 주변과 구역 I 및 구역 III에 속하지 않는 구역	제1용도군	금융, 상업, 호텔, 오락용지	53,75
		제2용도군	주택과 공공시설용지	43
		제3용도군	공업과 창고용지	21,50
구역 III	- 기초시설이 없으며, 개발조건이 불리한 구역의 토지 - 주로 도시로부터 멀리 떨어져 있는 농촌지구, 미개발된 산과 습지	제1용도군	금융, 상업, 호텔, 오락용지	43
		제2용도군	주택과 공공시설용지	21,50
		제3용도군	공업과 창고용지	10,70

자료: 한국법원행정처 사법정책연구실(1997: 224)에서 재인용.

권 가격은 토지개발비를 포함한다. 이전비의 경우 토지임대계약을 체결할 때 당사자가 협의 방식을 통해 결정한다. 이전비는 토지보상비, 농작물보상비, 건축 및 기타 부속물 보상비와 정주보상비를 포함한다.

개성공업지구의 토지개발비 및 이전비 규정과 라선경제무역지대의 이전비 규정은 상당히 유사하다. 토지개발비에 관해 '개성공업지구법' 제17조에서는 공업지구의 기초시설은 개발업자가 건설한다고 규정하고 있다. 제15조에서는 개발구역 내의 건축물, 부착물의 철거 및 이전 설치 등 이주비는 개발업자가 부담한다고 규정하고 있다.

(5) 임차자의 토지이용권 보호

'외국인투자법' 제19조는 국가가 외국 투자기업과 외국인의 투자재산을 국유화해서는 안 되며, 만약 불가피하게 국유화하는 경우 상응하는 보상을 해야 한다고 규정하고 있다. '토지임대법'과 '토지임대법 시행규정'은 더욱 구체적인 규정을 두고 있다. '토지임대법' 제38조에서는 임차 토지의 토지이용권은 임대기간 내에 취소해서는 안 되며, 불가피하게 취소하는 경우 6

개월 전에 임차인과 협의해야 하며, 동등조건의 토지로 교환하거나 상응하는 보상을 해야 한다고 규정하고 있다. '토지임대법 시행규정' 제102조는 토지이용권을 취소하는 이유를 자연재해, 불가항력적인 사정, 공공이익을 위해 도시건설계획을 변경할 필요가 있는 경우로 한정했다. '개성공업지구 부동산규정' 제16조에 따르면, 공공이익의 원인으로 토지이용권을 취소하는 경우 12개월 전에 토지사용자에게 토지이용권의 취소를 통지하고 보상을 진행해야 하며, 보상 대상은 토지 위의 건축물과 부착물을 포함한다.

(6) 토지임대계약을 통한 토지개발과 이용 통제

관련 법률에서 토지 유상사용 체계와 토지이용계획 또는 도시계획과의 관계를 구체적으로 규정하지 않았지만, 경제특구에서 계약체결 과정을 통해 토지개발 내용을 통제할 수 있다. '토지임대법' 제10조에 따르면, 협의로 토지이용권을 양도하는 기관은 토지용도, 건축면적 및 토지개발 관련 계획 자료를 예정 임차인에게 제공하며, 다른 방식으로 계약을 체결하는 경우에도 같은 규정을 적용하고 있다(입찰은 제12조, 경매는 제13조). '개성공업지구 부동산규정' 제6조에서는 토지임대계약은 토지의 위치, 면적, 용도, 임대기한, 임대료, 계약 취소조건 등을 담아야 한다고 규정하고 있다.

(7) 경제특구에서 토지용도 변경 시 조건

북측 경제특구는 토지용도 변경을 허용한다. 단, 토지용도를 변경할 때 우선 토지임대기관에 '토지용도변경승인신청서'를 제출해 허가를 받아 다시금 계약을 체결해야 한다('토지임대법' 제14조). 반면 개성공업지구는 다른 규정을 두고 있다. '개성공업지구 부동산규정'은 토지용도 변경을 허용하는지를 구체적으로 규정하지 않았다. 그러나 임차자가 토지임대기관의 동의 없이 임의로 용도를 변경하는 경우(제40조), 또는 임차자가 토지임대계약에서 정한 용도에 따라 토지를 이용하지 않는 경우(42조) 임대기관이 토지임 대계약을 취소할 수 있다고 규정하고 있어 특구법과 일반법에 차이가 있음을 알 수 있다.

(8) 토지이용권은 담보 대출 가능

북측 경제특구 관련 법률은 토지이용권의 담보대출 규정을 두고 있다. '토지임대법' 제21조는 임차자가 은행 또는 기타 금융기관으로부터 대출을 받을 필요가 있는 경우 토지이용권을 담보로 할 수 있다고 규정하고 있다. '개성공업지구 부동산규정' 역시 이에 상응하는 규정을 두고 있는데(제45 조), 차이점은 저당자가 저당물을 다시 저당할 수 있다는 덧저당 규정을 두고 있다는 점이다(제46조).

(9) 모델의 법률적 적용 가능성 종합

북측 경제특구가 자체 실정을 고려한 공공토지임대제를 적용하기 시작한 지 벌써 20년 정도 되었다. 북측 정부가 '토지임대법' 및 특구 관련 법률을 제정하면서 중국, 특히 상하이 푸둥신구의 법률을 참고했기 때문에 형식상으로는 비교적 잘 정비된 공공토지임대제 체계를 실현한 것으로 보인다. 그럼에도 불구하고 이 장에서 제시된 모델의 원칙에 따라 부문별로 북의 토지사용체계 현황을 살펴본 결과, 토지이용권을 획득하기 위해서 토지이용료를 일시불로 납부하는 방식이 주요한 문제인 것으로 확인되었다. 이러한 방식은 초기에는 큰 재정수입을 안겨주는 것처럼 보이지만 장기적으로는 경제특구의 지속가능성을 해친다.

그 외에도 북측 정부가 경제특구라는 폐쇄적인 공간에서 자국 기업과 국민들을 배제한 채 소극적으로 경제특구를 추진하면서, 임차자의 범위 제한, 공간적 확산의 가능성 배제, 법인세 등 기업에 부담을 주는 다른 재원에의 의존 등의 문제점을 보이고 있다.

3) 북측에 경제특구 공공토지임대제 모델을 적용하기 위한 법률 개정

첫째, 현재 북측 경제특구 토지임대료는 토지이용권 값(일시불)과 매년 토지사용료가 결합된 구조다. 그리고 그 중점은 토지이용권 값(일시불)에 있다. 따라서 중국의 토지출양제 중심구조가 갖는 한계를 극복하기 위해서 토지이용권 값 중심에서 매년 토지사용료 중심으로 전환할 필요가 있다. 이를 위한 법 개정이 필요하다.

둘째, 민법과 '토지임대법'이 토지이용권 보호를 더욱 강화하기 위해서는 토지이용권을 용익물권의 하나로 명확하게 규정해야 한다.

셋째, 임차자의 범위를 확대할 필요가 있다. '토지임대법' 제5조에서, 북측 기업과 개인은 '단독으로' 토지이용권을 가질 수 없다고 규정하고 있다. 그런데 북측 경제특구의 목적이 외국 기업의 자본과 선진기술을 받아들여 향후 북이 자립적으로 경제성장하는 것임을 고려할 때 북측 경제특구가 일정 수준까지 발전한 이후에는 토지이용권을 북측 기업에, 심지어는 개인에게도 '단독으로' 부여할 필요가 있다.

넷째, 경제특구의 실험을 거쳐 특구 이외의 지역에서도 토지이용권 설정이 가능하도록 할 필요가 있다. 이러한 개혁은 특히 농촌 지역에서 필요하다. 북이 식량난을 해결하기 위해서는 농지사용권을 농민들에게 부여하는 방법밖에 없기 때문이다.

다섯째, 토지사용료를 납부하는 만큼 법인세를 공제하는 조세대체 원칙을 적용할 수 있도록 개정이 필요하다.

4. 경제특구 공공토지임대제 모델의 주요 요소 설계

1) 전기에는 '정부 주도+민간자본 참여 방식'으로 개발 진행

토지이용의 '외부성'을 고려하면 입찰·경매 방식으로 '성숙토지'를 공급하는 것이 최선의 선택이다. 그러나 정부가 재정능력이 취약할 때는 개발자금을 확보하는 것이 쉬운 일이 아니다. 경제특구를 통해 경제발전을 추구한 대부분의 국가가 초기에 개발자금 부족 문제를 겪었다. 정부의 재정능력이 취약할 때 가장 좋은 선택은 「푸둥신구 국유토지연조제 과제연구보고」가 제시한 것처럼 '정부 주도+민간자본 참여 방식'을 채택하는 것이다. 실제로 북은 2002년에 설립한 개성공업지구에 이 방식을 적용했다. 이보고서가 제시한 또 다른 방안인 '정부토지비축기구 책임실시 방식'은 정부가 재정 능력이 충분할 때 선택 가능하다. 경제특구 정부가 '정부 주도+민간자본 참여 방식'을 채택해 민간자본을 활용하면 우선 개발자금 확보 문제가 해결된다. 따라서 정부는 기업이 투자한 자금을 어떻게 상환할지를 고려하면 된다. 「푸둥신구 국유토지연조제 과제연구 보고」는 재정예산 보조, 출양금, 비축기금, 공적금 및 사회보장기금, 토지채권 발행 등을 통해 자금 확보가 가능하다고 밝혔다. 그러나 북의 경제발전 수준이 낮고 사회보장제도가 아직 충분히 갖추어지지 않는 상황을 고려하면 향후 발생할 지대수입을 담보로 토지채권을 발행하는 방식이 가장 설득력이 있다.

지대자본 화폐화 이론에 따르면, 토지출양 방식은 은행 담보대출을 통해 비실재화폐, 화폐유동성 과잉 및 부동산 거품을 일으키는 반면, 토지채권 융자 방식은 비실재화폐를 창조하지 않는다. 채권 발행 방식은 자본시장을 통해 개인의 수중에 있는 자금을 모으는 것이기 때문이다. 토지채권 융자의 기본 운영모델은 〈그림 17-1〉과 같다.

그림 17-1 **토지채권 융자의 기본 운영모델**

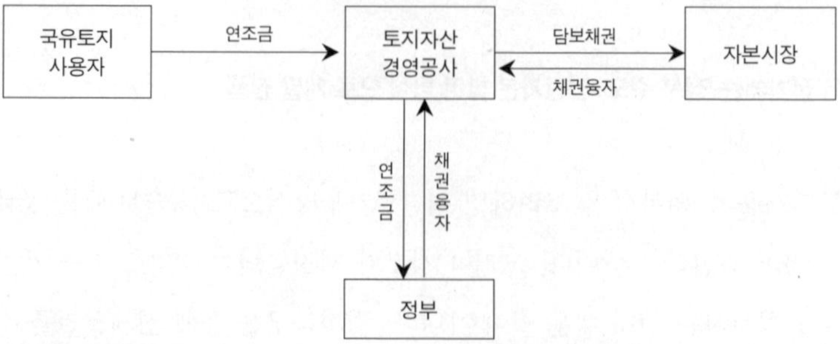

자료: 奚正剛(2006: 228).

만약 북의 경제특구 정부가 중국이 개혁개방 초기에 공포한 '전국도시계획업무회의 기요'에서 제시한 '개발비(1회성)+토지사용료(매년)+도시유지비(매년)' 방식을 채택한다면 '개발비' 항목은 정부 또는 개발기업으로 하여금 개발비용을 빠르게 회수할 수 있도록 도울 것이다. 정부의 재정능력을 고려한다면 개발비를 독립된 항목으로 간주할 수도 있고, 재정적으로 여유가 있으면 개발비를 매년 납부해야 할 지대에 분산해 환수할 수도 있다.

2) 경영능력이 뛰어난 준공공기관이 토지임대업무 진행

사회주의 국가의 특징은 통치와 관리 목적으로 매우 강한 계획기능을 가진다는 것이다. 북도 예외가 아니다. 1998년에서 2004년까지 북측 정부는 순서대로 국토, 건설, 교통 관련 법률을 공포했다. 그중 주요한 것은 '도시경영법'(1992년 제정, 1999년, 2000년, 2004년 수정), '수도평양시관리법'(1998년 제정), '국토계획법'(2002년 제정), '도시계획법'(2003년 제정)이다.

이러한 배경에서 토지임대업무와 도시계획업무가 전문화되는 것은 매우 자연스러운 과정이다. '도시계획법' 제9조에서는 "도시계획은 도시건설의 선행 과정이다. 도시건설 전에 도시계획기구는 도시계획을 실시해야 한다"라고 규정하고 있다. 따라서 도시개발과 토지사용권 임대를 진행하기 전 단계에서 도시계획부문이 도시개발 방향과 필지별 토지용도 등을 결정한다. 이러한 원칙은 경제특구 건설에서도 동일하게 적용된다. 정리하면, 북에서 '토지임대업무와 도시계획업무의 전문화' 원칙은 어렵지 않게 실행할 수 있다. 관건은 토지임대업무를 전문적으로 운영하는 것이다.

캔버라시의 공공토지임대제 경험을 보면, 시민의 자유선거로 새로운 정권을 선택하는 경우 토지임대업무 기구 역시 정치적인 영향을 받을 수밖에 없다. 그렇게 되면 토지임대업무 기구는 공공성을 상실할 수 있다. 이러한 문제를 해결하기 위해 핀란드의 경우 토지임대업무는 경영능력이 있고 정치적으로 독립된 준공공기관이 책임진다.

북의 정치체제와 핀란드의 정치체제가 다르기 때문에, 북에서 시민들이 자기 이익을 고려해 정치적 압력을 행사하는 상황은 고려하지 않아도 되지만, 토지임대기구의 '경영능력' 문제는 고려할 필요가 있다. 토지임대업무는 본래 국가 또는 지방정부가 토지소유자의 신분으로 자기 재산을 경영하는 경영행위다. 따라서 토지임대업무 역시 경영과 관련된 전문지식과 경험이 필요한데, 지방정부는 토지임대업무를 감당하기가 쉽지 않다. 현재 경제특구 내의 토지임대업무를 책임지는 기구는 모두 경영능력이 없는 정부기구다. 중국 일반 도시와 경제특구는 토지비축센터를 통해 이러한 문제를 해결한다. 따라서 북의 경제특구 정부도 경영능력이 뛰어난 준공공기구 또는 중국식 토지비축센터를 설립해 토지임대업무를 진행할 필요가 있다.

3) 토지사용권 기한

현행 북측 경제특구 토지사용권의 기한은 토지용도와 무관하게 모두 50

년이다. 토지사용권 기한은 토지사용자의 권리와 새로운 도시계획 수립에 영향을 준다. 토지사용권 기한이 길어질수록 임차인의 권리 또한 강해진다. 장기 토지사용권 기한과 토지출양 방식이 결합하면 토지가치의 상승을 반영해 적시에 지대를 조정할 수 없다. 결과적으로 토지사용권이 실질적인 토지사유권으로 변할 수 있다. 또한 토지용도를 변경하고 재개발을 진행하고자 해도 새로운 도시계획을 수립하는 것이 쉽지 않다. 반대로 토지사용권 연한이 너무 짧으면 임차인의 권리 또한 약해져 안정적인 토지사용이 어려워진다. 따라서 적정한 균형점을 찾는 것이 매우 중요하다.

앞에서 여러 공공토지임대제 사례가 보여준 토지사용권 기한을 종합하면 다음과 같다. 첫째, 기한이 짧게는 5년, 긴 경우는 영구적인 것도 있으나, 일반적으로 50년 전후다. 둘째, 만기가 도래할 때 국가는 법률상 토지사용권을 회수할 수 있으나 대부분 임차인의 계속 사용을 인정한다. 셋째, 토지용도가 다르면 기한도 다른데, 일반적으로 주택용지가 비교적 길고 산업용지는 비교적 짧다. 가령, 중국의 현행 주택용지 기한은 70년이고 산업용지 기한은 50년이다. 그런데 아쉽게도 여러 사례가 보여준 토지사용권 기한은 모두 이론적 근거가 없다.

이러한 점에서 쩡위린(曾玉林)의 연구는 좋은 시사점을 준다(曾玉林, 2006. 6.26). 그의 기본적인 사고는 토지사용권 기한을 줄이면 '토지출양 공급량이 증가'하고 '지대수입이 증가'한다는 것이다. 이러한 접근법은 중국 대부분의 지방정부가 직면하고 있는 출양용 비축토지의 부족 문제를 해소하는 데 기여할 수 있다. 이러한 관점에서 토지사용 기간을 몇 년으로 정하는 것이 적합한지를 결정해야 한다. 그는 토지사용 기한과 관련해 도시계획 수정주기, 토지이용계획 수정주기, 정부임기, 건축물 설계수명, 경제발전주기, 기업생존수명 등 몇 가지 지수를 제시했다(〈표 17-2〉 참조). 쩡위린은 임차인이 토지사용 기한을 결정하는 요소로 지상건축물의 수명을 가장 중요하게 보았으며,

표 17-2 **토지사용 기한과 관련된 지수**

관련지수	기한
도시계획 수정주기	짧게는 5년, 길게는 20년
토지이용계획 수정주기	짧게는 5년, 길게는 20년
정부임기	임기 5년, 연임 10년
건축물 설계수명	일반 건축물 50~100년
경제발전주기	단기파동: 40개월, 중기순환: 10년
기업생존수명	불확실. 다수 중소기업은 경제주기에 따라 나타났다 사라짐

자료: 曾玉林(2006.6.26).

다음으로 중요한 것이 토지사용자의 주관적인 기대라고 보았다. 이에 비해 정부에 토지사용권 기한을 결정하는 요소는 매우 많으며 비교적 복잡하다고 보았다. 〈표 17-2〉는 중국 맥락에서 토지사용 기한과 관련된 지수별 기한을 개략적으로 제시한 것이다.

〈표 17-2〉에서 제시한 지수 중에서 '도시계획 수정주기' 지수가 가장 합리적이다. 필자가 이 장에서 제시한 공공토지임대제 모델에 따르면 경제특구 정부는 공공토지임대제를 통해 도시경영을 추진한다. 공공토지임대제의 관점에서 효과적인 도시경영이란 도시경제의 변화를 꾸준하게 파악해 토지임대 수익을 최적화할 수 있도록 실제 토지이용을 변경하는 것이다. 이렇게 하려면 먼저 도시계획을 바꿔야 한다. 그다음에 정부는 수정된 도시계획에서 제시한 토지이용계획에 따라 가능한 한 빠른 시기에 실제 토지이용 상황을 바꿔야 한다. 그런데 매 필지의 토지사용권이 임차인의 수중에 있기 때문에 토지이용 변경이 쉽지 않다. 이때 정부는 토지사용권 기한이 종료되기를 기다려야 하지만, 불가피한 경우에는 토지사용권을 환수할 수 있다. 만약 정부가 임차인의 토지사용권 기한이 도래한 때에 이를 회수하면 임차인과 보상을 놓고 벌어지는 법적인 갈등을 피할 수 있다. 따라서 도시계획 변화에 따라 실제 토지이용 상황을 변화시키기 위해서는 임차인

표 17-3 **북의 도시계획 종류별 계획주기**

계획종류	계획주기	근거법
국토건설종합계획	30~50년	토지법 제16조
국토계획	50년	국토계획법 제12조
도시 및 농촌 종합계획	20년	도시계획법 제14조

의 토지사용권 기한이 도시계획 주기의 배수가 되도록 하는 것이 가장 좋다. 가령, 도시계획 주기가 20년이라면 토지사용권 기한을 토지용도에 따라 20년 또는 40년으로 정하는 방식이다.

〈표 17-3〉을 보면, 북의 현행 '국토건설종합계획'의 주기가 30~50년이고 '국토계획'의 주기는 50년인 반면, '도시 및 농촌 종합계획'의 주기는 20년이다. 따라서 '도시 및 농촌 종합계획' 주기 20년을 기준으로 삼는다면, 각종 토지용도의 토지사용권 기한은 20년, 40년, 60년 등이 될 수 있다. 이때 주택용지는 보통 기한이 가장 길기 때문에 60년으로, 공업용지는 40년으로, 상업용지는 20년으로 정할 수 있다. 물론 재연장이 가능하기 때문에 건축물 수명을 고려하는 데에는 문제가 없다.

4) 매년 납부 방식의 구체적인 설계

(1) 최초 토지사용권 분배는 입찰·경매 방식 채택, 연장 시 협의 방식 채택

'북측 경제특구 공공토지임대제 모델'에서 최초 토지사용권 분배 및 매년 지대 결정은 시장경쟁방식을 통해 이루어진다. 그런데 기존 토지사용권을 연장할 때 협의 방식 외에는 매년 지대를 결정할 방법이 없다. 이때 협의 방식으로 결정된 매년 지대는 재연장 당시 재평가된 시장지대에 기초한다. 따라서 원칙상 연장을 희망하는 토지사용자가 시장가치에 기초해 재평가된 매년 지대를 받아들이는 조건하에서 재연장이 가능하다.

(2) 토지 방치를 방지하기 위해 담보물 위탁

토지사용권 기한이 만료되어 정부로 귀속될 때에는 토지개량물 철거 책임이 토지사용자에게 있다. 그런데 토지사용자는 당연히 그 책임을 회피하고 싶어 한다. 이러한 문제를 예방하기 위해 정부는 토지사용자에게 철거 비용에 상당하는 담보물을 위탁하도록 요구할 수 있다. 이때 만약 정부가 정부공채, 특히 토지채권을 가장 우선적인 담보물로 규정하면 전기 개발에서 발행한 토지채권을 판매할 수 있는 추가적인 효과를 노릴 수 있다.

(3) 공공기관 역시 회계상 매년 지대 납부

행정배분 방식으로 취득한 공공기관도 회계상 매년 지대를 납부한다. 그리고 비영리단체는 관할 지방정부 예산에 매년 지대를 포함한다. 이는 핀란드 사례가 보여준 특징으로, 사회 전체적인 지대 규모를 파악할 수 있어 공공기관 등으로 하여금 토지를 유효하게 사용하도록 유도할 수 있다.

(4) 토지개발비+토지사용료(매년 지대)+토지 관련세 체계

현행 북측 경제특구의 토지 유상사용 체계는 '토지이용권 값(토지개발비 포함)+토지사용료' 체계다. 토지개발비는 토지정리, 도로건설, 상하수도, 전기, 통신, 난방시설 등 건설에 필요한 개량 비용으로, 엄밀하게 말하면 지대에 속하지 않는다. 그런데 정부가 이러한 기초시설을 공급한다는 사실을 고려하면, 토지개발비 역시 지대의 범위에 속할 수 있다. 이때 토지개발비는 마르크스의 '차액지대 II'에 해당된다.

북측 경제특구 공공토지임대제 모델에서 토지개발비는 현행처럼 토지이용권 값에 포함되어야 하는가, 아니면 토지사용료에 포함되어야 하는가? 이러한 질문에 대해 필자는 세 가지 선택 가능한 방식을 제시하고자 한다.

첫째, 토지개발비를 토지이용권의 '취득가격'으로 간주해 일시불로 받고,

현행 토지사용료를 독립시켜 지대 납부의 중심에 두는 방식이다. 이러한 방식의 장점은 전기 개발비용을 신속하게 회수할 수 있다는 점이다. 또한 토지 취득가격이 부동산시장으로 진입하는 필터링 역할을 해서 토지투기를 예방할 수 있다. 다만 이러한 방식은 다음과 같은 점을 고려해야 한다. 우선, 토지개발비가 너무 높으면 안 된다. 토지개발비가 너무 높으면 매년 납부 방식의 효과가 사라질 수 있다. 다음으로, 토지개발비에 대해 감가상각 방식을 적용해야 한다. 기초시설도 일종의 인공적인 건축물이기 때문에 모두 감가상각의 지배를 받는다. 마지막으로, 임대관리의 편의를 위해 토지사용기간 중에 발생하는 추가적인 토지개량비(가령, 기초시설 보수)는 매년 지대에 포함시켜야 한다.

둘째, 토지이용권 값(일시불)을 없애고 토지개발비는 매년 납부하는 현행 토지사용료에 포함시키는 방식이다. 이러한 방식은 공공토지임대제 이론에 완전히 부합하며, 토지 개발기업과 최종 토지사용자의 토지사용권 취득 부담을 줄여준다. 그러나 이러한 방식의 가장 큰 문제는 토지개발비용의 회수기간이 너무 길어진다는 것으로, 경제특구 정부가 전기 개발비용에 대한 융자를 부담해야 하는 결과를 초래한다.

셋째, 첫째 방식과 둘째 방식을 혼합하는 방식이다. 경제특구 정부가 토지 개발비용을 빨리 회수해야 하지만 건설업체나 토지사용자에게 부과되는 토지개발비 부담이 크지 않기를 희망하는 경우 이러한 방식을 채택할 수 있다. 즉, 토지개발비의 일부분을 일회성 토지 취득가격으로 간주하고 남는 토지개발비를 토지사용료에 분산한다. 다만 이러한 방식은 관리비용이 커질 염려가 있다.

경제특구 정부는 필요할 경우 '토지개발비+토지사용료' 체계의 부족한 부분을 보완하기 위해 토지 관련세를 토지개발비 및 토지사용료와 병행할 수도 있다. 이상의 내용을 정리하면 〈표 17-4〉와 같다.

표 17-4 **토지개발비+토지사용료+토지 관련세 체계**

토지사용료에 토지개발비 포함 여부	방식	장점	단점(고려할 점)
토지개발비 미포함	토지개발비+토지사용료+ 토지 관련세	- 전기 개발비용 신속 회수 - 토지투기 예방	- 토지개발비가 높지 않아야 함 - 토지개발비에 감가상각 적용 - 토지사용 기간 중에 토지개량비 가 토지사용료에 귀속되는 문제
토지개발비 포함	토지사용료(토지개발비 포 함)+토지 관련세	- 공공토지임대제 이론에 부합 - 토지 개발기업 등의 토지사 용권 취득부담 경감	- 개발비용 회수가 늦어짐 - 전기 개발 자금융자 부담
혼합방식	토지개발비+토지사용료 (토지개발비)+토지 관련세	- 첫째 및 둘째 방식의 장점	- 관리비용이 높아질 가능성 있음

(5) 토지사용료 재평가 단계

차액지대이론에 따르면, 한 경제체가 성장해 총생산량이 커지면 매년 지대 역시 증가한다. 이러한 때에 증가한 지대를 제대로 환수하기 위해서는 지대평가를 진행해야 하지만 매년 지대를 재평가하려면 높은 비용을 감수해야 한다. 이러한 문제의식에서 필자는 단계적인 지대평가 방식을 제시하고자 한다.

첫째 단계에서는 시장경쟁방식으로 결정된 지대를 출발점으로 하고 이 지대를 경제성장을 나타내는 경제지수(가령, 물가상승률, 생활비지수, 경제성장률)와 연동시켜 매년 지대를 조정한다. 핀란드와 상하이 푸둥신구가 이처럼 생활비지수와 매년 지대를 연동해 조정하고 5년마다 재평가를 실시한다. 둘째 단계에서는 토지사용권 이전, 임대계약 연장, 저당대출 등 특수 상황에서 전문적인 지대평가사가 매년 지대를 재평가한다. 셋째 단계에서는 경제위기 또는 경제거품 원인으로 지대가 급증 또는 급락하는 때에 재평가를 실시한다.

(6) 조세대체

도시를 경영하거나 공공서비스를 제공하기 위해 경제특구 정부는 매년 일정한 재정수입을 필요로 한다. 이때 매년 지대수입이 경제특구 정부의 안정적인 재정수입 출처가 된다. 이처럼 매년 납부 방식은 경제특구 경영과 매우 긴밀한 관계를 가진다. 이러한 상황에서 경제특구 정부가 '조세대체 정책'을 실시하면 공공토지임대제를 성공적으로 실행시킬 수 있다. 조세대책의 핵심 원리는 사회적으로 창출된 토지가치에서 발생하는 재원을 우선적으로 환수하면서 가능한 범위에서 기업 및 개인의 노력소득에 부과되는 법인세와 개인소득세, 나아가 부가세 등을 줄이자는 것이다.

홍콩과 상하이 푸둥신구의 경험이 이를 증명한다. 홍콩은 현재 유사한 정책을 실시하고 있는데, 기업세, 물품세 등 세율이 매우 낮다. 그 결과 홍콩은 다수의 국제기업이 투자하고 싶은 국제적인 자유무역도시와 금융도시가 되었다. 상하이 푸둥신구 역시 토지연조금(매년 지대)과 토지사용세의 중복 납부를 피하기 위해 토지연조금에서 토지사용세를 공제한다.

5. 토지임대료 납부 방식을 매년 납부 방식으로 전환

선전경제특구의 토지연조제(매년 납부) 경험은 이전에 행정배정 방식으로 취득한 기업의 토지사용권을 어떻게 유상화할 수 있는지에 대해 중요한 방향성을 제시한다. 선전경제특구 정부는 토지연조제를 '무상사용 기업 토지의 유상화', '사용기한 만료 부동산의 계속사용 문제', '임시용지' 등 토지출양제(일시불)가 처리할 수 없는 문제들에 적용했다.

이러한 경험이 던지는 중요한 메시지는, 중국의 토지연조제는 일반적인 토지 유상사용 제도로서의 가능성을 지니고 있을 뿐만 아니라, 이미 토지출양제 방식으로 공급된 토지에 대해 사용 기한이 만료될 때 매년 납부하는 토지연조제로 전환할 수도 있다는 것이다. 실제로 9장에서 살펴보았듯이 원저우시의 토지사용권 만기 사례에서 토지사용권을 재연장하는 방안 중 하나로 토지연조제가 제시되었다는 점은 시사하는 바가 크다. 중국은 토지출양제를 통해 신규 건설용지를 공급했는데, 주택용지의 경우 70년이 지나 재연장하려면 다시 70년 기간만큼의 토지출양금을 일시불로 납부해야 한다. 그런데 중국의 평균소득은 여전히 낮은 반면 주택가격은 급등한 상황에서 주민들에게 일시불로 토지출양금을 재납부하라고 요구하는 것은 현실적으로 불가능하다. 이는 북의 현행 경제특구와 향후의 일반 도시에서도 마찬가지다.

토지출양제로 공급된 토지사용권을 토지연조제로 전환할 수 있는 기회는 두 가지다. 첫째, 출양 방식으로 취득한 토지사용권을 연기할 경우 토지연조제로 전환할 수 있다. 이는 이미 앞에서 이야기한 바 있다. 둘째, 정부가 공공목적으로 출양 방식의 토지사용권을 환수할 경우 이를 토지연조제로 전환할 수 있다. 그리고 여전히 토지출양 방식을 유지하는 토지에 대해서는 토지사용세를 부과해 한계를 극복할 수 있다. 이렇게 접근하면 이전에 출양 방식으로 취득한 토지사용권의 합법성을 보호하면서 순조롭게 토지연조제로 전환할 수 있다.

6. 일반 도시로까지 확산할 필요가 있는 공공토지임대제

북측 경제특구 토지사용체계가 기본적으로 중국식 토지출양제, 즉 일시불 방식을 적용하면서 경제특구의 지속가능성 측면에서 의문이 제기되었다. 토지이용 대가를 일시불로 납부하면 초기에 막대한 재원을 확보할 수 있는 것처럼 보이지만, 이는 착시현상에 불과하다. 왜냐하면 중장기적으로는 높은 지가를 형성해 투자의 진입장벽을 형성하고, 정부는 토지이용 수입을 제대로 환수하지 못해 재원이 유출될 뿐만 아니라, 민간에서는 지대추구가 일어나기 때문이다. 토지이용 대가를 일시불로 납부하는 방식이 중심에 있으면 오히려 지속가능한 성장에 장애가 되는 것이다.

이러한 문제의식하에 필자는 평등지권이라는 핵심 원칙에 기초하면서 이론 및 사례 검토를 통해 북측 경제특구 공공토지임대제 모델을 새롭게 제시했다. 그리고 제시된 모델에 기초해 북의 현행 토지임대 관련법을 분석한 결과, 나름 잘 정비된 공공토지임대제 체계를 갖추고 있음을 확인했다. 다만 좀 더 성숙되고 지속가능하게 성장할 수 있는 시스템을 갖추기 위해서 다섯 가지의 법률개정 내용을 제시했다.

필자가 제시한 북측 경제특구 공공토지임대제 모델을 다른 사례들과 비교해 장단점을 평가하면 〈표 17-5〉와 같다. 필자가 제시한 모델은 크게 네 가지 장점을 갖는다. 첫째, 이 모델은 지대원리에 부합한다. 둘째, 평등지권이라는 핵심 원칙에 근거해 전체 체계를 구성했다. 셋째, 다른 사례가 보여준 장점과 단점을 참고해 설계했다. 넷째, 토지채권을 통해 재원을 확보함으로써 토지 비실재화폐의 발생을 방지한다.

북측 정부가 경제특구 및 개발구에 대해서 기존 시스템보다 안정적인 방식으로 전환하면 북의 지속가능한 경제발전에 중요한 기초가 될 수 있을 것이다. 더 나아가 지방정부는 경제특구 공공토지임대제 모델을 일반 모델로 삼아 각자의 특성을 고려해 이 모델을 일반 도시로까지 확대할 필요가 있다.

표 17-5 **각국 공공토지임대제의 장점과 한계**

사례	장점	한계
선전 경제특구	- 정부가 무상으로 분배했던 주택용지를 토지연조제 방식으로 전환하는 경험을 제공 - 토지사용료 표준은 매우 규범적임 - 토지출양 방식을 보완함 - 토지임대업무와 도시계획업무의 규범적인 협력관계	- 토지연조제 방식이 보조적으로 적용되어 그 잠재력을 충분히 발휘하기 어려움 - 임대 방식의 토지사용권 물권 조건을 만족시키지 못함 - 임대 방식의 토지사용권 연한이 비규범적임 - 출양 방식이 지가와 부동산가격 급등, 담보대출 증가, 대량지대 유실을 초래
상하이 푸둥신구	- 모범적인 토지연조제 실시 - 토지연조제의 적용범위가 넓음 - 정부가 직접 임차인에게 임대 - 입찰·경매 방식을 통한 임대 - 개발업자의 자금 부담 경감 - 토지사용세의 중복납세 방지 - 토지임대업무와 도시계획업무의 규범적인 협력관계	- 용도변경 및 재양도 시에 매년 토지사용료 재평가: 비정기적임 - 지대 재평가 시 불안정한 지가와 결합 - 토지사용권 연한이 도시계획주기와 불일치
쑤저우 공업단지	- 균형된 지대조정 주기: 장기임대 5년에 한 번, 단기임대 3년에 한 번 - 토지임대업무와 도시계획업무의 규범적인 협력관계	- 적용범위가 좁음: 기업이 무상으로 배분받아 보유하고 있는 건설용지에는 적용되지 않음
홍콩	- 토지사용료 수입이 재정수입에서 차지하는 비중이 높음 - 조세대체 정책 실시 - 경매 등 시장방식 운용 - 반환 후 토지출양 방식이 토지연조제 방식으로 전환	- 출양 방식이 거액의 은행대출 초래 - 출양 방식이 주택가격의 급등 초래 - 지대증가 부분에 대한 회수가 어려움
핀란드	- 규범적인 토지연조제 실시 - 완비된 토지임대 법률로 임차자 보호 - 토지연조제 후퇴에 대한 정치압력 없음 - 개발업자의 자금 부담 경감 - 도시계획과의 상호관계 형성 - 공공기관 회계상 지대 납부 - 토지투기 현상 예방	- 주택용지는 30년에 1회 지대평가로, 주기가 너무 김
호주 캔버라	- 토지연조제 모델을 지불 가능 주택 건설에 응용할 수 있음(Affordable Housing)	- 토지연조제가 토지출양제로 전환됨 - 토지사용권 기한이 너무 김(99년) - 99년의 지가에 기초한 지대평가(5%) - 토지개발 속도가 느림 - 전문 토지수입 계정이 없음 - 정부의 토지경영능력 부족(전문 토지관리기구 없음) - 조세대체 정책을 실시하지 않음
북측 경제특구 모델	- 지대원리와 토지연조제 이론에 부합 - 평균지권을 핵심 원칙으로 한 전체 체계 구성 - 주요 사례의 장단점을 반영 - 토지채권을 통해 재원을 확보하기 때문에 비실재형 화폐를 발생시키지 않음	- 현행 북측 정부의 관리능력을 검토해야 함 - 정치경제 체제상 토지출양제에서 토지연조제 방식으로 전환 가능한지 여부가 불확실

제18장

북측 공공토지임대제 모델에 기초한 경제발전 전략 모색*

1. 관광산업에 기댄 경제발전

북은 관광을 통한 생존전략을 펼치고 있다. 최근 소식들을 잘 살펴보면 이러한 특성이 확연히 드러난다. 중국 여행객이 직접 자동차를 타고 북을 여행할 수 있다거나, 북이 러시아의 관광객을 유치하고자 애쓰고 있다는 소식은 일부에 불과하다. 도로, 철로, 비행기 등 인프라 시설 정비에서 시작해 인터넷 관광상품 판매에 이르기까지 북의 관광 활성화 전략은 그야말로 전 방위적이라고 해도 과언이 아닐 정도다.

북이 관광전략을 적극적으로 전개하기 시작한 것이 최근의 일이 아님은 분명하다. 북측 정부에 무슨 일이 있었던 것일까? 주어진 정보의 한계 내에서 이에 대한 답변을 찾는 것이 쉽지는 않다. 그럼에도 불구하고 전체적으로 볼 때 북은 빠른 시간 내에 민생을 챙기면서도 부족한 외화를 확보할 수 있는 효과적인 전략으로 관광을 선택한 것으로 보인다.

---

* 이 장은 조성찬, 「북한의 관광산업에 기초한 토지사용료 순환형 경제발전 모델 연구」, ≪북한연구학회보(KCI)≫, 제19권 제1호(2015), 277~307쪽의 내용을 기반으로 했다.

경제발전 전략으로서 관광이 갖는 의미를 잘 보여주는 재미있는 사례가 있다. 2014년 브라질 월드컵 8강의 신화를 일구어 언론의 주목을 받은 코스타리카가 바로 그 주인공이다. 2013년 국내총생산(GDP)이 1인당 1만 2900달러로 전 세계 102위에 불과하지만, 영국 신경제재단이 진행한 행복지수 조사에서 2009년과 2012년에 1위를 차지한 코스타리카의 핵심 발전 전략이 생태관광에 기초한 지속가능한 발전전략이기 때문이다. 생태관광이라는 말만 들어도 바로 북쪽 금강산 관광이 떠오른다.

지속가능한 경제발전 전략은 생물 다양성에 기초한 코스타리카의 발전 전략으로서 중요할 뿐만 아니라, 핵무기 개발로 주변국의 지속가능한 존립 자체를 부정하는 것처럼 보이는 북에도 매우 중요하다. 차이가 있다면 북에서는 '지속가능성'이라는 개념이 화석에너지 고갈이나 탄소배출 등으로 인한 대기 및 환경오염 등의 우려가 없는 '지속가능한' 경제개발의 의미뿐만 아니라, 북의 산업이 농업에서 출발해 경공업, 더 나아가 중화학공업과 첨단기술산업으로 발전해 나가는 데 생태관광이 '지속적으로' 동력을 공급해 줄 수 있느냐의 차원까지 지니고 있다는 점에서 더 의미가 있다. 생태관광이 연쇄적인 경제발전에 마중물 역할을 지속적으로 해줄 수 있느냐 하는 것이다. 이러한 북측 특유의 지속가능성은 단계적인 발전을 이루어 나가는 데 매우 중요하다.

20세기 말 이후 전 세계의 경제체제는 국가사회주의에서 시장사회주의로, 국가자본주의에서 시장자본주의로 이행하는 추세를 보이고 있다. 따라서 21세기의 현 시점에서 볼 때 시장경제는 인류 공통의 보편적인 경제시스템으로 작동하고 있다고 할 수 있다(김형기, 2007: 19). 여기에서 북도 전혀 예외가 아니다. 최근 북의 시장화를 분석한 이석기(2016)에 따르면, 북의 시장화는 소비재, 서비스(운수, 상업 및 유통, 무선통신 등), 부동산 등 최종 소비 부문이 주도하고 있으며, 노동(사적 고용), 금융('돈주'에 의한 사금융), 자본재 등 생산요소 부문은 다소 느리게 진행되고 있다. 국가의 계획적인 공급능력이 약화된 상황에서 대외무역의 확대를 통해 민간 공급능력이 확대되면서 시장화가 촉진된 것으로 보고 있는데, 현 단계에서의 한계는 시장화가 내부에서의 생산 확대 및 그에 따른 경제발전으로 이어지지 못하고 있다는 점이다. 이석기는 그 원인을 국가 재정 부족으로 인해 기반시설 등 필요한 투자가 제대로 진행되지 못했기 때문인 것으로 분석하고 있다.

시장경제를 인류 공통의 보편적인 경제시스템으로 파악한 김형기(2007: 19)는 대안적인 경제체제를 모색하면서 핵심 이슈로 '어떠한 시장경제'로 갈 것인지에 주목했다. 그런데 북은 현재 대외무역에 기초해 최종소비 부문이 경제발전을 주도하고 있지만 대북제재 및 국가의 재정 부족으로 최근 발표한 경제특구와 개발구를 효과적으로 개발하지 못하고 있는 상황이다(이석기, 2015). 이러한 국면을 타개하기 위해서는 북이 보유하고 있는 생태관광이라는 경쟁력과, 북이 현재 추진하고 있는 산업 부문별 개혁조치들을 종합하는 새로운 '지역발전 전략'을 정립할 필요가 있다.

현재 북의 지방정부는 관광사업 활성화 외에도 기업소와 협동농장에 운영의 자율권 부여, 개발구의 설치 및 운영, 도시에서 진행되는 장마당의 합법화와 각종 부동산개발 등을 진행하고 있는데, 모두 사업주체 및 이용주체로부터 토지사용료를 받고 있다. 이러한 사용료는 조세가 아니기 때문에 경제를 왜곡하지 않으면서 정부 재정수입을 지속적으로 창출한다. 정부는 이러한 토지사용료 수입을 산업 부문에 재투자(순환)함으로써 경제발전의 자립적 기초를 형성할 수 있다. 북의 경제발전 전략의 기본적인 구조는 토지를 포함한 자연자원의 활용 및 이로부터 발생하는 산업 부문별 안정적인 토지사용료 수입의 확보 및 순환에서 찾을 수 있다.

이러한 전략은 공공토지임대제와 맞물린다. 우선 관광이라는 활동은 토지를 하나의 소비재로 보고 그러한 경제행위에 대가를 지불하는 것으로,

그 대가에는 관광자원(토지)을 일정 기간 소비(사용)한 비용이 포함되어 있다. 그리고 북의 1차, 2차, 3차 산업 부문별 개혁 조치의 공통점에는 토지를 민간에게 개방해 사용하도록 하면서 사용료를 받는 방식이 자리하고 있다. 즉, 관광산업과 산업 부문별 개혁조치 모두 큰 틀에서 공공토지임대제의 틀로 연결 가능하다. 이러한 전략은 존 스튜어트 밀의 이론을 계승해 1977년에 노벨경제학상을 받은 제임스 미드가 '자유사회주의' 이론에서, 사회주의 국가의 경제발전을 위해서는 공유자산의 시장운용 수익을 통해 세수와 국채에 대한 정부의 과도한 의존을 줄임으로써 경제의 전반적인 효율을 높이는 방향으로 나아가야 한다고 주장했던 바와도 궤를 같이한다. 이러한 사고의 틀에서 '관광산업에 기초한 토지사용료 순환형 지역발전 전략'을 모색해 보자.

2. 북의 관광 활성화 전략

1) 관광정책 변화 과정 개관

한국관광공사가 작성한 자료에 따르면, 북이 관광사업을 시작한 해는 1956년이다(한국관광공사, 2001). 그러나 이 당시에는 사회주의 국가들을 대상으로 한 체제 홍보가 주목적이었다. 그러다가 1980년대 이후 경제가 어려워지자 경제적 어려움을 해결하고자 그야말로 관광'사업'을 추진했다. 이때 중요한 법 제정이 이루어진다. 1984년에 '합영법'을 제정했는데, 합영기업의 대상으로 제시한 5개 분야에 관광사업이 포함된 것이다. 이는 이때부터 관광을 체제 홍보가 아닌 '사업', 다시 말하면 대외 경협사업의 한 분야로 인식하기 시작했음을 공식적으로 보여준다.

그로부터 2년 후인 1986년에는 기존 조직인 여행관리국을 국가관광총국으로 확대 개편하고, 이듬해에 9개의 관광개방지역을 선포하면서 외국관광객 유치에 주력했다. 이때 세계관광기구(World Tourism Organization: WTO)에도 가입했다. 또한 관광사업의 구체적이고도 안정적인 추진을 위해 평양상업대학에 관광학과를 신설하는 한편, 제3차 7개년계획에 관광개발을 추가했다. 1995년에는 아시아 – 태평양관광협회(Pacific Asia Travel Association: PATA)에도 가입했으며, 1996년에는 '라진 – 선봉경제무역지대에 대한 관광규정'을 제정하기도 했다.

여기까지는 주로 북측 내부의 변화로, 사실 한국과 특별한 관계가 없었다. 1971년 '남북적십자회담'이 성사되었으며, 1988년에는 '7·7선언'을 계기로 남북교류협력이 본격적으로 시작되었다. 1998년 출범한 김대중 정부가 '햇볕정책'을 추진하기 시작하면서는 남북경협이 활성화되기 시작했다. 이러한 흐름을 타고 고 정주영 현대 명예회장은 1998년 6월에 소 1001마리를 이끌고 방북하고 나서 바로 '금강산관광을 위한 기본 계약서'를 체결했다. 이렇게 해서 같은 해 11월 18일에 처음으로 금강산 관광이라는 남북 관광사업이 시작되었다.

금강산관광이 지닌 가장 중요한 의미 중의 하나는 바로 남북경협의 돌파구를 만들어주었다는 것이다. 금강산 관광이 시작된 지 2년 후인 2000년에는 최초로 남북정상회담이 개최되어 개성공단 사업, 철도 및 도로 연결사업이 합의되었다. 또한 2002년에는 금강산관광지구와 개성공업지구가 지정되어 관광투자 및 개발사업이 추진될 수 있는 공식적인 근거가 형성되었다. 2003년에는 금강산육로 시범관광이 이루어졌으며, 같은 해 8월에는 남북 최초로 '4대 경협합의서'가 발효되기도 했다. 2005년 7월에는 한국관광공사 주도로 북측과 백두산 시범관광 실시에 합의했으며, 2007년 12월 5일에는 최초로 개성관광이 시작되었다.

표 18-1 **북측 관광정책의 변화 과정**

시기	기본 인식	정책의 성격	정책의 목적 및 방향	주요 대상
1960~ 1980년대 초반	부정적	폐쇄적	국가후생사업 대외체제 선전	주민 사회주의 국가

'합영법' 제정(1985): 관광을 투자를 유치하기 위한 5대 합작분야 중 하나로 선정

⬇

| 1985~
1990년대 중반 | 제한된 긍정 | 투자유지 정책 | 외화 획득, 대외투자
유치 및 체제 선전 | 일본(조총련)
사회주의 국가 |

자유경제무역지대 관광규정(1996): 국지적 개방, 관광을 국가산업의 일부로 인식

⬇

| 1996~1999년 | 긍정적 | 제한적 국가산업
정책 | 외화 획득
대외투자 유치 | 중국, 일본 등
아시아 국가, 한국 |

경의선 복구, 개성특별지구 지정(2000): 육로 개방, 관광산업의 전면 개방 가능성

⬇

| 2000년대 이후 | 적극적 | 국가산업정책 | 포괄적 경제목적
국제관계의 확대 | 대상의 국제화
(러시아 및 서양) |

자료: 한국관광공사(2001)에서 재인용.

그런데 아쉽게도 금강산관광은 2008년 7월 발생한 금강산 관광객 피살 사건 이후 현재까지 중단된 상태이며, 개성관광 역시 같은 해 11월 28일을 마지막으로 북측의 일방적인 통보로 중단되었다. 남북 관광사업이 중단된 지 벌써 7년째다. 그렇다고 북측의 관광전략이 중단되었다고 생각하는 것은 오해다. 오히려 중국, 러시아 및 서방국을 대상으로 보다 다양한 차원에서 적극적으로 관광전략을 추진하고 있기 때문이다.

2) 관광에 대한 북한 당국의 인식 변화

북은 기본적으로 자연명소와 역사유적지, 온천 휴양소 등 관광자원이 비교적 풍부한 곳이다. 다만 당국이 관광을 폐쇄적으로 인식해 그 활용 가능

성을 현실화하지 못했을 뿐이다. 관광은 자본주의 문화의 일부라고 인식했을 뿐만 아니라 무엇보다 외국인의 방문이 잦아질수록 체제 불안정을 초래할 수 있다는 두려움이 컸다. 그러다가 1980년대 중반 이후부터 관광에 대해 다소 적극적인 자세를 보이기 시작했으며, 1990년대에는 관광을 외자유치 유망분야로 지정해 산업정책적 차원에서 그 역할을 강화하고자 노력하기 시작했다(한국관광공사, 2001).

관광에 대한 북의 인식태도가 크게 달라진 이유가 무엇일까? 무엇보다 1980년대 시작된 북의 경제위기가 주된 배경일 것이다. 그리고 중국이 대만이나 외국 관광객을 유치하면서 상당한 수준의 외화를 벌어들이는 것을 본 북은 자신이 보유하고 있는 관광자원을 활용해 비교적 적은 투자로도 단기간에 상당한 외화 획득이 가능할 것으로 인식하기 시작했다(한국관광공사, 2001).

결정적으로 2009년 5월 25일 제2차 핵실험에 성공하자 북은 안보에 자신감을 갖게 되었고 이로써 관광을 대하는 북의 태도가 크게 달라졌다. 핵실험 이후 김정일은 외화 획득 수단으로 광산, IT산업과 함께 관광을 지목했다. 후계자인 김정은은 이러한 전략을 승계하면서도 보다 적극적으로 관광산업을 촉진하려 한다는 점에서 분명한 차이를 보인다. 관광산업 촉진에 대한 분명한 의지를 보여준 사건이 바로 2013년 1월에 군용으로 사용되던 삼지연공항(백두산 부근), 어랑공항(칠보산 근처) 및 갈마공항(원산)을 민간용 공항으로 전환한다는 결정을 내렸다는 점이다(임을출, 2014: 91~92).

실제로 김정은 정권이 김정일 정권 때보다 적극적으로 관광산업을 독려하고 있는 분위기는 베이징의 북쪽 전문 여행사 '영 파이오니어 투어스'의 개러스 존슨(Gareth Johnson)의 논문을 통해서 확인할 수 있다. 10년 이상 북쪽 관광을 추진하고 있는 그는 2014년 서울에서 열린 국제학술회의에서 김정은 체제 이후의 변화를 "놀라운 수준"이라고 평가하고, 변화의 핵심 동력은 내부 자원 고갈과 국제사회에서의 고립으로 인해 초래된 경제난을 해결하려는 국가적인 차원의 관광전략이라고 분석했다. 그리고 관광의 성격이 이전과 많이 달라졌음을 다음과 같은 사례를 들어 설명했다. "라진·선봉에서는 관광객들이 시장과 은행을 이용할 수 있고 회령에서는 중학교도 가볼 수 있습니다. 사진 촬영도 예전처럼 전면 금지는 아니에요. 김정은 체제 이후 변화는 놀랍다고 할 만큼 큽니다"(북한전략센터, 2014.6.18).

개러스 존슨은 논문에서 북이 관광산업을 얼마나 장려하고 있는지를 다양한 관광상품과 정책을 통해 자세하게 설명하고 있다. 그리고 북이 북쪽 관광에 대한 세간의 오해를 종식시키기 위해 관광객 유치를 적극 장려하고 있어서 기자, 한국인, 한국 거주 미국인을 제외한 모든 관광객에게 여행비자를 발급해 주고 있다고 전했다. 그리고 북쪽 여행은 일정 정도 규제가 따르기는 하지만 생각만큼 심하지는 않다고 했다(Johnson and Collings, 2014: 115).

3) 최근 관광사업 관련 동향과 특징

통일연구원이 격주로 발간하는 ≪주간통일정세≫의 2014년 4~7월 자료를 기초로 북에서 2014년 중반에 진행되었던 관광사업 관련 동향을 네 가지 유형으로 구분해 정리하면 〈표 18-2〉와 같다. 이러한 동향을 통해 몇 가지 특징을 발견할 수 있다.

(1) 북쪽 관광의 최대 고객은 중국

중국은 1988년 단둥시가 처음으로 북쪽 관광을 개시한 이래 1991년에는 지린성과 북이 국경 관광협력 사업을 통해 6개의 도로 구안을 열고 20여 개의 북쪽 관광코스를 개발했다(이옥희, 2011: 224~225). 그리고 2010년 4월에

표 18-2 **북의 최근 관광사업 동향(2014년 4~7월)**

유형	내용
관광 상품 개발	- 북과 중국이 지린성 지안(集安)과 평양을 연결하는 관광코스 운영을 12년 만에 재개(4/14, 연합뉴스) - 서양인 대상 올 여름 회령시 관광 개방(5/27, 자유아시아방송) - 5월 2일 지린성 투먼 - 함경북도 남양 간 자전거를 이용한 1일 관광, 5월 27일 룡정 - 조선 회령 1일 국제관광직통차 정식 개통(6/3, 자유아시아방송) - 외국 여행사들, 미국인 억류에도 북쪽 관광 예정대로 진행(6/10, 자유아시아방송) - 중 지방정부들, 북 자가용관광 '신경전'(6/10, 자유아시아방송) - 북의 아리랑 공연 취소로 중국인 관광객의 40%가 취소, 중국인 관광객 중에서 아리랑 공연 관람 목적이 90%(6/11, 자유아시아방송) - '노동관광'에서 건축관광까지 이색 관광상품 출시. 독일 등 등산애호가에게 9박 10일 금강산 등산관광 실시, 스위스인 2박 3일 묘향산 등산관광(6/12, 《조선신보》) - 북측 나선특별시와 접경한 중국 지린(吉林)성 훈춘(琿春)시의 정부기관 관계자는 내년부터 두만강 하류에서 유람선 운항 협의 중(6/13, 연합뉴스) - 북과 중국 간 유일한 종합박람회인 '제3회 중·조 경제무역관광문화관광박람회'가 오는 10월 16일 랴오닝(遼寧)성 단둥(丹東)에서 개막(6/16, 《단둥일보》) - 중국인의 북측 백두산 관광 18일 재개(6/17, 자유아시아방송) - 전 세계 태권도인들의 북쪽 방문을 전담하는 전문여행사, 조선국제태권도여행사를 새로 설립(6/20, 《조선신보》) - 평양국제축구학교를 외국인 관광객에게 개방(6/23, 연합뉴스) - 지린성 투먼에서 출발하는 북쪽 관광 열차 매주 두 차례 운행, 투먼에서 출발하는 자전거관광도 5월 도입. 직행 버스를 이용한 회령 관광 이미 시작(6/24, 자유아시아방송) - 양강도, '백두산지구 1일, 1박 2일에 이어 1주일 관광코스 개설'(6.24, 자유아시아방송) - 北 관광상품, 중국 인터넷에서 인기. 베이징에서 출발해 북에서 골프와 관광을 즐길 수 있는 5일짜리 여행 상품이 199만 원(6/25, 자유아시아방송) - 중국 지린성 훈춘시 주민들이 자가용 차량을 이용해 북쪽 관광. 랴오닝성 단둥시도 곧 도입 예정(6/26, 《두만강보》) - 나선경제특구에서 북중 '낚시관광축전' 개최(6/28, 조선중앙통신) - 北, 러시아 관광객 유치 나서… "수요 다변화 목적"(7/4, 자유아시아방송) - "북쪽 전세기 관광, 중국 노년층에 인기"(7/7, 동방망) - "北, 외국인에 평양 지하철역 1호선(천리마선)과 2호선(혁신선) 모두 개방"(7/10, 자유아시아방송)
관광 인프라 정비	- 중국 훈춘 취안허(圈河) 통상구 - 북 나선특구로 가는 원정리 통상구 육로국경 일요일도 관광객에 출입국 허용(6/9, 중국신문사) - 2012년 4월 설립되어 평양 - 단둥·베이징·선양 등 3개 노선 운영 중인 조선국제철도여객합작회사(홍콩과 합작)가 가까운 시일 내에 러시아와 협력해 평양 - 블라디보스토크·하바롭스크·모스크바 노선 준비(6/12, 《내나라》) - 북, 50년 넘은 '만경봉호' 유람선 개조사업 자금난 등으로 중단. 라진 - 블라디보스토크 해상관광코스의 연내 개통 어려워짐(6/16, 연합뉴스) - 중국 지린성 옌지(延吉) - 평양을 연결하는 관광 전세기 29일 운항 개시(6/20, 《길림신문》) - 7월 초에 상하이 - 평양 전세기 운항 예정(6/24, 자유아시아방송) - 중국 창춘 - 평양 관광 전세기 운항 개시(7/2, 《길림신문》)
관광특구 개발	- 원산 - 금강산 국제관광지대(특구) 발표, 2014년 6월 11일 최고인민위원회 상임위원회 정령 발표(6/12, 조선중앙통신)
관광 정책 변화	- 북에 가까운 친척을 두고 수시로 드나들며 장사하는 중국인 개인 여행자, 친척집에 한 해에 한 번, 보름간만 머물 수 있도록 규제(6/13, 자유아시아방송) - 北 "억류 미국 관광객 2명 적대행위 혐의 확정… 기소 준비"(6/30, 조선중앙통신) - 日, 인적왕래 허용·송금규제 완화. 그러나 대북 수출입 전면 금지, 전세기 입항 금지, 만경봉호 입항 금지 등의 대북 규제는 여전히 유효(7/4, 연합뉴스)

북쪽 단체관광을 정식으로 개시했으며, 매년 6만~7만 명의 중국인이 북을 방문하고 있다. 2014년에는 단둥에서 제3회 '북중 박람회'를 개최했으며, 양국이 변경관광을 중심으로 관광분야 협력을 강화하기도 했다. 신화통신 (2014.7.10)에 따르면, 단둥과 평양을 오가는 국제열차를 이용하는 관광객 규모는 연간 1만 명 규모로 집계되고 있어 북측 관광의 최대 고객은 중국임을 알 수 있다.

(2) 중국에 대한 의존에서 벗어나려는 북의 노력

북은 관광산업의 지나친 중국 의존도를 낮추기 위해 러시아, 일본, 말레이시아는 물론 미국 등 서양의 관광객까지 유치하고자 노력하고 있다. 가장 대표적인 관광상품이 바로 원산 – 금강산 관광특구 조성계획이다. 국경지역의 관광상품이 주로 중국인을 겨냥했다면, 원산 – 금강산 관광특구는 국제관광지로서 중국을 포함한 다른 국가의 관광객을 겨냥했다.

(3) 다양한 체험형 관광상품의 증가

북은 기본적으로 대외 개방성이 낮은 사회다. 그런데 지방정부를 주축으로 민생경제를 책임져야 하는 상황에서 여러 지방정부는 그동안 외국인에게 보여주기를 꺼려했던 내부의 여러 생활 자원을 관광자원화해 상품으로 제시하고 있다. 가령, 모내기와 김매기 등 농민들과 함께하는 노동체험 관광을 선보이는가 하면, 함경북도 칠보산이 있는 명천역에서 온천욕와 민박 체험을 제시하기도 하고, 북쪽 주민과 함께 과일을 수확하는 상품도 등장했다. 심지어는 전 세계 등산 애호가를 겨냥해 명산으로 소문난 금강산, 묘향산 등에서 2박 3일 일정으로 산을 오르고 캠핑을 즐기는 등산 관광, 태권도를 배운 뒤 북쪽 선수들과 직접 시합을 해보는 태권도 관광도 선보였다.

그런데 이러한 관광상품은 남북관광협력단이 2004년 보고서에서 제시했던 내용에 크게 부합한다. 보고서에서는 북쪽 관광은 대중적인 상품은 아니지만 여행을 많이 다닌 사람들에게 오히려 매력적인 상품이기 때문에 이러한 특성을 잘 살려야 한다고 주장했는데(남북관광협력단 북한관광팀, 2004), 체험형 관광상품은 이러한 성격에 가까웠다.[1]

(4) 관광산업 활성화를 위한 인프라 확충 노력

북처럼 도로, 철도 등 관광 인프라가 제대로 갖추어지지 않은 상황에서 각종 관광상품의 개발 및 이에 따른 외국 관광객의 유입은 필연적으로 노후한 관광 인프라 및 각종 서비스에 대한 개선을 요구한다. 북은 이미 철도·도로 등 관광 편의를 위한 인프라를 개선하기 위해 노력하고 있으며, 중국 여행객의 방문 편의를 위해 베이징 - 평양 직항노선 외에도 상하이 - 평양 직항노선, 다롄 - 남포 여객선 운항계획, 자동차 여행 등 다양한 교통수단을 확충하려고 노력하고 있다.

특히 주목되는 것은 '원산 - 금강산 관광특구' 개발과 관련해 접근 편의성을 높이기 위해 원산 민간공항, 국제 관광도로와 고속철도 건설을 추진하고 있는 것이다. 또한 러시아 관광객을 끌어들이기 위해 최근 평양 - 모스크바·하바롭스크·블라디보스토크 관광 열차 개통도 추진하고 있다. 앞으로 이러한 노력은 더욱 구체화될 것으로 보인다.

---

1   관광상품의 다양성만큼 가격도 다양화하고 있다. 이 보고서의 내용을 정리해 보면 각 관광상품의 가격은 다음과 같다.
   - 옌볜에서 출발해 평양 시내와 묘향산, 개성, 판문점, 금강산 등지를 여행, 4~5일 전세기: 1인당 4080~4480위안(한화 67만~73만 원)
   - 상하이에서 출발하는 단체(10~35명) 북쪽 관광상품: 1인당 4500~7500위안(미화 720~1200달러)
   - 랴오닝성 선양 출발, 4일짜리 개인 관광상품: 1만 위안(1600달러)
   - 골프관광, 5일: 1만 2200위안(2000달러)
   - 평양~금강산~원산 단체 관광상품: 1인당 2만 7500위안(4400달러)

4) 최근 관광전략 분석

관광산업에 대해 일정 정도 경험을 축적한 북이 최근 취하고 있는 전략
은 크게 두 가지로 요약된다. 첫째, 관광특구 및 관광개발구의 지정을 통한
입체적인 관광전략의 추진이며, 둘째, 지방정부가 주도하는 관광상품 개발
이다.

(1) 관광특구 및 관광개발구 지정을 통한 관광전략 추진

중국이나 해외의 경제특구 및 이와 유사한 개념의 특별 경제구역을 살펴
봐도 관광만을 목적으로 하는 '관광특구'는 찾아보기 쉽지 않다. 일반적으
로 종합형 경제특구를 표방하면서 그 성격 중 하나로 관광이 결합되는 구
조다. 중국도 관광산업을 활성화하는 차원에서 경제특구 내에서 외국인들
의 자유로운 관광을 허용한 경험이 있다(한국관광공사, 2001). 북이 관광자원
으로서 라진 - 선봉 경제특구를 추진한 것과 개성공단에 결합된 개성관광
을 추진한 것 역시 이와 유사한 이유에서였다.

그런 북이 2002년 금강산 관광특구를 지정하면서 경제특구 전략이 한층
진화한 느낌이다. 관광특구 전략의 진화는 2013년 5월 29일 채택된 '경제
개발구법' 제정에서도 확인할 수 있다. 북은 동법을 제정한 이후 같은 해 11
월에는 경제특구와 13개 지방급 경제개발구 설치 등 경제개방정책을 발표
했다.

이 발표는 다음과 같은 의미를 갖는다. 첫째, 북측 전역에 걸쳐 지방정부
의 역할에 의존해 경제개발구를 확대하겠다는 것이다. 둘째, 그동안의 경
제특구가 개별법에 근거했다면 앞으로는 단일 법 규정에 근거해 경제특구
및 경제개발구에 대한 외자유치를 도모하겠다는 것이다(이용화·홍순직,
2014). 그런데 북이 발표한 경제특구는 2014년 6월 11일 최고인민위원회

북의 13개 지방급 경제개발구 중 관광 관련 경제개발구 현황(2014)

	지방급 경제개발구	주요 산업	면적 (km²)	투자액 (억 달러)
5개 북중접경권 중에서	평안북도 압록강경제개발구	현대농업, 관광휴양, 무역 등	6.6	2.4
	자강도 만포경제개발구	현대농업, 관광휴양, 무역 등	3.0	1.2
	함경북도 온성섬관광개발구	골프장, 수영장, 경마장 등	1.7	0.9
	양강도 혜산경제개발구	수출가공, 현대농업, 관광휴양, 무역	2.0	1.0
3개 서해권 중에서	황해북도 송림수출가공구	수출가공, 관광휴양, 무역 등	2.0	0.8
	황해북도 신평관광개발구	휴양, 체육, 오락 등 복합 관광지구	8.1	1.4

자료: 이용화·홍순직(2014).

상임위원회 정령으로 발표한 '원산 – 금강산 국제관광지대(특구)'였다.[2] 또한 그 당시 발표한 13개의 경제개발구 중에서 관광을 목적으로 하는 '관광개발구'가 2개였으며, 관광 기능이 포함된 경제개발구는 '관광개발구'를 포함해 모두 6개였다(〈표 18-3〉 참조). 이처럼 북의 발표는 사실상 관광산업을 염두에 두었다고 해도 과언이 아니다.

(2) 지방정부가 주도하는 다양한 관광상품 개발

대북 소식을 전해주고 있는 자유아시아방송은 2014년 6월 24일자 방송에서 양강도의 한 간부를 통해 전달받은 소식을 전해주었는데, 그 간부는 2014년부터 '지방 독립채산제'가 강화되어 지방의 당조직과 행정기관의 권

---

2 북의 관광정책을 발표하는 주체를 살펴보면 최고인민위원회, 즉 내각의 역할이 중요하다
   는 것을 알 수 있다. 실제로 북은 2012년 4·6담화에서 내각에서 결정된 경제정책을 확고하
   게 추진할 것과 이를 위해 국가재정을 내각에 집중시킬 것을 강조해, 경제부문 내각의 권한
   을 강화하고 경제부문 내각을 실질적인 경제사령부로 격상했다(이용화·홍순직, 2014). 또
   한 최근에는 내각의 역할을 강화하기 위해 내각의 하위 부서인 무역성에 합영투자위원회,
   국가경제개발위원회를 통합하고 무역성을 대외경제성으로 전환하기로 결정했다. 대외경
   제성은 외자유치 및 경협을 총괄하는 역할을 수행하게 된다(조선중앙통신, 2019년 6월 18
   일 보도). 참고로, 국가경제개발위원회는 2013년 10월 16일, '국가경제개발10개년 전략계
   획'을 수행하기 위해 설치한 국가경제개발총국이 승격된 기관이다.

한이 크게 향상되었고 중앙정부의 승인 없이도 지방정부 스스로 광산개발이나 관광개발 또는 외국과의 합작기업도 운영할 수 있게 되었다고 밝혔다. 그리고 이러한 배경을 기반으로 지방정부가 다양한 관광상품을 개발할수 있게 되었다고 전했다.

북에서 독립채산제라는 용어는 1946년부터 사용되기 시작했다. 그리고 기업이 자율적으로 경영활동을 전개할 수 있다는 본래 의미의 독립채산제는 1960년대 초반부터 도입되었다. 그 이후 이 용어는 공업, 농업, 유통부문에까지 확대되었으나 형식적인 수준에 머물렀다(임수호, 2008: 52~53).

그러다가 이 용어가 최근 다시 부각된 계기는 2012년에 발표한 '12·1 경제관리개선조치' 때문이다. 12·1조치에서는 기업들에게 생산 및 판매 유통 등에 자율성을 부여하는 독립채산제를 실시한다고 했으며, 농업분야에서도 비슷한 개념의 '소규모 분조제'를 실시해 생산량 중에서 30%를 협동농장에 인정해 주겠다고 했다. 북은 다시금 외자유치를 위해 2013년 '경제개발구법'을 제정하고 13개 직할시·도와 220개 시·군에 자체 '개발구' 개발권을 부여했다. 그 결과가 〈표 18-3〉에서 살펴본 '원산 – 금강산 관광특구'와 13개의 개발구 지정이다.

아직 북측 정부가 '지방 독립채산제'라는 용어를 공식적으로 쓰기 시작했는지는 확인되지 않지만, 이러한 흐름으로 볼 때 전체적인 맥락에서 지방정부가 관할하는 경제개발구와 지방정부에 속한 기업소에 독립채산제를 적용하기 때문에 결국 지방정부의 재정책임이 커져 실질적으로는 '지방 독립채산제'로도 해석이 가능하다.

이제 220개 시·군에는 자체적으로 살 길을 모색해야 하는 책임이 부여되었다. 중앙정부가 아닌 소규모 지방정부가 가장 먼저 시도할 수 있는 사업은 현재로서는 관광사업이 가장 유력해 보인다.

5) 북의 관광산업이 경쟁력을 갖는 이유

현재 북에 있어 관광은 대외적으로 비교우위를 지닌 유일한 분야라는 평가를 받고 있다. 북은 특유의 지정학적 입지, 오염되지 않는 자연경관과 더불어 상대적으로 잘 보전된 역사·문화자원과 자연자원을 보유하고 있어(남북관광협력단 북한관광팀, 2004), 이러한 평가가 어느 정도 사실에 부합하는 것으로 보인다.

우리는 그동안 북이 풍부한 지하자원과 저렴한 토지 및 양질의 노동력, 그리고 대륙의 진입로라는 지정학적 특징 때문에 국제적인 경쟁력을 그나마 확보할 수 있다고 보았다. 그런데 북이 오히려 관광분야에서 비교우위를 갖는다는 것은 기존 인식에 중대한 변화를 초래한다. 필자가 보기에 북의 관광산업이 경쟁력을 갖는 이유는 다음과 같다.

(1) 단기간에 적은 투자로 고수익 등 큰 경제적 효과를 기대할 수 있음

북이 현재 추진하는 관광사업은 대체로 생태관광 또는 체험관광 중심으로 전개되고 있다. 물론 이러한 관광사업을 지원하기 위한 숙박시설, 도로, 철도, 항공 등 경우에 따라서는 막대한 인프라 비용이 들 수도 있지만, 기존 인프라를 최대한 활용할 경우 단기적으로 투자비용이 크게 소요되지는 않는다. 반면, 관광객들은 한국 화폐 기준으로 1인당 적게는 70만 원 수준에서 많게는 400만 원이 넘는 비용을 지출하므로, 확실한 외화 확보수단이 된다. 게다가 일자리 창출 능력도 뛰어나 관광산업은 국가 채무와 무역적자 보전에서 중요한 위치를 차지할 뿐만 아니라 지방정부의 재정자립에도 크게 기여한다. 물론 원산-금강산 관광특구처럼 대규모 관광단지를 조성하는 경우는 막대한 투자금이 필요해 싱가포르와 같은 해외 투자자를 유치하는지 여부가 성공의 관건이 될 것이다.

(2) 대외 정치적 환경변화에 긴밀하게 대응할 수 있어 정치적 위험부담이 적음

주지하듯이 북은 정치적으로 가장 민감한 국가다. 북이 핵실험이나 미사일 발사를 감행하면 바로 국제적인 비난과 심지어 경제적 제재조치도 뒤따른다. 북의 상황이 이러하기에 긴 시간 안정적인 투자를 요하는 경제특구를 조성하거나 기업을 유치하기는 투자기업의 입장에서 쉽지 않다. 즉, 기업들이 대외 정치적 환경변화에 신속하게 대응하기가 어려워 정치적 위험부담이 크다. 반면, 관광산업은 다른 유형의 투자유치에 비해 정치적 위험부담이 적다. 대외 정치적 환경변화에 보다 긴밀하게 대응할 수 있기 때문이다. 가령, 북측 내부사정이 어려워지면 관광을 중단 또는 보류한 후 재개하면 된다.

(3) 미국 및 국제사회의 대북제제 영향을 적게 받음

북이 핵실험 등으로 경제제재 조치를 받으면 주변국과 무역이나 투자 등을 추진할 수 없다. 그런데 관광사업은 대북제재의 영향을 적게 받는다. 국제사회의 대북제재와 상관없이 꾸준히 북을 넘나들 수 있는 중국인들을 관광객으로 유치하면 북측 입장에서는 '정치적 문제' 없이 돈을 벌 수 있기 때문이다. 여기에 더해 러시아 관광객 유치를 확대하고 동남아시아나 유럽 등 개인 여행자들을 확보하면 '정치적 문제'를 건드리지 않고도 외화를 획득할 수 있다. 미국에 억류 중인 미국 관광객 2명이 기소된다는 소식에도 불구하고 한 여행사가 그로 인해 북쪽 관광을 취소하는 관광객은 없다는 소식을 전해준 것도 이 때문이다.

(4) 북의 폐쇄적인 상황이 안보관광의 중요한 상품이 되고 있음

북의 폐쇄적인 상황은 오히려 안보관광의 중요한 상품이 되고 있다. 이것은 상당히 역설적인 상황이다. 이는 마치 한국 사람들이 영화 〈공동경비

구역 JSA)로 유명해진 JSA을 방문하고 싶어 하는 것과도 같다. 이는 비단 한국 사람들뿐만 아니라 해외의 관광객 중에서 북측 사회를 '공산주의의 마지막 보루'라고 인식하는, 호기심 강하고 북쪽 관광을 자랑스럽게 여기는 방문객들에게도 마찬가지다. 이들은 북쪽 관광을 매력적으로 여긴다. 게다가 북은 천혜의 생태관광 요소도 풍부하다. 교통, 숙박, 여행의 부자유 등 약간의 불편을 감안한다면 북쪽 관광을 시도할 이들은 많을 것으로 예상된다.

(5) 경제특구, 경제개발구 등 외국인 투자유치 확대로 연결시킬 수 있음

경제발전을 중시하는 개발도상국들이 주로 활용하는 전략이 경제특구 또는 이와 유사한 각종 경제자유구역이다. 그러면서 경제특구의 한 측면을 관광사업이 채워주는 방식이다. 그러나 북은 이런 식으로 접근하기가 쉽지 않다. 북이 가진 정치적 위험을 고려할 때 곧바로 공업단지 성격의 경제특구를 성공적으로 설치 및 운영하기가 쉽지 않기 때문이다.

이러한 상황에서 관광사업 또는 관광을 주목적으로 하는 관광특구, 관광개발구는 다른 유형의 경제특구 또는 경제개발구를 설치하고 운영하는 데 마중물 역할을 할 수 있다. 왜냐하면 관광특구를 조성하면 반드시 도로, 철도, 심지어 항공 등 인프라를 정비해야 하기 때문이다. 이렇게 해서 향상된 접근성은 경제특구 입지 선정에서 가장 중요한 고려요소가 된다.

가장 대표적인 사례가 금강산관광특구다. 금강산관광특구의 목적은 당연히 관광이다. 그런데 그 근거법인 '금강산관광지구법' 제21조와 제22조를 보면 소프트웨어 산업 같은 공해가 없는 첨단 과학기술부문의 투자도 관광지구에 할 수 있다고 규정해 관광지구 내 일부를 공단화할 수 있는 여지를 두고 있다. 그리고 2003년 1월 18일에 현대 측과 아태 측 사이에 체결된 합의서에는 "통천지구에 스키장, 경공업지구, 첨단기술산업건설에 필요한 부지를 조속히 선정하는 문제를 협의하기로 한다"(합의서 제6항)라고 규정하고 있어 통천지구의 공단화에 대한 의지를 보이고 있다. '금강산관광지구법'이 제정된 이후 동해선철도 및 도로의 연결에 따른 육로관광 및 통천지구 공단화 추진이 합의되었으며, 활성화도 기대되었다(법무부, 2003). 이처럼 관광산업은 경제특구 또는 다른 산업의 발전을 추동할 수 있는 기초가 된다.

3. 관광산업에 기초한 토지사용료 순환형 경제발전 전략 탐색

1) '고난의 행군' 이후 자력갱생 전략 추진

1990년대 초 심각한 경제위기에 직면한 북은 중앙 집중의 경제계획을 포기하고 1992년 각 지방정부 및 공장·기업소와 주민들로 하여금 알아서 먹을거리를 책임지게 하는 '자력갱생'을 지시했다. 식량 배급이 중단된 1995년 이후부터는 공장·기업소에 자체적으로 식량문제를 해결하라고 지시했다(양문수, 2001: 419~420). 이러한 상황을 양문수는 지방의 당조직과 행정기관에서 상대적으로 높아진 자율성을 바탕으로 사실상의 분권화가 진행되었다고 보았다. 게다가 자율권을 획득한 지방의 당조직과 행정기관은 자력갱생을 위해 비합법적인 시장화를 묵인 및 활용했으며, 이는 2002년 7·1 경제개혁조치의 내적 압력으로 작용했다고 주장했다(양문수, 2004). 북의 지방경제에 주목하는 연구들은 '고난의 행군' 이후 사실상 분권화가 확대되기 시작했다고 보고, 이를 체제전환의 전조로 분석하고 있다(권태상, 2014). 어쨌든 북이 고난의 행군을 진행하면서 드러난 가장 뚜렷한 변화는 중앙정부에서 지방정부로의 권력 분산 및 지방정부의 권한 강화다. 지방정부가 강력하게 추진하는 관광산업 전략은 바로 이러한 맥락에 서 있다.

2) 산업 부문별 토지개혁

17장에서 북의 최근 1차, 2차, 3차 산업 부문별 토지개혁 현황을 살펴보았다. 산업 부문별 토지개혁의 공통점을 다시 정리하면, 1차 산업은 협동농장에서 포전담당제를 중심으로 농민이 일정한 분량을 납부한 후 나머지에 대한 처분권을 부여하는 개혁 조치를 추진 중이다. 2차 산업은 지방정부 주도로 경제개발구를 추진하고 있으며, 여기서 기업소에도 토지사용권을 부여해 참여를 유도하는 개혁 조치를 추진 중이다. 3차 산업은 도시공간을 사용하는 주체들에게 부동산 사용료를 부과하는 개혁 조치를 추진 중이다. 이들 조치의 공통점은 토지 등 부동산을 독점적으로 배타적으로 사용하는 것에 대해 토지사용료, 부동산사용료, 자릿세, 살림집 사용료 등의 형식으로 '지대'를 납부한다는 것이다. 이러한 방식은 토지 등 부동산 사용주체의 재산권을 인정 및 보호하면서 이들의 생산의욕을 끌어올려 지방정부의 재정수입을 확대할 수 있다는 점에서 긍정적인 것으로 평가된다. 그 방향성은 필자가 이 책에서 제시한 '북측 경제특구 공공토지임대제 모델'과 큰 차이가 없다.

3) '토지사용료 순환형 경제발전 전략'의 가능성

국가발전론의 기초를 닦은 애덤 스미스는 『국부론』 제3편 '각국의 상이한 국부증진 과정'에서 "사물의 본성상 생필품은 편의품, 사치품에 우선하는 것과 같이, 전자를 생산하는 산업은 후자를 생산하는 산업에 반드시 우선해야 한다. 그러므로 생필품을 공급하는 농촌의 경작·개량은 편의와 사치의 수단을 제공할 뿐인 도시의 성장에 반드시 우선하지 않으면 안 된다"라고 강조했다(스미스, 2007: 464). 이러한 근거에서 스미스는 인간의 이러한 자연적 성향이 어떤 제도에 의해 방해받지 않았다면 주변 지역이 완전하게 경작되고 개량될 때까지는 도시가 성장하지 못했을 것이라고 밝혔다. 즉, 인간이 만든 제도가 사물의 자연적 경로를 방해하지 않는다면 도시의 부의 증가와 도시의 성장은 어느 사회에서나 국토·농촌의 개량·경작의 결과이며 그것에 비례한다는 것이다(스미스, 2007: 466).

국가발전 단계에서 농업의 중요성을 간과한 중국과 북의 사례는 국가발전 단계상 농촌 및 농업을 우선적으로 고려하는 것이 얼마나 중요한지를 보여준다. 중국의 3농(농민, 농촌, 농업) 문제를 최초로 부각시킨 원톄진(溫鐵軍)의 글을 모아 펴낸 책『백년의 급진: 중국의 현대를 성찰하다』에서는 국가와 사회의 존립 기반으로서 촌락공동체의 전통을 지닌 농촌과 농업의 중요성을 강조했다. 그런데 중국과 북이 소련식의 경제개발노선에 따라 농업, 농촌을 희생시킨 결과 중공업 중심의 사회주의 경제개발 노선이 실패했고, 그 이후 이를 완충할 지대가 존재하지 않아 심각한 사회문제가 야기되었으며, 재기의 발판을 삼을 토대를 상실했다고 평가한다(한재헌, 2014).

국가발전론 단계에서 농업이 중요하다고 해서 북의 현실을 무시한 채 다른 산업을 고려하지 않고 농업만을 강조할 수는 없다. 외국자본을 받아들이면 선진 자본주의에 '종속'되어 경제발전이 불가능하므로 어떻게든 국내 자본을 형성해서 민족자본가 주도로 '자립경제' 시스템을 만들자는, 레닌이 창설한 국제공산당동맹이 1928년 8월 모스크바에서 열린 제6차 코민테른 대회에서 밝힌 '식민지 반봉건사회론'(이종태, 2014: 59~60)은 오늘날의 시대에는 심지어 북에조차 전혀 의미가 없다. 중국의 국민경제가 세계 경제 혹은 세계시장과 유리된 채 독자적으로 발전할 수 있다고 믿어 대약진 운동을 추진한 결과 굶주림과 과도한 노동으로 3800만 명의 아사를 초래한 '마오식 민족경제론'을 다시 언급할 필요는 없을 것이다(이종태, 2014: 62). 북측역시 경제발전을 위해서는 외자를 유치해야 하고 해외로부터 다양한 물품도 수입해야 한다. 일종의 '마중물'이 필요한 것이다. 이러한 점에서 큰 투자 없이도 큰 부가가치를 기대할 수 있는 관광사업은 큰 의미를 지닌다. 관광사업에서 발생하는 수입을 기초로 '농업 발전 → 제조업 발전 → 서비스업 발전 및 도시화 심화'라는 발전단계를 기대할 수 있다. 그런데 북은 현재중국과의 대외무역에 기초해 서비스업이 가장 발달하고 있지만 재원 부족으로 제조업을 위한 기반시설 투자가 지체되고 있는 상황을 고려할 때 북의 산업부문 발전은 '농업 발전 → 서비스업 발전 및 도시화 → 제조업 발전'의 순으로 진행될 가능성이 큰 것으로 보인다.

이러한 맥락에서 관광사업 전략은 북이 취할 수 있는 최선의 경제회생 전략으로 보인다. 그리고 북의 관광상품은 기본적으로 생태관광의 성격이 강하다. 따라서 환경파괴 등 부정적 효과는 적을 것으로 예상된다. 이러한 성격의 관광사업은 외부 및 내부의 정치적인 변수에 크게 영향을 받지 않는다면 비교적 지속가능한 사업의 유형에 해당한다. 이 말을 다른 각도에서 해석하면, 생태관광 중심의 관광사업은 북이 추진하고 있는 농업, 경공업 및다른 영역의 서비스 산업의 성장을 돕는 밑거름이 될 수 있다는 것이다. 미국 ≪뉴욕타임스≫의 유명 칼럼니스트 토머스 프리드먼(Thomas Friedman)이 21세기형 경제발전의 모델로 꼽았던 코스타리카 역시 생물다양성을 최대의 자산으로 삼아 친환경 관광과 지속가능한 성장전략에 올인하는 도전을 시작했다(≪경향신문≫, 2016.2.21).

그러면 지속가능한 경제발전은 구체적으로 어떤 의미인가? 일반적으로는 토지사용료, 관광분야에 한정할 경우 그 해답은 관광수입에서 찾을 수있다. 지방정부는 재정자립을 위해서 다양한 도시 및 지역경영 사업을 추진하는데, 대표적인 것이 관광사업이다. 실제로 현대아산은 금강산관광사

그림 18-1 　관광산업에 기초한 '토지사용료 순환형 경제발전 전략' 개념도

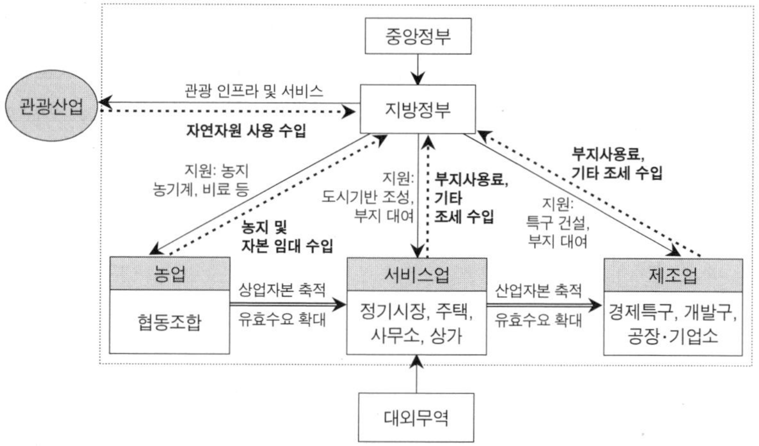

업을 추진하기 위해 북과 50년 토지사용권 계약(2002.11.13~2052.11.13)을 맺었다. 이 외에도 지방정부는 개발구의 설치 및 운영을 주도한다. 또한 기업소와 협동농장에 운영의 자율권을 부여하는 대신 토지사용료와 전기료 등을 부과하는 방식을 채택하기도 한다.

　그런데 지방정부가 주도하는 관광사업, 개발구 운영, 기업소와 협동농장의 자율 경영에는 한 가지 공통점이 존재한다. 바로 사업주체 또는 이용주체가 토지 및 자연자원을 독점적이고 배타적으로 사용하는 권리를 향유하는 대신 그 대가인 사용료를 지방정부에 납부한다는 사실이다. 관광 역시 자연자원 향유 및 관광인프라 이용에 대한 대가를 부담한다는 점에서 통한다. 이러한 사용료는 조세가 아니기 때문에 경제를 왜곡하지 않으면서 정부 재정수입을 지속적으로 창출한다. 바로 이러한 구조가 지속가능성의 본질이며, 그 핵심에 생태관광이 자리하고 있다. 북이 관광산업에서 더 큰 수입창출 능력을 갖추면 이러한 재원을 활용해 농업, 경공업 및 다른 영역의

서비스 산업의 성장을 지원할 수 있다. 이러한 모델이 이 장에서 제시하고
자 하는 '토지사용료 순환형 경제발전 모델'이다. 이를 그림으로 정리하면
〈그림 18-1〉과 같다. 여기에서 지방정부는 각종 기반시설(가령, 전기생산시
설, 비료공급시설 등)을 공급하고 중앙정부는 지방정부가 감당하기 어려운
대규모 자본이 필요한 기반시설 제공 및 기타 기능을 담당한다면 보다 실
질적인 '경제발전 전략'이 될 수 있을 것이다.

4. 토지사용료 순환형 발전전략은 선택이 아닌 필수

북의 공식 명칭은 '조선민주주의인민공화국'이다. 여기서 '공화국(共和
國)'을 영어로 표현하면 'the Republic'보다 공유재산을 뜻하는 'Common-
wealth'가 더 정확하다. 즉, 북이라는 나라가 국민의 공유재산이라는 뜻이
다. 한 나라의 공유재산으로서 가장 중요한 것은 당연히 영토개념을 갖는
토지와 광의의 토지 개념에 해당하는 관광자원이다. 북이 토지 및 관광자
원을 어떻게 활용하느냐에 따라 농업은 물론 경공업과 중화학공업 및 첨단
기술산업의 발전이 결정된다.

이 장에서는 북이 현재 추진하고 있는 관광산업을 기초로 '토지사용료 순
환형 경제발전 모델'의 가능성을 탐색했다. 탐색 과정에서는 '토지사용료 순
환형 경제발전 모델'의 특성으로 다음의 세 가지를 강조했다. 첫째, 1990년
대 초 고난의 행군 이후 진행된 경제체제의 변화 과정에서 지방정부가 경제
발전의 주도권을 확보했다. 둘째, 1차 산업(협동농장), 2차 산업(개발구 건설
및 운영, 기업소의 자율경영), 3차 산업(관광산업, 도시공간상의 경제활동)에서 발
견되는 공통점은 사업주체 또는 이용주체가 토지 및 자연자원을 독점적이
고 배타적으로 사용하는 권리를 향유하는 대신 그 대가인 각종 사용료를 지

방정부에 납부한다는 점이다. 셋째, 이러한 사용료 및 관광수입은 조세가 아니기 때문에 경제를 왜곡하지 않으면서 정부 재정수입을 지속적으로 창출한다. 이러한 세 가지 특성이 바로 '토지사용료 순환형 경제발전 전략'의 본질이며, 그 핵심에 생태관광이 자리하면서 마중물 역할을 하고 있다.

북은 자신의 공간을 상품화해 생태관광 중심으로 관광산업을 추진하고 있다. 이러한 전략은 큰 자본을 필요로 하지 않으면서도 지속적이고도 상당한 정도의 관광수입을 기대할 수 있다. 북은 전략적으로 선택한 관광사업을 달러를 확보하기 위한 수단으로 삼는 것에서 나아가 현재 개별 산업 부문에서 전개되고 있는 토지사용체계 개혁으로 발생하는 재원을 활용해 농업, 서비스 산업 및 제조업을 순차적으로 지원할 수 있는 경제발전 체계를 구축할 필요가 있다. 다만 토지사용료 순환형 경제발전 전략을 제대로 구축하기 위해서 지방정부는 경제를 왜곡시키는 조세수입이 아닌 관광수입, 토지사용료 수입 및 각종 기반시설에 대한 수입에 우선적으로 의존해야 한다는 점을 명심해야 한다.

제19장

공공토지임대제 모델과 연방제 통일방안의 결합

1. 남북 시장통합을 강조한 문재인 정부

문재인 대통령은 2017년 대선 과정에서 평화통일 관련 6개 공약을 제시했다.[1] 그중에서 셋째 공약이 "남북한 시장을 하나로 통합하고 점진적 통일을 추진"하는 것이다. 그리고 세부 공약에서 '남북한 시장통합'과 '점진적 통일'에 대해 구체적인 전략을 제시했다. 우선 남북한 시장통합 전략으로 "북한의 시장 확산 촉진과 남북 경제통합(경제통일)"을 제시했다. 그리고 점진적 통일 전략으로 "시장통합을 바탕으로 하는 생활공동체 형성과 북한 이탈주민 정착지원"을 제시했다. 남북 시장통합은 전체 6개 공약 중 둘째

---

[1] 문재인 대통령은 '평화통일'이라는 공약의 틀 내에서 다음과 같은 여섯 가지 약속을 제시했다(더불어민주당 제19대 대통령선거 정책공약집, 2017: 239~245).
1. [군사] 북한 핵문제를 반드시 해결하고 전쟁 위험이 없는 한반도를 만들겠습니다.
2. [경제] '한반도 신경제지도' 구상 실행으로 우리 경제에 신성장동력을 제공하겠습니다.
3. [경제] 남북한의 시장을 하나로 통합하고 점진적 통일을 추진하겠습니다.
4. [정치] 남북기본협정을 체결해 남북관계를 바로 세우겠습니다.
5. [인권] 북한 인권을 개선하고 이산가족·국군포로·납북자 문제를 해결하겠습니다.
6. [교류] 남북 사회·문화·체육교류를 활성화하고 접경지역을 발전시키겠습니다.

공약인 '한반도 신경제지도 구상 실행'과도 연결되며, 점진적 통일은 넷째 공약인 '남북기본협정 체결'과도 연결된다.

남북 시장통합이라는 접근법을 어떻게 이해해야 할까? 우선 시장이 '네트워크의 확산'이라는 속성을 가지고 있음을 고려할 때 시장 '통합'이 아닌 글로벌 시대에 경제 네트워크로서 어떻게 '연결'될 것인지를 고민해야 하지 않을까? 마침 파라그 카나(Parag Khanna)는 『커넥토그래피 혁명: 새로운 미래를 만들고 있는가?』에서 커넥토그래피(Connectography, 연결+지리의 합성어)라는 개념을 사용해 지리적 조건이나 국경, 군사력으로 구획되는 주권국가 시대는 끝나고 고속도로·철도·파이프라인 등의 에너지와 물품·인재 수송로, 정보·지식과 금융·기술이 인터넷·통신망 등 기능적 사회기반시설을 통해 광속도로 흘러가는 초국적 연결 시대가 되었다고 전망했다(카나, 2017). 여기서 연결 주체는 정부나 국가가 아니라 개인과 기업, 광역 도시들이다. 그리고 지역연방이 다양한 개체를 연결해 주는 역할을 담당한다. 이 책은 중국과 대만의 경제협력적 양안관계의 발전 사례, 말레이시아와 싱가포르가 상업 및 기반시설 통합을 통해 기능적 연방국가로 통합된 사례 등을 소개하고 있다. 이 책을 소개한 ≪한겨레≫ 기사는 카나의 주장을 기초로 남과 북 역시 경제적 이익을 중심으로 다양한 연결망을 형성하는 느슨한 형태의 연방이나 국가연합형 연방으로 나아가는 것이 바람직한 통합 방식이라는 의견을 제시했다(≪한겨레≫, 2017.6.16). 이러한 점에서 남북 시장통합과 점진적 통일의 공통된 핵심 키워드는 바로 '연결'이다. 통합을 서로 다른 두 시스템을 하나의 시스템으로 포섭하는 것으로 이해하는 것이 아니라 다양한 시스템의 연결로 이해해야 한다는 것이다.

문재인 정부의 접근법을 문자 그대로 받아들인다고 할 때, 시장통합은 단순히 물건이 서로 오가는 무역을 넘어서는 일이다. 무엇보다 금융 자본주의 DNA를 담고 있는 '자본'이 오가기 때문에 시장통합에 따른 부작용까지 고민해야 한다. 어떤 방식의 시장통합이냐에 따라 점진적인 통일을 '촉진'할 수도 '방해'할 수도 있기 때문이다.

통일연구원의 부원장을 맡았던 조민은 현실을 고려한 시장 경제의 새로운 모델을 찾아야 한다고 주장하면서, 통일이 개발논리에 휩싸인 소수 대자본의 향연으로 귀결되지 않도록 할 필요가 있다고 주장했다. 이런 인식에서 그는 가령 북측 농지를 협동농장의 공동소유 및 공동생산 방식에 기초한 공동의 이익과 가치 창출 모델로 전환하는 것이 바람직하다는 입장을 밝혔다(조민, 2015: 37). 이러한 접근은 시장통합의 방향성 설정에 생각할 거리를 던진다.

현재 문재인 정부가 제시한 시장통합 관련 세부 공약은 방법론으로서 부족한 느낌이 든다. 북측 내에 시장이 확산된다고 해서 곧바로 남북 경제통합으로 이어지지는 않는다. 북의 시장 확산이 남북 경제통합으로 이어지기 위해서, 더 나아가 이러한 시장통합을 바탕으로 생활공동체가 형성되기 위해서는 새로운 경제 모델을 실험할 수 있는 '실험공간'이 필요하다. 문재인 정부도 통일 관련 여섯째 공약으로 접경지역을 발전시키기 위해 '통일경제특구법'을 제정하겠다고 했으니 이는 전혀 새로운 이야기는 아니다. 그리고 향후 한국의 대안경제 전략으로 역량을 키우고 있는 '사회적경제' 역시 새로운 경제 모델에서 중요한 역할을 담당할 수 있다.

2. 공공토지임대제 모델에서 통일방안이 중요한 이유

통일과 관련해 가장 예민한 주제는 바로 '토지소유권'이다. 흡수통일은 결과적으로 북측 토지를 사유화하게 된다. 이러한 흡수통일론의 가장 큰 맹점은 북측 토지를 사유화하려는 욕구가 사회적으로 바람직한 결과를 가져오지 않는다는 것이다. 이러한 폐단은 이미 한국 사회에서 뼈저리게 경험하고 있다. 그러면 토지의 공공 소유를 유지하면서도 경제발전을 위해 토지를 배타적으로 사용할 수 있는 방식은 공공토지임대제밖에 없다. 토지를 공유자원으로 보고 접근하더라도 거의 동일한 정책적 결론에 도달한다. 흡수통일론은 이러한 방식의 토지정책 추진을 어렵게 만든다. 물론 여러 정부 산하 연구기관의 문서창고에 있는 통일 후 토지제도 사유화 방안들에서 공공토지임대제를 과도기적인 방식으로 다루고는 있지만 토지소유권의 사유화를 전제로 하고 있어 그 의미가 크게 반감된다.

현재 북측 토지소유권은 도시토지의 경우 국유이며 농촌토지의 경우 협동농장 소유다. 즉, 공유(公有) 아니면 공유(共有)다. 한국에서도 공유경제, 공유도시 등의 담론이 나오는 마당에 북측 토지를 사유화하겠다는 것은 어불성설이다. 그렇다면 북쪽이 경제주권을 행사하면서 자체적인 토지 및 경제개혁을 추진하는 데 보호막이 되는 통일방안은 연방제 방안밖에 없다. 이것이 필자가 연방제 통일방안에 대해 논하는 이유다. 필자의 학문적 견지에서 조금 과장해서 말하면, 공공토지임대제와 연방제는 동전의 양면이라고 할 수 있다. 연방제 방안은 북의 경제개혁이 외부 변수에 좌우되지 않으면서 자체 실정에 맞게끔 경제개혁을 추진할 수 있도록 돕는다. 이렇게 함으로써 스스로의 발전을 이루어내며, 남과 북은 보다 대등한 관계로 경제협력 및 이후 통일로 나아갈 수 있다. 이러한 전략에서 퍼주기 논란이나 과대 포장된 통일비용론은 큰 의미가 없다.

토지사유제와 토지공유제가 한 나라에서 공존하는 것이 제도적으로 불가능하다고 이야기하는 연구자 및 법조인들이 있는데, 연방제하에서는 가능하다. 컴퓨터 운영프로그램인 MS의 윈도 운영체제와 맥의 IOS 운영체제를 봐도 알 수 있다. 두 운영체제는 초기에는 응용프로그램이 상호 연동되지 않았다. 그런데 인터넷이 발달하면서 두 운영체제를 활용하는 컴퓨터나

스마트폰으로 동일한 내용을 접속할 필요성이 커지자 두 운영체제는 점차 상호 소통하기 시작했다. 가령, 아래한글 파일이 MS의 윈도에서도 열리고 맥의 IOS에서도 열리는 식이다. 이러한 시스템은 독자적인 영역이 보장되면서도 상호 연계된다는 점에서 시사점이 크다. 이제 우리가 고민할 지점은 다시 남과 북의 상호 이질적인 경제 시스템을 어떻게 '연결'시킬 것인가 하는 것이다.

3. 통일방안 재조정

2017년에 문재인 정부는 9년 만에 다시금 남북공동행사를 평양에서 개최하자고 북측에 제안했다. 그러나 북측이 이에 응답하지 않으면서 무산되었다. 여기서 우리가 눈여겨볼 지점은, 공동개최가 무산되었다는 결과가 아니라 공동개최를 진행하려 했다는 그 사실 자체다. 즉, 6·15 남북공동선언이 2000년 김대중 정부 및 김정일 국방위원장 사이에 합의된 '과거의' 선언, 그래서 '효력을 상실한' 선언이 아니라 여전히 유효한 선언이라는 점을 확인한 것이다. 즉, 6·15 남북공동선언 제2항에 나온 "남과 북은 남측의 연합제안과 북측의 낮은 단계의 연방제안이 서로 공통성이 있다고 인정한다"라는 합의 내용이 여전히 유효하다는 것을 보여주었다. 2018년 4월에 문재인 대통령과 김정은 위원장이 만나 진행한 제3차 남북 정상회담의 결과로 발표한 '판문점 선언'은 이전 정부가 맺은 협약들이 여전히 유효함을 확인해 주었다.

문재인 정부가 제시한 6개의 통일 공약 중에서 넷째가 "남북기본협정을 체결해 남북관계를 바로 세우는 것"이다. 조금 더 구체적으로 살펴보면, 문재인 정부는 헌법 4조에 따른 평화통일과, 정부의 공식 통일방안인 민족공동체 통일방안을 계승 발전시키겠다고 밝혔다. 그리고 기존 정부에서 체결된 7·4 남북공동성명(1972), 남북기본합의서(1991), 6·15 남북공동선언(2000), 10·4 남북정상선언(2007)을 존중하면서 국제환경 및 남북관계에 맞는 새로운 합의를 도출하겠다고 했다. 남측의 6·15 공동행사 제안은 바로 이런 배경하에 진행된 것이다.

문재인 정부는 아직 구체적인 통일방안을 제시하지 않았다. 그럼에도 그 방향성은 6·15 남북공동선언 제2항의 정신을 이어받을 것임을 예상할 수 있다. 그동안 통일방안과 관련해 남측은 남측대로 북측은 북측대로 자신의 입장을 고수해 왔다. 그러다가 2000년에 들어서 6·15 남북공동선언을 통해 어느 정도 방향성이 합의되었다. 통일방안과 관련해 이견의 핵심은 연합제와 연방제였다.

먼저 연합제와 연방제에 대해서 간략하게 살펴보자. 두 개념을 구분하는 기준은 국가의 핵심 주권인 군사권과 외교권을 어디에 두느냐. 연합제는 각각의 주권국가가 군사권과 외교권을 보유하면서 국가 간 협력하는 형태다. 유럽연합과 소비에트 연방 해체 이후 수립된 독립국가연합(CIS)이 대표적이다. 연방제는 이와 달리 연방정부, 즉 중앙정부가 두 가지 권한을 행사하고 지역정부는 내정에 관한 권한만 행사한다. 미국이 대표적이다. 동서독 통일을 이룬 독일 역시 연방제 국가다. 따라서 남측이 제안한 연합제는 남북이 서로 다른 두 국가로 유지하면서 다방면의 교류협력을 제도적 장치로 만들자는 것을 의미한다. 김정일 국방위원장은 이러한 남측의 제안을 군사권과 외교권을 두 정부가 각각 보유하면서 점진적으로 통일을 추진하는 '낮은 단계의 연방제'와 공통성이 있다고 인정했다(안영민, 2011: 190~191).

1000년 넘게 하나의 민족으로 공존해 온 역사를 돌이켜볼 때, 두 국가를 영구히 유지하자는 연합제는 최종적인 통일방안으로서 적합한 방식이 아니다. 과도기적으로 유효할 뿐이다. 물론 남측은 연합제를 최종적인 통일방안으로 생각하지는 않았다. 그렇다고 오늘날 정치·경제 시스템과 정서가 크게 차이나는 두 국가를, 한 국가의 '붕괴'를 전제로 한 '흡수통일론'에 기대어 통일하자는 것도 해답은 아니다. 이에 대해서 더 설명할 필요는 없을 것이다.

그러면 남아 있는 유효한 선택지는 연방제 방식이다. 북측이 과거에 '고려연방제'라는 이름으로 제안한 것이어서 마음이 불편할 수도 있겠지만, 이론상으로나 해외 주요 사례로나 아니면 우리가 처한 환경에서 볼 때 연방제 방식은 중요한 선택지임이 분명하다. UN 산하 국제민주법률가협회(IADL) 상임수석부대표인 롤런드 웰리(Roland Wely)가 국내에서 진행된 국제 세미나에서 "70년간 다른 제도하에서 살아온 남북이 하나가 되는 최고의 방안은 연방제 통일방안이다. 이러한 내용으로 공동헌법 조약을 체결하면 된다"라는 의견을 피력한 바 있다(Wely, 2016).

그런데 통일방안과 관련한 두 가지 중요한 근거인 민족공동체 통일방안과 6·15 남북공동선언 모두 최종적인 단계의 통일방안에 대해 구체적인 그림을 제시하지는 않았다. 1994년 8월 15일 김영삼 정부는 기존 한민족공동체 통일방안(1989)과 3단계 3기조 통일정책(1993)을 수렴 및 종합해 화해·협력, 남북연합, 통일국가 완성의 3단계 민족공동체 통일방안을 발표했다. 그런데 남북연합 단계에서 통일국가 완성 단계로 넘어가는 것은 어쩐지 한 단계를 건너뛴 듯한 느낌이 든다. 남북연합 단계가 북을 하나의 독립된 주체로 인정한다는 점에서는 바람직하지만, 3단계인 통일국가 완성단계로 넘어가는 과정에서 남과 북 어느 하나의 체제로 통합되어야 한다면 이러한 통일국가는 어느 한 국가의 독립된 주체성을 무시할 가능성이 크다.

만약 남측이 제시한 남북연합과 북측이 제시한 '낮은 단계의 연방제'가 같은 것이라고 가정한다면, 우리는 연방제를 최종적인 통일방안으로 삼아 새로운 통일 프로세스를 구상해 볼 수 있다. 먼저 남북 종전선언과 평화체제 선포 이후 일정 기간 화해·협력기를 거친다. 이후 남북연합 또는 낮은 단계의 연방제를 일정 기간 추진한다. 그리고 나서 군사권과 외교권을 점진적으로 연방정부에 이양하는 '중간 단계의 연방제'를 새롭게 설정하고 추진한다. 마지막으로 군사권과 외교권을 보다 완성된 형태로 이양하는 최종 단계로서의 '높은 단계의 연방제'를 추진한다. 마지막 단계는 실질적인 통일국가로 이해할 수 있다. 이러한 필자의 주장이 사회적으로 받아들여진다면 기존의 점진적 통일방안은 '화해·협력기 → 남북연합기(낮은 단계의 연방제) → 중간 단계의 연방제 → 높은 단계의 연방제(통일국가)'라는 4단계로 재조정된다.

4. 최종 단계의 지역연방제 통일방안

남과 북은 아직 실질적인 의미의 화해·협력기에도 이르지 못했다. 그리고 남북연합기(낮은 단계의 연방제)로 이행하더라도 30년이라는 한 세대의 시간이 걸리지 않을까 생각된다. 따라서 보다 높은 차원의 통일방안 단계로 볼 수 있는 중간 단계의 연방제와 그 이후의 단계는 사실 우리 세대가 결정할 일이 아니라 우리 후세대가 결정할 일이다. 우리 세대가 할 일은 화해·협력기와 남북연합기(낮은 단계의 연방제)를 어떻게 안정적으로 바람직하게 이행할 것인지를 고민하는 것이다. 이러한 과정이 미래를 결정하기 때문에 우리 세대는 우리 세대의 숙제를 잘 감당하는 것이 중요하다.

그럼에도 불구하고 '잠정적인' 최종 단계로서 높은 단계의 연방제가 어떤 모습일지를 상상해 보는 것은 의미가 있다. 그런데 필자는 정치학자가 아니어서 설득력 있는 모습을 그려낼 자신이 없다. 그래서 이 분야에 더 정통한 일부 연구자들의 주장 중에서 필자가 앞에서 제시한 통일방안과 접목할 수 있는 주장들을 전달 및 그 의미를 해석하는 것으로 대신하고자 한다.

놀랍게도 우리 사회는 연방제 통일방안이라는 담론에 빠른 속도로 다가 가고 있다. 우선 국내 학계에서 연방제 통일방안은 하나의 중론을 형성하고 있다. 가령, 통일연구원의 조민 부원장은 「한반도 통일의 길: 정권진화와 연방제 통일」이라는 글에서 남과 북이 연방제 방식으로 통일되어야 한다는 입장을 밝혔다. 이는 박근혜 정부 시절에 발표된 것으로, 그가 제시하는 이유는 다음과 같다.

> 통일한국은 중앙집권적 단일 국가형태를 지양해야 한다. 그동안 남북한 모두 강력한 중앙집권적 국가형태를 유지해 왔지만, 통일국가는 정치적 다원성과 자율성이 보장되는 다양한 지역정부로 구성되는 국가형태가 바람직하다. 사실 지금까지 정치·경제·문화·인구 등 모든 부분에서 과도한 '서울 - 중앙' 집중·집권 체제는 지방의 소외와 배제 속에서 '서울 - 중앙' 권력의 장악을 위한 지역갈등 구조를 배태시켜 정상적인 국가 운영의 한계를 가져왔다. 또한 남북한 생산력과 생활수준의 차이 등을 고려할 때 모든 법적·정치적 권리·의무가 동일하게 적용되는 방식의 통일은 현실적으로 감당하기 어렵다. 그런 점에서 중앙정부의 지원·조정 역할 속에서 지역정부의 정치적 자율성과 창의적 경영을 존중하는 연방제 방식의 통일 국가형태가 바람직하다고 하겠다. 따라서 통일을 계기로 '서울 - 중앙'의 집중·집권 구조를 극복하고 중앙정부와 다양한 지역정부 간의 통일성과 다양성이 보장되는 '한반도형 연방제' 국가형태를 전향적으로 검토할 필요가 있다(조민, 2015).

조민은 단순히 연방제로 통일해야 한다고 주장한 데서 나아가 '한반도형 연방제'라는 개념으로 체제의 구체적인 모습을 그리고 있다. 핵심은 "'분권·자치'의 원리가 충분히 보장되는 다수의 지역정부로 구성되는 통일국가"다. 즉, 2개의 연방으로 구성되는 것이 아니라, 한국의 17개의 지방자치단체와 북의 9~10개의 행정단위를 고려해 지리, 문화·전통, 교통권 및 경제권을 기준으로 10개 이상으로 지역정부의 수를 조정하자는 것이다. 북한학 연구자인 최양근 박사도 『단계적 연방통일헌법 연구』에서 이와 비슷한 주장을 펼쳤다(최양근, 2011). 그는 3단계의 점진적인 연방제 통일방안을 제시했다. 1단계는 '연합형 연방제'다. 이는 2체제 2정부 형태로, 6·15 공동선언에서 제시된 남북연합 또는 낮은 단계의 연방제 형태로 이해된다. 2단계는 '2체제 2지역정부'다. 마지막 3단계는 '1체제 14지역정부'다. 3단계에서 제시한 14지역정부는 앞서 조민이 제시한 10개 이상의 지역정부로 구성되는 연방제 형태와 유사하다.

문재인 대통령은 2017년 6월 15일, 시도지사 간담회를 개최하고 다음과 같이 말했다. "지난 대선 때 연방제에 버금가는 강력한 지방분권제를 만들겠다고 말씀드렸고 그 방안 중 하나로 자치분권 국무회의라고 불리는 제2 국무회의 신설을 약속드렸다"(≪한겨레≫, 2017.6.15). 연방제에 버금가는 지방분권형 개헌을 추진하겠다는 약속을 재확인한 것이다. 그리고 지방자치단체를 '지방정부'로 개칭하겠다고 제안했는데, 이는 조민 부원장이 제안한 '한반도형 연방제'와 일맥상통한다. 따라서 현 정부가 개헌을 추진한다면 통일방안 로드맵으로 지역연방을 고려한 개헌을 추진할 수도 있다. 물론 아쉽게도 현재 이러한 논의는 진행되고 있지 못하다. 그렇지만 한국 사회에서 이런 담론이 나타나기 시작했다는 점에 의미를 부여할 수 있다.

지역연방제 통일방안은 남북의 여전한 긴장관계로 보면 상당히 긴 여정이 걸릴 것으로 보인다. 그러나 독일처럼 지역의 주 정부가 연방정부에 참여하는 형태나 미국의 여러 주가 하나의 연방정부를 구성하는 것을 보면 전혀 독특한 통일방식은 아니다. 주정부가 연방제 형태를 구성하는 경우는 유럽에 속한 네덜란드처럼 보다 작은 규모의 국가에서도 쉽게 찾아볼 수 있다. 필자는 지역연방제 형태를 하나의 당위로서 주장하고 싶은 생각은 없다. 그럼에도 지역연방제가 앞에서 언급한 도시 중심의 초국적 연결에 더 부합하는 방식이라는 생각이 든다. 도시와 지역이 글로벌 시대에 초국적 연결의 중심이 된다면 국가 간 이념 대결에서 조금 더 벗어나 일상의 삶들이 더욱 소중해지는 사회를 그려볼 수 있을 것이다.

지역연방제는 공공토지임대제 모델과도 의미 있게 접목된다. 호주의 캔버라, 핀란드의 헬싱키 사례나 도시국가 싱가포르 사례에서 보았듯이, 공공토지임대제는 국가의 정책 어젠다라기보다는 지역정부 또는 도시정부의 정책 어젠다에 더 가깝다. 따라서 국가 하위의 정치체인 주정부 또는 지역정부가 독립성을 보장받는 경제체로 작동할 수 있다면, 지역 실정에 맞는 보다 다양한 공공토지임대제를 추진할 수 있다. 물론 시민들의 사적 욕망에 기대어 제도가 후퇴하는 것은 바람직하지 않다.

에필로그

—

어느 학자가 다음과 같이 말했다. "사회주의의 이상은 위대하고 숭고하다. 또 실현 가능성도 있다고 생각한다." 독자들은 이 말을 마르크스가 했을 것이라 생각하겠지만, 사실은 마르크스와 이론적으로 날선 대립을 보인 헨리 조지가 한 말이다. 그의 말을 끝까지 들어보자. "그러나 이런 사회는 인위적으로 되는 것이 아니라 자연스럽게 성장해야 한다. 사회는 유기체이지 기계가 아니다. 사회는 사회를 구성하는 개인의 삶에 의해서만 지속된다. 각 개인의 자유롭고 자연스러운 발전 속에서 전체의 조화가 이루어진다. 사회가 새롭게 태어나는 데 필요한 것은 (중략) '토지와 자유'다."

현재로서는 남북 간에 종전선언이 이루어지고 평화체제가 수립되는 것이 무엇보다 중요하다. 그러고 나면 결국 중요해지는 것은 경제발전이다. 이는 북에도, 그리고 청년실업 및 중장년층 실업이 심각한 한국에도 마찬가지다. 이를 위해서는 지속가능하면서도 공정하고 성장의 과실이 골고루 돌아갈 수 있는 경제발전 전략을 수립하는 것이 매우 중요하다. 경쟁력 있는 혁신기업이란 먼저 출현한다고 해서 되는 것이 아니다. 오히려 다양한 시행착오를 분석한 이후 장기적으로 경쟁력 있는 아이디어를 가지고 시장에 나오는 기업이 더 생명력 있다. 기업에 비유하자면, 마지막 사회주의 계획경제 국가인 북은 혁신기업이라는 유리한 입장에 서 있다. 북이 한국보다 더 건강한 경제발전 전략을 취할 수 있다고 말하는 것은 지나친 낙관일까? 북이 지속가능한 경제 플랫폼으로서의 공공토지임대제 모델을 적용한다면 이는 결코 낙관에 그치지 않을 것이다.

이 책을 출간함으로써 내 인생에서 중요한 숙제 하나를 끝내는 느낌이다. 1997년 IMF 경제위기와 겹치는 대학 졸업 전후로 진로를 놓고 방황하다가 미국의 정치경제학자 헨리 조지를 만났다. 사회 및 경제에 대한 그의 새로운 비전과 그 기초인 토지에 대한 설득력 있는 이론 및 정책에 매료되어 분단된 우리 사회가 더 나아지는 데 기여해야겠다는 마음으로 학문의 길로 들어섰다. 그 출발점에서 경북대 김윤상 교수님과 대구가톨릭대 전강수 교수님을 만나 이론적 기초를 배웠다. 석사과정에 진학해서는 이정전 교수님을 만나 연구의 기초를 배웠다. 중국 인민대학교 토지관리학과 박사과정에 진학해서 만난 이에지앤핑(叶劍平) 지도교수님은 논문의 방향성에 흔쾌히 동의해 주셔서 박사과정을 순적하게 마무리할 수 있었다. 졸업 후에는 (사)하나누리 방인성 대표님의 비전에 이끌려 북한 사업 및 연구에 참여하게 되었다. 그러는 와중에 박사 논문과 이후 추가적으로 진행한 연구들을 모아서 책을 출간하는 것이 이 길로 들어선 필자의 중요한 의무라는 생각이 들었다. 이제 그 작업을 마무리하게 된 것이다. 다음 단계는 북의 토지정책 및 경제발전 전략이 지대추구라는 부작용을 방어하면서 사회적 연대로서의 경제발전을 추구할 수 있도록 하는 실천방안을 보다 실제적으로 모색하는 것이다. 이제 인생의 새로운 막(幕)이 시작되었다!

참고문헌

강정인. 1998. 「로크 사상의 현대적 재조명: 로크의 재산권 이론에 대한 유럽 중심주의적 해석을 중심으로」. ≪한국정치학회보≫, Vol.32, No.3.

≪경향신문≫. 2016.2.21. "[행복기행·'헬조선'의 기자들. 세계를 돌며 행복을 묻다](1) 군대 없앤 나라, 코스타리카".

권태상. 2014. 「고난의 행군 이후 함흥의 발전전략」. '북한 함흥시·평성시의 토대기초과제 연구성과 발표회'. 2014 동국대 북한도시사연구팀 학술회의.

그린, 토머스 힐(Thomas Hill Green). 1993. 「재산권과 관련된 국가의 권리」. C. B. 맥퍼슨. 『재산권 사상의 흐름』. 김남두 옮김. 천지.

김경환·서승환. 2002. 『도시경제학』. 홍문사.

김상용. 2008. 「북한에서의 토지이용권의 설정과 유동화: 개성공업지구의 토지이용권을 중심으로」. ≪법학연구≫, 제18권 제1호, 1~55쪽.

김윤상. 2002. 『토지정책론』. 한국학술정보.

_____. 2009. 『지공주의』. 경북대학교 출판부.

김윤상·조성찬 외. 2012. 『토지정의, 대한민국을 살린다』. 평사리.

김학재. 2015. 『판문점 체제의 기원』. 후마니타스.

김형기 엮음. 2007. 『대안적 발전모델』. 한울.

김효진·최은희. 2018. 「평양 여명거리 조성사업 리뷰」. LH토지주택연구원. ≪건설개발 동향분석≫.

남덕우 외. 2003. 『한국경제 생존 프로젝트, 경제 특구』. 삼성경제연구소.

남북관광협력단 북한관광팀. 2004. 「PATA 북한 Task Force Report」. 2004.4.

노직, 로버트(Robert Nozick), 1993. 「소유권리론」. C. B. 맥퍼슨. 『재산권 사상의 흐름』. 김남두 옮김. 천지.

≪노컷뉴스≫. 2012.6.13. "北 라선특구 땅값… '큰폭으로 올라'."

≪뉴스핌≫. 2016.4.18. "중국식 시장경제 '토지사용권' 만료 임박에 부동산 시장 긴장".

더불어민주당 제19대 대통령선거 정책공약집. 2017. 「나라를 나라답게」. 2017.4.

동용승. 2017. 「김정은의 북한, 무엇이 달라졌나?」. ≪새 정부의 대북·통일정책≫. 2017 평화재단 평화연구원 심포지엄. 2017.6.13.

로크, 존(John Locke). 2005. 『통치론: 시민정부의 참된 기원, 범위 및 그 목적에 관한 시론』. 강정인·문지영 옮김. 까치.

류해웅·박인성·박현주. 2001. 『개혁개방 이후 중국 토지정책 연구』. 한국국토연구원.

리콴유. 2001. 『내가 걸어온 일류국가의 길』. 류지호 옮김. 문학사상사.

리프킨, 제러미[리프킨, 제레미(Jeremy Rifkin)]. 2001. 『소유의 종말』. 이희재 옮김. 민음사.

_____. 2005. 『유러피안 드림』. 이원기 옮김. 민음사.

마르크스(Karl Marx)·엥겔스(Friedrich Engels). 1989.『공산당선언』. 서석연 옮김. 범우사.

맥퍼슨, C. B.(C. B. Macpherson). 1990.『홉스와 로크의 사회철학: 소유적 개인주의의 정치이론』. 황경식·강유원 옮김. 박영사.

_____. 1993a.「자유민주주의와 사유재산권」. C. B. 맥퍼슨.『재산권 사상의 흐름』. 김남두 옮김. 천지.

_____. 1993b.『재산권 사상의 흐름』. 김남두 옮김. 천지.

문진수. 2011.「아리스토텔레스, 지금의 그리스를 본다면?」. 희망제작소. 2011.10.11.

문흥안. 2017.「북한살림집법을 통해 본 북한부동산시장의 변화와 통일시 시사점」.≪비교사법≫, 24(2), 725~770쪽.

밀, 존 스튜어트(John Stuart Mill). 1993.「재산권에 관하여」. C. B. 맥퍼슨.『재산권 사상의 흐름』. 김남두 옮김. 천지.

박경일. 2009.「공화국 민사법률관계에서의 물적재산권에 대한 리해」. 과학백가사전출판사.≪정치법률연구≫, 제4호.

박세훈. 2016.『북한의 도시계획 및 도시개발 실태분석과 정책과제』. 국토연구원.

박인성. 2009.『중국의 도시화와 발전축』. 한울.

박인성·李青 외. 2008.『중국의 도시와 발전축 형성 동향』. 한국국토연구원.

박인성·조성찬. 2011.『중국의 토지개혁 경험: 북한 토지개혁의 거울』. 한울.

_____. 2018.『중국의 토지정책과 북한』. 개정판. 한울.

법무부. 2003.『북한 '금강산관광지구법' 분석』. 2003.5.

벤담, 제러미(Jeremy Bentham). 1993.「재산권의 안전과 평등」. C. B. 맥퍼슨.『재산권 사상의 흐름』. 김남두 옮김. 천지.

비숍, 이사벨라 버드(Isabella Bird Bishop). 2000.『조선과 그 이웃 나라들』. 신복룡 옮김. 집문당.

서울대학교 SSK동아시아도시연구단. 2017.『특구: 국가의 영토성과 동아시아의 예외공간』. 알트.

손희두. 2013.「북한의 부동산관리법제와 통일에 대비한 법적 과제」.≪부동산 포커스≫, Vol.58, 48~61쪽.

스노, 에드거(Edgar Snow). 1995.『중국의 붉은 별(하)』. 홍수원 옮김.

스미스, 애덤[스미스, 아담(Adam Smith)]. 2007.『국부론』(상). 김수행 옮김. 비봉출판사.

스티글리츠, 조지프(Joseph Stiglitz). 2013.『불평등의 대가』. 이순희 옮김. 열린책들.

신금미. 2015a.「중국 토지 공유제하에서 부동산 보유세 징수에 관한 연구」.≪조세학술논문집≫, 제31집 제2호, 215~251쪽.

_____. 2015b.「중국 토지공유제하에서 부동산 보유세의 과세대상에 관한 연구」.≪중국법연구≫, 제24집, 35~69쪽.

신장섭. 2003.「싱가포르, 지식 클러스터를 꿈꾸는 나라」. 남덕우 외.『(한국경제 생존 프로젝트) 경제 특구』. 삼성경제연구소.

신화통신. 2014.7.10. "북한, 道마다 경제개발구 설치 추진".

쑹훙빈(宋鴻兵). 2008.『화폐전쟁』. 차혜정 옮김. 랜덤하우스.

아빌라, 찰스(Charles Avila). 2008.『소유권』. 김유준 옮김. CUP.

아이젠스타인, 찰스(Charles Eisenstein). 2015. 『신성한 경제학의 시대』. 정준형 옮김. 김영사.

안국신. 1995. 『현대거시경제학』. 박영사.

안영민. 2011. 『행복한 통일 이야기』. 자리.

앤델슨(Robert Andelson)·도시(James Dawsey). 1992. 『새로운 해방의 경제학』. 전강수 옮김. CUP.

양문수. 2001. 『북한경제의 시장화: 양태, 성격, 매커니즘, 함의』. 서울대출판문화원.

_____. 2004. 「지방경제를 통해 본 북한의 변화: 1990년대를 중심으로」. 비교경제학회. ≪비교경제연구≫, 제11권 제2호.

양문수·이석기·김석진. 2015. 『북한의 경제 특구·개발구 지원방안』. KIEP.

엔다콧, G. B.(G. B. Endacott). 2006. 『홍콩의 역사』. 윤은기 옮김. 한국학술정보.

연합뉴스. 2014.6.18. "'관광대박' 꿈꾸는 北: ②김정은, 관광에 '몽땅 걸다'".

_____. 2018.1.23. "홍콩, 10m²에 2.3명 거주 '극소주택' 사회문제화".

오광진. 2015.10.26. "중국, 5번째 마이너스 금리 시대, 부동산 경기 뜰까". ≪조선비즈≫.

오스트롬, 엘리너(Elinor Ostrom). 2015. 『공유의 비극을 넘어』. 윤홍근·안도경 옮김. 랜덤하우스.

옥동석·고광민·이혜연. 2011. 『한국 어촌사회와 공유자원 : 인천과 서해·남해·동해의 도서를 중심으로』. 인천대학교 인천학연구원.

왕봉. 2015. 「해외 부동산 시장동향: 중국 부동산 시장동향」. ≪부동산 포커스≫, Vol.88, 9쪽.

유시민. 2002. 『경제학 카페』. 돌베개.

유욱. 2013. 「북한의 새로운 '경제개발구법'의 분석과 평가: 개성공업지구법 및 라선경제무역지대법과 비교를 중심으로」. 제194회 북한법연구회 월례발표회. 2013.10.31.

윤종철. 2018. 「국가소유부동산리용권에 대한 리해」. ≪김일성종합대학학보(력사, 법률)≫. 주체107년 제64권 제4호.

이관옥. 2018. 「Housing Market Regulation in Singapore」. '국민 주거 안정을 위한 정책방향 모색'. 국토연구원 주최 제1회 글로벌부동산시장 연구포럼. 2018.12.18.

이석기. 2016. 『2015년 북한경제 종합평가 및 2016년 전망』. 산업연구원.

이성영. 2019.3.12. "싱가폴이 세계적 강소국이 될 수 있었던 이유". ≪오마이뉴스≫.

이옥희. 2011. 『북·중 접경지역: 전환기 북·중 접경지역의 도시네트워크』. 푸른길.

이용화·홍순직. 2014. 「최근 북한 경제정책 특징과 통일에의 시사점」. 현대경제연구원. ≪VIP report≫, 통권 569호, 2014.5.19.

이은정. 2013. 「북한의 살림집법 제정의 의미와 분석 및 평가」. 제192회 북한법연구회 월례발표회. 2013.8.29.

이일영 엮음. 2008. 『경제특구 선전의 복합성: 창과 거울』. 한신대 출판부.

이정전. 1999. 『토지경제학』. 박영사.

이종규. 2015. 『북한의 경제특구 개발구 추진과 정책적 시사점』. KDI 정책연구시리즈 2015-13.

이종태. 2014. 『금융은 어떻게 세상을 바꾸는가』. 개마고원.

이헌창. 2010. 「조선시대를 바라보는 제3의 시각」. ≪한국사연구≫, 148권 148호, 115~167쪽.

임동우. 2011. 『평양 그리고 평양 이후 평양: 도시 공간에 대한 또 다른 시각』. 효형출판.

임수호. 2008. 『계획과 시장의 공존』. 삼성경제연구소.

임을출. 2014. "North Korea's SEZs and Tourism: Evaluation and Prospects". 'North Korea's Development Capacity and International Cooperation for Knowledge Sharing: Gender, Agriculture, and Tourism Perspective'. 나우만재단 공동 국제학술회의. 2014.6.11.

장광호. 2008. 「부동산의 본질과 그 특성」. 과학백과사전출판사. ≪경제연구≫, 제2호, 45~47쪽.

전강수. 2007. 「북한 지역 토지제도 개혁 구상」. ≪통일문제연구≫, 하반기호(통권 제48호).

_____. 2019. 『부동산공화국 경제사』. 여문책.

전강수·한동근. 2000. 『성경적 토지경제학』. CUP.

전봉관. 2009. 「나진(羅津)의 추억」. KDI 경제정보센터. 2009년 6월호.

정운찬. 2007. 『한국경제 아직 늦지 않았다』. 나무와숲.

정은이. 2015. 「북한 부동산시장의 발전에 관한 분석: 주택사용권의 비합법적 매매 사례를 중심으로」. ≪동북아경제연구≫, 27권 1호, 289~328쪽.

정지은. 2016.3.10. "싱가폴의 중앙적립기금제도(CPF)란 무엇인가?". 한-아세안센터.

조민. 2015. 「한반도 통일의 길: 정권진화와 연방제 통일」. ≪KINU 통일+≫, 여름호.

≪조선일보≫. 2018.6.27. "정상회담후 평양도 '재건축 열풍', 30년된 아파트 3배 뛰어".

조성찬. 2011. 「선전경제특구 공공토지임대제 개혁과정에서 지대납부 방식의 중요성 연구」. ≪현대중국연구≫, 제13집 1호, 315~358쪽.

_____. 2012. 「중국 토지연조제 실험이 북한 경제특구 공공토지임대제에 주는 시사점」. ≪한중사회과학연구≫, 통권 22호.

_____. 2016a. 「공유자원 사유화 모델에 기댄 제주국제자유도시 발전전략의 비판적 검토」. ≪공간과 사회≫, 제26권 2호(2016년 6월호).

_____. 2016b. 「중국의 도시화와 공공토지 사유화」. ≪역사비평≫, 116(가을호), 98~125쪽.

_____. 2018. 「홍콩식 토지공개념, 진정한 아시아의 해방구가 되려면」. 서울대학교 아시아연구소. ≪다양성+Asia≫, 1호(2018년 6월).

조지, 헨리(Henry George). 1997. 『진보와 빈곤』. 김윤상 옮김. 비봉출판사.

최양근. 2011. 『단계적 연방통일헌법 연구』. 선인.

최현. 2013. 「공동자원 개념과 제주의 공동목장」. ≪경제와 사회≫, No.99.

최현·김선필. 2014. 「제주의 바람: 공동자원론적 관리 방식」. ≪탐라문화≫, Vol.46.

최현·따이싱성. 2015. 「공동자원론과 한국 공동자원 연구의 현황과 과제」. ≪경제와 사회≫, No.108.

추이즈위안(崔之元). 2014. 『프티부르주아 사회주의 선언: 자유사회주의와 중국의 미래』. 김진공 옮김. 돌베개.

카나, 파라그(Parag Khanna). 2017. 『커넥토그래피 혁명: 새로운 미래를 만들고 있는가?』. 고영태 옮김. 사회평론.

코트라 상하이 무역관. 2018.7.4. 「북한 부동산의 가파른 성장세」.

토니, 리처드 헨리(Richard Henry Tawney). 1993. 「재산권과 창조적 일」. C. B. 맥퍼슨. 『재산권 사상의 흐름』. 김남두 옮김. 천지.

하비, 데이비드(David Harvey). 2014. 『자본의 17가지 모순』. 황성원 옮김. 동녘.

하워드, 에버니저[하워드, 에베네저(Ebenezer Howard)]. 1980. 『내일의 전원도시』. 이현주 옮김. 형제사.

하이에크, 프리드리히(Friedrich Hayek). 2006. 『노예의 길: 사회주의 계획경제의 진실』. 김이석 옮김. 나남출판.

≪한겨레≫. 2006.12.8. "싱가포르 '우린 땅이 좁다. 그래서 누구나 집이 있어야 한다'".

_____. 2017.6.15. "문 대통령 '연방제 버금가는 지방분권형 개헌'".

_____. 2017.6.16. "연결이 세상을 구원하리라".

≪한국경제≫. 2018.4.29. "북한 주택보급률".

한국관광공사. 2001. 『북한의 관광산업 현황 및 관광특구 확대 가능성』.

한국법원행정처 사법정책연구실. 1997. 『북한의 부동산제도』. 한양당.

한국비교경제학회 엮음. 2005. 『동북아 경제협력과 경제특구』. 박영사.

한재헌. 2014. 「평성시의 도시-농촌 관계 연구」. '북한 함흥시·평성시의 토대기초과제 연구성과 발표회'. 2014 동국대 북한도시사연구팀 학술회의.

헤겔, 게오르크(Georg Hegel). 1993. 「재산권과 인격」. C. B. 맥퍼슨. 『재산권 사상의 흐름』. 김남두 옮김. 천지.

헤세 바르텍, 에른스트 폰(Ernst von Hesse-Wartegg). 2012. 『조선, 1894년 여름』. 정현규 옮김. 책과함께.

헨리조지포럼. 2018. "가라. 종부세! 오라. 국토보유세!". 토지공개념 개헌 및 국토보유세 토론회.

JTBC. 2018.5.31. 〈이규연의 스포트라이트〉 149회.

KBS. 2018.6.28. "씨티 '북 인프라 재건 71조원 필요… 한국도 수혜'".

Andelson, R. V.(ed.). 2000. *Land-Value Taxation Around the World*. Oxford: Blackwell Publishers.

Arnott, Richard J. and Joseph E. Stiglitz. 1979. "Aggregate Land Rents, Expenditure on Public Goods, and Optimal City Size." *The Quarterly Journal of Economics*, Vol. XCIII November No.4.

Benchetrit, G. and D. Czamanski. 2004. "The gradual abolition of the public leasehold system in Israel and Canberra: what lessons can be learned?" *Land Use Policy*, 21.

Bourassa, Steven C. and Yu-Hung Hong(ed.). 2003. *Leasing Public Land: Policy Debates and International Experiences*. Lincoln Institute of Land Policy.

Bourassa, Steven C., Max Neutze and Strong Ann Louise. 1996. "Managing publicly owned land in Canberra." *Land Use Policy*, Vol.13, No.4.

Cirillo, Renato. 1984. "Léon Walras and Social Justice." *American Journal of Economics and Sociology*, Volume 43, Issue 1.

Cruden, Gorden N. 1999. *Land Compensation and Valuation Law in Hong Kong*. Hong Kong·Singapore·Malaysia: Butterworths.

Dipasquale, Denise and William C. Wheaton. 1996. *Urban Economics and Real Estate Market.* New Jersey: Prentice-Hall Inc.

Flood, R. R. and R. J. Hodrick. 1990. "On testing for speculative bubbles." *Journal of Economic Perspectives*, Vol.4, No.2.

Foldvary, Fred E. 1997. "The Business Cycle: A Georgist-Austrian Synthesis." *American Journal of Economics and Sociology*, Vol.56, No.4(Oct.), pp.521~541.

Forster, Geoffrey A. 2000. "Australia." *Land-Value Taxation around the World.* Robert V. Andelson(eds.). *American Journal of Economics and Sociology.*

Fujita, Masahisa. 1989. *Urban Economic Theory: land use and city size.* Cambridge University Press.

Gaffney, Mason and Fred Harrison. 1994. *The Corruption of Economics.* New York: Shepheard-Walwyn.

Gaffney, Mason. 2008a. "How to Thaw Credit, Now and Forever." Robert Schalkenbach Foundation.

_____. 2008b. "The Hidden Taxable Capacity of Land: Enough and to Spare." *the International Journal of Social Economics*, Summer.

Haila, Anne. 2000. "Real Estate in Global Cities: Singapore and Hong Kong as Property States." *Urban Studies*, Vol.37, pp.2241~2256.

Hardin, Garrett. 1968. "The Tragedy of the Commons." *Science,* New Series, Vol.162. No.3859.

Ho, David Kim-Hin. 2004. "Land value capture mechanisms in Hong Kong and Singapore: A comparative analysis." *Journal of Property Investment & Finance*, Vol.22(1)(February), pp.76~100.

Hong, Yu-Hung. 1999. "Myths and realities of public land leasing: Canberra and Hong Kong." *Land Lines*, Lincoln Institute of Land Policy. Cambridge.

Hui, Chi-Man Eddie, Vivian Sze-Mun Ho and David Kim-Hin Ho. 2004. "Land Value capture mechanisms in Hong Kong and Singapore." *Journal of Property Investment & Finance*, Vol.22, No.1.

Johnson, Gareth and Troy Collings. 2014. "DPRK Tourism in the Kim Jong Un Era: Cases and Prospects." 'North Korea's Development Capacity and International Cooperation for Knowledge Sharing: Gender, Agriculture, and Tourism Perspective'. 나우만재단 공동 국제 학술회의. 2014.6.11.

Littlewood, Michael. 2007. "The Hong Kong Tax System: Key features and lessons for Policy Makers." *PROSPERITAS*, Vol.VII, Issue II(March).

Neutze, Max. 1987. "Planning and Land Tenure in Canberra after 60 years." *The Town Planning Review*, Vol.58, No.2(Apr.).

Phang, Sock-Yong. 1996. "Economic development and the distribution of land rents in Singapore: a Georgist implementation." *American Journal of Economics and Sociology*, 55(4), pp. 489~501.

_____. 2000. "Hong Kong and Singapore." in Andelson, R. V.(ed.). *Land-Value Taxation Around the World*. Oxford: Blackwell Publishers.

Ricardo, David. 1996. *Principles of Political Economy and Taxation*. New York: Prometheus Books.

Walras, Léon. 2010. *Studies in Social Economics*. translated by Jan van Daal and Donald A. Walker. Routledge.

Wely, Roland. 2016. 「북미평화협정과 동북아평화보장체계」. '평화와 통일을 위한 국제포럼'. 2016.6.16.

West, K. D. 1987. "A Specification Test for Speculative Bubbles." *The Quarterly Journal of Economics*(Aug.).

Woodruff, A. M. and L. L. Ecker-Racz. 1966. "Property Taxes and Land-Use Patterns in Australia and New Zealand." *Land and Building Taxes: Their Effect on Economic Development*. Arthur P. Becker(ed.). University of Wisconsin-Milwaukee.

唐在富. 2012. "中國房地産稅改革:定位·現狀·方向與建議". ≪發展研究≫, 2012(1).

龍胜平·方奕 編著. 2006. 『房地産金融與投資槪論』. 北京: 高等教育出版社.

劉金順. 2012. "物業稅與政府財政職能的轉換". ≪中國城市經濟≫, 2012(2).

流水. 2009. "上海土地使用制度改革的再思考". ≪上海土地≫, 第2期, pp.12~14.

劉維新·劉祚臣. 1998. "建立科學的年地租体係—關于深圳經濟特區年地租用地管理的調查報告". ≪中國土地≫, 5期.

李木祥 編著. 2007. 『中國房地産泡沫研究』. 北京: 中國金融出版社.

馬克思. 2007. 『資本論』. 許南方 編輯. 北京: 人民日報出版社.

上海市規劃和國土資源管理局. 2009. 「105个城市620个房地産項目地價占房價平均比例爲23.2%」. ≪上海土地≫, 第4期, p.4.

上海市土地學會課題組. 2006a. "浦東新區國有土地年租制課題研究報告(上)". ≪上海土地≫, 第4期, pp.25~27.

_____. 2006b. "浦東新區國有土地年租制課題研究報告(下)". ≪上海土地≫, 第5期, pp.36~42.

徐婷·周寅康. 2006. "我國土地年租制的發展趨勢: 年租制與增量土地供應". ≪資源開發與市場≫, 22(1).

深圳市. 2009. 『深圳房地産年鑒』.

深圳市人民政府. 2000. "深圳開始收取"年地租"". ≪靑海政報≫, 2000年11期.

吳德進·李國柱 等. 2006. 『房地産泡沫: 理論,預警與治理』. 北京: 社會科學文獻出版社.

王春雷. 2009. 『稅法』. 經濟科學出版社.

韋杰廷. 1991. 『孫中山民生主義新探』. 黑龍江教育出版社.

任宏·王林. 2008. 『中國房地産泡沫研究』. 重慶: 重慶大學出版社.

卡爾·馬克思. 2007. 『資本論』. 許南方 編輯. 北京: 人民日報出版社.

田在瑋. 2012. "關于愼重擴大房産稅(物業稅)試点的提案". ≪城市開發≫, 2012(6).

趙誠贊. 2008. "根据土地原理評價中國近現代農村土地使用制度". ≪經濟問題≫, 第七期(總第347期), pp.87~90.

_____. 2009. "地租資本化與貨幣流動性過剩的關係及影響硏究". ≪經濟体制改革≫, 第1期, pp.21~26.

中國城市中心. 2016.1.14. "地票交易: 一擧多得的中國實踐創擧".

中華人民共和國國土資源部. 2011. 『2011 中國國土資源統計年鑒』.

曾玉林. 2006.6.26. "規劃之痒: 以深圳爲例論土地使用年期". 深圳市規划和國土資源委員會.

秦耕. 2004. "土地年租制:徘徊在現實和憧憬的邊緣". ≪中國地産市場≫, 8期.

詹蕾. 2003. "城市土地年租制理論與運作分析". 四川大學博士學位論文.

畢宝德 主編. 2005. 『土地經濟學』. 北京: 中國人民大學出版社.

奚正剛 編. 2006. 『金融創新與房地産』. 上海: 夏旦大學出版社.

黃澤民. 2001. 『日本金融制度論』. 上海: 華東師范大學出版社.

≪深圳商報≫. 2006.2.1. "深圳地産25年大事記".

≪中國日報≫. 2016.4.17. "住宅土地使用權到期 續期按房産價格三分之一繳費".

기획 **서울대학교 아시아도시사회센터**(Center for Asian Urban Societies)

동아시아의 대안적 도시 패러다임을 제시하기 위해 연구를 수행하고 있다. 특히 포스트영토주의(post-territorialism)와 탈성장주의(de-growth) 관점에서 포용적 공유도시, 저성장 회복도시, 지속가능 전환도시, 탈냉전 평화도시, 이 네 가지 주제를 중심으로 한다. 도시 현장 중심 연구를 통해 시의성 있는 이론적 연구 및 활발한 정책제안과 함께 포용적 도시 연대와 사회적 기여를 구축하고 있다.

지은이 **조성찬**

서울시립대학교 도시공학과를 졸업하고 서울대학교 환경대학원에서 도시 및 지역계획학 석사학위를 취득했다. 중국인민대학교 토지관리학과에서 "中國城市土地年租制及其對朝鮮經濟特區的适用模型研究(중국 도시 토지연조제의 조선 경제특구 적용모델 연구)"(2010)로 박사학위를 취득했다.

2010년부터 토지+자유연구소에서 활동하다가 2019년에 새로 출범한 하나누리 동북아연구원을 맡아서 일하고 있다. 하나누리 동북아연구원은 '동북아의 평화체제와 상생발전 모델 연구'를 목표로 (사)하나누리 부설로 설립되었다. 서울대학교 아시아도시사회센터 공동연구원으로도 활동하고 있다.

주요 연구로『중국의 토지개혁 경험』(공저),『상생도시』,「북한 경제특구 공공토지임대제 모델 연구」등이 있다. 2017년 제2회 김기원 학술상을 수상했다. 주요 연구분야는 공공토지임대제, 중국과 북한의 토지정책, 북한 지역발전 전략이다.

한울아카데미 2180

북한 토지개혁을 위한 공공토지임대론
ⓒ 조성찬, 2019

기획 | 서울대학교 아시아도시사회센터
지은이 | 조성찬
펴낸이 | 김종수
펴낸곳 | 한울엠플러스(주)
편집 | 신순남

초판 1쇄 인쇄 | 2019년 10월 24일
초판 1쇄 발행 | 2019년 11월 5일

주소 | 10881 경기도 파주시 광인사길 153 한울시소빌딩 3층
전화 | 031-955-0655
팩스 | 031-955-0656
홈페이지 | www.hanulmplus.kr
등록번호 | 제406-2015-000143호

Printed in Korea.
ISBN 978-89-460-7180-3 93200(양장)
          978-89-460-6695-3 93200(무선)

※ 본 저서는 2017년도 정부재원(교육부)으로 한국연구재단 한국사회과학연구사업(SSK)의 지원을
받아 출판되었음(NRF-2017S1A3A2066514)

※ 책값은 겉표지에 표시되어 있습니다.